本著作受国家哲学社会科学基金项目"少数民族社区教育的价值与发展机制研究"（13XMZ040）资助出版。

| 光明学术文库 | 教育与语言书系 |

民族村落社区教育发展机制研究

—— 一项家乡人类学考察

王国超 ┃ 著

光明日报出版社

图书在版编目（CIP）数据

民族村落社区教育发展机制研究：一项家乡人类学
考察／王国超著．--北京：光明日报出版社，2022.3
ISBN 978-7-5194-6399-1

Ⅰ.①民… Ⅱ.①王… Ⅲ.①少数民族—村落—社区
教育—研究—中国 Ⅳ.①G779.2

中国版本图书馆 CIP 数据核字（2021）第 266052 号

民族村落社区教育发展机制研究：一项家乡人类学考察
MINZU CUNLUO SHEQU JIAOYU FAZHAN JIZHI YANJIU：YIXIANG
JIAXIANG RENLEIXUE KAOCHA

著 者：王国超	
责任编辑：宋 悦	责任校对：刘浩平
封面设计：中联华文	责任印制：曹 净

出版发行：光明日报出版社

地 址：北京市西城区永安路 106 号，100050

电 话：010 - 63169890（咨询），010 - 63131930（邮购）

传 真：010 - 63131930

网 址：http：//book. gmw. cn

E - mail：gmrbcbs@ gmw. cn

法律顾问：北京市兰台律师事务所龚柳方律师

印 刷：三河市华东印刷有限公司

装 订：三河市华东印刷有限公司

本书如有破损、缺页、装订错误，请与本社联系调换，电话：010 - 63131930

开 本：170mm×240mm

字 数：332 千字　　　　　印 张：18.5

版 次：2022 年 3 月第 1 版　　印 次：2022 年 3 月第 1 次印刷

书 号：ISBN 978 - 7 - 5194 - 6399 - 1

定 价：98.00 元

序

　　民族教育的发展问题，关乎民族地区政治经济文化发展、和谐社会构建以及国家"动态"稳定与发展。由于民族教育发生场域的独特性，其所产生的问题更为突出。在民族教育研究中，从早期宏观研究到后期微观研究，均取得了一定成效，但在一定程度上却遮蔽了本土教育对社区人生命成长的价值。而本土教育方面的研究则致力于解读与挖掘某一民族文化现象的教育意蕴与价值，也未能给学校教育留下足够的空间。

　　王国超教授在新著《民族村落社区教育发展机制研究：一项家乡人类学考察》中，以羊望社区为个案，运用民族志方法，探微这一苗族村落社区的地理环境、生计方式、生活习俗、社会关系等，透视这一空间中"人的发展"资源，以马克思关于人的发展"三形态说"为依据，从理论上揭示学校教育与本土教育这两股近乎相互排斥的力量在"人的发展"方面潜隐的内在关联性。

　　本著作通过描述民族村落社区人早期"文化人"生命史和不同时期现代学校"文化人"的个人价值与社会价值，认为他们因缺失本土教育滋养，缺损本土教育根基，"学识水平"常常与"生活水平"反道而行，学校教育难以成为社区人生命成长的力量。反观本土教育，其所具有的"内聚性"局限，也使社区人的"成家""成人"多在村落社区这样相对狭小的场域内生成。而人的持续发展必然会挣脱这种场域的束缚，在更广阔的场域中获得提升，从而体现出对现代学校的内在诉求。但遗憾的是，民族村落社区本土教育在长期现代性知识以各种途径相继渗透与冲击下已呈现分崩离析之势，与之同时，学校教育也逐渐出现偏离了"人的发展"的价值初衷。两者在民族村落社区的历史变迁中未能得以合理调适，更难以形成"人的发展"之合力。

　　其实，民族村落社区学校教育与本土教育之间，蕴含着"目的一致性""自身缺陷性""共生互补性"。挖掘与构建两者联动共生的机理与机制，修复学校教育与本土教育的原动力，重构"社区立场"的学校教育，探究民族村落社区的学校教育与本土教育之联动共生的实施策略，探寻"和而不同"的民族村落社区教育和谐发展之道，已成为社区教育持续发展的必然，要做到这一点，有赖于国家与地方政府的推动。本书具有以下几个特点：

一、研究成果特色鲜明

本著作具有"坚守教育学立场，教育研究与教育实践相互叠合"的特色。采用人类学的理论与方法，置身个案民族村落社区的教育现场，对该民族村落社区"人"展开参与观察、深度访谈、个人生活史记述，走近他们的心灵。为避免滑入传统人类学研究的困境，始终坚守"教育学"立场。在身份角色上，力争做到"研究者"与"教育者"角色叠合与适时切换；在行动上，力争做到"解读"与"解答"并举，积极创设"研究在实践中""实践在研究中"的情境，力图修补传统人类学研究中过度保证"他者"的原生性而仅关注"找事"与"说事"，对"做事"却有意无意回避的现象。

本著作具有"以民族志为基础，宏观研究与微观研究相互呼应"的特色。首先对教育的"人"性格进行较为翔实的宏观理论探讨，以一个相对独立的文化生成场域（民族村落社区）为视域，借宏观教育理论关照微观的民族村落社区的教育现象与问题。借此揭示以"生活世界的教育"为主的本土教育与以"科学世界的教育"为主的学校教育两者的互动机理与发展规律。这在一定程度上突破了传统民族教育研究因对"教育与人的发展"这一宏大叙事与理论思辨而无意遮蔽某些微观现实教育问题的研究范式。

本著作具有"以人的发展为主线，学校教育与本土教育有机链接"的特色。作者认为任何形态的"教育"，必然是指在特定时空的教育发生，绝非特指现代学校教育（形态）。换言之，这里的"教育"必由"学校教育"与"本土教育"两个系统有机同构。因此，基于民族社区"人的发展"的角度审视民族教育系统问题，一定程度上打破了传统的"学校教育"与"本土教育"自成体系的研究藩篱，将两者同归为实现"人"价值提升的两种表达方式或路线，尝试据此构建两者联动共生机制及其相应实践策略，希图借此还原教育的天然功能，推动社区人从"族群认同"走向"国家认同"，乃至"全球认同"。

二、学术观点发人深思

本著作者通过较深入的研究，逐渐形成了新的认识与观点。

民族村落社区儿童的社会性发展秩序应当有"三个形态"，即"社区人→国家人→世界人"，本土教育是社区儿童初级社会化的力量。而目前民族村落社区现代学校教育试图省略"社区人"这一环节，让学生直接过渡到"国家人"乃至"世界人"。这种省略中间形态通过"外力"作用而实现阶段跨越的发展逻辑，使学校教育成为一条没有"回头路"的人生发展线路，这是学校教育偏离"人的发展"初心和不可避免地生产出大量的"文化边缘人"的根本原因之一。

现代学校教育所生产的"文化边缘人"，对个体自身而言，"边际人格"使他们社区身份认同模糊，进退维谷，以致他们深陷"学识水平与生活水平故意反道而行"之困境。然而，对整个社会而言，少量的"文化边缘人"却有效地填补了国家与社区链接所留下的缝隙，不仅使国家治理延伸到民族村落社区，而且促进了国家的"动态"稳定与发展。此外，这些"文化边缘人"还成为社区人联通外面世界的窗口，为社区人在更为广阔的世界自我定义提供可能性。

当前民族村落社区学校教育所生产的新时代"文化边缘人"呈现出群体化、低龄化、立体化的特征，已成为新的"无根的一代"。这一现象逐渐由"教育问题"向"社会问题"扩散，由"个人问题"转化为"公众问题"，急需全社会从教育源头上予以关注与解决。

民族村落社区学校是国家力量自上而下普惠的一种重要载体，社区人无"力"对其改造与改组。因此，对于学校教育与本土教育两者联动共生机制的构建与运行，只有国家力量才能使之得以实现，才能确保两者的独立性，才能恢复两者之原动力，进而实现联动共生，重启人类教育新的超越。

三、对策措施行动力强

由于民族村落社区学校教育与本土教育两者具有内在一致性，因此需要构建新时代"联动共生"的民族村落社区教育发展机制以及其运行策略，以还原学校教育与本土教育的能动性。

首先，构建新时代"联动共生"的民族村落社区教育发展机制要有环境条件。在国家层面上，要制定我国民族教育基本法，明确各级政府的民族教育职责，明确民族教育经费及管理办法，加强民族教育师资队伍建设，加强民族教育相关研究等。在地方层面上，要加强对民族教育的认识，推动学校与民族社区之间交流与合作，加强民族地方性知识的整理与开发，重建民族社区文化内生机制，如挖掘和创新民族社区传统文化空间，整合与利用社区文化资源，引进大众传媒并发挥其文化传播功能等。

其次，构建新时代"联动共生"的民族村落社区教育发展机制要有动力源。要重塑社区学校教育"立场"，学校要由"外源型"转向"内生型"，成为社区教育中的一维并归向"促进社区人的发展"这一轨道。宏观上，确保多元文化之间的关系为"主体间际交往关系"，明确主流文化自身的价值阈限，修复与激活社区地方性知识的文化能动性，重塑社区文化认同与社区文化的主体性地位。微观上，在学校环境、教育设备上，社区学校教育应该向民族村落社区视野"敞开"，从历史、地理、体育、游戏、诗歌、艺术等方面全方位立体呈现社区民族文化蕴含，学校里的一草一木，均应该蕴含着社区文化信息，使社区文化特点向学校环境延伸，使社区文化与学校文化实现某种"形式上"的"多元一体化"格局，使社区儿童在家、在社区、在学校这三个场域，均不会感到明显"区隔"，使他们随时随地置身于社区文化精神空间中。积极培育社区儿童对本民族文化认同，这种"形式上"的一体化为"本质上"的一体化奠定了良好的基础。教育内容无须以现代性知识作为"准入"尺度，让社区文化自由地以主体性姿态渗于其中，成为学校教育中的文化背景一部分；以文化形式渗入，成为社区儿童的成长资源。

同样，民族村落社区文化资源极其丰富，我们可以适当藉之作为学校课程的文化背景，传承社区民族文化，促进学校教育的发展，使社区儿童在"社区人"与"国家人"之间，有根基地循序渐进地蜕变。积极在各科课程设置中渗透少数民族文化信息。开启社区儿童更为广阔的公共生活视野，在"社区人"与"中国人"，乃至"世界人"之间找到链接，确保个人完整人性的生成与完满。为此，学校领导者只有具有多元文化的意识和一定的课程论、教学论等知识基础，才能指导教师干"内行"之事。教师的行为举止均为社区儿童学习资源。引导儿童对本民族文化传统与现代的认知，借此找到自我发展的未来走向及其动力，以实现社区儿童文化自觉与自信，在多元文化意义世界中找到最优自我存在方式，进而实现社区儿童自由而全面发展的多维可能性。这一民族村落社区立场的学校，仅仅从一个小小的民族村落社区开始，对现有社区学校进行重构。这应成为民族教育"改造"的支点、动力与种子，乃至成为新时代中国教育改造的中心。

四、研究价值深远绵长

本著作的学术价值表现在：作者运用人类学理论和方法，以一个民族村落社区为个案开展研究，在一定程度上把教育理论与实践链接起来，积极恢复教育理论本身的原动力。近年来，微观的社区研究逐渐引起学者关注，形成了一个新学术视野。然而，民族村落社区的教育研究仍被学者有意无意忽略。教育学学者多关注宏观性，难以关照到孕育于社区的教育及社区"人"的心灵深处。民族学学者沿着主客位的研究进路，探微社区生活教育及社区人行为模式，借此高扬生活世界教育的价值。但常常忽略学校教育的价值，同样无法解密社区人持续发展的教育力量。鉴于此，民族教育研究"有机整体"出场，逐渐敞开教育学自身的"民族性格"。这是基于"教育立场"研究的一种叙事方式、一种研究范式，在一定程度上丰富了教育学科研方法论，也为后继相关研究提供参考。

本著作的应用价值表现在：当前我国正处于从"乡土中国"到"城市中国"的重大巨变之中，少数民族社会被卷进这一潮流之中并遭遇着前所未有的机遇与挑战，错综复杂的社会问题或应运而生，或潜伏之中。民族教育作为民族社会的一个重要子系统，其不仅是评估民族社会发展水平的重要标尺，也是促进民族社会发展的内在生命机制，是引领民族社会可持续发展的根本力量。因此，从民族村落社区的微观视角出发，开展民族教育研究，是解读、解答乃至解决民族社会重大问题的独特途径，是以教育学的立场对民族社会转型所生成的现实问题之应答方式。本著作以教育哲学、教育学、人类学等相关学科的理论为基础，尝试悬置传统教育学的研究范式，坚持"教育学"的立场，运用民族志研究方法，透视民族村落社区本土教育与学校教育的互动过程。基于教育学理论生成的土壤，直面民族教育最基本的问题，探讨本土教育和学校教育两种教育形态的互动机制和发展趋势，力求探讨民族村落社区教育问题潜藏的内在根源，努力构建本土教育与学校教育联动共生机制，即新时代民族教育发展模式，为民族地区教育及相关行政部门制定与调整民族教育发展政策、法律、法规提供实证参考。

孟立军

2021 年 1 月 31 日

目　录
CONTENTS

导　论 …………………………………………………………………………… 1

第一章　民族村落社区教育与人的发展之理论初探 ……………………… **38**

第一节　人性理论 …………………………………………………………… 38

第二节　教育原点：人的发展 …………………………………………… 44

第三节　民族村落社区教育的价值 …………………………………… 49

第二章　"走进"与"走出"：民族村落社区的教育人类考察 …………… **54**

第一节　走进社区 ………………………………………………………… 54

第二节　社区人 …………………………………………………………… 57

第三节　学校教育 ………………………………………………………… 69

第四节　走出社区 ………………………………………………………… 71

第三章　本土教育：民族村落社区人"初级社会化"力量 ………………… **77**

第一节　1959 年前社区外学校图景 …………………………………… 78

第二节　1959 年前社区"文化人"及其人生境遇 …………………… 82

第三节　本土教育：在社区生活世界中进行 …………………………… 89

第四章　学校教育：民族村落社区人"次级社会化"力量 ………………… **120**

第一节　扎根于社区的学校（1959—1962 年） ……………………… 120

第二节　逐渐独立于社区的学校（1970—1990 年） ………………… 126

第三节　独立与逃离于社区的学校（1990—2013 年） ……………… 137

第五章　民族村落社区学校教育与本土教育之关系变迁　…………… **154**

　第一节　民族村落社区教育与人的发展之规律性阐释　………… 154

　第二节　民族村落社区学校教育与本土教育之关系　………… 159

第六章　民族村落社区学校教育与本土教育之联动共生　……… **231**

　第一节　联动共生机制构建的基本前提　……………… 232

　第二节　联动共生机制：学校教育与本土教育互动理论模型　……… 237

　第三节　学校教育与本土教育之联动共生机制的实践策略　……… 242

结　论　……………………………………………………………… **263**

参考文献　………………………………………………………… **267**

后　记　………………………………………………………… **282**

导　论

一、研究缘起及意义

（一）研究缘起

我国是一个统一多民族国家，各少数民族人口已逾 1.25 亿，占全国总人口的 8.89%。[①] 目前，我国已识别的民族共有 56 个，其中 55 个为少数民族。在长期的历史变迁中，他们与其独特的生境互动，逐渐形成独具特色的政治、经济与文化，以及独特的教育思想，促进了各族人民和谐发展。当前，我国正从"乡土中国"向"后乡土中国"，并逐渐向"城市中国"转型，人们的生存方式悄然革新，解构着人与世界的关系，其中充斥着欢笑和泪水、冲突和团结，交织着亢奋和失落、光荣和屈辱。[②] 因此，如何解读、解答乃至解决这个急遽、复杂变迁历程所携带的问题，是社会科学学者的新时代使命。"少数民族村落社区"（以下均简称"民族村落社区"）这一微观视角已逐渐成为学者解读与解答这一复杂问题的独特路径。

现代学校，作为现代性产物嵌入民族村落社区，予以社区人虚拟而又美好的现代性想象，[③] 并迅速占据着统治地位。由于历史与现实原因，社区学校教育长期发展相对滞后，学术界均对学校的社区价值抱着近乎浪漫的想象，纷纷聚焦学校教育的相关研究，试图借此全面促进社区人的发展。然而，在"人的发

[①] 中华人民共和国国家统计局. 第七次全国人口普查公报［EB/OL］. 国家统计局，2021 – 05 – 11.

[②] 巴战龙. 学校教育·地方知识·现代性——一项家乡人类学研究［M］. 北京：民族出版社，2010：1.

[③] 赵忠平. 村庄的陌生人［M］. 北京：社会科学文献出版社，2018：266.

展"终极问题上，学校终究未能充分彰显其价值想象，呈现其发展的"高原现象"①。诚然，教育是衡量社会发展的重要尺度，也是衡量"人的发展"的重要尺度，但学校教育仅是促进"人的发展"的教育力量中的重要一维，孕育于社区日常生活世界之中的本土教育，同样不可或缺，理应得到关注与探究。简言之，本土教育相关研究可能成为化解学校教育发展"高原现象"的重要路径。

三十多年来，随着国家对民族教育的日趋重视，我国民族教育的相关研究已逐渐成为重要学术领域，成果颇丰。然而，作为一个少数民族聚集的省份，据第七次人口普查，贵州省少数民族人口有 14050266 人，占全省人口的36.44%，② 由于少数民族独特的文化及生态结构，其承载着错综复杂的民族教育问题，成为民族教育研究的天然"田野"，但贵州省境内的民族教育相关研究却相对滞后，这几乎有悖常理。当然，近年来贵州省境内的民族教育相关研究成果也逐渐增多，呈现良好的态势。而本研究在文献检索中发现，在民族教育研究的相关成果中，省内学者相对稀缺，此种"他者"身份的研究似乎嵌合了文化人类学的学术诉求，避免"我者"研究的"熟视无睹"；但是，在市场经济的影响下，该类研究常出现"追求效益最大化"而使研究"失真"的现象。尤其是，当前省内外学者的民族教育相关研究，因"田野"过于功利，许多成果脱离了民族教育的日常运行状况和改革发展实践的真实世界③，而且，这些成果大多分散在民族问题和教育问题两个独立的学术研究体系中，缺乏充分的沟通，难以协调解决复杂的"人的发展"问题。因此，民族教育的研究迫切需要"本土"学者的积极参与，不断丰富民族教育问题的学术研究体系，以实现省内外学者之间相互诠释、相互修补、相互支援；同样，也需要解决"民族问题"和"教育问题"两个民族教育研究领域的分离困境，以解决民族教育的复杂问题。

鉴于此，作者决定开展一次真切的学术尝试。

那么，为何选择一个小小的民族村落社区作为田野点，借此探究一个民族村落社区的教育发展问题？回答这一问题，需要追忆作者自身的生活、学习与研究历程。

---

① "高原现象"是教育心理学中的一个概念，指在学习或技能的形成过程中，出现暂时停顿或下降的现象；在成长曲线上表现为保持一定水平而不上升，或有所下降，但突破"高原现象"之后，又可看到曲线继续上升。

② 贵州省统计局. 贵州省第七次全国人口普查公报（第一号）［EB/OL］. 国家统计局，2021－05－25.

③ 巴战龙. 倡导面向真实世界的民族教育研究［J］. 中国民族教育，2018（2）：17.

1. 试图回答一个困扰作者和所属群体生存与发展的教育问题

一个研究者的早期成长经历深刻影响其学术取向和兴趣。①儿时苗族村落社区生活是作者心灵中的一块圣地,给嵌在浮华城市生活中的他一片属于自己的安宁。故乡生活,将持续滋养着他不断前行。而今天的生活模式难逃故乡本土教育与学校教育耦合的印迹。

本研究主题的选择是源自作者苗族社区生活的印迹,它是作者恒久关注的问题,试图解答作者自身长期以来一个挥之不去的精神困惑,也是对其自身所属群体的生存与发展困境的探索。

人是在不同的时空实践中自我定义的,不同的人有着不同的人生经历,而在同一时空中实践的人有极大的相似性。这种相似性本身就是人性的规定性之一,与人的个性构成一个人的两个维度。

作者在苗族村落社区成长,在此度过了自己的童年,在社区接受小学教育,之后到离社区 1.5 公里远的乡小学附中念完初中。其间感受颇多,虽然个人的民族村落社区生活经历无太大特殊性,宛如沧海一粟,但反思本民族的一些公共的教育问题对于一名民族教育研究者而言,是责任也是义务。

探索社区"人"变成什么样,怎么会变成这样,这本身就是一个社区教育问题的根本所在,也是民族村落社区人最需要迫切解惑的问题。在一个个问题驱动下,作者想到了:村落社区人之中,什么知识最有意思(最有用),什么样的教育才能真正促进社区人的发展? 什么样才算是"人的发展"?

长期以来,教育学研究领域已取得了很大进展,但更多局限于学校教育,却鲜见延伸到"本土教育"领域,相关"本土教育"的研究仅散见于民族学研究领域之中。因此,用现有的教育学宏大论述去解答民族村落社区教育问题时,那些看似很实用的教育理论却难以奏效,或收效甚微,常常令人倍感失落,乃至陷入"虚无"之境。

教育理论与实践之间,也常常缺乏有效的沟通。理论抽象于实践,长期保持其高贵身份,难以屈尊于广袤的实践土壤之中,寻找有效的实践滋养,难以做到理论自觉;同样,长期以来,现实的教育行为也常常未能主动与终极目标勾连,缺乏理论关照。因此,宏大的教育理论日益出现信任危机,出现"教育学消亡"之虞,而现实教育困惑依然存在。"只有不让遥远的地平线从视界中消

---

① 郭平,唐慧云. 自由王国的教育学人 [J]. 中国研究生,2008 (9):5.

失，我们的脚才能迈出有意义的一步"①，为此，作者决定以"社区"为视角进行一次实践与理论链接的尝试。

这次探究不仅仅是为了解决作者自己多年来的精神困惑，也是为了解决我国少数民族村落社区的教育发展问题，更是为解决包括汉族社区在内的所有村落社区的教育问题，是一个公共教育与人的发展的大问题。

2. 作者本人的成长经历和兴趣爱好使然

作者出生于本研究的个案村落社区中，在社区度过了童年时光，经受了丰富多彩的村落社区教育资源陶冶。这些经历使作者在这几年来的城市生活中，常常回顾与反思自己的成长经历，以此平息城市生活所带来的纷扰。每年节假日返回家中，看到和听到的有关教育与人的发展的相关问题，又一次加深了作者的困惑，逐渐形成了本研究的动机。

在社区里，作者觉得身边没有任何参照物及课外辅导，几乎全凭自己的运气和努力，通过学校教育的阶梯，一步步"走"到现在，纯属一件极偶然的事件。虽然如此，作者也多次做出"文化与身份"选择的妥协，同样是沿着"省略'成为社区人'环节，直接过渡到'国家人'"的民族村落社区教育轨道，这几乎是没有"回路"的跨越，其本身存在极大的成长风险。同时，作者沿着学校教育轨道一路走来，其间常常遭遇文化冲突和内心的抗拒。这一经历，对于一个经由现代学校教育走出来的民族村落社区人，应具有一定的普遍性。但在教育学研究中却难觅踪迹，因为其已被各种宏大研究和国家与日俱增的学校教育"数据"所掩盖。这一群体所经历的困扰、挣扎、无奈、冲突和妥协，学者们对之有意无意忽略。这是作者尝试凭借自身的成长经历对生活于其中的苗族社区教育问题进行探究的原因与动力，以此关照民族村落社区教育与人的发展问题，探索社区教育发展的普遍规律。

民族村落社区教育本身就关涉着教育背后群体命运问题。在作者所生活的社区中，根植于社区的民办教育时代，"读，还是不读，这不是一个问题"。1970—1990 年间，社区"文化边缘人"相继出现，但为数不多，在那个年代，他们填补了国家与社区之间的链接所留下的缝隙，也成为社区人联通外面世界的"窗口"，在客观上促进了国家"动态"的稳定与发展，具有积极的意义；对个人而言，"边际人格"确实给个人带来了生活困境，他们身份模糊，进退维谷，但较容易通过一些途径得以化解。如开小卖部、开面包车等，这是那个年

---

① [德] 雅斯贝尔斯. 教育是什么 [M]. 邹进，译. 北京：生活·读书·新知三联书店，1991：177.

代民族村落社区家长们对"文化边缘人"的子女做出最妥善的安排。这种成长路线似乎已扎根于社区家长的心中，作者最近调研发现，80%以上的家长仍以这种路线来解决20世纪90年代后"文化边缘人"的问题，这显然难以奏效。2006年，农村义务教育免费后，全社会一片欢呼声，"送子女读书"已成了村落社区家长的一种习惯，村落儿童"被选择"了风险，而他们，该何去何从呢？

经由现代教育体制一步步往"上"走的社区人，如何才能使其减少"文化震撼"并做到文化自觉呢？同样，那些因各种原因而无法在现代教育轨道上匍匐前行的人，又如何做到文化自觉与自信，进而找到自己"心灵"的安所呢？近十年来，这些问题一直困扰着作者，在读硕士研究生时，本想以此开始，但当时却不知从何下手，最后妥协选择了一个接近的主题——"城市农民工在公办学校'生存'问题研究"。在该研究中，作者提到民族社区儿童如何与其他儿童"同在一片蓝天下"学习与生活，他们的"生存"状况如何呢？等等。但其实这也仅仅是学校本身的研究，未涉及作为文化生成场域的民族村落社区，应给农民工随迁子女什么样的滋养，学校教育应该给予什么样的文化关照，对于学生作为"成人"的发展更没有涉足。这是作者莫大的遗憾，同时也成为作者获得灵感和形成本研究旨趣的源泉。

因此，再回到民族村落社区这个"原点"，从村落社区教育研究开始，尝试探索教育发展规律，社区教育在不同时空的价值表达方式，教育如何提升"人"价值与品质等内容。

（二）研究意义

本研究以一个普通苗族村落社区为对象，深入对其开展微观人类学考察，探讨社区、教育和人的发展的规律及其内在关系，试图提出学校教育与本土教育的联动共生机制及其实施策略，具有重要意义。

1. 理论意义

长期以来，我国教育理论研究几乎以城市社会为文化背景，这种研究固然有其优点，却牺牲了民族社区教育问题的真实存在，民族社区固有的、复杂的、特殊的教育问题在此几乎被遮蔽，形成教育理论与教育实践疏离的现象。因而其理论必然经不住民族村落社区教育实践的反复拷问，这就使教育学理论常常在民族村落社区遭遇"解释困境"与"信任危机"。本研究以一个小小的民族村落社区为个案，基于民族志研究方法，在某种意义上链接教育理论与实践，为恢复教育理论自身的原动力做出积极努力。

当前，教育（学校教育）与政治、经济和文化一样，逐渐成为衡量社会发展的重要"尺度"，同样，民族社区教育也是衡量社区发展的重要"尺度"，需要各界特别关注。然而，"外置"的学校教育并非民族社区"人的发展"的全部教育力量，"内生"于社区的本土教育理应是其中重要的一维。本研究致力于对一个苗族社区中的两者的关系变迁进行描述，借此反思"学校教育"与"本土教育"的差异、发展规律以及两者对"人"价值提升的共同旨趣。这从某种程度上拓宽了教育学的理论视野，丰富了教育学理论体系。

同时，随着社会的发展，民族社区研究逐渐引起研究者广泛关注，形成了一个学术热点，而民族社区教育在学术领域却未得以普遍认同。教育学学者出场，关注点难以挣脱传统研究范式，多是注重宏观性。这种研究模式固然有其价值，但不足之处同样凸显，其未触及社区教育"人"的心灵深处，也未关照社区本土教育。民族学学者出场，其民族志的研究方法，主位与客位的研究路线，缓缓走向人们的心田，探究社区人的内心世界，对本土教育现象如仪式、养育等深入研究，以此高扬这些教育现象的价值，但因缺乏教育学理论积淀，学校教育却未得以"妥善安置"，仍然难以解读与调谐社区"人"发展的全部教育力量。因此，本次以民族教育研究"有机整体"出场，力争还原教育学的"民族性格"。这是教育研究的一种新的表达方式、一种新的研究方法，将丰富教育学研究方法论，也为该领域后继研究提供理论依据。

2. 现实意义

当前，我国正处于从"乡土中国"到"城市中国"的重大巨变之中，民族社会被卷进这一潮流之中，并遭遇着前所未有的机遇与挑战，错综复杂的社会问题或应运而生，或潜伏之中。民族教育作为民族社会的一个重要的子系统，其是评估民族社会发展水平的重要尺度，是促进民族社会发展的内在生命基因，是引领民族社会可持续发展的中枢力量。因此，从民族社区的微观视角出发，开展民族教育研究，是解读、解答甚至解决民族社会重大问题的独特途径，是以教育学立场对民族社会转型进程中所产生的现实问题之应答方式。

本研究以教育哲学、教育学、人类学等相关学科的理论为基础，尝试悬置传统教育学的研究范式，坚持"教育学"立场，运用民族志研究方法，透视民族村落本土教育与学校教育的互动过程。基于教育学理论生成的土壤，面对民族教育最基本的问题，探讨了民族社区"本土教育"和"学校教育"两种教育形态的互动机制和发展趋势，力求探讨民族社区教育问题潜藏的内在因素，努力构建本土教育与学校教育联动共生机制，即新时代民族教育发展模式。为民族地区教育及相关行政部门制定与调整民族教育发展政策、法律、法规提供实证参考。

二、主要研究方法

（一）参与观察

美国人类学家约翰·奥格布（John Ogbu）认为，参与观察法是指"与被研究者共同生活，通过日常生活中的密切交往来逐渐地了解他们和他们的语言以及他们的生活方式"。这就意味着研究者要与被研究者交谈，与他们一起劳作，参加他们的社会活动和仪式，走访他们的家庭。① 他强调，这是一部优秀的教育民族志所必须借助的主要研究方法。在参与观察过程中，研究者应该时刻关注着田野点所发生的一切事情，关注"一件一闪即逝的小插曲、一片风景的片面、一句偶然旁听到的话"，因为这些都可能是"了解或解释整个区域的唯一关键所在"②。

参与观察在本研究起到关键性的作用。有学者认为，"一个人要对人类经验做出真正意义的解释，就必须将自己彻底投入他要解释和理解的现象之中。"③ 在实地调查过程中，本研究始终强调这一关键的研究方法，摒弃"研究者"的身份，将"回乡者"的身份融入村落社区的整个生活世界之中，参与个案社区的学校教育、生产劳动、家庭生活、儿童游戏、丧葬仪式、婚姻仪式，等等。总之，所到之处，随时观察记录每个物件的形态、来源、故事，每个人的行为举止以及与之具身互动的方方面面。同样，在社区学校调查过程中，参与了学校教师群体的活动，在活动中观察教师的行为，也参与到课堂教学之中，观察师生的日常教育生活。经由自然状态观察，收集到大量鲜活的田野资料，这是一种具身体验，较为容易获得"主位"解释，这种研究方法是访谈法与问卷法难以达到的。因为大多数人的态度是无意识的，不能通过直接提问获得。④

然而，就其本质而言，"参与观察"始终是一种科研方法，其中的"参与"也仅仅是一种"手段"而已，真正的目的是"观察"，倘若走向两者之"极端"，就无法获得鲜活而又科学的科研情报。本研究属于家乡人类学研究，"参与"理应不成问题。个案社区人普遍认为，研究者作为"文化人"，应该属于外

① OGBU J U. School Ethnography：A Multilevel Approach ［J］. Anthropology and Education Quarterly，1981，12（1）：3－20.

② ［法］列维·斯特劳斯. 忧郁的热带 ［M］. 王志明，译. 北京：生活·读书·新知三联书店，2000：44.

③ ［美］诺曼·K. 邓金. 解释性交往行动主义 ［M］. 周勇，译. 重庆：重庆大学出版社，2004：52.

④ 杨懋春. 一个中国村庄：山东台头 ［M］. 南京：江苏人民出版社，2001：序言.

面世界，携带着不同的文化体系，不应参加个案社区生活中的琐琐碎碎，尤其是"反科学"的"封建迷信"活动。所以，研究者开展田野调查之初，社区人均感到诧异，各种日常行为也似乎有些不够自然，但逐渐地，各种疑虑慢慢淡去。但是，和所有家乡人类学学者所遇到的问题一样，作为研究最终目的的"观察"，却可能成为一个难以克服的"问题"，这需要研究者具有适时身份切换的能力，这不仅仅因"熟视"而"无睹"，而且还需牢记自我的研究者身份，即仍然以一个"研究者"的身份介入田野。在开展田野调查过程中，本研究尽力帮助个案社区人解答与解决一些力所能及的事情，尤其是有关教育的困惑，切身与社区人共享其中之乐，却铭记自身并非"实践者"。因此，作者在参与观察前均开座谈会，强调身份问题，要求研究小组成员及时忘却自身的研究者身份，及时在现场记录最新信息，并组织编码。为了解决这个问题，研究团队在参与观察的过程中，随身携带了微型摄像机、笔、纸等研究工具。每天返回，无论多晚，睡觉前都必须整理完成所有的现场调查记录。

（二）深度访谈

访谈法也是收集田野资料的重要方法，可分为无结构访谈法、半结构访谈法、结构访谈法三种类型。而田野调查较为通用的"深度访谈"，主要属于"无结构访谈法"和"半结构访谈法"两类。深度访谈所选择的访谈对象，必须富含丰富研究信息，即阅历丰富、知情人、典型等。

所谓无结构访谈，是无须提前设计具体问题及固定程序，只需提出一个主题或范围，由研究者与被访者围绕这个主题进行相对自由的交谈。理想的做法是，研究者就被访者所正进行的事情来开展自由访谈，容易收到意想不到的效果。在访谈的过程中，鼓励受访者运用自身的语言体系充分表达自己的观点，借此获知受访者所认为的重要问题、重要看法以及意义诠释。为理解个案社区人自身对教育问题的相关"主位"理解，尤其是为了解他们对教育问题的思考方式，本研究设法避免作者自身的抽象臆断或从有关文献所获的抽象理解左右受访者的真实表达。因此，本研究采用这种访谈法。

而所谓半结构访谈是指研究者在开展访谈调查之前，预先精心设计结构性的访谈提纲，并经有关专家论证切实可行，当然，这一访谈提纲可视具体情况适时做出相关微调。此方法优势：一是访谈内容较为集中，容易捕捉有效科研信息；二是访谈时间比较经济。因此，针对本研究中的"仪式功能诠释""社区学校发展""社区典型事件"等调查时，均采用这种方法。

本研究在访谈过程中，为了获得相对翔实而又真实的田野信息，每个访谈主题常常需要几轮才能完成。在所有访谈过程中，研究小组一般不会发表任何评论，只是如实记录，这样，在宏大叙事中扮演"沉默大多数"角色的社区人才能真正表达他们的声音。同样，在整理和编码数据时，不允许主观地评估和篡改字段记录，以确保"原始"记录。此外，由于作者来自个案社区，属于社区的"文化精英"，与社区人有着无形的"身份差异"。因此，为了避免引起社区人过多关注而影响访谈效果，研究小组都是和熟人一起前往，像"探亲"和"串门"一样；而且在整个采访过程中，研究小组成员一般不直接拿出摄像机、录音笔、笔记本等调研设备，力争用心记忆，以确保整个访谈在相对"自然"的状态下进行。

（三）个人生活史

除参与观察和深度访谈外，本研究还采用生命史这一重要的科研方法。本质而言，人是一切社会关系的总和。每个人的生活都是基于整个社会历史背景之中，个人的生活历程常常反映出整个社会历史变迁，"个人生活史是一种社会学的完善资料，因为生活史是个人适应社区环境的产物，凭借生活史的记述，可以看出社区和个人之间复杂的互动"①。这一研究方法有许多成功案例，例如，黄淑敏在《林村故事》一书中，成功地记述了村支书叶文德的个人生活史，反映了中华人民共和国成立后30年中国历史的变迁；刘云杉在《帝国权力实践下的教师生活形态》一文中，同样以这种形式生动地记述了清末一位私塾先生的生活史，透视当时士绅与国家之间的关系，等等。

本研究采用此方法，通过记述"关键人物"（早中晚期的文化人）的生活史，显示学校教育和本土教育之间复杂的互动关系密码，尤其是民族村落社区早期学校发展史。因此，个人生活史研究方法，已成为重现与重建其历史"现场"的必不可少的工具，成为验证与修复经由其他方法所获文献资料的重要工具。本研究在个人生活史的记述中，借鉴了格尔兹"深描法"，希图借个案社区重要人物的生活记述，揭示其背后的社会意义。而且，作者也充分利用自传民族志方法，将全部生活感受与之展开"对话"，相互修补。对于社区重要文化人生命史的深描中，本研究更关注于其个人与大时代、与教育经历的复杂关系，"每个人都是自己，但看起来又和另一些人相似……解释性研究试图揭示个人生活中的普遍与特殊、私人困境与公共一体之间的复杂作用关系"②。

---

① 周荣德. 中国社会的阶层与流动：一个社区中士绅身份的研究［M］. 上海：学林出版社，2001：19.
② ［美］诺曼·K. 邓金. 解释性交往行动主义［M］. 周勇，译. 重庆：重庆大学出版社，2004：44.

三、核心概念界定及运用

（一）社区与民族村落社区

1. 社区

人们普遍认为，"社区"一词经历了从德语"geminschaft"到英语"community"再到汉语"community"的演变。德国社会学家滕尼斯的《社区与社会》（*Gemeinschaft and Gesells chaft*）一书指出，在传统农村社会向现代商业社会转型的过程中，人际关系和社会整合的方式发生了变化。针对这一现实，为了更为精准地分析当时的社会结构，提出了"社区"的概念，与"社会"的概念一起，代表了社会转型时期两个群体的生活关系。滕尼斯认为，所谓社区是指"传统农村社区中人际关系密切、互帮互助、感情丰富的群体"。血缘、情感和伦理是社区运作的重要支撑，而初级关系是社区主要的人际关系实现形式。滕尼斯重新定义了"社会"一词，认为社会是指"以个人意志、理性契约和法律为基础的人们共同体"，人际关系的主要实现形式是契约关系和二次关系。然而，滕尼斯的"社区"概念并没有界定其地域特征，因此所有基于共同文化意识和丰富人际关系的社区都可以称为"社区"。这为共同体的概念保留了更宽泛的解释空间。

20世纪20年代，美国社会学家罗密斯（C. P. Loomis）将《社区和社会》翻译成英语，这意味着德语geminschaft等同于community①，在他的翻译中，罗密斯提出了两者之间的四个区别：第一，社区主要是内部的，而社会是一体化的；第二，社区是同质或异质共存的，社会是异质的；第三，社区是相对封闭、自给自足，社会则相对开放、相互依存；第四，社区具有单一的价值取向，社会是多元的。美国社会学家帕克等人赋予"社区"以地域内涵，这与滕氏的"社区"有一些偏离。在20世纪30年代帕克访华之前，community在中国被译为"地方社会"。然而，当community与society共同被翻译时，矛盾变得突出了。对此，费孝通等人进行了深入讨论。他们把community变成了"社区"，②他们用"社"来表达人群的含义，他们以"区"为群体空间③，突出了社区的"区域"特征。从那时起，"社区"一词在我国社会学领域频频出现，成为社会

---

① FERDINAND T. Translated by Charles F. Loomis. COMMUNITY & SOCIETY（GEMEID SCHAFT UND GESELLSCHAFT）[M]. New York：Harper & Row，1963：1 - 298.

② 费孝通. 学术自述与反思 [M]. 北京：生活·读书·新知三联书店，1996：21.

③ 夏建中. 社区概念与我国的城市社区建设 [J]. 江南论坛，2011（8）：7 - 8.

学研究的视角和方法论。

总之，"社区"一词在我国学术界和生活界发生了重大变化。本研究借鉴了费孝通先生的"社区"概念，即以血缘、地理、情感和伦理联系为基础的人们共同体，这是一个密切相关、有益的、充满人类情感的共同体。地理区域是这一概念的一个重要条件。在相似的自然地理条件下，可以形成相似的经济文化类型，形成认同感和归属感。

2. 民族村落社区

地域性是传统"社区"概念的重要特征之一。同时，社区发展的最终目标是不断增强社区文化认同感和社区归属感。如果我们从"社区"的角度来考虑"民族"的概念，我们会发现"民族"和"社区"这两个概念之间存在着一些内在的联系。特别是对于"少数民族"或"民族村落"，他们的地域特征、生活社区、民族文化心理和民族归属感几乎与滕尼斯"社区"概念的本质相同。因此，"社区"与"民族共同体"具有内在的一致性。①

传统意义上，"社区"在地理、人口、经济、文化和心理因素方面有其独特的代表性。在区域空间的限制下，某一群体已经形成了住居和人口的相对稳定。在与地理环境的长期互动中，形成了具有地域特色的文化模式，形成了独特的民族文化和心理特征。以一定地域为空间的少数民族村落基本上具有传统的"社区"特征。本研究以一个行政村为考察对象，这似乎与"社区"的特征背道而驰。究其原因，是由于个案社区在东西南北的自然地理和文化屏障中形成了独特的苗族文化网络，并在村落社区中形成了亲密关系、互助、仁爱等所谓的"社区"特征。此外，从史料上看，不同的历史时期，虽然官方对其名称的表述有所变化，有时称为"第二保"，有时称为"羊旺"，有时称为"大豆"，有时称为"小豆"，有时称为"光前"，有时称为"羊望"，等等，但个案社区 5 个自然寨作为一个整体被卷入了国家"舞台"大历史之中，形成了一个相对独立的文化"场域"。在长期的历史发展过程中，逐渐形成了千丝万缕的联系，亲属关系错综复杂，维系了整个社区的认同感和归属感，社区个体之间以"差序格局"的方式交流，五个自然寨之间形成了独特的"多元一体"的文化格局。这不仅符合滕尼斯理论中"社区"的本质特征，而且避免了不同历史时期"羊望社区"频繁更替的称谓混乱。

---

① 刘薇琳，侯丽. 关于少数民族社区教育的思考［J］. 云南民族大学学报（哲学社会科学版），2004（2）：49.

（二）学校教育与本土教育

1. 学校教育

从本质而言，学校是教育活动发展到一定阶段而产生的，教育主要以学校这一载体来实践，因此，"学校"与"教育"成为一个几乎不可分割的词语。虽然学校是教育发生的特殊场域，但学校同样也会发生着其他（如日常生活等）似乎跟教育无关的活动；换言之，可根据学校目的来确认学校场域所发生的活动是否属于教育活动。总之，学校作为一种实施教育的专门场域，它是人们对教育质量内在追求的产物。

而"教育"有着更为宽泛的含义，其本质规定是"培养人的活动"，那么，教育并非仅学校这一个特殊场所独有，而是渗透于人类全部生活世界之中，几乎没有空间限度，如家庭、社区、学校、社会、工厂、文化宫，甚至监狱等均可以成为教育发生场所，人们普遍将它们归为三种类别：学校教育、家庭教育、社会教育。所谓学校教育，是指以学校空间为边界，对人类生活世界中复杂的教育活动进行框定。具体而言，学校教育是指受教育者在各级各类学校机构中所接受的各种促进人发展的活动总称。按学制划分，可分为全日制学校教育、半全日制学校教育、业余学校教育和网络学校教育，等等，按办学主体性质，分为公立学校教育、私立学校教育、公私合作学校教育等。随着学校与教育的深度嵌合，学校教育已成为一个"场域"概念，即由"场所"向"场域"转化。换言之，学校教育发生的空间不限制在学校场所之中，如课后作业、课后辅导、课程实践、实习见习等教育活动均不在学校空间之中，却无法脱离学校教育的"场域"限制。

简言之，本研究所涉及的"学校教育"，是指按照我国现代学制的精神，在民族村落社区学校场域所发生的一切培养人的活动的总称。

2. 本土教育

目前为止，以"本土教育"为主题的相关成果较多，然而，这些成果之中，却没有对其予以较为明确界定，常常造成理解上的混淆。因此，我们认为，有必要明确"本土教育"这一关键词的边界。著名教育家赫尔巴特认为，学校教育"场域"是其教育学研究的主要旨趣。事实上，他首先探究的是学校教育，然后逐渐转向讨论"生活教育"①，其中包含"本土教育"。因此，人们模糊地认为只有学校才有教育，只有教学才有教育的逻辑秩序，即"没有'没有教学

---

① 项贤明. 论生活教育与学校教育的逻辑关系［J］. 教育研究，2013（8）：4.

的教育' 这一概念"①。因此,"本土教育"很难进入人们的视野。

本土教育是相对于学校教育而言的,是人们为了区别于学校教育的现代性和外在性,根据学校教育一词的结构而建构的概念。我们可尝试从本土教育的语法结构对之理解,"本土"一词,《现代汉语词典》予以三种解释:一是原生产地点;二是殖民国家本身的领土;三是当地土壤。② 显而易见,本土教育之"本土",必然是作为一种属性来使用的,显然是用作定语的,因此我们只能在第一个解释上推演。20 世纪初,英国著名人类学家弗思(R. Firth)认为,"本土人"或"土著"是指出生于当地,并与当地人共享一套知识体系和独具特色的文化模式的人。③ 换句话说,本土具有"内生性",生成于某空间边界之中,那么本土教育是一种内生性的教育形态。从以上分析我们可总结出本土教育的一些基本特征,即地域性、内生性、直观性、经验性等。地域性,指本土教育形态是由某族群与其所属生境互动生成;内生性,指本土教育形态是一种文化模式,其孕生于特定场域,是其所属族群促进"人的发展"资源;直观性,指本土教育形态是以直观事物为教育媒介,以直接经验为主要教育资源,以现场生活实践为教育方式;经验性,指本土教育形态是一种跨越时空的生活教育,是一种随境式教育活动,其中,教育的两个基本要素(教育者与受教育者)的边界模糊,可相互切换。简言之,本土教育是指某一族群长期在特定区域内生产与生活实践过程逐渐生成的独特文化承传模式。本土教育是推进某地域族群及个体生存与发展的持续动力,从本质而言,它甚至是人类种系维系根本性力量,因而可以称之为"生活世界的教育"。在个案社区,长辈常常编织的一些缺乏"科学性"的教育故事。例如,下雨打雷,原本仅是成人世界一个众所周知的自然现象,长辈们却对之赋予神秘力量,借以警醒儿童不要做出某些不轨行为。还有,社区人通过"顿啦"仪式向孔圣人借力,以博取学业成功,这是社区人对子女的教育期待。很显然,此种教育形态是内生性的、地域性的,一旦突破了特定空间、特定群体,这种缺乏现代性认同的教育资源,也就难以释放其教育价值了。

---

① [德] 赫尔巴特. 普通教育学讲授纲要 [M]. 李其龙,译. 北京:人民教育出版社,1989:12.

② 中国社科院语言研究所词典编辑室. 现代汉语词典(汉英双语版)[M]. 北京:外语教学与研究出版社,2002:91.

③ [英] 雷蒙德·弗思,费孝通. 人文类型·乡土中国 [M]. 沈阳:辽宁人民出版社,2012:8.

四、相关研究综述

本研究属少数民族教育研究（以下简称"民族教育研究"）领域，由于国情差异，与之相关的国外研究，如弱势族群教育研究、多元文化教育研究、异域土著教育研究等，虽与我国民族教育研究存在诸多差异，但两者的研究方法与理论依据相差无几，为了便于比较，我们将之统归于"民族教育研究"领域。

20世纪初期，欧美国家部分学者开始涉足民族教育相关研究，发展至20世纪六七十年代，该领域研究已成为热点，到了20世纪八九十年代，教育学与民族学开始深度联姻，走向反思与综合研究阶段。然而，尽管中国的民族教育问题也有百余年的历史了，而且中国的民族教育研究拥有阶段性辉煌的学术史，[①]但是，相对欧美国家而言，国内相关民族教育研究起步晚得多，从现有文献看，该领域的早期研究，主要分散在民族学和教育学各自体系之中，两者之联姻的民族教育研究体系尚未生成。20世纪80年代，我国民族教育研究逐渐形成独立体系，微弱地发出自己的声音。自此，由于我国对民族教育实践的日益重视，与之相适应的相关理论与实践研究也逐渐繁荣，我国民族教育研究发展从"国内实践总结""国外理论本土化"，到"本土化理论构建"，再到"人才培养""学术平台组建"。[②] 总之，随着国家对民族教育的重视及政策倾斜，我国民族教育研究日益成为重要学术研究领域，引起了各界学者广泛关注。

从现有文献看，不管是国外学者还是国内学者，他们均基于自身的学术背景介入民族教育研究领域之中，深入探究，成果丰硕。根据研究方法和对象等差异，我们将国内外相关研究粗略划分为"民族地区学校教育研究""民族地区本土教育研究"两个主要类型。[③]

（一）国外民族教育相关研究

1. 民族地区学校教育研究

为便于研究，本研究将外国弱势群体聚集的地区、贫民窟、移民地区和外域原住民地区统称为"少数民族地区"，将少数族群、贫困人口、移民和外域原住民统称为"少数民族"。

---

① 巴战龙. 何为民族教育研究领域的重大问题 [J]. 中国民族教育，2016（11）：14.

② 哈经雄，滕星. 民族教育学通论 [M]. 北京：教育科学出版社，2001：47-56.

③ 王国超，孟立军. 回顾与展望：我国民族教育研究述评 [J]. 学术论坛，2013（9）：208-210.

1904—1905 年间，美国教育家休依特（Hewett E）① 发表了两篇民族教育相关的学术论文，即《人类学与教育》《教育中的种族因素》。在这两篇论文中，他提出以美国主流文化为背景的学校设计与民族地区的学校内生的文化有很大差异，以致少数民族学生学业集体失败，借此，他提出"多元文化教育理论"，主张关注少数民族儿童的文化背景，并基于此对民族地区学校重构。他这一理念逐渐得以广泛传播，欧洲各国学者均根据这一理论开展研究，一度使民族教育研究（多元文化教育研究）成为一种学术潮流。因此，我们认为休依特的"多元文化教育研究"是欧美国家民族教育研究的开端。

到 20 世纪 60 年代中后期，詹森斯等学者通过较为广泛的调查，并通过复杂的智力测试与数据运算，借以提出了"遗传智商论"。这一理论认为，弱势族群智商不如强势族群高，这是造成弱势群体的子女学校学业失败的内在原因。这一理论带有明显的"民族主义"情绪以及对弱势族群的歧视与偏见。② 因而引起弱势群体极力抗议，也引起当时学界争论，一方面，这一理论对"生物性差异"与"社会性差异"两者边界没有明确界定，极易滑到"生物性"代替"社会性"陷阱之中，促使这一理论趋于破产；另一方面，这一理论无法解释现实中的诸多教育现象。因此，这一理论慢慢被学界否定。

除"遗传智商论"外，此时"文化剥夺理论"也有较大影响。该理论认为，少数民族学生缺乏白人语言环境、高的认知能力和成就动机，因此他们学业失败，这一理论就此提出"社会化失败"假说，也就是说，建议少数民族无视自身文化，恶补"有营养"的白人文化，以实现学业成功。所以，这一理论明显为美国文化同化提供了充分的理论基础。③ 从这一理论体现出研究者站在白人文化这一"强势文化"高点，俯视处于低位的"少数民族文化"，旨在对少数民族文化进行改造与改组，因而这一理论很快就受到诸多学者唾弃。

随着民族教育研究的深入，许多文化人类学的学者纷纷参与其中，他们以"文化镜片"透视学校教育生活实践，探寻其中的文化原因。这方面的民族教育相关研究，斯宾德勒做出了突出贡献。他收集了几十篇少数民族教育的民族志研究，均是探究少数民族学生学业失败的文化原因，这些研究个案均收入其主编的《教育与文化过程》一书中。通过悉心研究，斯宾德勒认为，少数民族学

---

① 最早提出教育人类学概念（与民族教育研究）的当推 19 世纪俄国民主教育家乌申斯基（1824—1871 年）。

② 哈经雄，滕星．民族教育学通论［M］．北京：教育科学出版社，2001：57.

③ 哈经雄，滕星．民族教育学通论［M］．北京：教育科学出版社，2001：58.

生自幼所受的家庭与社区教育，与主流文化背景的学校不兼容，不是处于一条光滑的文化轨道之中，而是一种断层。在学校里，少数民族学生面对陌生的环境、陌生的知识、陌生的价值观，种种陌生感使之极度恐慌和不安，最终导致学业失败。

由于人类学学者对这一领域研究的持续推进，20 世纪 70 年代后，一些学者借助"文化镜片"对少数民族学生学业失败展开研究，在归因分析中，逐渐聚焦"文化差异"上。在各族群文化差异极大的美国，学者们对贫民学校开展民族志研究，他们从"经济地位""价值取向""认知差异""成就动机""歧视偏见"等因素对弱势族群学生开展调查，探寻弱势族群儿童较高的失学率原因。而有些人类学家甚至仅从"语言差异"这一因素对弱势族群在主流语言的学校遭遇进行研究。基于此，他们认为，弱势族群儿童家庭与社区的文化濡化模式，与主流文化背景的学校存在诸多差异，以致教师对他们的阅读、写作及会话等方面产生曲解，甚至白人同学也会对他们产生诸多曲解，这在很大程度上影响他们对学校的认同，降低在校学习积极性，产生厌学情绪，最终导致他们学业成就走低。①

到了 20 世纪八九十年代后，学者们在对"语言差异"研究过程中，逐渐发现了影响少数民族学生学业失败的主要因素，那就是少数民族学生内生文化与学校文化存在"价值观""学习风格""学习态度""学习方法"等方面差异与冲突，进而产生了"文化中断"现象。这就是所谓的"文化冲突论"。该理论坚持认为，以白人文化为背景的民族学校，若少数民族学生想在此取得学业成功，就必须配套与学校相适应的主流文化"价值观""学习风格""学习态度""学习方法"等。②

在此期间，该研究领域也涌现出许多理论，其中奥格布提出"文化生态适应论"有一定代表性。该理论认为，虽然学校是一种独立社会机构，是教育发生的独特场域，但它与其他社会机构、政治机构、经济机构等存在着千丝万缕网络关系，这一关系势必影响少数民族学生学业成就。该理论从生态学视角分析教育机构与其他机构的网络关系，借此认为，少数民族学生学业成就"失败"，是他们对主流社会各种文化压力的反抗，是对学校、家长、教师等群体的

---

① 袁同凯. 走进竹篱教室——土瑶学校教育的民族志研究 [M]. 天津：天津人民出版社，2004：24.

② OGBU J U. Racial stratification and education：The case of Siockton [M]. California：ICRD Bulletin，1977，12（3）：1 – 26.

一种"静静的革命"策略。但是，这一理论却在现实的学校教育生活实践遭遇解释困境，如，相同学校环境，不同的学生群体也一样存在着学业成就上的差异，而且在一些学校差异还相当显著。为解释这一民族教育现象，"文化模式理论"应运而生。这一理论是奥格布就已陷入解释困境的早期文化生态论的新突破，他认为，各族群学生的学业成就差异，是他们各自的"传统文化""历史经验""生存策略""人际关系"等因素使然。①

2. 民族地区本土教育研究

所谓"本土教育"，是指某族群在长期的特定生境互动中生成的一种教育形态，是一种独特的文化模式，具有地域性、内生性、直观性、经验性等特征。而"民族地区本土教育研究"这一类型，主要是指对关于少数民族在长期的特定生境互动中生成的一种教育形态的研究，旨在从复杂的少数族群生活世界中分离出教育资源，即人的发展资源，借以引起全社会共同关注与重视。

这一领域的研究，原本就是人类学（民族学）的研究领域，或者可以说，这是具有教育精神的人类学研究。因此，该领域的早期研究成为人类学学者专属领域，而研究成果也多分散在人类学论著之中。例如，美国学者基德对南非卡菲地区的人类学研究，在他的研究中，分离出大量社区本土教育相关内容。基德在深入人类学田野调查中，发现少数族群从儿童到成年这一段漫长时间里，他们在生活中随时都从长辈那里获得大量的成长资源，在家族和社区场域中，渗透着丰富的教育资源。

而美国真正最早对"本土教育"开展研究的学者，当数美国人类学家米德。她在该领域研究的标志性成果较多。为了弄清楚一个重要问题，即青春期行为表征在美国文化与原生文化之间是否存在截然差异，欲借以解决美国青少年青春期危机这一问题。1925年，米德孤身一人来到萨摩亚群岛，开展为期九个月的人类学考察，她以"他者"的立场，对3个村的50个少女的"性"和"家庭风俗"展开调查与分析，在她的人类学研究中涉及萨摩亚人的教育问题，即本土教育问题。米德根据本次田野资料，于1928年完成并出版《萨摩亚人的成年》。② 这一著作引起人们对美国文化对青少年影响的反思，引起很大轰动。随后，米德前往新几里内亚阿德米拉提群岛，对马努斯岛人开展为期6个月的田野考察，根据田野资源，米德对儿童融入生活的游戏与天然想象力，以及成人

---

① 哈经雄，滕星. 民族教育学通论 [M]. 北京：教育科学出版社，2001：62 – 64.

② 马效义，海路. 教育·文化·人格——《萨摩亚人的成年》对教育的启示 [J]. 大庆师范学院学报，2007（6）：113.

世界内在教育价值等问题展开探究，尤其是，她发现了社区传统文化模式的儿童教育价值。

借此，她于1931年出版《新几内亚人的成长》一书。在书中聚集她丰富的儿童教育思想，她认为，儿童的可塑性必须在其所属生境的价值观范围内才有价值，否则一切都是徒劳无功，也就是说，儿童的可塑性是有限度的。此外，米德还深入调查了"居山区的阿拉佩什人""居河边的蒙杜古马人""居湖边的德昌布利人"三个原始部落，对他们的日常生活世界抽丝剥茧，进行立体化比较。在她1935年出版的《三个原始部落的性别与气质》一书中有生动的表述。她在书中对儿童行为影响因素做出比较与分析，最后明确提出自己的观点，即儿童的性别角色生成并非由先天决定，而是与其所受的教育密切关联；儿童气质特征也并非由先天决定，而由所属社区传统文化模式形塑。[①]

与米德几乎同一时期，关于本土教育的相关成果非常多。首先，英国人类学家弗思在西太平洋的波利尼亚岛收集了大量田野资料，借以分析并提出本土教育是成为"蒂科皮亚人"的根本性力量，以及这种本土教育形态须以其社区组织结构为原则。其次，英国纳德尔在对尼日利亚的努卜人的研究中，指出努卜儿童本土教育一个新的重要维度，即同龄群体，它可促进儿童生产生活技能习得。美国赫斯科维茨通过对非洲西部的达荷美地区开展人类学考察，指出本土教育对达荷美传统文化的保护与传承起到至关重要的作用。

从研究的学科归属看，以上的研究更多属于人类学领域或社会学领域，只是在其中抽离出教育信息。但随着这一类研究的持续推进，逐渐出现相对独立的专门的民族教育研究领域，也就是说，他们仅关注教育领域，研究目的也是解决教育问题，只是借用人类学的田野研究方法。这一领域出现了许多突出的成果，比较有代表性的有加伊和科的尔佩里田野研究和怀延的塞皮克河田野研究。[②] 他们曾对反思美国弱势群体在主流文化背景的学校学业失败问题产生较大影响。

20世纪90年代后，该类型研究在国外出现了理性反思趋势，通过大量的田野调查及理论抽象，学者们逐渐承认本土教育对人的发展的价值，给予其合理的生长空间，同时，他们也指出本土教育自身的局限性，如保守性、狭隘性与排外性等。慢慢地，学者们的研究逐渐倾向于探寻本土教育与学校教育两者之

---

① ［美］米德. 三个原始部落的性别与气质［M］. 宋践，等译. 杭州：浙江人民出版社，1988：266.

② 涂元玲. 村落中的本土教育［M］. 太原：山西教育出版社，2010：13.

间的平衡点，促进两者之合和，旨在促进"人的发展"这一终极目的。

基于以上研究梳理，我们可以看出，为确保"他者"的敏感性，国外人类学学者体现出其求真务实的精神，他们敢于冒险、勇于探索，置身于原生文化社区之中开展细致入微的田野考察，不仅探求真知，而且也借此反思本国社会转型期涌现的各种社会问题。当然，国外这一类型的研究与我国在价值形态上存在诸多差异，但国外学者勇于探求真知的精神，以及研究的相关理论与方法均非常值得学习。

除"民族地区学校教育研究"和"民族地区本土教育研究"这两种粗略分类之外，国外许多社会学学者运用民族志方法对学校教育开展研究，主要集中在学校与国家关系、学校与学生的关系等，他们借用社会学理论对学校进行结构化，深入对某一学校，甚至某个个体开展调查，找出个人、学校与国家权力的关系。英国学者威利斯以一所工人子弟学校为研究个案，置身田野点，将观察和访谈两种常用的方法相结合，鲜活剥开12个因"泡妞""酗酒""打架""挑衅老师"等反社会行为生成的心理结构改变的案例。以小见大，他揭开当时工人阶级子弟命运面纱以及内在生成的逻辑。他的著作《学做工：工人阶级子弟为何继承父业》对这一研究成果做出全面论述。一个人的行为总是不自觉反映社会面貌，美国沃尔科特则据此以一名校长为研究对象，开展为期两年的微观民族志研究，捕捉一个名叫贝尔的校长工作与生活片段样本，以"文化镜片"透视校长日常生活与角色扮演，反思其所属群体的行为逻辑。沃尔科特的该成果价值突出，使其所著《校长办公室的那个人：一项民族志研究》一书成为微观民族志经典著作。

总体而言，国外相关民族教育研究成果卓著。尤其是国外学者敢于扎根异域，以"他者"视角透视田野文化事项，非常值得国内学者学习。然而，事物往往有两面性，国外学者值得我们学习的同时，在研究立场上却需要我们审思，国外学者更多将田野点作为"对象"开展研究，只管"找事"与"说事"，不管"做事"，因而必然会对田野对象自身的发展有所忽略，这一点需要国内同行随时警醒。因此，在借鉴国外理论与方法时，须保持清醒的头脑，凝视理论生成所携带的不良基因，必须坚守"中国立场""中国意识"①，警惕被国外的研究价值取向所误导。

---

① 赵旭东，等."田野回声"五人谈：中国意识与人类学意趣［J］.广西民族大学学报（哲学社会科学版），2013（3）：12－13.

（二）国内民族教育相关研究

民族教育问题是随着现代民族主义思潮和民族国家建构而产生的，因此，我国民族教育问题已有百余年的历史，其中民族教育研究曾有过阶段性学术辉煌。① 总体而言，我国相关民族教育研究相对较晚，专门的研究与实践肇始于20 世纪 80 年代，随着国家对民族教育的逐渐重视，该领域的相关研究已日益成为社会科学尤其是教育学与民族学领域的重要研究热点，引起相关学者以各种方式介入该研究领域。结合现有文献，我们将我国民族教育研究粗略划分为以下几个类型。②

1. 民族地区学校教育研究

所谓的"民族地区学校教育研究"，顾名思义，是指对民族地区的学校开展的研究，因此，按研究的学科视角，我们又将之分为两个种类，即教育学视角与民族学视角。

（1）教育学视角

以教育学为视角的研究在我国起步相对较早，因为其所采用的研究方法、理论依据与普通的教育研究相差无几，不同的是，增加了少数民族地区的某些特殊性。而且，类型的研究初期，也尚未涉及少数民族文化层面，大多运用政治学的研究方法，以"问题与对策"为研究模型，对策多从"经济原因""政治原因"两方面加以阐述，本研究以"民族教育"为篇名关键词检索，共检索出 8359 条结果，其中早期研究的 70% 以上学者都将"经济因素""政治因素"作为民族教育发展滞后的两个决定性因素，这将问题简单化为少数民族教育问题只需要"经济补偿""政治增权"就能化解。

此外，这类型研究均仅关注学校教育领域，社区传统本土教育系统尚未涉及。根据香港大学白杰瑞（Gerard A. Postiglione）教授的研究，我国学者对少数民族学校教育的研究主要集中于教育发展史，著述颇丰。如《甘宁青民族教育史简编》（朱解林，1993）、《鄂伦春族教育史考》（李瑛，1987）、《中国少数民族教育史》（韩达，1998）、《中国民族教育》（吴仕民，2000），③ 等等。在这些少数民族教育史论著中，多以主流社会发展为线索展开，注重国家对民族地区

---

① 巴战龙. 何为民族教育研究领域的重大问题［J］. 中国民族教育，2016（11）：14.

② 王国超，孟立军. 回顾与展望：我国民族教育研究述评［J］. 学术论坛，2013（9）：208－211.

③ POSTIGLIONE，GERARD A. National Minority Regions：Studying School Discontinuation［M］//LIU J，HEIDI A R，DONALD P. The Ethnographic Eye：Interpretive Studies of Education in China. New York：Falmer Press，2000：51－71.

的相关教育政策的梳理。① 同时，我国早期民族教育研究已关注民族地区学校教育发展问题。例如，孟立军在《历史性跨越：民族教育超常规发展与民族地区发展研究》（2000）专著中，巧妙地运用政治学视野与研究方法进行民族教育研究，其对我国社会主义条件下民族地区学校教育跨越式发展的模式、运作状态、实施过程及其对民族地区经济和社会发展的影响等方面进行了全面的探讨。② 在宏观上探索民族地区学校教育研究发展的方向，在一定程度上成为国内该类型研究的思考框架。

21世纪早期，我国民族教育研究发展加速，逐渐形成了独立研究体系。随着《中国少数民族教育学概论》（孙若穷，1990）和《民族教育学》（景时春，1991）的理论"拓荒"后，国内教育学学者纷纷以各种形式参与了这一类型的研究，涌现出许多优秀成果。哈经雄、滕星主编的《民族教育学通论》（2001）问世，其对民族教育所涉及的内容进行纵向研究，包括民族幼儿教育、民族基础学校教育、民族高等教育、民族职业教育、民族师范教育、民族成人教育，等等。③ 几乎涉及民族地区各级各类学校教育领域，这显然尚未挣脱传统学校教育的思考框架的束缚，尚未凸显民族教育研究领域的独特性，但论著中引介了西方教育人类学理论与方法，如"西方低学业成就归因理论"等，在阐述我国多元文化的社会现实基础上，创造性地提出了"多元文化整合教育"理论，成为这一著作的闪光点。④ 随后，滕星教授及其研究团队也采用该理论在云南等少数民族地区进行田野考察和本土化阐释，成果显著。西北师范大学王鉴教授的《民族教育学》（2002）一书开辟了民族教育研究的独特领域，其基于深入的国外多元文化教育理论分析，提出有一定见解的教育理论及基本框架，⑤ 又是一次对民族教育研究领域的深度挖掘。总之，这两部著作已成为目前我国民族教育研究者的"成年礼物"，持续滋养着民族教育研究与实践的发展。

（2）民族学视角

"民族学视角"主要是指应用民族学（人类学）的理论与方法研究学校教

① POSTIGLIONE, GERARD A. National Minority Regions：Studying School Discontinuation ［M］//LIU J, HEIDI A R, DONALD P. The Ethnographic Eye：Interpretive Stud－ies of Education in China. New York：Falmer Press，2000：51－71.

② 孟立军. 历史性跨越：民族教育超常规发展与民族地区发展研究［M］. 南宁：广西民族出版社，2000：50.

③ 哈经雄，滕星. 民族教育学通论［M］. 北京：教育科学出版社，2001：333－510.

④ 哈经雄，滕星. 民族教育学通论［M］. 北京：教育科学出版社，2001：558－575.

⑤ 岳天明.《民族教育学》评介［J］. 民族研究，2003（3）：105－106.

育领域的问题，这一类型的研究也被称为"教育研究的人类学范式"①，包括宏观研究、微观研究两个方面。

　　袁同凯教授于 2004 年出版的《走进竹篱教室》一书具有一定的代表性。著者"走进竹篱教室"，以细密的民族志研究为基础，找出学校与社区关系、学校与政府权力的关系等，从社会政治地位角度分析了土瑶儿童学业失败的根源所在。论者认为，土瑶族群在社会政治体系中缺乏地位、没有话语权利是其在学校学业失败的关键性因素。该研究成果进一步验证了奥格布（J. U. Ogrbu）关于社会阶层对族群学业成就影响的理论②，该著作堪称此类型研究成果的代表之作。与此同时，中央民族大学滕星教授及其研究团队的后期研究，也多涉及这一方面，成果显著。例如，《国家意识与地域文化》（班红娟，2010）、《人类学视野中的学校教育与地方知识》（巴战龙，2008）、《无根的社区、悬置的学校》（李红婷，2010），等等。中南民族大学孟立军指导的博士学位论文《民族学校教育中的隐性力研究——对黔南石龙乡布依族苗族学校教育的田野考察》（李卫英，2009）、赵建梅著的《培养双语双文化人：新疆少数民族双语教育的人类学研究》（2011）、翁乃群主编的《村落视野下的农村教育：以西南四村为例》（2009）、李小敏著的《村落知识资源与文化权力空间》（2003）③ 也均属这一方面，他们选择的研究视角都是以一个少数民族村落社区为个案，见微知著，反观学校、国家与权力运行机制。当然，西北师范大学万明钢教授指导的博士学位论文和各高校的民族学、社会学专业的博士也都对此有所涉及。

　　随着各地相关研究机构相继设立，学术梯队日益完善，民族学与教育学交叉综合研究成果层出不穷、精彩纷呈。学者及其研究团队凭借早年教育学理论积淀和后期民族学理论补给，促进传统的"以教育学视角的研究"向"教育学与民族学联姻的研究"范式转换。《文化变迁与双语教育》（滕星，2001）和《文化传承与教育选择》（王军，2002）是范式转换的两部重要力作。滕星教授在 2001—2002 年间相继主编了《教育人类学研究丛书》（第一辑，5 部），2008年伊始，滕教授又相继主编了《教育人类学研究丛书》（第二辑，11 部），其中作者包括香港的罗慧燕、张慧真和美国的白杰瑞、西玛哈偌等海内外青年学者。西北师范大学西北少数民族教育发展研究中心也主编了《西北少数民族教育研

---

① 孙杰远. 教育研究的人类学范式及其改进 [J]. 教育研究, 2015 (6)：4 - 37.
② 袁同凯. 走进竹篱教室——土瑶学校教育的民族志研究 [M]. 天津：天津人民出版社, 2004：368 - 374.
③ 丁钢. 中国教育：研究与评论 [M]. 北京：教育科学出版社, 2003 (9)：1 - 52.

究丛书》（6 部）和《多元文化与西北民族教育研究丛书》（7 部）两套丛书，内容涉及心理、政策、体育、课程、价值观，等等。当然，全国各民族地区师范院校的相关学者此时也依托区域文化资源优势展开该类型的研究工作，尤其是对具体的学科专业（知识）方面的研究，成果显著。

此外，近年来，民族学视角学校教育研究，已出现许多突破了"民族"界限，多以乡村社区及乡村学校为"田野"的研究。该类型研究的视野更为广阔，因而成果更为丰硕。首先，李书磊在《村落中的"国家"》（1999）专著中，基于民族志的视角，以河北省丰宁县胡麻营乡①为个案，细细探究学校设置、课程设置、学校仪式等的国家象征意义，开创性地剖析国家权力、学校与村落之间的关系，指出中国乡村教育在城市化、工业化进程中所产生的困惑。② 该著作不到 15 万字，却堪称该方面的经典之作。此后该方面的研究成果，不管是论文还是专著，大都难以挣脱"村落中的'国家'"的印迹。其次，司洪昌在《嵌入村庄的学校》（2006）一文中，以自己所成长的一个地处华北的乡村社区为个案，采用口述史、田野调查、个人生活史、参与观察等研究方法，以解决自己的精神困惑和所属群体的生存与发展为旨趣，呈现出至晚清以来仁村学校教育的风风雨雨、公立学校与私立学校的互动与变迁、国家与村庄互动与变迁以及学校再生产的人的人生境遇，等等。③ 这又是一个新的研究突破，其荣获"2008 年度全国百篇优秀博士学位论文奖"，当之无愧。丁钢教授指导的博士学位论文《教育场域中的资源争夺、创造与博弈》（黄瓒，2008）、《历史的背影：一代女知识分子的教育记忆》（姜丽静，2008）等均属这一方面。南京师范大学吴康宁教授及其研究团队开拓了教育社会学、学校社会学和课堂社会学等研究领域，运用社会学理论和民族学（人类学）研究方法开展研究，内容包括：国家权力与学校关系，学校内部学生之间、教师与教师之间、教师与学生之间、学生与学生之间在不同场域中的关系，等等。例如，《学校生活中的教师和学习》（齐学红，2006）、《走在回家的路上》（齐学红，2005）、《都市中学的学生文化》（白芸，2006）、《沉默的力量：学校空间中教师与国家的互动》（常亚慧，2007）、《局外生存：相遇在学校场域》（马维娜，2002）、《教育中的"肉"

---

① 虽个案属县是丰宁满族自治县，但文中并未涉及民族问题，因而本书将之归为"汉族地区教育"。

② 李书磊. 村落中的"国家"——文化变迁中的乡村学校［M］. 杭州：浙江人民出版社，1999：188－192.

③ 司洪昌. 嵌入村庄的学校——仁村教育的历史人类学探究［M］. 北京：教育科学出版社，2009：2－41.

与"灵"：身体社会学视角》（闫雪蕾，2006），等等。

近年来，该类型研究不断丰富。华东师范大学李政涛教授认为，教育人类学研究（民族教育研究）应该摒弃国外人类学研究的价值取向，主张坚守"教育学立场"①。2000 年前后，我国学界涌出许多优秀的教育民族志论著。其中，艾琼在《从乡野的主人到城市的边缘人》（2005）一文中，运用了社会学的资本、经济理性等理论，对上海普陀区一所简易学校开展微观民族调查，透过"文化镜片"，揭开农民工子弟在城市求学的内在心理演变。② 刘云杉于 2002 年发表的《帝国权力实践下的教师生命形态》一文堪称我国微观教育民族志经典，文中，她选取封建私塾先生作为研究个案，以这一位清末的教书先生 40 多年的日记作为研究基础，从这位老先生的经历与体验，还原他当时的生活场景，揭开当时国家与社会的权力互动面纱，分析国家权力与文化人之互动关系变迁。③王志明在《教育给了我们什么》（2008）一文中，同样采用教育民族志研究方法，以一个村落社区学校为田野点，专门对因学业失败而离开学校的学生展开调查，作者将这类学生形象地称为"脱轨者"，他密切地追踪"脱轨者"走向及其生存状态，基于丰富的田野资料，他提出"外置式"的村落社区学校教育应实施多元文化教育，予以村落社区儿童多元发展空间，而非唯一的学校轨道。④ 云南师范大学长江学者王鉴教授开创性地提出"课堂志"研究方法论，主张以鲜活的课堂作为田野调查点开展参与观察，开展教育民族志研究，⑤ 这一研究方法极有利于提高教学实践质量，因此，学界纷纷借此开展研究。中南民族大学孟立军教授也借此开展名为"贵州省民族文化传承的课堂志研究"的国家社科基金课题研究，孟教授与课题研究团队开展历经五年，跨贵州省三个民族地区、23 所中小学的课堂，在课堂现场收集了大量一手资料，借此开展深入理论分析，该课题已于 2017 年结题。总之，这一研究范式已逐渐成为相关民族教育研究的发展方向。

2. 民族地区本土教育研究

我国对该类型的研究，起初也属于人类学、民族学学者的专属研究领域，有的学者针对某民族文化事项开展深入的田野考察，并从中分离出教育信息，有的学者则直接从民族社区日常生活世界中探寻其中的教育寓意。

---

① 李政涛. 教育人类学引论［M］. 上海：上海教育出版社，2009：65.
② 丁钢. 中国教育：研究与评论［M］. 北京：教育科学出版社，2003（9）：181.
③ 丁钢. 中国教育：研究与评论［M］. 北京：教育科学出版社，2003（3）：143.
④ 丁钢. 中国教育：研究与评论［M］. 北京：教育科学出版社，2003（12）：209.
⑤ 王鉴. 课堂志：回归教学生活的研究［J］. 教育研究，2004（1）：79 - 85.

我国这类型的研究起步较晚，早期的相关研究仅分散于各种人类学研究系统之中，早期人类学著名学者如费孝通、林耀华、杨懋春、吴燕等均在自己论著中涉及本土教育领域，但从本质而言，它依然属于人类学研究范畴之内。基于现有文献，本研究认为，我国该类型研究肇始于 20 世纪 80 年代末，以西南大学张诗亚教授及其团队为代表。这一团队充分利用"西南民族教育与心理研究中心"这一教育部基地优势平台，借助西南地区物种多样性与文化多元性的天然"田野"，积极开展民族社区本土教育研究。张诗亚教授在《西南民族教育文化溯源》（1994）一书中坚持文化多样性观点，承认每种文化及其承传（教育）方式都有其合理性，阐述了现代性与地方性之间的矛盾，指出民族地区现代学校教育系统的引进，不应是外置式嵌入，而是基于"内生"的本土教育系统基础上重新构建现代民族教育系统①。此外，张教授还主编了《西南研究书系》（24 部）、《多元文化与民族教育文库》（7 部）、《西南民族文化与教育研究》（7 部）三套丛书，率先开拓了该领域的学术空间。其中，《教育在仪式中进行》（吴晓蓉，2002）一书著者将自己作为研究工具，通过与研究对象（摩梭人）之间的互动交往来理解他们的日常生活与行为，借此对摩梭人成年礼仪式的教育内涵进行阐释。② 《生育文化的田野调查与教育内涵分析》（李珊泽，2003）一书著者则通过对炎方苗族生育文化的人类学考察及各种组成层面，如生命价值观、婚姻缔结、生育习俗、家庭养育、丧葬习俗等进行教育人类学分析，挖掘出苗族人独特的生育文化符号系统及其传承途径，证明了生育文化既是教育可延展的空间，又可为教育提供鲜活的教育内容、教育方式和教育途径等。③ 这两部专著堪称该类型早期研究的经典之作。

随后，张诗亚教授及其弟子的研究成果日益增多，如《互补与和谐：白族母性文化的道德教育功能研究》（何志魁，2009）、《蚕丝文化传承中教育功能分析》（陶红，2009）、《鹰雏虎崽之教：教育人类学视野下的彝族儿童民间游戏研究》（张新立，2007）、《西江苗族"换装"礼仪的教育诠释》（陈雪英，2011）、《礼与情：一个白族村落人神交往之馈赠礼俗的教育解读》（罗利群，2012），等等，主要涉及西南地区各民族的文化事项。中央民族大学近年来的博士学位论文也涉及该类型的研究，如《朝鲜族传统游戏传承的教育人类学研究》

---

① 张诗亚. 西南民族教育文化溯源 [M]. 上海：上海教育出版社，1994：序言.
② 吴晓蓉. 教育在仪式中进行 [M]. 重庆：西南师范大学出版社，2003：65 – 225.
③ 李珊泽. 生育文化的田野调查与教育内涵分析 [M]. 重庆：西南师范大学出版社，2003：48 – 167.

（崔英锦，2007）、《海南黎族打柴舞文化传承的教育人类学研究》（岳永杰，2008）、《文化传承中的教育空间与教育仪式》（田增志，2010）、《凉山彝族家支文化传承的教育人类学研究》（刘正发，2007）、《文化传承与教育视野中的蒙古族那达慕》（白红梅，2008），等等。西北师范大学也充分利用西北民族文化资源开展研究，成果显著，如《多元文化教育比较研究》（王鉴，2006）、《多元文化视野：价值观与民族认同研究》（万明钢，2006）、《社会转型期乡村文化传承与发展研究：B 村教育人类学考察》（于影丽，2009）等。与此同时，国内各地学者也逐渐涉足该研究领域，形成了良好的发展态势。

诚然，我们仅是为便于研究而对民族教育研究领域进行粗略分类，并非借此说明某学者及单位（学术团队）一以贯之只从事某种单一的研究类型。

（三）国内外民族教育研究简评

若以美国教育家休依特于 1904 年至 1905 年间的《人类学与教育》《教育中的种族因素》两篇论文为起始，至今全球民族教育研究已超百年，成果遍布世界各地。各国在这百年历程中均涌现诸多优秀学者及其经典论著，成果纷呈，持续促进了民族教育学科在全球范围的逐渐形成，但由于各种因素，也存在着诸多有待探讨之处。

1. 对国内外民族地区学校教育研究的简评

众所周知，科学研究往往是由问题驱动的。由于工业化在西方国家持续推进，社会逐渐转型，各种各样的社会问题涌现，作为社会子系统的教育领域，自然也问题频出。这就催生该类研究在西方发达国家兴起，尤其是美国关于弱势族群学生学业失败归因的理论具有一定的借鉴价值，但因"文化背景"和"价值取向"差异，在借鉴国外理论与方法时，须保持清醒的头脑，坚守"中国立场""中国意识"①，警惕被国外的研究价值取向所"指引"。

国内参与"教育学视角"的学校教育研究中，多是教育学学者。他们早期的研究大都从自身学科背景进发，依附在传统的教育学和政治学研究体系之中，其研究运用的理论与方法和普通的教育研究相差无几。多以"平等"为理论假设，关注"因政治、经济和文化发展滞后这一特殊性"，而导致民族地区学校教育发展的相对滞后、民族地区少数民族学生学业成就失败等问题。在宏观上探讨缩小这种差距的策略。这种边界模糊的"民族教育研究"，给民族地区政府的学校教育政策制定与调整提供了借鉴。然而，这些"特殊性"本身并非纯粹的

① 赵旭东，等. "田野回声"五人谈：中国意识与人类学意趣［J］. 广西民族大学学报（哲学社会科学版），2013（3）：12 – 13.

教育问题。该类型研究中所遮蔽的一些深层的文化问题近年来逐渐得以凸显，引起各界学者普遍关注。

20世纪末，我国教育学学者借鉴了国外教育人类学的理论与方法开展民族教育研究，他们拓宽问题解决的思路，逐渐出现多元化研究的发展趋势，促进教育学与民族学走向"联姻"，借此在国内民族地区进行本土探究，关注民族地区学生文化连续性对其学业成就的影响，并逐渐构筑了本土化民族教育理论体系，适时为我国民族地区教育政策制定提供理论依据与实证参考。① 然而，此类研究以主流文化背景的学校及其学生为评估尺度，借以对少数民族儿童进行评价与比较，结果可想而知，他们从结果中认定少数民族儿童的特殊性，这极易滑入"改造"轨道之中。他们将"民族文化"作为"他者"为学校教育服务，以主流社会背景下的现代学校教育为模板与想象，欲以此实现"增权"与平等，鲜见强调与坚持民族地区"内生"教育发展之立场。未从动态的文化变迁视角对学校教育加以分析，也没有从"人"价值发展的"原点"对民族教育加以探讨。

不管是宏观、中观还是微观，欧美学者最早以民族学视角对学校教育展开研究，即学者们运用人类学的相关理论与研究方法开展学校教育研究，如中观研究成果：《学做工》（保罗．威利斯，1977）；微观研究成果：《校长办公室的那个人》（沃卡特，1973）。总之，国外该类型基本理论与研究方法非常值得国内学者借鉴。

在国内，以民族学为视角的研究已逐渐成为当下民族教育研究的重要发展趋势之一，因其逐渐突破了"民族"视域，将研究对象无限扩展。它采用民族学（人类学）的民族志研究方法，以民族学和社会学为理论基础，对学校教育发展相对滞后的地区进行研究。该类型有宏观研究，偏重于探析国家、社区、学校、教师和学生的互动关系；也有微观研究，倡导走进鲜活的教育生活现场，进行"课堂志"研究。华东师范大学、西北师范大学和南京师范大学的相关学者多从事此类型的研究，颇有建树。然而，该类型研究多为对"国家""社区""学校"的互动机理进行描述与解读，仅重视对教育社会问题的解析，而对教育问题本身的解决策略探究乏力。鲜见可资借鉴的"内生"理论资源，也缺乏就民族社区文化事项对"社区人"生成与发展的探究。

---

① 孟立军．贵州民族文化传承的课堂志研究［M］．北京：中国社会科学出版社，2017：
23－26.

2. 对国内外民族地区本土教育研究简评

19 世纪末至 20 世纪初期，工业化在西方国家持续深入，人们生活方式发生重大变迁，催生出各种各样的社会问题，作为社会系统的一个独特的子系统，教育领域涌现出诸多问题。许多学者，尤其是社会学和人类学学者首先敏锐地嗅出这些复杂的社会问题，他们积极开展原生文化研究，旨在探寻出解读与解决本国社会问题的钥匙。这一目的使研究做到"价值无涉"，但也同样将研究对象的"对象化"，这成为西方国家该类研究无法摆脱困境。如米德的研究目的是探究萨摩亚群岛青少年青春期行为，找到文化原因，借此解读与解决美国青少年青春期危机。因此，他们的研究体现了狭隘的民族主义情怀，缺失对研究对象的生命关怀。

国内该类型的研究同样以民族学、人类学和社会学学者为先，他们运用自身深谙的民族志研究方法，开展民族地区本土教育研究。从根本而言，该类型研究就通过对某族群文化开展田野透视，借以分离出其中的教育信息，即文化所属群体的成长资源，也提出民族文化的内在价值及其存在合理性、合法性，借此反思现代学校教育对民族社区整体"成人"教育的功能缺失，从而论证某一传统民族文化事项在当下存在的合理性、合法性，具有重要的理论与现实意义。

尽管国内研究基本上可排除价值取向问题，但是，该类研究的问题是，学者有过于夸大本土教育的价值的嫌疑，同样对现代主流文化背景下的学校教育进行贬损，这极易走向另一个极端。也就是，这些学者在强调民族文化的教育价值，因而许多文化事项却有"被强行"拉入教育轨道之嫌，鲜见对整个民族的文化模式对"社区人"生成与价值提升的研究。同时，也鲜见探讨在社会变迁背景下，现代性知识与本土性知识（地方性知识）两类体系如何"联动共生"的研究、民族文化模式对社区人的影响，以及民族文化与学校教育互动变迁的研究。

五、主要创新点

（一）立场：坚守教育学立场，教育研究与教育实践相互叠合

本研究采用了人类学的理论与方法，置身介入该个案民族村落社区这一教育现场之中，参与观察，对该民族社区"人"的深度访谈、个人生活史记述，缓缓靠近他们的心灵，但这容易滑入传统人类学研究的困境之中。因此，在研究过程中，始终坚守"教育学"立场。在身份角色上，力争做到"研究者"与

"教育者"角色叠合与适时切换；在行动上，力争做到"解读"与"解答"并举，积极创设"研究在实践中""实践在研究中"的情境。本研究力图借此修补传统人类学研究中过度保证"他者"的原生性而多关注"找事"与"说事"，对"做事"却有意无意回避的现象。①

（二）方法：以民族志为基础，宏观研究与微观研究相互呼应

本研究首先对教育的"人"性格进行较为翔实的宏观的理论探讨，以一个相对独立的文化生成场域——民族村落为视域，借宏观教育理论关照微观的民族村落的具体教育现象、教育问题。借此揭示出以"生活世界的教育"为主的本土教育与以"科学世界的教育"为主的学校教育两个教育世界的互动机理与发展规律。这在一定程度上突破了传统民族教育研究因对"教育与人的发展"这一宏大叙事与理论思辨而有意无意对某些微观的现实教育问题遮蔽的研究范式。

（三）路线：以人的发展为主线，学校教育与本土教育有机链接

本研究认为，"教育对人的发展起主导作用"若是真命题，那么，这里的"教育"必然是指在特定时空的教育发生，而非特指当下的学校教育（形态）。换言之，这里的"教育"必由"学校教育"与"本土教育"两个系统有机同构。因此，本研究基于民族社区"人的发展"的角度审视民族教育系统问题，一定程度上打破了传统的"学校教育"与"本土教育"自成体系的研究藩篱，将两者同归为实现"人"价值提升的两种表达方式或路线，尝试构建两者联动共生机制及其相应实践策略，希图借此还原教育的天然功能，推动社区人从"族群认同"到"国家认同"，乃至"全球认同"。

（四）观点：针对文化边缘人，发现了几点新的认识与观点

在研究过程中，我们逐渐获得新的洞察，发现了一些粗浅的认识和观点。

首先，本研究基于马克思关于人的发展的"三个形态（阶段）"理论，提出了民族社区儿童的社会性发展秩序，即"社区人⇌国家人⇌世界人"。当前教育学学者普遍认为，民族地区现代学校教育的弊端之一，就是学校试图省略"社区人"这一根本环节，直接过渡到"国家人"乃至"世界人"的培养，由于学校教育的"外力"作用，这几乎成为一条没有回路的人生发展路线，这就不可避免生产出大量的"文化边缘人"。②

---

① 王国超，孟立军．回顾与展望：我国民族教育研究述评［J］．学术论坛，2013（9）：208 – 211.

② 赵忠平·村庄的陌生人［M］．北京：社会科学文献出版社，2018：231 – 277.

其次，20 世纪 90 年代前，现代学校教育所生产的"文化边缘人"，对个体而言，边际人格使他们社区身份认同模糊，进退维谷，因此陷入"学识水平与生活水平故意反道而行"的困境。而对国家而言，少量的"文化边缘人"有效地填补了国家与社区链接所留下的缝隙，不仅使国家政权触角延伸到民族村落社区成为现实，而且促进了国家的"动态"稳定与发展；同时，他们还是社区人认识外面世界的窗口，为社区人在更为广阔的世界自我定义提供可能性。

最后，当前民族村落学校教育所生产的新时代"文化边缘人"，呈现出群体化、低龄化、立体化之特征，已成为"无根的一代"，他们将何去何从？这逐渐由"教育问题"到"社会问题"转向，由"个人问题"到"公众问题"转向，亟待全社会从教育的源头予以关注与解决。

六、田野点选择：何以选择羊望村社区

本研究以黔东南苗族侗族自治州境内的一个苗族村落社区的教育问题作为对象，主要采用人类学的田野调查（field study）方法，探究该社区在中华人民共和国成立至今学校教育与本土教育两个教育体系互动变迁的历程，借此，结合现实，尝试构建现代民族村落社区教育模式，为社区教育的价值保驾护航，旨在为我国民族社区教育的发展提供微观参考。

那么，何以选择羊望村社区作为田野点？

民族志研究，选择一田野点是必经的过程。而田野点的选择又是一个极其复杂的过程，它事关整个研究工作的成败。因此要考虑周全，既考虑所选择个案的意义和代表性，又得考虑可行性。有些个案极具代表性，却难以进入田野，或走进田野也难有所收获，真相常常被遮蔽。因此，有学者主张取得田野点的"关键人物"的信任与帮助至关重要，这个关键人物就是"看门人"（doorkeeper)①，本研究的关键人物就是王朝林、王彪、潘永儒、王永新、李朝英等人。城市社区是一个开放性空间，人员流动较大，陌生人随处可见，研究者的进入与融入相对容易。而民族社区是一个"熟人社会"，人们日复一日面对熟悉的面孔，因而研究者的介入需要很长的适应过程。尤其是，近年来民族社区各种偷盗不良风气再次抬头，诈骗、绑架也偶有发生。因此，任何外人介入社区，都处在怀疑、监视及不信任的包围之中，这就需要付出更多精力、花费更多的时间。正如学者曹锦清对乡村社区调查时的描述那样：

① 陈向明. 质的研究方法与社会科学研究［M］. 北京：教育科学出版社，2000：151 - 154.

"朋友、熟人与陌生人，亲人、自己人与外人，圈内人与圈外人之间区分十分明显，总觉得有一种无形的墙。只有在亲友圈内，我们才感到无拘无束，谈起话来无所不说，无所顾忌；在陌生人、圈外人之间，总有意无意地加以设防，或不知所措。"①

一方面，鉴于选择"异域"所带来的入场艰难，甚至研究效果难以保证，本研究选择了作者出生地的苗族村落社区来做田野调查，避免了作为陌生人的"侵入"而难以被信任的现象，可以完全作为一个圈内人融入社区生活中参与观察，这是在"异域"田野根本无法做到的。另一方面，作者所生活的社区本身属民族村落社区，由5个自然寨组成，2364人，共有572户，虽平平淡淡，但不做作、不修饰，所有的一切都如此真实，而且本研究主题所需的各种资源基本具备。此外，作者30多年的生活，所积累的教育问题也可以在研究过程中得以解读，甚至解答，也可以向另外一个"生活世界"呈现该社区个体与群体60年来独特的生存样态。当然，在选择该社区作为个案田野时，曾经犹豫过，担心会"因熟视而无睹""因身在此山中而难知真面目"，错过许多有价值的研究资源。但导师亲自到社区考察，并给予鼓励；加之，古今中外也不乏成功的案例，如，费孝通的《乡村经济》的田野点选择是在离家较近的吴江，且其姐姐在江村开办缫丝厂，便于调查；此外，林耀华的《义序的宗教研究》选择的义序、杨懋春《一个中国村庄：山东台头》选择的台头、阎云翔的《私人生活的变革：一个中国村庄里的爱情、家庭与亲密关系（1949—1999）》选择的下岬村等，均是作者长期生活的地方；2008年度全国百优博士学位论文《嵌入村庄的学校——仁村教育的历史人类学探究》（司洪昌，2006）里所选择的"仁村"，青年学者巴战龙的《学校教育·地方知识·现代性——一项家乡人类学研究》（2010）所选择的"明花"，等等，也是研究者自己生长之地。此等种种，坚定了作者在本研究中选择自己的家乡作为田野调查点的信心。本研究的完成，很大程度上得益于作者是社区里的"圈内人"，在田野调查期间，并没有像其他异域研究者那样"兴师动众"，而是像往常一样回家，只是在家待的时间长得多，以前一次一般待一个多月，而且还不是假期；这几次回家（应该说是去做田野调查），不管刮风下雨，每天都在外面，找人聊天（应该说是在做访谈）、或安静观察人们的行为。村落社区里的每项活动都愿意参加，如参加芦笙队，作者跟随芦笙队前往各村寨奔丧，尽量成为其中的一分子。而且还常常陪社区人走

---

① 曹锦清. 黄河边的中国——一个学者对乡村社会的观察与思考［M］. 上海：上海文艺出版社，2013：487.

亲戚，等等。通过这些方式，介入社区人生活之中，自然观察、自然访谈，在这样的熟人社会里，已完全获得人们信任，比较全面、周全，综合所获的信息，不断审思自己的生命经历以及与同龄人的差异，不断解读社区教育对社区人的价值之所在。

本研究是一项家乡教育人类学研究。从呱呱坠地起，作者就处在社区文化之网呵护之中，也不知从什么时候开始，突然对外面的世界充满好奇，从社区往县城方向，是丘陵地带，四周都是高山，初中之前，走得最远的地方就是县城，县城旁边就是龙泉山，过了山那边就是黔南州辖地，总是想探明山的那边是什么样子。"走出大山"，凭着这一似是而非的信念努力学习着，小学毕业时以全班第一的分数考入扬武小学初中部，然后中考以 500 多分考入省重点中学——凯里一中，从此离开家，在城市学习与生活，只有假期才回家。近 20 年来，辗转穿梭于城市与村落社区这两种不同的文化之间，两种身份不断交替着，而且在后期，城市生活的时间占全部生活时间的 85% 以上，这容易给作者一种较为中立的立场观察教育与文化事项，也赋予本研究一种特殊的人文关怀。长期与社区的分离，容易给作者对社区传统文化保持认知敏感度，也给作者"置身事外"之感来审视社区的传统文化与教育事项。美国著名人类学家拉尔夫·林顿（Ralph Linton，1893—1953 年）在给杨懋春的著作《一个中国村庄：山东台头》（英文版，1945）写序言时说道：

"……获得一种文化的切近知识的最佳途径，是而且永远是在这种文化中被养育成长。……任何切近地参与两种文化的人，都处于更加清晰地认识观察这两种文化位置。文化的每一个不同之处，都会使原来处于意识态度和价值进入意识领域。

"可以肯定地预言，对社会科学最有价值的贡献，将来自那些由于双重文化参与，从而能无偏颇地获得事实和理论体系的科学家。"①

这与其说是一个久经"田野调查"历练的人类学家对"人类学研究者难以融入异域田野，并深入异域文化的隐蔽层面和情感世界"的由衷感慨，不如说这是对中国家乡人类学研究的未来转向予以肯定性预言。

人类学先辈们的研究所取得的突出成就足以让人信服，在以研究"他者"为旨趣的人类学的"认识论"与"方法论"中，异域与本土、自我与他者的界

---

① 杨懋春．一个中国村庄：山东台头［M］．张雄，等译．南京：江苏人民出版社，2001：1-5.

限往往是暧昧的，家乡人类学研究也能磨出人类学的大技艺。①

将家乡（羊望）作为田野点的选择，作者作为局内人，将给本研究带来诸多便利。

（一）人际关系便利

作者在"田野点"长大，在民族社区文化之网的呵护下成长，濡化了社区文化、社会规范、民族禁忌等，因此可以在社区里自由交往，可以和谐地穿梭于社区所有自然寨之间进行"田野调查"，这是对作者——作为一个研究者自身而言的；对民族社区人而言，作者仅仅是一个"回乡者"，"访谈"就成了"主体间性交谈"，作者的观察，就成为自我群体的关切，一切田野调查过程看似作者出于"好奇"而对社区生活所产生的关怀。另外，作者在村落里已成了"名人"，不仅是因为作者端上"铁饭碗"，而且已安居省城，还拥有全村最高学历，社区人甚至认为作者是全乡唯一的博士，更有甚者，认为是全县少有的博士。在村落社区里，但凡子女有"读书潜力"的家长，对作者分外热情，希望得到帮助与指点，有子女是高中生和大学生的家长，态度更为热情。因此，本研究的调查以社区大学生的分布网络而展开。当然大学生作为文化人，也是非常重要的研究对象。正好村支书的儿子在省城读书，这几年来，得到作者一些关照，因此其对作者田野调查给予了莫大的支持，比如村、乡的官方数据均在支书的支持下完成。同样，社区学校负责人王彪老师的儿子与作者交往密切，社区学校的相关资料获取也轻而易举。更重要的是，社区里有许多人在县城工作，也属社区里的"文化精英"，他们为作者收集官方数据提供了许多便利。

在这样一个总人口仅有 14.1992 万人②的县域，由于出生地和社会关系，作者获得了作为"局外人"根本不可能得到的帮助，找到任何关键人物都几乎是可能的，因为通过自己的主动链接与修复，作者已成为这张人际关系网络里的组成部分，这网络随时给本研究提供意想不到的便利。作为局内人，作者是社区的亲密性与互惠性之网内部关系的一分子，因此，所获得的便利就可想而知了。

（二）语言交流自然和谐

语言交流在田野调查中的重要性毋庸置疑。当下，田野调查的新转向，反

---

① 巴战龙．学校教育·地方知识·现代性——一项家乡人类学研究［M］．北京：民族出版社，2010：3－4.

② 丹寨县人民政府．中国·贵州·云上丹寨·自然地理［EB/OL］．丹寨县人民政府网站，2012－11－25.

对索取式的以研究者自身为本位，而将研究对象当工具的范式，主张"主体间际分享"范式，旨在做到研究者与研究对象之间在"活"的田野之中，相互沟通，相互指引，进行情感交流，呈现出潜隐于人们日常生活中的真实的生命历程，① 并以此为基础，揭示日常生活的深层逻辑。在这种新的范式中，语言交流至关重要，它是研究者与研究对象这两个主体间和谐共享田野的中介。记得曾经有位经济学专家在涉及国外先进技术引进中国的现状时谈道，在语言翻译过程中，由于真实信息经常丢失、变异，容易产生大相径庭的后果。那么，语言在田野调查中也是一样，因不懂当地语言而求助于翻译，所获得信息也容易丢失与变异，因此难以做到主体间际分享田野，正如一对男女青年谈恋爱一样，如果两人语言不通，通过翻译维持，真不知最后这场恋爱能谈到什么程度。

因此，作者虽离开家多年，但"乡音未改"，一到社区，苗语就自然流淌。调查所获得的信息，远非"送一件小礼品，做一次小访谈"所能做到的。村里一直流传这样的故事：

> 20世纪80年代初，距社区不远的村寨有个男青年，去云南当了三年兵，退伍后回家就说自己找不到家了，并操着一口"普通话"和同寨子人说他找不到家了！而到家后，天天跟家人说"普通话"，原因是他已经"忘了"苗话，但有一次杀年猪时，猪挣脱了人们的手，在旁边的他，情急之间蹦出"赶紧抓尾巴呀"这一段苗话。

"赶紧抓尾巴呀"这典故一直传承至今，每每社区里有人出远门，其他人都用这句告诫他，旨在告诫他千万别"忘本"。社区不断的警戒意味着某种期待，不仅仅是语言，而且是由语言所承载的社区规范或文化，故事主人公是对这一社区规范的公然"越轨者"，成为一代代传承的反面教材。这说明村落社区对外界语言及语言承载的文化信息系统无意排斥。当然，作者初中毕业就离开家，确实操着一口"杂乱无章"的贵州"普通话"，与地方汉语略有差异，因此，到县城去收集资料时，就得随时提醒自己。所幸的是，在羊望社区里根本"不准"说"普通话"，哪怕是"贵州普通话"都不允许。而苗语作为母语，读高中之前都一直使用，它已深深刻在脑海里。每次回家做田野调查，所有一切都跟社区融为一体，有点变化的是作者佩戴了眼镜，还有因为长期不使用苗语，在即兴表达时，偶尔会出现"舌尖现象"罢了，但绝不影响交流。这就是作者

---

① 赵晓荣. 主体间际分享："他群""我群"互动的田野 [J]. 广西民族大学学报（哲学社会科学版），2013（3）：48.

选择家乡做田野点的语言上的便利。

（三）日常生活便利

做时间较长的田野调查，困难就是如何适应田野点的生活环境。在异域田野，"吃喝拉撒睡"均与研究者原有生活模式大相径庭，没有现代性生活用品予以缓冲，增加"我者"与"他者"差异感、无助感、孤独感。因此，这给研究者莫大的考验，或者在很大程度上降低研究者的工作质量。而且，作为"局外人"异域研究者，踏入田野后，处处小心翼翼，生怕冒犯了当地人某些日常生活禁忌。

将家乡社区作为田野点，就会避免这些问题，一回到家乡，衣食无忧。记忆犹新的是2013年6月至9月份的调查，这个季节，适逢"开田"①，家家有鱼，几乎每天都有人邀请吃饭，作者一般不会拒绝的，因为，一方面他们在其他时间里也常邀请，但通常不想让他们破费，招待这个"省城来的"；二是作者知道这是做调查最好的机会，作者坚持认为做调查就应该在自然情景中完成。当然，天天都在外喝酒，同时也给作者带来了无尽困扰，白天喝酒，晚上工作，不管喝酒（调查）有多晚，回家后都坚持把调查资料整理出来，以免忘记。

此外，这种田野调查的方式，就避免孤独和不适应，"吃喝拉撒睡"的有力保证，为本研究顺利开展保驾护航。这也是异域调查者所难以企及的。

（四）"边缘人"角色优势

"一个人总是拖着个人成长的背影。在从村落人向城市人的转变中，要经过一个自我认同的紊乱，在社会、行为、价值和人际中无所适从，自己不知道属于城市还是村庄，在城市觉得自己是'村里人'，而在村落里又觉得自己是'城里人'，成为一个无'家'可归的边缘人。"②

"边缘人"这本是用以描述"忘本"的村落学校教育"产品"的高频词，有贬义意味，该词主要用以表达"产品"在物质和精神上的无根感，而在这里仅用以表达精神上的"无根感"，作者虽在城市有了自己借以谋生的工作，对社区人而言，研究者已逃离了"农门"，逃离"村落社区"，成为端"铁饭碗"的"公家人"。然而，在城市里，许多原有生活模式与城市人有着根本区别，苗族社区文化模式持续左右着作者的城市生活，在热闹非凡的城市里，偶然闪出莫名的陌生感。

---

① 稻谷差不多黄时，一般将田里的水放干。目的：一是便于撒紫云英种子，二是便于割。

② 司洪昌. 嵌入村庄的学校——仁村教育的历史人类学探究［D］. 上海：华东师范大学，2006.

然而，"边缘人"角色困境在田野调查里，却成为作者的优势，因介于两种文化交替地发生着，可以使作者深切地体悟着两种文化体系的差异及其所带来的震撼，使作者在较为浮躁的城市生活中保持乡村文化特有的冷静与清醒，并主动适应城市生活模式，展演出自我生命的张力。这是一种作者用自我生命历程去实践的过程，研究在实践中，实践在研究中，研究与实践和谐叠合，研究者与实践者叠合，真实地践行了"主体间际性分享"的研究范式。从这个意义上讲，家乡人类学研究比异域人类学研究更严谨与科学。

（五）历史感优势

初中毕业前，作者绝大部分的生活都在社区里，儿时的一切均历历在目，初中毕业后，离开社区，到州府读高中，到省城读大学，逐渐离开社区，开始与城市亲密接触，尽管如此，每个假期都在家里待近一个月，亲历社区在此期间所发生的一切事件，也听着父母、兄弟或同龄群体说说半年来社区所发生的重大事件，从而链接了较为完整的社区发展史和记忆链条。在两地的穿梭过程中，对社区所发生的习焉不察事件进行跨越时空的审视与辩论，反刍社区所呈现出来的重大事件和社区背景之间的互动，以期解读事件的真实面貌。

"不识庐山真面目，只缘身在此山中"，身处文化意义之网中的社区人，对社区所发生的重要事件，缺乏足够的反思能力，他们仅看到事件本身，难以运用理论之"眼"对事件深层结构加以思索，难以从复杂事件的表现形式中抽象出潜藏在事件背后的理论逻辑，借以指导或调整事件的发展方向。作者长年离开社区，后期在城市生活的时间也远比在社区生活要多得多，逐渐感知了城市文化的意义，因此，作者成为"他者"反思本社区日常生活最重要的"视角"。

近30年来，前期事件发生的连续性，后期断断续续的事件链接，形成了较为完善的历史叙事过程。研究者在这一过程中所获得的历史感主要是由感观获得的，与异域研究者通过访谈与文献资源来修复历史所获得的历史感不可同日而语。

当然，所有事情都有两面性，局内人在田野中同样存在不利的因素。因研究者对事件的本身过于熟悉而消解了其穿透常识的结构的意识与能力，难以获得足够的洞察力。[①] 如果说，将作为"理论"携带者的研究者比作"理论"，将社区人（研究对象）比作"实践"，那么，家乡人类学研究者作为"理论"，是很难与"实践"之间保持合理的距离的。一方面，过于接近"实践"的"理

---

① 司洪昌. 嵌入村庄的学校——仁村教育的历史人类学探究［D］. 上海：华东师范大学，2006.

论"，容易使自身屈尊于"实践"，泯于实践之中，本身应有的价值难以彰显；另一方面，"实践"与"理论"之间的距离过远，又难以在瞬息万变的"实践"中获得足够的滋补，容易使"理论"的能量随着实践的丰富而枯竭。

这就需要作者"用一种陌生化的眼光去'系统地'破坏常识的结构"，① 时刻保持着防止"自我欺骗"的警觉，将自己悬置起来，随时质疑常识，保持对常识的开放性，随时对日常习焉不察的生活置换一种视角或立场加以检视。当然，在田野工作前有一定的理论预设是不可避免的，但田野不是为了确证某种预设，而是保持信息的开放性，敞开心扉面对并接受所有信息源，以获得信息的真实性与鲜活性。而且，将有限的预设与田野中丰富多彩的真实信息进行互动，借以修补甚至颠覆原有的预设，以寻找新的生长点。

---

① 刘云杉.学校生活社会学［M］.南京：南京师范大学出版社，2009：10.

第一章

民族村落社区教育与人的发展之理论初探

教育不是单纯的生物学事实，同样，人也不是单纯的生物性存在物，而是"一切社会关系的总和"。教育的发生乃人的生成，教育是人的一种存在方式，而且，它在人的多样性存在方式之中，起主导性作用。人在某一时空实践中动态生成，因而"人与空间是一个关联整体"①，教育也必然发生于特定的空间之中，民族教育是教育发生在这一特定的相对独立的空间（场域）之中的。在这一空间中，人的活动所孕生的文化本身不仅是教育的基本要素之一，也是所有教育行为发生的背景。发轫于西方文化之中的现代学校，其在我国长期的主流文化调适与改造后，携带着"国家任务"嵌入民族村落社区，与内生的"本土教育"（文化）形成了两股力量，一股是"外力"牵引，蕴含"改造"之意；另一股是"内力"的聚合，蕴含"保守"之意。两股力量在看似相互排斥的现实背景下，在"人的发展"这一主题上潜藏着内在的一致性。因此，只有"人的发展"这一"遥远的地平线不从视界中消失"，我们的民族教育研究与实践才能迈出有意义的一步。②

第一节 人性理论

作为"万物之灵"的人，其绝非单一、恒久不变的，而是复杂、变动不居

---

① 广西师范大学耿涓涓教授在 2014 年 3 月 30 日的"中国人类学民族学研究会教育人类学专业委员会首届年会"上做题为"民族教育与完整的教育——对空间的思考"的学术报告。

② ［德］雅斯贝尔斯. 教育是什么［M］. 邹进，译. 北京：生活·读书·新知三联书店，1991：177.

的，"在他身上蕴含着宇宙"①，自从人与动物揖别的那一刻起，人类就不断尝试着以各种独特的方式探究自我、理解自我、超越自我，也一步步探索出人类的许多奥秘。哲学孕生伊始，就以关照人类生存与发展为旨归，"哲学，就是人们用以自我理解、自我意识、自我把握、自我升华、自我完善的特有理论形式"②。由哲学分化而来的各社会学科和人文学科也均承接着这一神圣使命。时至今日，它们依旧以各种各样的形式在实践着。换言之，哲学及其分化学科持续构筑着人类的存在样式，它们以不同的方式探究着人类的生存与发展的密码，也表达学科本身的存在意义。教育学从哲学分化出来后，以探讨人的全面自由发展为使命，却并没有挣脱哲学对"人"及"人性"框架的构筑，而是以这些构架为基础衍生出自己的教育学理论，不同时空的人性构架（假设）形成了不同的教育理论。

一、传统人性论

"性"的原义是指人或事物本身所具有的"应然"或"本然"的状态。"人性"，即"人之性"，是人之为人的本质属性，是人生而所具有的特性，它是一个生成性的概念。几千年来，世界各大文明的先哲们持续地探究这一神圣的主题，并展开了激烈论争，时至今日，也没有出现一个让人普遍接受的、恒久不变的"人性"解读。③ 然而，在先哲们围绕着这一主题的探究历程中，涌现出各种各样人性理论，为世人解读"人"，构建关于"人"的各种理论提供参考。不管是古代中国还是古希腊，先哲们在"神学人性论""自然人性论""理性人性论""德性人性论"等人性的探讨及其形成的人性理论中，人性结构中的社会属性已隐于其中。如神学人性论，它着重探讨上帝作为人生成的依据，奥古斯丁所提到的"上帝之城"实际是一个"理想国"，是一个社会组织，成员除对上帝热爱外，成员之间凭借着"社会属性"和谐生活。而"德性人性论"却在探讨"性善""性恶""无善无恶"的人性中，均无意中透出对人的社会属性假设，它们的一致性在于"人是可以改变的"，这就等于认同了社会环境对人的发展的重要作用。

传统哲学的人性理论大多仅从人的某种单一的属性迸发，借此展开长期的、

---

① ［法］埃德加·莫兰. 复杂性理论与教育问题［M］. 陈一壮，译. 北京：北京大学出版社，2004：43.

② 高清海. 高清海哲学文库（第2卷）［M］. 长春：吉林人民出版社，1997：15.

③ 窦坤，刘新科. 人性假设与教育理论建构［J］. 宁夏社会科学，2010（2）：136.

激烈的论争，完善了他们各自的人性理论体系，但同时也封闭了他们的思路，阻碍了他们对其他理论的借鉴与吸收，最终"各执一端"，走向片面化，一定程度上影响了人们对人性的复杂性、多维度的认识。然而，随着社会现实矛盾加剧以及各类学科的发展及相互解释，传统人性论陷入了现实解释困境。

二、现代人性论

思想家们逐渐转向从人的"生命存在"的角度来思考人性问题，人的生存欲望、主观意志、个性自由等问题凸显出来，原有的人的形象也在发生着明显的变化。

普遍认为，人本主义人性论是德国著名哲学家叔本华（A. Schopenhauer）率先开启的。他针对传统哲学的理性人性论的解释困境，构建了"生存意志人性论"，也称"唯意志主义人性论"。他主张，世界本质是一种"生存意志"，它是人与宇宙万物共具的，人与万物之别在于人的生存意志是有意识的。"人的全部本质就是意志，人自己就只是这意志所显现的现象。"①"生存意志"决定了人的本质，甚至决定了人的命运。他认为，人的欲望是永无止境的，欲望实现却往往是痛苦之旅，因此，人的痛苦也随之永无止境，人生注定就是场"悲剧"。叔本华借此构建了自己的悲观哲学思想，它宛若一股潜流，对后来许多人本主义者产生了巨大的影响。②西方现代哲学的开创者尼采（W. Nietzsche）扬弃了叔本华"生存意志论"，提出了"权力意志"，认为它才是生命的真正意志。在人类历史上的各伟大事件均由权力个人意志创造，因此，面对现代人的异化现实，提出"超人"的构想，叔本华将"超人"构想成"具有超强的创造力和意志力"的人，欲借以挽救现代人类的颓势。"超人"设想仅仅是个理想构型，作为"尚未定型的动物"的现实人，唯有通过持续的"超越自我"来靠近这一理想构型。虽然叔本华和尼采的某些思想颇有争议，但他们对人自身的认识视角的转向，唤醒了人们对人类生命存在意义与价值的关照，也为哲学家们对生命关怀研究进行理性指引。

柏格森（H. Bergson）是19世纪末、20世纪初法国生命哲学的主要代表。他认为，人类一个长期以来的错误就是把"意识"与"物质"混为一谈，传统的科学与哲学都倾向于把"意识"赋予"物质"，人被抽象为一个理性化的存

---

① ［德］叔本华. 作为意志和表象的世界［M］. 石冲白，译. 北京：商务印书馆，1982：396.
② 张志伟，等. 西方哲学问题研究［M］. 北京：中国人民大学出版社，1999：309.

在物，或道德化的行为者，而现实人的生命、意识被流放或"宰割"，没有得到足够的关怀与尊重。为了维护人的生命与意识的"独立性""自主性"，柏格森将现实人的生命存在引入现代哲学的视域。柏格森扬弃了达尔文（R. Darwin）机械进化论，提出"创造进化论"，认为"物质"与"生命"相伴相依，与物质共存的生命最初表现"生命冲动"，它根据生命冲动的阻力大小创造了宇宙万物（植物、动物、人类），并支配着他们的进化；人的生命可以不断克服物质障碍获得自由。"直觉"是本能的最佳状态，它完全可以与生命进行沟通，并进入深层的自我，把握"生命冲动"的绵延状态。柏格森主张"社会"是生命涌动的方向，同时主张"社会"应为生命自由的集合体。

弗洛伊德（S. Freud）认为人首先是生物体，其一切活动的根本动力必然是生物性本能冲动的核心（性本能，也称性欲）所规定。性本能一般被社会文明所压制，使之处于潜意识状态，仅在社会文明许可下涌动。弗洛伊德认为人类这种本能的冲动是他们一切行为创造的动力源。马尔库塞（H. Marcuse）发展了弗洛伊德的心理分析理论，将"性欲"明确界定为"人的机体追求快乐的普遍属性"，并用"爱欲"取代"性欲"，借以理解人的本质。他认为，前技术社会的人们受到了因物质匮乏而带来的"基本压抑"，而现代工业社会的技术给人们提供的物质日益丰富，人们的生命活动却受到更多强制，缺乏精神生活，人失去了创造性，成为麻木不仁的单面人。马尔库塞主张建立一种"理性"的文明和"非理性"的"爱欲"协调一致的"乌托邦"，以释放人类的"爱欲"。

总之，现代人本主义在传统哲学的解释困境基础上，围绕"人"自身探索对人的本质认识与理解。他们大都以人的非理性因素为基点，同样难以探明人类本质的复杂性、丰富性与多维性，却预兆着传统哲学人性论此时已逐渐消解。

三、马克思人性论

马克思（K. Marx）"人性论"是基于唯物史观基础上的人性论，是马克思主义理论体系的有机组成部分。

在马克思的论著中，有关人性的探讨较多，但较为清晰的表述出现于三处，一是马克思在《1844年经济学哲学手稿》中说："一个种的全部特性，种的类特性就在于生命活动的性质，而人的类特性恰恰就是自由的自觉的活动。"① 二是马克思在《关于费尔巴哈的提纲》中说："人的本质不是单个人所固有的抽象

---

① 马克思恩格斯全集（第42卷）［M］．北京：人民出版社，1979：96.

物，在其现实性上，它是一切社会关系的总和。"① 三是在《德意志意识形态》中，马克思提出："在任何情况下，个人总是'从自己出发'的，但从他们彼此不需要发生任何联系这个意义上来说他们不是唯一的，由于他们的需要即他们的本性，以及他们求得满足的方式，把他们联系起来（两性关系、交换、分工），所以他们必然要发生相互关系。"② 这就体现出"人的需要"是马克思"人性论"的逻辑起点。总之，这几种界定仅仅是马克思关于人的"类本性"在不同条件下的表达变迁。

（一）人类存在的方式

马克思在其论著里提出了"人是类存在物"③ 这一观点。在其看来，"类"是人类的存在方式。以"类"作为人本质规定性，使"人"突破了狭隘的自然人"种"的社会人，而且是超越了纯社会人"种"的自由人。④ 传统人性论均以"人"的"种"视角对人的本质加以考察，将人抽象化，难以解释人的复杂多维性。众所周知，人来源于动物，人性中或多或少遗留着生物"种特性"。然而，在生成为人的过程中，人获得了动物所没有的"类本性"。马克思在其唯物史观基础上，将人置于历史实践中加以理解，科学地诠释了人的"类本性"。人的生成过程，也是人的"类本性"对"种"一步步超越的过程。动物行为完全受肉体支配，在其所属"种的尺度"内行为，难以跨越自身"种"的规定。而凭借人的"类本性"，人已突破了"种"规定，可按任何物种尺度进行生产生活实践，同时，也超越狭隘的阶级、民族、国家利益等藩篱制约，超越社区、地会、国家等地域限制。人自由的自觉的"类本性"实践，表达了人类存在的独特样态。因此，"人应该突破种群的限制，通过其创造的世界性的生产方式，实现自由人的联合"⑤。

（二）人的历史发展形态

马克思把"人"的生成历程分为三个形态（或阶段），在马克思看来，人类的三种存在形态是一个否定之否定的过程，是人的"类本性"经历"群体本性""个体本性""类本性"三个阶段的发展过程，也是人的主体性逐渐凸

---

① 马克思恩格斯选集（第1卷）［M］．北京：人民出版社，1995：56.
② 马克思恩格斯全集（第3卷）［M］．北京：人民出版社，1960：514.
③ 马克思恩格斯全集（第42卷）［M］．北京：人民出版社，1979：95.
④ 王志刚．人类本性与社会秩序——良好社会秩序的人性根基［D］．长春：吉林大学，2007.
⑤ 王志刚．人类本性与社会秩序——良好社会秩序的人性根基［D］．长春：吉林大学，2007.

显、不断增强的过程。

"人的依赖关系"是人最初的存在形态,马克思也将其称为"自然经济时期",在这一形态中,人的发展受到自身与自然条件限制,人与人之间差异较少,多以整体形式进行社会实践,人淹没于群体之中,为了人的类而存在,人基本处于"群体本位"状态。此时,人类生产水平极其低下,人与自然的脐带"藕断丝连",人类仅凭借自然工具与自然力进行实践,并依赖于大自然的恩赐维持着"群体"基本生存与发展。在人所存在的群体之中,没有生产与家务劳动分工,而是"尽力而为",也大多"按需分配",形成低级形态下的"共产主义社会"。在此种社会中,人被局限于狭隘的利益范围与地域内实践,个体缺少独立生存能力,因而难以形塑独立的人格,人的价值也尚未得以扩展。

"以物的依赖性为基础的人的独立性"是人第二种存在形态,马克思也称为"商品经济时期",这是人类对第一种形态的存在方式的否定。在这一形态中,人类逐渐从对"自然我""自然界""群体"的原始依赖中挣脱出来,通过人的创造物来获得生存资料。从此,个人的活动空间、选择空间、交往空间得以扩展,"狭隘地域性的个人成为世界历史性的、真正普遍意义的个人"①。随着个体生存能力逐渐提升,人的个性也得以张扬,人的价值不断实现新的超越。然而,伴随着物质的日益丰富,人此时却逐渐被"异化"了,"物"主宰着"人",人性被物役了,人类关系随即"变异",人类社会几乎成了财富创造的机器,人类以部分的独立性和个性发展着。但人类依然坚信,这种形态正为人类自我否定积蓄着力量。

在第二种形态的力量积蓄的基础上,"建立在个人全面发展和他们共同的社会生产能力成为他们的社会财富这一基础上的自由个性"②,这是人类第三种存在形态,是对第二种形态的否定,马克思也称之为"共产主义",此时,"人"真正实现了"类本性"。"在这个阶段,一切形式的拜物教被克服了,个体与类之间的矛盾得到了解决,人与自然、人与人、人与自身之间的关系达到了和谐统一,人作为真正的人全面地占有了自己的全面本质,成为完整的人。"③"人"的发展是一个持续"自我否定"的过程,人通过对第二形态的否定之否定,获得个性的全面发展,人的价值得以提升。在这个过程中,"共产主义对私有财产

---

① 马克思恩格斯全集(第3卷)[M].北京:人民出版社,1960:39.
② 马克思恩格斯全集(第46卷:上)[M].北京:人民出版社,1979:104.
③ 艾福成.马克思关于人的类本质理论及其意义[J].吉林大学社会科学学报,2000(4):63.

即人的自我异化的积极的扬弃，是通过人并且为了人而对人的本质的真正占有；因此，它是人向自身、向社会的（即人的）人的复归，这种复归是整全的、自觉的，而且保存了以往发展的全部财富。"①

总之，马克思认为人是具有多种性质的统一的物质实体，研究"人性"须从"人"本身开始。他强调了"人类存在的方式，即自由的自觉的活动的'类本性'"，其实践唯物主义轨道上的人性论，为人类教育发展提供了理论依据，也为今天我国民族教育研究与实践提供了精神支持与理论支撑。

第二节　教育原点：人的发展

通过对人性论的回溯，我们透视出，从传统哲学到现代哲学，"人"成为哲学绵延的探究主题，也成为所有社会科学及人文科学无法回避的重要主题，教育学孕生于哲学，"人是什么"成为"教育的第一问"，② "人的发展"也因此成为教育的"原点"，是教育学的生命之所在。"人只有通过教育才能成为一个人，人是教育的产物"③，正如冯建军教授所言，"教育的对象是'人'；教育是成'人'的活动；教育学是成'人'之学；教育研究是成'人'之道。"④ "人是目的"，"促进人的全面、自由发展"成为教育，尤其是学校教育的终极诉求。人类从探究自身的奥秘伊始，就是为探究教育的这一原点，或为教育发展提供了丰富的素材。从这个意义上说，教育是"人的本质的高扬，是立于人性和美之上的人的自由自觉的活动，是对人的本质的异化的抗拒"⑤。人类教育史是人类历史的重要组成部分，教育是持续推动着"人"不断解构"自我定义"、提升人的价值的动力之源。

一、教育与人的发展之历史钩沉

教育起源于人类生存与发展的需要，是人类完整生活的有机组成部分，⑥

① 马克思恩格斯全集（第42卷）[M]．北京：人民出版社，1979：120．
② 张楚廷．教育哲学 [M]．北京：教育科学出版社，2006：21．
③ [苏] 阿尔森．古留加．康德传 [M]．贾泽林，等译．北京：商务印书馆，1981：86．
④ 冯建军．教育的人学视野 [M]．合肥：安徽教育出版社，2008：序1．
⑤ 邓晓芒．教育的艺术原理 [M] // 刘铁芳．回到原点：时代冲突中的教育理论．上海：华东师范大学出版社，2006：180．
⑥ 刘同舫．人类解放视域中的教育价值合理性探析 [J]．教育研究，2010（8）：25．

"凡是有人类生存和文化形成的地方，势必有从事创造、传播和继承这种人类文化的教育职能存在"，① "教育"是现代社会使用频率较多的关键词之一。"教育"的广义为"有意识地以影响人的身心发展为首要和直接目标的社会活动"，而狭义为"由专门的教育机构所承担的、由专门的教职人员所实施的有目的、有计划、有组织的，以影响学生的身心发展为首要和直接目标的教育活动"。② 无论广义的教育，还是狭义的教育，均是在"培养人、促进人的发展"这一本质规定下的演绎。而"人的发展"，这里主要是指个人从儿童到成人的发展过程。它既是由"自然人"向"社会人"、婴儿向成年、个人"小我"向群体乃至全人类"大我"的转化过程，也是不确定性与确定性、可能性与选择性、共性与个性的矛盾统一的发展过程。③ 因此，"教育"与"人的发展"成为一个问题的两个方面，促进"人的发展"成为教育的终极追求。我国教育发展史也是"人的发展"促进史。

人类的教育活动经历了从"日常的生活化教育"到"专门化、制度化的教育"的发展过程，并逐渐走向一种引领、超越人类现实生活的方式，成为促进人类解放有效的途径之一。④

在我国，学校产生前，人们对教育的理解多为即时性描述，处于习俗状态，属于"本土教育"范畴。因此，长期以来，"教育习俗"指导我国境内早期人类的生产与生活，保证了人类基本生存与发展，缓慢地提升了人的价值。随着社会发展，教育习俗的内容发生了缓慢更替，但形态与作用方式却没有发生变化，直至今日，依然发展着其独特功能。早期的"教育习俗"逐渐丰富，正孕育着学校雏形。我国奴隶国家出现，依附于国家的早期的学校及教育随即产生。在整个古代社会，即奴隶社会与封建社会，我国逐渐形成从中央到地方次第而下的较严密的"官学"系统，包括各种专科学校，而民间却形成了以"私塾"为主要载体的"私学"系统，直至解放初还沿袭着。两种系统有机结合，成为我国奴隶或封建帝国的人才工厂。"学而优则仕"成为两种学校系统的共同价值诉求，成为国家一种"教化"工具，也是两种学校系统沟通的桥梁。此时，教育学尚未产生，人们也没有对"教育"本身予以明确界定，仅是从不同视角对教育现象与问题做出解释。此时，对经教育而入仕的个人而言，改善了自己及

---

① 筑波大学教育学研究会. 现代教育学基础 ［M］. 钟启泉，译. 上海：上海教育出版社，1986：14.

② 扈中平. 现代教育学 ［M］. 北京：高等教育出版社，2005：8－9.

③ 王道俊，郭文安. 教育学 ［M］. 北京：人民教育出版社，2009：28.

④ 刘同舫. 人类解放视域中的教育价值合理性探析 ［J］. 教育研究，2010（8）：25.

家人的生活，在牺牲大多数人利益的基础上获得有限的"人的发展"；对整个社会而言，学校教育与生产劳动"分离"，"人的发展"消隐于以"学而优则仕"教育目的体系之中。当然，融入民间传统"本土教育"体系仍然以它独特的途径在发挥着提升大多数人的发展作用。

1898 年"戊戌变法"虽败，但我国旧式封建学校体系崩溃大势已成，教育"近代化"之势已不可逆转。1901 年，清政府下诏兴学，1902 年颁布了由管学大臣张百熙拟订的《壬寅学制》，但尚未得以贯彻实施；1903 年 7 月，清政府命张之洞、张百熙等人以日本 19 世纪末的学制为蓝本，组织修订系列"学堂章程"，于 1904 年 1 月颁布，统称《奏定学堂章程》，也称《癸卯学制》，该学制是我国近代第一个付诸实施的学制。其教育目的体现了"中体西用"的思想，具有浓厚的封建性。虽然现代学校以"经世致用"为目的，为国家培养急需人才，"人"依旧消失于国家建设的宏大主题之中；然而，此时的学校教育不仅使学业优胜者"入仕"，与封建社会一样得以"有限发展"，而且学校教育也由"庙堂"走向"乡野"，学校与"生产"逐步有限结合。因此，经由教育促进"人的发展"成为可能与可为。

1912 年至 1913 年间，时任民国教育总长的蔡元培组织制定了《壬子癸丑学制》，以"注重道德教育，以实利教育、军国民教育辅之，更以美感教育完成其道德"为教育宗旨，废除清末时的"忠君""尊孔"封建教育宗旨。该学制体现了"发展资本主义及发展个性"思想。至此，"人的发展"逐渐挤进国家教育叙述之中。1922 年，直接以美国学制为模板，以政府名义颁布《新学制系统案》，也称《壬戌学制》，该学制已渗透了杜威教育思想，强调了"平民教育""个性培养""生活教育"精神，"人的发展"在教育理论上得以张扬。但民国末年，国家政权变动不居，"人的发展"在教育实践中并没有真正得以凸显。

中华人民共和国成立初期，随着"无产阶级专政下继续革命"的"基本路线"持续升温，"学校教育"逐渐成为"阶级斗争的工具""无产阶级专政的工具"，学校管理、教育内容、教育模式等均紧密围绕着这一"红线"而展开。"学校教育"中"学校"与"教育"本是唇齿相依，但在"文革"时期，这一"基本路线"发展达到极致，"学校教育"作为有机整体终于分崩离析，最后索性抛弃了"教育"这一根本性功能，"学校"仅以一种组织单元直接参与"闹革命"或"生产实践"中去，此时的"学校"偏离了"促进人的发展"的价值追求，发生了功能性变异。①

20 世纪 80 年代后，我国学校教育从"政治纷扰"中迈出，开始探索教育的发展方向，探索如何将学校教育"回归"到"人的发展"这一轨道上来。然而，物质财富是通向"人的发展"这一终极价值的桥梁，②"经济水平低下"成为中国当时社会的主要矛盾，"以经济建设为中心"成为此时国家的宏大主题，旨在以"物质财富"否定当时社会的贫困现实，促进"人"从贫困中"解放"出来，获得生存问题上的独立，个性得以部分张扬。在这一背景下，教育尤其是学校教育随即走上这一轨道，"普及教育是较受欢迎的现代国民经济教条之一"③，教育"以经济建设为中心"，迎合了市场，人们仍以"功利化"的眼光来审视教育，使之又慢慢偏离了"促进人的发展"这一轨道，市场及其思想渗入教育"骨髓"，以市场或经济的逻辑运行学校教育，学校教育发展过程中，教师与学生"市场化"的语言与行为可见一斑，整个学校教育逐渐在丰富的物质财富中迷失了自我，教育中"人"抽象化了，人成了"物"的附属品，"学校"与"教育"又一次被部分地离析，我们几乎重蹈西欧发达国家 20 世纪五六十年代的覆辙，宿命似的在这一经济阶段纠结着。

"现代教育陷入功利主义，这是可悲的事情。这种风气带来了两个弊端：一个是学问成了政治经济的工具，失掉了本来应有的主动性，因而已失掉了尊严性。另一个是认为有实利的知识和技术才有价值，所以做这种学问的人都成了知识和技术的奴隶。"④ 这是对西方社会教育的现实描述，而如今我国教育却有重蹈其覆辙的风险，教育由"促进人的发展"向"赋予人社会竞争力"转变，学校越发成为一种国家设置，难以形塑自觉与自信，形成自身的独立性"场域"，其尊严日趋式微。

进入 21 世纪，社会精英已觉察这一教育"异化"现实，并积极撰文揭示这一问题，解析其原因，提出对策与建议，号召人们提高警觉，坚守学校的教育立场，即人的立场，亦人的在场。然而，教育领域的力量毕竟是微弱的，这种"应然性"呼喊，难以力挽"实然性"的市场经济及思想之狂澜，因此，"教育

---

① 鲁洁.教育的原点：育人［J］.华东师范大学学报（教育科学版），2008，26（4）：15 - 16.

② ［德］西美尔.金钱、性别、现代生活风格［M］.顾仁明，译.上海：华东师范大学出版社，2010：5 - 7.

③ 尼采.论我们教育机构的未来［M］.周国平，译.南京：译林出版社，2014：30.

④ ［英］汤因比，［日］池田大作.展望 21 世纪——汤因比与池田大作对话录［M］.北京：国际文化出版公司，1985：61.

异化"在教育场域的精英们的诟病声中蔓延着，几乎呈无远弗届之势。这种"现代化"困境的挣脱任重道远。

二、民族教育：人的发展之动力源

目前，国内对"民族教育"定义繁多，但均为就"对象特殊性"而言。如《教育大词典（民族卷）》所载，"民族教育是中国少数民族教育的简称，特指除汉族之外，对其他55个民族实施的教育。"《中国大百科全书（教育卷）》则将"少数民族教育"简称为"民族教育"，并定义为，在多民族国家内对人口居于少数的民族实施的教育。从以上两种定义可看出，它们仅对"什么是民族教育"的事实性进行描述，而未对"民族教育是什么"予以功能性规定。因此，"民族教育"的定义还需扩展与丰富。首先，从对象特殊性上看，少数民族，不管是个体还是群体都不是既成性存在，而是生成性存在，在一种特殊的文化意义之网中动态生成着；作为文化特殊形态存在的教育，对不同族群或社区的影响有着程度不同的差异性。因此，民族教育应该对文化连续性予以更多关照。其次，从功能性规定看，民族教育是促进"人的发展"自由自觉活动的动力，民族地区学校成为促进少数民族个体或群体发展的特殊"场域"。此外，融入生活之中的"本土教育"也是"民族教育"重要的一维，民族社区是其发生的最小场域。在学校进入前，本土教育是促进民族社区人的发展的重要策略，迄今为止，它并非因学校的到来而终结自己的教育发生，而依然在发挥着它的功能。因此，本研究的"民族教育"是尝试从整体上对民族教育系统进行新的拓展。一是社区教育系统贯穿社区人的整个生活世界，包容着一切教育现象。二是多层次复杂系统，它在总体上不承认某个简单控制模型的普遍有效性，而是一个有机联系的整体。①

一般而言，20世纪80年代前后，学校才真正在国家行政权力推动下全面嵌入民族地区，而在边远的民族村落社区，学校的嵌入甚至更晚。学校的嵌入，给民族社区人们的生活带来很大的变化，一改学校进入前随处可见"文盲"的现状，汉语方言也因学校的进入而逐渐得以推广，甚至"普通话"也略有发展。经由学校教育，人们可以更多地与社区外他者接触与交流，甚至可以借此获得一定物质财富。为数极少的学校教育的特殊"产品"——学业优胜者，成为引领民族社区人走向"外面世界"的样板，尽管其多被赋予神奇的色彩。总体而

---

① 项贤明. 泛教育论——广义教育学的初步探索［M］. 太原：山西教育出版社，2004：484-488.

言，学校的嵌入，使民族社区人很大程度上跨越了"大山"的障碍，拓宽了他们的视野，让他们认识外部世界与内部世界，拥有了多样化的生存与生活方式的选择，社区人相对稳定的传统"自我定义"逐渐得以解构，人的价值在一定程度上得以提升。

20 世纪 90 年代后，学校教育逐渐完善，义务教育政策逐渐贯彻推行，直至 2006 年全国农村义务教育免费，民族地区基本普及九年义务教育，"送孩子读书"已成为一种民族社区的"惯习"时，人们开始对"学校教育"赋予神圣的使命，并对其充满着浪漫的想象。然而，随着工业化、城市化的纵深推进，主流社会学校已浸淫了市场经济思想，教育在人们诟病声中出现诸多"异化"现象，"人"已渐渐消隐于其中。诚然，民族教育是国家教育的重要组成部分，因而已先天性地"内化"了"市场取向""城市取向""国家取向"的价值观，宛若一股潜流，支配着民族社区人的教育选择。更有甚者，民族地区因"大山"阻隔，教育与生产分离，使"学而优则仕"的价值取向依然盛行，对民族社区人而言，"科举制度"与"高考制度"并没有本质上的差异，因此，在现代学校"城市取向"等价值预设背景下，"学而优则仕"成为民族教育的价值诉求。"自上而下"的国家权力与"自下而上"的社区权力在此几乎达成高度一致性，在两者的共谋下，民族教育中"人的失落"现实就可想而知了。这就导致"民族教育"存在三种风险：一是学校教育已消解了长期促进社区人的发展的本土教育系统；二是学校的教育生活仅成了民族社区人对外界生活的预演；三是学校教育助力社区人逃离社区，成为城乡之间"文化边缘人"的"罪魁祸首"。

第三节 民族村落社区教育的价值

一、民族教育的价值

教育，不是指单纯生物的社会事实，而是指依据一定的价值观而做出取舍选择的有目的行为。教育概念的独特性，就在于联结存在（事实）与价值两个方面，形成人的价值这一目标意识①。因此，从教育的规定性而言，教育活动是一种主体性的活动，其本身就孕育着一种"创价活动"，即为满足人的某种需要

---

① 筑波大学教育学研究会. 现代教育学基础 [M]. 钟启泉，译. 上海：上海教育出版社，1986：70 – 71.

而生，有着自身的价值指向。雷鸣强教授认为"教育是社会与个人在精神和物质价值方面的投入产出的劳动实践活动，是一种创价活动"①。王景英教授则将"教育价值"界定为："教育这一社会活动或社会现象中的客体及其属性同其主体的尺度与需要相一致、相符合或相接近。"② "教育价值"是以教育主体的尺度与需要为核心而建立的。教育活动或现象的主体有个体和社会两种形态，其他主体则均由此派生而来。所谓个体主体是指各种教育形态的学习者，而社会主体则指由经济、政治和文化等各要素构成的社会系统。因此，教育的"个体价值"是教育活动或现象中的客体对个体主体发展需要的满足，而"社会价值"则是对由经济、政治和文化等诸因素构成的社会系统需要的满足。③

"社会价值"是否为我们预留了这样一个思考空间，即"社会"可分为社区、地区、国家等多个层级，而且每个层级都可由经济、政治和文化构成系统组织。因此，在社区场域里，民族教育的价值，一方面指社区内学校教育对社区个体的价值，以及对社区发展的价值；另一方面，则指生活层面上的、内生于社区内的教育活动或现象（本土教育）对社区人的价值以及对社区系统的价值。雷鸣强教授认为，"价值的本质是在实践中主体和客体的双向对象化关系"，④ 本研究借此演绎出，民族教育的价值系统也由"价值主体""价值客体""价值关系"三个基本要素构成。民族教育的价值主体是由具有实践能力的个体、社会构成。个体主体主要是指从事学习活动的少数民族学习者，包括个人和族群（这里主要指个人），他们均是对教育系统怀着某种需要和期待的现实的"人"。而社会主体则包括民族社区、民族社会和多民族国家三个主要层次在政治、经济、文化、科学等社会系统中的子系统。⑤ 通过以上分析，我们给"民族教育的价值"这样的界定：民族教育系统（包括学校教育与本土教育）作为社会系统中的一种客体，对各层级的社会主体和少数民族学习者的发展需要的一定满足（适合、一致、促进等）。本研究是以一个"民族社区"为载体展开的，将探究的问题是，民族社区教育作为一种客体，是否对民族社区人的生存与发展的满足，以及如何对该民族社区政治、经济、文化、科学，甚至教育自身等子系统的发展的一种适应与推进；借此，进一步探讨民族教育的价值体系

---

① 雷鸣强．"教育的价值"与"对教育的价值"［J］．江苏高教，1995（3）：8 - 9.
② 王景英．论教育价值的构成［J］．社会科学战线，1998（6）：76 - 77.
③ 王景英．论教育价值的构成［J］．社会科学战线，1998（6）：77.
④ 雷鸣强．"教育的价值"与"对教育的价值"［J］．江苏高教，1995（3）：8 - 9.
⑤ 胡玉萍．对民族教育价值的再思考［J］．西南民族大学学报（人文社科版），2004（6）：53.

中，个体价值与社会价值之间的关系及关系变迁。

二、民族教育的价值之社区表达

民族社区学校教育中的"人的消失"现象，是现代学校的国家权力和民族社区权力共谋的结果，在这一社区场域中，我们很容易忽略一个教育体系，那就是民族社区"本土教育"，它在学校教育尚未介入前发挥着绝对主导作用，学校介入后，它弥补了学校教育难以涉足的"空白"领域，同时为学校教育提供"问题域"。因此，在促进"社区人发展"这一价值主题上，"学校教育"与"本土教育"是两种既相互依存，又相互独立的表达式，共同实现社区教育的整体价值，促进"人的发展"之鹄的。

（一）提升民族社区人生命成长的力量

本土教育是根植于社区土壤，在社区长期的日常生活情境中产生的，并融入日常生活世界之中，我们称之为"内置式"教育，人们无法辨清哪些是教育，哪些是生活，生活在教育中，教育在生活中，或者说"生活即教育"。而学校教育则是后期置入的，对于社区人而言，它就是"舶来品"，我们称之为"外置式"教育。"学校教育"与"本土教育"在社区场域内不同时期交错运行着。学校教育进入社区前，本土教育是社区教育"核心"，传承着社区文化，维系社区系统稳定与发展；社区人从呱呱坠地起，作为一个生物体"被动地"置于本土教育的意义之网络中，成为一个受教育者，而其父母首先成为他的教育者，家庭成为他的第一所学校，这样，本土教育就"先在性"地对其发生影响，指导其生活，引导其"成人""成家"，成为具有社区本土教育烙印的人。当然，此时的"学校教育"① 也或多或少地影响着社区人，因为偶有极个别儿童远赴他乡就读"私塾"或现代学校；也偶有学业优胜者，获得与外面世界交流的机会。但他们犹如一条若隐若现的"线"，连接着外界与社区之间，顺着"线"看过去，外界如此神秘，而文化精英此时也多被赋予了神秘的色彩，因而"可望而不可即"，社区人在较小的、封闭的生存场域中，经由本土教育而获得初级社会化，即社区人的生成，却无力借此解构传统的"自我定义"，他们依旧在祖辈文化传承模式中艰难"创新"，"自我定义"稳定而缓慢地发展着。

学校教育的嵌入，逐渐改变民族社区的原有教育结构，至今，已几乎取代"本土教育"地位，成为社区人的第一选择。社区学校教育进入之初，学校教育

---

① 本研究主要是以明清之后作为时间背景叙述的。

与本土教育"交相辉映"，社区儿童有了双轨选择，少数的学业优胜者升入高一级学校，最后成为"公家人"，成为"睁眼看世界的人"，他们本人也成为社区人看世界的窗口；而学业失败的"大多数"人，心甘情愿"躬耕山林"。社区整体教育结构和谐发展着，学者们只关注到了如何将社区学校教育改造成"现代化模式"，如何提高社区学校升学率、提高女童的入学率，等等，欲借此促进社区经济发展，以"教育"作为社会增权的一种方式。此时学校的嵌入，使更多社区人尝试突破了"种"的局限，初步突破传统肉身直接参与生产实践的局限，人们能够接受更多的现代生产技术，可按照更多物种的尺度（自然发展规律）开展生产劳动，大大提高生产力，改善了社区人的生活。总之，它使民族社区人很大程度上跨越了"大山"的障碍，拓宽了他们的视野，为他们突破狭隘的社区、族群、地区等利益局限，使他们拥有了多样化的生存与生活方式的选择，社区人相对稳定的传统"自我定义"逐渐得以解构，人的价值在一定程度上得以提升。

（二）增强民族社区人文化自觉、自信、自强

马克思认为，"人的本质并不是单个人所固有的抽象物。在其现实性上，它是一切社会关系的总和"①，社区是社区人社会性生成的根基。因为社区是（民族地区、国家、世界）最小的组织单元（其实可分更多、更复杂层次），人们均是以这个最小组织单元作为生存场域的，少数民族个体或群体也不例外，少数民族个体最初的生存活动是基于民族社区这一"场域"为基础的。而"社区"的扩展，就成了"社会"更大的组织单元，那么，随着社会关系不断拓展与丰富，人也不断拓展自我定义域，人的价值同样会得以扩展或提升，当整个世界成为"地球村"，所有人均成为"世界人"时，人类此时具有最大的社会性，实现人的"类本性"，人类的价值得以最大限度提升。但是，任何人都应以一个"社区"为自己最根本、最直接的"生存场域"。对少数民族而言，民族社区培养他们的"认同意识"根基，对"认同能力"提升具有根本性作用。我们很难想象，一个连自己生存场域都难以认同的人，会发展成一个生命健全的人。"社区教育"理应成社区人走出"大山"的动力之源，使社区人在任何一个生存场域中都能保持旺盛的生命力。社区认同是国家认同与世界认同的根基，"跨越式"发展理论在这一问题上难以奏效。社区认同主要是社区文化认同，因此，作为社区人，只有对社区文化认同，并以此奠基，才可能实现群体认同、国家认同，最后实现世界认同，这是一个人"文化认同"的发展系列或路线。唯其

---

① 马克思恩格斯选集（第1卷）［M］．北京：人民出版社，1995：56.

如此，社区人才可能在不同的文化体系，始终保持"我"文化自觉，增强"我"文化自信，实现"我"文化自强，整个世界的文化才可能实现"和而不同""和则生物"的愿景。

社区教育体系是社区认同的动力系统。传统的"内生型"教育，即本土教育，对社区文化认同具有先天性优势，因其源于生活、融于生活的特点，可达致"润物细无声"之功。然而，当前各种现代文化通过各种载体嵌入民族社区，社区认同逐渐消解，而新的认同要素却尚未生成，使社区认同形成迷茫状态。社区人对自我的社区习俗、生活方式的认同不足，以至于许多家长索性选择将子女直接送入城市入学，避免社区文化对其的纷扰，借以实现子女城市文化的个体生成。学校与电视凭借国家权力、制度化等优势，逐渐消解了民族社区的文化体系，成为社区"文化迷失"的重要因素。学术精英早已敏感地意识到这一点，并奔走呼号，纷纷撰文提出对策与建议，最终协同政治精英开展民族学校改造运动，学校此时成为社区文化的认同意识培养的前沿阵地，积极推动社区学校民族文化传承实践，但目前收效甚微。尽管如此，我们仍然有理由相信，通过积极探究民族社区学校教育与本土教育各自的价值、地位、两者间关系及互动规律，构建两者联动共生机制及其相应实践策略，两个教育系统将重新恢复应有的距离及其张力。民族社区人将在更高水平上，实现社区文化认同和族群认同，进而实现国家认同与世界认同之鹄的。同样，社区人将在更高的水平上实现自我文化自觉、自信与自强，促成整个世界具有旺盛生命力的"和而不同"格局。

第二章

"走进"与"走出"：民族村落社区的教育人类考察

任何一个族群都在自觉与特定的生态环境中交互着信息，并借此萃取生存与发展的资源，这种特定的生态环境，我们可以称之为该族群的"生存场域"，又可细分为该族群的生存"自然场域"和"人文场域"。法国著名社会学家布迪厄（Pierre. Bourdieu）在《实践与反思——反思社会学导引》一书中专门论述了"场域"概念，主张将"场域"作为一种开放性概念使用，认为"场域"是各个位置之间存在着的客观关系的网络，它是一种运作空间，在这个空间中，场"力"得以发挥，在这空间中所发生的事情，都可以参照场域关系得以理解。"场域"是历时性生成的，随着时间推延，场"力"也会发生变化。①

根据布迪厄的场域理论，特定的生存场域制约着某一族群的生计方式的选择，羊望社区人就是在其特定的生存场域中生产与生活，逐渐生成自身独具特色的文化模式，而该社区的教育模式也就是在这一文化模式中孕生。

第一节 走进社区

一、黔东南

"黔东南"既可说是行政区域称谓，即黔东南苗族侗族自治州，也可特指贵州东南部这一片区。"黔东南"地处云贵高原东南边缘，东邻湖南怀化，南接广西柳州、河池，西连黔南，北抵遵义、铜仁。"黔东南"建州于1956年7月23日，辖凯里市和麻江、丹寨、雷山等15个县，凯里、炉碧、金钟等10个省级经济开发区。州府设在凯里市（"凯里"，苗语音译，意为"开垦、犁田，开垦的

---

① ［法］布迪厄，［美］华康德. 实践与反思——反思社会学导引［M］. 李猛，等译. 北京：中央编译出版社，1998：133 – 134.

田原"）。黔东南地势西高东低，自西部向北、东、南三面倾斜，海拔最高 2178 米，最低 137 米，历有"九山半水半分田"之说。2017 年末，常住人口 352.37 万人，户籍人口 475.99 万人，① 有苗、侗、汉、布依、水、瑶、壮、土家等 33 个民族，全州常住人口中少数民族人口占 78.27%，其中苗族人口占 41.57%，侗族人口占 28.99%。② 各族运用自己的聪明才智创造美好家园，同时创造了绚丽多姿的民族文化，编织成了一幅幅色彩斑斓的苗岭高原风情画，成为黔东南独具特色的生活资源。

这是对"黔东南"这一"生存场域"的空间描述；而更重要的是，这一空间界限内 33 个少数民族所孕生的文化模式。例如，节日庆典、娱乐活动、民间工艺、民居建筑，等等。黔东南在漫长的历史过程中经历了不同的社会变迁，其学校和教育也在其背景下展现出独特的景象。③

二、走进个案社区

因丹寨县域的历史行政隶属及特殊地理坐标之故，从外通向丹寨区域的路线较多。经贵广高铁或厦蓉高速，由省城到丹寨县城仅需 1 至 2 小时车程，比 20 世纪八九十年代少 7 个小时左右，比 20 世纪七八十年代少 10 小时左右。本研究的田野调查均选择这条新的路线，下午 1 点钟从贵阳出发，汽车穿过无数隧道，径直抵达丹寨县城。而羊望村社区就位于县城以西南方向 12 公里处，从丹寨县城到羊望村社区是平坦的丘陵地带，呈条形状，四周均为崇山峻岭，因此这里成为丹寨县经济开发、城市化推进重点区域。

丹寨，原名为八寨，苗语称"押羊"（Yafvangl），系苗语意译名。清雍正七年十二月（1730 年 1 月）以夭坝司地置八寨厅，随后建土城于今城东 5.25 公里处的老八寨村；乾隆十二年（1747 年）改建石墙于今城。因附近有八个寨子环绕，故称"八寨"。"民国"三十一年（1942 年），省令裁丹江县（今雷山县），将丹江河以西的区域划归并入八寨县，以去八寨之"八"，取丹江之"丹"，易名丹寨县。④ 随后，境内隶属关系几经变迁，但"丹寨"这一名称一直沿用至今。

---

① 黔东南州统计局.黔东南苗族侗族自治州 2017 年国民经济和社会发展统计公报［EB/OL］.黔东南新闻网，2018 - 03 - 27.

② 东南州统计局，黔东南概况（2012 年）［EB/OL］.黔东南信息港，2013 - 09 - 03.

③ 罗慧燕.教育与社会发展——中国贵州省的一个个案研究［M］.北京：民族出版社，2009：83.

④ 文兴林.贵州省丹寨县地名志［M］.黔东南州内部期刊，1987：57 - 58.

　　丹寨县，位于黔东南州西部，与三都、雷山、都匀、麻江、凯里5县（市）相邻。全县面积940平方公里，辖3镇4乡161个行政村及2个居委会、3个社区、1个国有农场、1个省级经开区。全县总人口19万，境内有苗、汉、水、侗、布依、彝6个世居民族，[①]其中苗族人口占比78%。[②]按服饰或居住地可划分为"八寨黑苗""黑苗""短裙苗""山苗""白苗"等。

　　长期以来，丹寨县因山高路险、沟壑纵横，其内外交通闭塞，形成天然的生存场域，在现代性文化全面渗入该场域前，其缓慢地变迁着。丹寨人民在这相对封闭的生存场域中生产与生活，形成他们对世界的独特认知、表达与实践，又进一步维持了苗族人民生存与发展。由于历史与现实诸多原因，这一区域的大多数人，仅在这一较为狭小场域之中自我定义，缓慢地提升着"人的价值"。近年来，厦蓉高速、贵广高铁、原有公路铁路以及互联网等，组成纵横交错的互动网络，拉近丹寨与世界的距离，丹寨县以独特的姿态勇敢地裸露在全国乃至世界的面前，使现代生产生活方式的引进成为可能，当地政府也紧抓新时代机遇，积极开展经济建设，创造了全省闻名的"丹寨速度"[③]，影响力和外向度也因此得以逐渐提升，然而，这一革命性的现代性力量创造了"速度"，是否使人们承受"现代性后果"？

　　县城到个案村落社区呈条形状丘陵地带，就是省级经济开发区，交通便利。丹排公路贯通，公路穿个案社区而过。2013年8月后，县城至扬武镇的5路公交车开通至社区旁，耗时15分钟，车票价2元。至此，从省城到县城，辗转到个案社区这一独特的"生存场域"，仅耗时两个小时。

　　羊望（Vangl Wangs，系苗语音译名），上羊望自然寨是村委会驻地，故得名。羊望位于丹寨西南、扬武镇北，距县城12公里、镇府驻地1.5公里。总面积6603平方公里。由西向东，羊望包括岩寨、党期、大豆、上羊望、下羊望5个自然寨。从村落地形图看，村东是一片群山；村西300米处是瓦厂村（汉族村），交往甚少；南面1.5公里处即扬武镇政府驻地，苗汉杂居；村北是乌朗山麓，北靠原长青乡联盟村。截至2018年1月，羊望有9个村民小组，约有622户、2564人，男1335人，女1239人。[④]全村均为苗族，属八寨苗支系，通用苗语黔东方言，自称"嘎闹"（音译），借用汉字记录。社区主要由王、李、潘三

①　贵州省丹寨县地方志编纂委员会. 丹寨县志［M］. 北京：方志出版社，2016：118.

②　中国·贵州·云上丹寨·自然地理［EB/OL］. 黔东南政府网，2012－11－25.

③　贵州省丹寨县地方志编纂委员会. 丹寨县志［M］. 北京：方志出版社，2016：序1.

④　根据2018年大年初一聚餐人头摊付统计数据，摊付依据从刚出生婴儿到健在老人，本书认为此数据最为可靠。

大姓氏家庭构成。每个自然寨则主要由同姓氏家庭构成，如上羊望（王）、下羊望（王）、党期（李）、岩寨（李）、大豆（潘）、小豆（潘），等等。

这是一个"无名"的传统民族村落，从第 2 保（1941）、小豆行政村（1951）、光前初级社（1955）、光前高级社（1956）、羊望大队（1962）、羊望大队管理委员会（1968 年）到羊望村委会（1984），羊望这一民族村落社区的名称几经变更，颇为混乱，以致网上地图难寻其踪迹，足以说明民族村落社区名称的随意性，以及在国家重大描述下的存在感。村落社区外，大千世界不断演绎大事件；而社区内，社区人以自己独特的方式默默应对着。①

第二节　社区人

黔东南独特生境为个案社区人个性及文化模式的形塑与展演提供了一个广阔的舞台。当我们由喧嚣的省城辗转进入寂静的社区时，就靠近了个案社区人。然而，若要"走进"社区人的日常生活世界，"走进"社区人的内在心理世界，走进社区人的文化意义之网，那么，首先要"走进"社区人的生存场域。因为，正是社区人的生存场域（自然与人文生态空间）孕育并规定了他们的生活世界、他们的内心世界、他们的文化之网。②

一、聚落类型

任何一个族群都有相对稳定的生存场域，其早期的生存与发展对自然环境依赖性极强，自身与自然环境互动体验生成着特色的文化模式。一般而论，这种依赖性随着生产生活水平提高而逐渐减弱，尤其是共享现代性科技越多，依赖性自然就越弱，同样，文化的独特性也相应减弱。但任何一个民族试图短时间内挣脱"生存场域"的制约，以求"跨越式"发展的想法与做法，都是不现实的。

（一）社区布局

羊望（Vang Wangs），是地域与文化交融而形成的自然村落，具有滕尼斯

---

① 王国超. 民族村落学校变迁与教育选择［J］. 佳木斯大学社会科学学报，2015（4）：154－158.

② 梁正海. 传统知识的传承与权力——以湘西苏竹的医药知识为中心［D］. 武汉：中南民族大学，2010.

（Ferdin and Tönnies）传统"社区"概念的特性。羊望社区由 6 个自然寨构成，分别是下羊望、上羊望、小豆、大豆、党期、岩寨。1920 年至今，羊望几乎以独立整体的姿态参与了国家大历史的风风雨雨①。虽然社区称谓被官方自上而下地频繁更易，但是在社区人内心及社区的苗语体系中，"羊望"这一社区称谓一直沿用至今。虽从地形布局看，羊望的 6 个自然寨及周边自然环境并没有鲜明的特色，但是，我们以人类学方法深入探究，以文化视角对之考察，羊望社区这一特定地域空间里，充满着各种文化意义。

羊望村社区主要由三大姓氏组成，几乎一个自然寨只有一个姓氏，以致社区人的辈分称谓十分明确，逐渐生成一种内聚力和排他性，外姓人的介入及其生存境遇可想而知。由于这一社区场域的"场力"作用，外姓人"被"迫随姓的现象比比皆是。在该社区里，同姓同宗同居，每个自然寨均生成"小"认同，无论地理区隔还是心理区隔，两寨间边界明确。

事件 1：上羊望是王家寨，小豆是潘家寨，两个自然寨物理距离不足三米，随着两个自然寨的人家私自外扩，物理距离越来越近。然而，两个自然寨的心理距离却并不随着物理距离靠近而靠近，他们祖祖辈辈构筑的心理"长城"至今依然坚不可摧。据受访者王国昌回忆，在 1994 年某天凌晨一点左右，小豆自然寨发生一次小火灾，上羊望寨青壮年聚集到篱笆外，他们在观望火势有没有往上羊望寨蔓延的可能，但绝不跨过篱笆帮忙救火。帮忙救火的人都是从五六百米远的同为潘姓的大豆寨赶来。对此，外人肯定觉得不可思议。但当"走进"该社区的文化生态空间，用"文化镜片"对之透视，自然觉得不足为奇了。在羊望社区文化系统里，火灾并非仅仅是火灾本身，它附带太多的神秘色彩。他们认为，火灾仅发生在某些不干净的寨子。据受访者所言，上羊望寨从来没发生过火灾，而潘家寨却经常发生，小火灾不断，大火灾 50 年一遇。也就说，如果他们去救火，一是他

---

① 早期羊望与瓦厂合村在当地人人皆知，当地流传着"大米 zuo（换）红薯"的故事，也在诉说着两个社区分离的主要原因。根据县志记载，瓦厂社区 1955 年建初级社（但初级社的名称并没标明），隶属严勇乡人民委员会；1956 年与羊尧合建联盟高级社。而羊望社区也是 1955 年建初级社，并属严勇乡人民委员会辖地，并明确指出是"光前初级社"。根据王永新回忆，1956 年初修乌朗山水库地基时，还见瓦厂村人参与，年末就没见踪影了。我们推断，1955 年成立的光前初级社包括现在羊望与瓦厂两个社区，并于 1956 年末分离，随后，羊望社区建立光前高级社，瓦厂却与羊尧两社区合建联盟高级社。2016 年 1 月，为推动城镇化发展，羊望村和瓦厂村再次携手，合并成金扬居民委员会，办公驻原羊望村村委，但由于诸多原因，最终还是不欢而散。

们必须等"洗寨"① 后才能离开，二是容易将"火"带回自己的寨子。

事件2：党期寨，由两个自然寨合并而成，两寨同为李姓，以中间一条公路为界。靠北的叫党期，原名称为"保湾乌朗"（苗语音译），靠南的叫到害，原名称"保湾安寨翘"（苗语音译）。据受访人表述，"党期"和"到害"这两寨名是这样来的：新中国成立前，保湾乌朗寨发生了大火灾，保湾安寨翘人积极前赴救火，然而，在大家都忙得不可开交时，保湾安寨翘人趁乱偷盗东西，悄然将赃物带回自己寨子，并藏在自己家里，然后神不知鬼不觉返回救火现场。大家把火扑灭时，却发现保湾安寨翘燃起大火，救火队伍赶到时，火势已大片蔓延，损失惨重。随后有人发现保湾安寨翘人趁火偷盗，将"火"引回寨子，因而全寨人均指责偷盗者，大呼"害人"啊！之后这两个自然寨因而得名为党期（苗语音译，意为"火灾的寨子"）和到害（苗语音译，意为"被害人的寨子"），这两个约定俗成的称谓逐渐被官方认可，沿用至今。

事件2发生的时间比事件1早得多。我们通过事件2可获知，上羊望寨人未跨篱笆救火有着内在的文化原因，即姓氏差异、寨别差异、认同差异。在社区人文化结构中，对于火灾的归因，他们一方面认为是人无意而为，另一方面也相信火灾是神灵有意而为。这是他们从漫长的历史资料堆积中总结出来的经验，而且这一经验不断应验。就社区史而言，火灾频发的寨子主要是党期与大豆两个自然寨，社区人普遍认为，这两个寨子50年一遇大火灾。这两个寨子的人也似乎认同这一说法，近年来都有意将新房子分散修建，远离老寨子。吊诡的是，据受访人访谈记录，事件1发生时，火苗并未殃及约3米处的上羊望寨，却偏偏殃及600米处的大豆寨（与小豆同为潘姓），这一现象又进一步强化社区人的无限遐想。

2000年前，上羊望与下羊望两个自然寨之间相隔500米左右。随着国家对占田地修建房屋的政策松动，两寨之间均有人在其中修建房屋，至今，两寨之间基本没有间隔。由于两寨部分人同宗同祖，所以未出现"开亲"先例，多年来均以兄弟互称。尽管如此，除个别人外，两寨人之间均心存戒备，各种重大事件均互不牵涉。近年来，外出务工人员剧增，有些甚至举家外出打工。两寨青壮年人极少，难于应对耗费人力的红白喜事，因此，由下羊望寨"文化精英"

---

① 在社区里，寨子火灾后，必须封寨，只进不出，请巫师做法事以示"清洗"，之后人们才能走出寨子。

主动牵头顺势求"和"①，上羊望寨则应"和"，两寨以同姓为理论基础，合二为一，协同应对重大事件。近几年来，两寨已基本"和合"，这就补偿了单一自然寨原有结构功能缺失所带来的困境。除此之外，两寨间的联系还通过"共度春节"② 等路径逐年加以固化。我们于 2015 年 12 月再次做田野时发现，两寨500 米间隔几乎被新建房屋填满，呈不分彼此、完全融合之势。

　　类似的案例同样在其他相邻两寨之间发生，如同为李姓的党期与岩寨也仅相隔 400 米左右，现两寨间隔的 400 米已同样被新建房所填充，也同样以"共度春节"途径不断增强社区的李姓③认同感。

　　以当前社区格局趋势看，我们设想，个案村落社区在十年后将有羊望寨（上下寨）、大豆寨（大小豆）、保湾寨（岩寨与党期）3 个自然寨，整个社区连片。个案社区的这种空间布局增强社区认同，社区人将以一个独立共同体与外界互动。同时，社区异姓间频繁通婚也进一步缩短了他们的心理距离。

　　（二）居住方式

图 2.1　旧式民居　　　　　　　　　图 2.2　新式民居

　　就居住的房屋而言，社区人充分利用山地地形和木材资源，因地制宜地修建木结构瓦顶吊脚楼，这一点与其他南方少数民族相差无几。整个社区的寨子均有百年古树（保寨树），寨中均有池塘（保寨塘）。房屋间隔约两米，相邻屋主多为同宗。近年来，国家对占田地修建房屋的政策有所松动，以致新建房子间隔要宽得多，甚至远离村寨。中华人民共和国成立前修建的房子均有后门，便于逃生，映射出当时的社会动荡。近年新建的房屋，讲究美观，传统与现代

————————————

① 由于下羊望寨人数较少，无法独立应对耗费人力的红白喜事，所以主动"求和"。
② 这种方式原来在单一自然寨里仅限于同一宗族人。
③ 岩寨也有小部分王姓，在社区里被称为"小王"，即由其他姓氏转变而来；而羊望上下寨的王姓被称为"大王"，两种王姓是不同的，因此，可以"开亲"。

结合。值得一提的是，除学校之外，个案社区几乎不建砖房，而是利用砖房的优势，例如，原仅供养畜的一楼，至今做出调整：增层高、打地平、贴瓷砖、刮磁粉。二楼保留木房的优势：通风、透气，易于存放谷物。这体现了社区人充分利用了现代性与地方性优势，展现了社区人集体智慧力量。

在成片的木建筑群中，砖房显得有些突兀。社区里偶有人修砖房，成为社区人茶余饭后的谈资，他们普遍认为，"修洋房花的钱，该能修更好的木房啊！"

> 木房子一年四季不会潮湿的，可以存放谷子、苞谷，一楼可以喂养牲畜，二楼人住在里面也很舒适，更重要的是，木房子抵时间长，祖祖辈辈都可以使用，好几百年就行啦，你看我家这木房子，都一百三十多年，还好着呢；洋房就不一样了，很容易潮湿，又不能放谷子在上面，也不经用，你看学校的那洋房，才有十几年，都烂成哪样啦！（王荣明，2015）

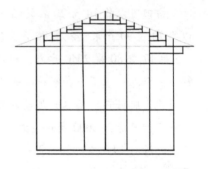

图2.3 社区新式民居室内布局　　图2.4 社区新式民居结构框架

随着社会的发展，国家政策利好，社区人的收入提高，他们修建房子，已逐渐由"功能需求"向"心理需求"转变，越发体现"显富"意味，功能与美观均大幅度升级。就结构功能而言，他们先在一楼修一层"洋房"做地基，再在地基平台上修建木房；而且在木房功能上体现多样化的升级。而在美观上，一楼地板和外墙均贴瓷砖，甚至配有艺术砖，提升美感。除此之外，社区人还在所有窗户均装上铝合金玻璃窗框，并在二楼外墙涂上清漆，美观、经久耐用。

二、生计方式

个案社区属山地农耕经济文化类型，耕地分布较广且分散，有的远达3个小时路程，而许多田土分散在山涧之间，以致社区人劳动效率极低。据1998年《贵州省丹寨县地名志》记载，社区人均耕地面积均超过一亩以上。事实上，各寨人均耕地面积不同，但一般人均不低于1亩。他们在有限的田土里，种植水稻、玉米、大麦、小麦、高粱、小米等作物。由于地理环境制约，社区人多年来均在温饱线上波动，这一波动已成社区人的心理"印刻"。偶有粮食丰收，他们也从未有将之转化为商品的想法，而是将谷物存放若干年。其中有两个原因：一是社区没有经商先例；二是他们对 20 世纪 60 年代的饥荒心有余悸。所以，他们的经济收入仅靠养猪、鸡、鸭、鹅等换取。

20 世纪 90 年代后，社区人相继外出打工，以平民的方式主动与外界互动。第一批务工人员的探索与适应，不仅为他们与外界的互动积淀了经验，更为他们提供与外界互动的勇气。2000 年前后，社区人外出务工已达高潮，呈举家迁出之势。"务工"与"务农"经济收益差距极大。

> 相比较，我觉得还是出去打工划算多了，我跟你随便算算吧！我们上羊望的田多一点，大概每个人有 1 亩半左右吧，我们就以 1 亩半来算，每年 1 亩田可以收 14 至 20 担的稻谷，我们就拿 17 担来算，每担稻谷一般可以得 70 至 90 斤米，就拿 80 斤来算，这样算起来，一年到头可以得多少钱？1.5 乘 17 乘 80 得 2040 斤米，现在城头的米最多也就 3 块钱一斤，如果这样，一个人一年下来在家种田的话就只能挣到 6000 来块钱，都还没算那些种子啊、肥料啊、抽水啊那些花销的钱嘞！如果要算在里面，那每个人种田一年就只能得 5000 块钱左右了。当然，在家也不只是种田，还可以种地或到附近打点临工，也能得一些钱，只是不稳定嘛！所以大家都愿意去外面打工。我这几年就一直在广东打工，每个月也没得多少，就 3000 左右吧，但两个月下来肯定能买在家种田一年的稻谷啦，打工一年可以多得 1 万来块钱，而且我们在外面只做一种活路，要轻松多了，不像家里乱七八糟的事多着呢！（王继辉，2014 年 12 月）

这是社区人的"经济理性"，起初，"经济理性"的拉力促使他们外出务工，后来，外出务工却逐渐成为一种生存惯性，或者成为一种生计模式，以致慢慢地，他们已不习惯，甚至不屑于传统耕种的生计模式了。据调研，社区 16 岁至 50 岁的青壮年男子，没外出打工就被人看不起。长年在外打工的中年人回家，就像做客似的，不愿从事传统农活，宁可请他人来做，社区由此产生了新的"互助关系"[1]，即"互助"从原来的"无偿"到"有偿"转化。成人的榜样"影响"下，从事传统耕种的儿童几乎没有，九年义务教育普及后，极少数儿童升学，更多人外出打工。作为一种文化形态的传统生计方式难以维系了。

---

① 这是相对无偿互助关系而言，这是参照外出打工的工价来计算的。

由此观之，当前社区的"生计方式"可分为两种类型：一是传统耕种农业，由60岁以上老年人勉力维系；二是打工，这已成社区的主流生计方式。

随着社会的发展，社区人的生活质量今非昔比。2000年后，社区正式通电网。电，这一神奇现代性产物的到来，不仅仅给社区带来"光明"，更使社区人的生活模式发生了立体性的变迁。通电网后，自来水问题也慢慢得以解决，一改昔日每天耗时几小时的挑水艰难，但"水井"，这一作为传统信息传播场域也消减殆尽！

三、生活习俗

由于个案社区人周遭"自然场域"和"人文场域"的独特性，该社区生活习俗不仅具有西南少数民族民俗事象的基本特征，又有社区自身独特个性。社区人在这一生存场域中创造了巨大的物质财富，也积淀了多彩的生活习俗。

（一）饮食习俗

在个案社区的饮食习俗中，"灶房"应算是内聚最丰富的文化信息了。这里的"灶房"主要有三种：第一种，大灶，安在一楼，可同时供多人进餐，主要功能是蒸饭、煮大锅菜等，除外，多用于煮猪食。第二种，火塘，安在二楼，主要用于小炒、火锅等，可供较少人进餐，家用居多。第三种，炉灶，这是可移动"灶房"，用黏土烧制而成，可移动，使用方便，小炒、煮小锅饭、煮火锅均可。不管是使用哪种"灶房"，最后进餐时都在"火塘"进行，尤其是晚饭，等候全家人到齐，围在一起进餐，其乐融融，谈笑风生，家庭教育悄然发生。

图2.5 房屋一楼大灶

大米饭是社区人的主食。他们一日三餐均为黏米饭，打工潮之前，一般家庭人口多，米饭多用木甑子蒸，可供多人多次食用；而糯米饭只用于节日、婚丧、走访亲戚和祭祀，做法颇多。后来，外出打工人多，家庭规模变小，多改炉灶，移动便利，再到之后的"电饭煲""电磁炉"等。根据时节变化，小米、小麦、小麦、玉米、红薯、高粱等成为社区人的副食品。然而，在社区人文化里，所谓的"缺粮"，主要是指缺大米，副食品只是他们退而求其次，社区副食品更多是用作猪饲料、酿酒料等。

社区人传统肉食品主要是猪肉、鸡肉、牛肉等，但多在重大节日时食用。当前，随着生活水平大大提升，对于社区人而言，肉食品仅是日常食物而已，而且肉食品种类增多。过春节时，在除夕前，"杀年猪"已成节前家庭的重大事件，亲朋好友邻居均积极主动参与，承担角色，社区人的情感维系在这一不经意的举动中得以巩固。

（二）服饰习俗

个案社区的苗族属于八寨苗支系。民国中期，男子留短头发，包头帕，逐渐穿对襟3贴包短衣。① 就个案社区而言，因时代、年龄、性别不同，服饰也会有所不同。据受访者回忆，20世纪80年代前，男年长者仍着民国服饰②，随后逐渐改留短发，不包头帕，穿对襟有领短上衣，穿汉裤、汉鞋。而年轻人，留短发，穿对襟有领短上衣③，而且与汉装交替使用；20世纪80年代后，苗族传统服饰逐渐被"冷落"，社区人仅在盛大节日时着传统苗装，日常服饰与汉装无异。

相对男式而言，女士服饰保守得多，以致县境内各支系服饰差异显著。因与汉接触程度不同，城中、城郊、苗汉村及苗寨聚集村等服饰均呈梯度变化，甚至可以说，女士服饰上就已写明了她们离县城的公里数。个案社区离扬武（扬武长官司、扬武公社、扬武乡、扬武镇政府驻地）、八寨厅城比较近，所以服饰趋向汉装，与苗族传统服饰有很大差异。

20世纪80年代前，除银饰，社区人大部分服饰均为妇女自制。已婚与未婚差异明显，未婚者身穿右衽大襟长衫，拴前围片或长围腰；发式有挽高锥髻，偶尔别花，有束马尾巴。已婚女士服饰与之前无太大差异，上半身着右衽大襟

---

① 文兴林．丹寨县志［M］．北京：方志出版社，1999：192.

② 丹寨县排调镇短裙苗，上衣差别较大，较为宽松，袖子较长，扣子间隔较宽。

③ 内层多为白色，作底衬，外层为蜡染布料，这样可以防蜡染掉色到身上。

长衫或右衽绲领短衣、宽筒齐膝大裆裤、裹腿、头绾高平髻、头搭蜡染方帕①，等等。

随着"打工潮"掀起，社区人突破大山屏障主动与外界互动与实践，外界文化以更为强势的力量渗入个案社区，社区文化逐渐有所消解。为了更好更快地融入主流社会外，社区人均着汉装外出务工。他们有的在外务工短则三五年，长则二十年。长期接触汉文化，历经文化冲突的挣扎，社区人的"内群偏好"转向"外群偏好"，逐渐"解放思想"，着汉装是这一现象的重要表征。② 然而，今天的父母仍无一例外地为其女儿准备苗装及首饰，以作嫁妆。

（三）婚姻习俗

目前个案社区仍维持"姨表不婚"遗俗，应是"普那路亚"婚姻制踪迹；"不落夫家"习俗，则是"对偶婚"形态的烙印。长期以来，社区人奉行"同宗不婚"择偶原则，所以，可否与谁通婚，妇孺皆知，代代承传。据访谈得知，偶有越"轨"者，婚后问题丛生。20世纪80年代前，社区内异"姓"通婚率极高。异寨同姓通婚与异姓同寨通婚的现象极少，社区人鲜见青梅竹马。在社区内，不同寨人之间均以亲戚称呼。随着外出务工人增多，当前，跨社区、跨族、跨县、跨省的婚配选择已不足为奇。但奇怪的是，社区人与附近汉族村落人通婚的边界却仍然难以逾越，这反映出两族长期交流过程所构筑的"壁垒"已内化于各自"文化基因"之中，难以根除。总之，社区长期族内婚，生成了错综复杂的亲戚关系网络，借以维系社区内聚与认同。

20世纪80年代前，社区内适婚年龄为16～20岁，最佳婚龄为16～18岁，这很大程度影响了学校教育。可以看出，以上均不符法定结婚年龄，这与环境与生存观念相关。③为了"按时"结婚，社区使出浑身解数应对相关部门的监管。也就是说，"只要不被当场阻止，木已成舟就好办!"因为一旦错过年龄，后果不堪设想。

后来社区适婚年龄为16～25岁，婚姻法对抑制早婚起到一定成效。但近几年来，社区"早婚"习俗沉渣泛起，主要原因有二：一是"义务教育"普及，上学年龄提前，15岁左右初中毕业即外出打工；二是在外打工，地方政府就难以管辖。因此，大部分学生毕业1至2年后就结婚，他们以不领证、不上户口

---

① 蜡染方帕，由两层构成，内层并非蜡染布，而是较为柔软的布料；穿盛装右衽绲领短衣，不戴蜡染方帕。

② 赵忠平. 村庄的陌生人 [M]. 北京：社会科学文献出版社，2018：231 – 277.

③ 袁同凯. 走进竹篱教室——土瑶学校教育的民族志研究 [M]. 天津：天津人民出版社，2004：98.

等方式回避国家法律的直接制裁。

社区人结婚程序较为烦琐，第三章将有详细描述，在此不赘述。先谈谈离婚。20 世纪 90 年代前，社区男女离婚较为自由，程序简单，只要调解员及双方家长在场做证，将竹筒一分为二，各置一瓣即可算离婚。若男方是过错方，男方须奉还女方嫁妆及礼品；而如女方为过错方，则须女方返还男方聘礼。尽管男女双方离婚均较为自由，但对女性而言，离婚却给他们的生活带来诸多困境。十多年来，办理离婚的事宜已逐渐移交相关行政部门。

（四）家庭习俗

在家庭形态上，个案社区的家庭是按照一夫一妻制①组合的父系小家庭。这种小家庭特征有二：一是一对夫妇及未婚子女共同居住的家庭结构；二是男女平权，在政治经济上，夫妻平等，但每户均有一方为家长，多由丈夫担任。在长期的生产与生活中，个案社区与其他民族一样，遵循着女内男外的传统家庭劳动分工，即由女方及其孩子主持家务劳动，男方主持生产劳动与对外互动。例如，妻子主持带小孩、做饭、洗衣、饲养家畜、织布、缝衣、酿酒等家庭琐事，而丈夫则负责外出挣钱、对外社交，以及负责耕田等重活。当然，男女之间的分工是相对的，在集约农村型的社区生产方式，家庭有许多生产活动必须由夫妻双方，甚至由家庭全部成员协作才能完成。家庭重大事件决策一般由夫妻双方协商决定，如子女已成年，则可参与共同协商。

个案社区有多子多福传统，早期家庭以六口之家和五口之家较为普遍。计划生育政策贯彻实施后，社区慢慢适应，观念也慢慢改变，当前四口之家最为普遍。然而，社区人"重男轻女"观念始终不变，一胎女孩，二胎想方设法也要生男孩，所以，每一个家庭结构，至少都有一个男孩，仅有女孩的家庭甚是鲜少。在子女较多的家庭中，如儿子已结婚生子，就证明已达到成人成家的条件，此时一般可要求分家，独立生活。当然，如果家庭相处和睦，没有太多争议，也可以等全部男孩结婚后再分家，这种情况极少。分家后，如有子女未婚嫁，父母则与子女重组成户，恢复最早家庭结构，若仅剩单亲，多与小儿成户，协助小儿成家、持家②。在社区里，只有儿子才有家庭财产继承权，当然，儿子也必须承担父母的赡养与善后义务，甚至还承担偿还父母债务的责任。个案社区财产包括内容较多，除了房产、人民币外，还有粮食、布匹、田、地、山林、牲畜、家具、农具，等等。每一样财产都必须平均分配，只是长兄有优先选择

---

①　中华人民共和国成立前，可一夫两妻制，多因为不育或无子嗣。

②　因为小儿子可能未结婚；后来，哪怕结婚了也多跟小儿子住。

权，以此类推，形成习惯法，任何人不得有异议。权利与义务是一体两面，女儿没有分享财产权利，只可分得少许嫁妆，那么赡养与善后父母之事也就与女儿无关，她们几乎成为"泼出去的水"。可想而知，在这一文化背景下，重男轻女观念在社区根本不可能被消除，这就导致社区女童受教育年限普遍极低。

（五）丧葬习俗

"一个人的死亡，会扰乱活着的人的感情，葬礼为人们提供一个宣泄这种情感的机会。"① 为表达自己的哀伤，社区有自己的仪式。在个案社区里，若儿童②死亡，仪式简简单单、冷冷清清，好像怕惊动别人似的，根据年龄大小，选择用树皮或木箱装尸安葬，意思是这样便于他们快速转世，也不管儿童年龄大小，只要不结婚，只能安葬于儿童公坟区，不能享受后人祭拜。这对一个成年未婚者而言，简直就是一种莫大羞辱。个案社区各自然寨均有相对独立专属公共坟区，均实行土葬，但若死于怪病，为了断根，要求必须焚烧尸体、隔离安葬。

相比儿童的冷清，成人死亡热闹得多，它成为寨子的重大事件。成人仪式极其烦琐，但大多与南方少数民族相似，只有"送水"仪式颇具特色。

所谓"送水"，就是指家人送水给死者喝，并将死者送上天堂。社区人认为，人虽然已经死了，但那只是身体死亡而已，在家人送水喝之前，他的灵魂还没死，还在我们身边。因而，家人吃饭时，都得为死者留位子，并放置碗筷。受访人甚至还说，"送水喝之前，死者晚上经常回来呢！"

送水仪式一般安排在葬后 27 天举行，当天早上，亲朋好友纷纷带祭品赶来参加。送水仪式根据亲朋好友数量决定开始时间，但一般中午 11 点钟开始。首先是唤魂。巫师蒙住眼睛逐渐进入状态，先求助于"丹门"（小鬼），借此寻寻觅觅，几经波折，终于找到死者灵魂，并唤醒他，告诉他死讯，死者得知自己的死，伤心欲绝，大哭一场，在大家安抚下，才慢慢冷静下来。所有亲友将祭品放在死者家堂屋，死者"附身"巫师，巫师将死者带到天堂口，然后"死者"按"差序格局"依次吃亲友的祭品，并告诫亲友不要伤心，希望亲友团结、勤劳、互助。最后，"死者"对整个生命历程的自我解析，回顾自己在阳间的功过，"死者"时而狂欢，时而黯然伤神，时而放声大哭，以此表达人生的喜怒哀乐，用这种具有神秘色彩的方式不断告诫宗族、寨子、村落乃至周边村落的人

---

① 袁同凯，走进竹篱教室——土瑶学校教育的民族志研究［M］．天津：天津人民出版社，2004：99.

② 一般将未婚者统称为儿童。

们，如何规划人的一生，如何回避人的过失，如何与人为善，积善成德，以获得人的完满轮回。对儿童来说，此阶段富含教育意义。①

四、社会关系

长期以来，个案社区的社会关系网络由地缘、血缘、行政等三重关系叠合而成。社区人就是基于这一关系网络生产与生活着，并以此出现于外界之中。

地理环境是早期人类社会关系形成的重要动因，从地理环境而言，早期个案社区人相继向水源丰富的乌朗山麓靠拢，逐渐形成早期聚落社区，也因此逐渐生成自身的文化模式。

随着各地人向聚落靠拢，代代繁衍，纵向血缘关系逐渐形成，形成了王家寨（下羊望、上羊望）、潘家寨（小豆、大豆）、李家寨（岩寨、党期、到害）三大聚居区。因此，同一自然寨，人与人之间均以亲人称呼，如哥哥、姐姐、叔叔、阿姨、爷爷、奶奶等。而各自然寨之间通婚频繁，逐渐形成横向血缘关系，所以不同自然寨人之间也以亲戚称呼，如表哥、表姐、姑爹、姑妈、舅舅、舅妈等。这种纵横交错的血缘关系网络，有利于增强社区人的认同感。

个案村落社区，作为一个行政村，是遵循长期地缘和血缘双重关系基础设置的。历史证明，顺应文化结构的民族地区行政管理将事半功倍，反之，则以失败告终。这在个案社区反复得以验证，据受访者回忆，由于"羊望"与"瓦厂"相隔不到 300 米，为行政管理方便，上级部门于 1955 年尝试将两村合二为一，共建"光前初级社"，两种文化模式首次正式交锋，一年后不欢而散，也扩大了两社区间原有的裂缝。2014 年，为适应城镇化建设，当地政府再次将两个村合二为一，成立"金扬居委会"，居委会驻地在原羊望村委员，因诸多原因，最后还是不欢而散。两段小插曲足以说明，不基于地缘和血缘双重关系基础的行政设置，注定以失败告终。清末至今，个案社区一直作为一个整体出现在官方与民间的叙述体系之中。社区人延续着传统"社区"的守望相助的特质，为长年在外"打工"的社区人找到了精神依靠与支点。

总之，在社区长期发展过程中，地缘关系、血缘关系、行政关系等逐渐融合与叠加，生成社区认同感和归属感，有利于社区人在外面世界的生存与发展，也奠定了他们社区认同、民族认同、国家认同，甚至世界认同的内在根基。

---

① 王国超．民族村落学校变迁与教育选择［J］．佳木斯大学社会科学学报，2015（4）：154-158.

第三节　学校教育

个案社区最早的学校形态诞生于 1944 年。当时，早期"文化人"李正华、李朝邦两人无偿借用李朝林私宅作校舍，开办学校，这是作为学校形态的"私塾"在个案社区岩寨自然寨出现。当时，私塾仅有两名老师，就是李正华和李朝邦，学生学费每年每人收 1 块大洋加 1 担稻谷。生源来自岩寨、上羊望、瓦厂、党期及周边村寨，30 人左右。一年后，私塾校址被迫搬迁到小豆自然寨，这时，老师就只剩李正华一人。由于国家教育政策逐步推行，小豆私塾出现生源危机，于 1946 年初私塾被迫解散。随后，士绅马文强在上羊望寨"大菜园"① 一角开办"私塾"。原来小豆"私塾"的学生之中，一部分就近被送到大菜园私塾继续学习，一部分被送到已在扬武办了好几年的国民小学学习。同样，生源的分流以致生源不足，一年后，大菜园"私塾"也宣告解散，社区又陷入了长期无学校及教育状态之中。原大菜园私塾学生之中，极少数通过考试转入扬武乡中心国民小学继续学习，他们有的从小学二年级续读，有的从三年级续读，但须经入学考试合格方可。然而，"弃学归田"的学生占绝大多数，以致社区内未受学校教育的儿童逐年剧增，他们回归传统的生活样态，穿梭于田间地头。

1958 年 3 月，教育部号召全社会办学。1958 年 6 月，贵州省教育厅明确要求各县在 9 月 20 日前普及小学教育。② 一是为了响应国家的号召，二是为让自己的知识能发挥价值，三是为了社区儿童未来的发展，三股力量激活了李朝林内在的办学热情，他找到社区同龄人潘永林③，共商办学事宜，最终社区学校在生产队领导的支持下创立。1959 年 8 月，新学校正式开学，校舍是私人房宅。根据生源和办学条件，学校最初只设一、二年级两个年级，每年级 1 个班，班级人数 15—30 人之间，全校约 50 人，生源来自社区各个寨子④。由于社区长期

---

① "大菜园"，苗语意译，即为四合院，现四周有王荣超、吴学光等三家，校址就在吴学光家隔壁，已搬迁。

② 黔东南苗族侗族自治州地方志编纂委员会. 黔东南州志·教育志［M］. 贵阳：贵州人民出版社，1994：73.

③ 学校创立初，李朝邦受邀到扬武小学代课，社区学校就仅有李朝林 1 名老师，直到学校解散。

④ 不包括岩寨自然的小孩，因为他们就近到瓦厂村学校去上学；瓦厂社区学校，开设一、二年级，教师 1 名，名为张万朝，身份也是农民，现还健在。

没有学校，累积了不同年龄段的孩子，所以全校学生 8—15 岁不等。对于教师工资，前期按大队工分抵，且可到大队公共食堂就餐；办学的后期，教师的工资则由县财政按发放，每个月 15 元，到了年底，生产大队适当给予补助。1960 年，该学校校址迁到潘永安私宅，离原址 50 米左右，教师 1 名，课桌临时借用大队杀猪架，板凳由学生自带，黑板由教师自制。办学期间，学校实行现代新学制，每节课 40 分钟，早上语文数学、下午音乐美术或体育，但当时各科均没有设置考试环节。1961 年，为贯彻中央"整顿、巩固、充实、提高"的八字方针，贵州省对学校全面调整，以求"质量"，借以提升"科学教育"的水平。作为"数量"的社区学校也逃难被精简的命运，历经两年半的社区办学历史性终结。

1970 年，为响应"读小学不出队，读初中不出社"的号召，羊望生产队管委会根据上级政府文件精神，经与村落社区内文化人商讨，决定利用生产大队的公共房子（没收地主房产）作为校舍开办学校。先后邀请李朝林、潘永林等人担任教师，无果。最后找到只有高小文化程度的退伍军人王付先①担任教师，并由其筹备建校。1970 年 8 月，社区学校正式成立并招生，学校名称为"羊望民办小学"，全校教师只有王付先 1 人。在国家政策的支持下，学校师资队伍力量逐渐增强，不久后王付先调离学校，随后，王有先、王贵晴、王贵越、唐启光、潘永儒、骆礼霞等人相继到校任教。在这些教师队伍中，公办教师只有校长王有先和教师骆礼霞两人，其余均为民办教师，由于双重身份，不仅师资不稳定，日常教学工作也不稳定。学校逐渐发展到设有一至四年级、每级 1 个班、每班 25 人、学生共 100 人的办学规模。

1988 年，根据相关文件精神，丹寨县人民政府决定，在羊望小学的原校址重建校舍，各年级临时分散到附近自然寨租用民房办学。新校舍于 1989 年 12 月建成，在 1990 年 9 月开学时搬回新校舍。《黔东南州志·教育志》记载，此时的羊望小学，学校规模已有 6 个年级，共 6 个教学班，学生达 118 人。②

随后，"普九"政策持续推进，以及国家对乡村学校日益重视，教育经费投入大大提高，陆续分配许多正规师范类专业教师到校任教，公办教师数量占多数，教学管理也逐渐规范，学校的升学率大大提高，在全县乡村小学中有一定

---

① 王付先，下羊望寨人，小学文化，新疆边境兵，后留在部队，因心脏病转业回家，其在校转公办后调离。

② 黔东南苗族侗族自治州地方志编纂委员会．黔东南州志·教育志［M］．贵阳：贵州人民出版社，1994：138.

名气。然而，根据县委、县政府"教育崛起工程的实施方案"和"扬武镇十二五教育规划"，2012年8月，原羊望小学三至六年级被撤并到扬武民族小学，实行寄宿制，原羊望小学则降格为"扬武民族小学羊望办学点"。教学点设有一、二年级共4个班，学前大小班，小学教师4人，均为在编教师；幼儿园专职教师2人，保育员2人，均为非在编人员。个案社区学校一夜间又几乎回到20世纪80年代的办学规模。

第四节　走出社区

一、社区与外界之间

对外界而言，个案社区是一个名不见经传的小小苗族村落，即便在黔东南，甚至在丹寨也无人知晓。不管历史如何变迁，它依然安静地坐落于黔东南西南部、丹寨县西南部、扬武乡北部，就连社区的"名字"也漂浮不定，时有时无，以至于我们在各时段的史志地图上都难觅其踪迹，充分反映了这一民族村落社区在国家重大描述下的存在感。村落社区是客观存在的，它以自己的方式构筑着丹寨县、黔东南、贵州省乃至中国的时空坐标。

在社区之外，各种重大历史事件频繁发生，社会不断变迁与更替，可谓精彩纷呈；而个案社区凭借着高山险阻的天然屏障，安全安静地演绎着自己的小事件，犹如一个不谙世事的小孩。

在全国范围内，这样的村落不计其数，长期以来，国家的权力并没有直接延伸至村落，以及社区称谓几经更替，导致在国、省、州的地图上均没有它的位置，即便在丹寨县志的地图上也找不准其名字和位置，着实让人对村落的存在感担忧。直到2015年，互联网才能找至个案社区片段信息，出现了百度百科的社区简介以及社区年轻人的视频。自此，个案社区在互联的世界之中做出微弱的表达与意义存在，以一种虚幻方式呈现出碎片式的自我，让世界有了关注社区存在的可能，也让个案社区人以一种独特的方式"走出社区"，走向外面的大千世界。

由于个案社区所处的地理位置在整个县域内属平原地带，2013年后，交通非常便利，其距镇所在地1公里远，距县城不到10公里，其间修通了50米大道，畅通无阻，公交车隔20分钟一趟，票价2元，在社区与县城之间约7公里处，就是高速公路入口，进入高速，就可通向凯里，通向贵阳，通向世界；而且距社区约25公里就有贵广高铁，约4小时可直抵广州。为个案社区人走出社区提供物理便利。

值得反思的是，如今修的50米大道与之前以学校为终点修路的不同，此次修路离学校仅20米，却戛然而止，长期以来，民族村落社区的学校，是国家权力对基层村落社区影响的重要界面之一，而今天，一方面，国家权力影响路径更加多元化；另一方面，个案社区的学校部分地被剥离，使学校的影响力大大降低，修路似乎成为国家权力的无意却近乎真实的表达。

二、走出社区

几千年前，居住黄河、长江中下游的苗族先民辗转万里，迁居黔东南地区的大山之中，鲜与人通。四面群山给他们带来安全与安静，屏蔽着外界的纷扰，同时也阻隔他们向外学习；在这一安全与安静的"生存场域"之中生产与生活，缺乏外界的惊扰与刺激，也就慢慢缺乏"走出社区"的激情与勇气，他们用脚步丈量土地，用双手改造生存空间，用智慧改善生活，用行为承传文化，祖祖辈辈一路走来。个案社区作为政治区划也逐渐闪现于国家行政版图之中。清朝乾隆年间，政府修建三条由县境连接外界的大道，由厅城至排调路段途经个案社区。后来民国政府又修建从贵阳经都匀至县城，最终抵达三都县城的大道。①在外力推动下，"走出社区"的物理通道逐渐被打通，为个案社区人走出社区，正面与大千世界进行互动与交流提供了便利。这种被动性的互动，隐含着不平等关系模型，即外界是主体、社区是客体，也就是说，虽然"物理通道"被打开，但"心理通道"尚未打开。长期以来，社区人几乎是以最传统的生计方式生活着。

据调研获知，个案社区在民国时期也有"走出社区"的几个特例，就是以"当兵"方式走出社区，这是一种"被迫"的外力牵动。其中潘光前算是个"大人物"，但各种原因使他在个案社区及周边臭名远播，以致社区为之而易名②。长期在安全与安静的"生存场域"之中生产与生活，个案社区人生成自动对外界纷争屏蔽的"性格"，这一性格镶嵌在社区人的性格结构之中。社区里的木结构建筑中均设计有"后门"，便于逃生，即逃"杜"（苗语音译）。他们称社区外在势力为"杜"，至今后人大多都将其理解为汉族，但我们认为，这是

---

① 文兴林. 丹寨县志［M］. 北京：方志出版社，1999：701.
② 原社区的名称"光前生产队"，由于"光前"与潘光前的"光前"一样，经商讨，更名为"羊望生产队"。

一种刻板认识，"杜"不单特指汉族，而应指所有的外界势力，对社区人而言，它应指"非我族类"，特别是指长期剥削社区人的"想象力量"，对于社区人而言，这个外在的想象力量过于强大，与社区人之间力量悬殊、不可调和，这就导致社区人对外界的恐惧与排斥，继而影响社区人主动与外界的互动以获得自我发展。

贵州解放后，个案所属县域到外界的交通网络越来越便利。1952年，县政府重新修复"隆三公路"①，打开了个案社区所属县域与外面世界的第一条主要通道。1960年修通"鸭兴公路"，打开了个案社区所属县域至黔东南州府的主要通道。1964年修通"都丹公路"，打开了个案社区所属县域至黔南州府的主要通道。而1958年修通的"丹排公路"则将个案社区与以上通道连接②，也就是说，此时，沿着公路网络，社区人可从社区乘车抵达凯里市、都匀市，再到省城贵阳市，直到外面世界。"物理交通"逐渐促进社区人的"心理交通"，这为个案社区与外面世界的交流奠定了坚实的基础。

经由以上的公路网络，不断有社区人通过各种途径与外界接触，有人到凯里、贵阳、成都、北京等城市求学，有人到新疆、云南等边境当兵，有的则到贵阳及周边修建铁路，他们以不同方式演绎着传奇的"走出社区"的历史。当然，这对其他社区人而言，可望而不可即，成为大多数社区人不敢也不愿复制的经历。最根本原因是成功概率极小，难成为社区人的"引力"，社区人更愿意将"走出社区"的成功案例归结于偶然，甚至赋予其神秘色彩。③ 十一届三中全会后，国家改革开放形势一片大好，外界人走进社区的情况日益增多，各种外界信息也渗入社区。"物理交通"和成功案例促进社区人"心理交通"的缓慢打开，"走出社区"逐渐成为社区人追求"美好生活"的一种选择，而学校教育则是推动这一选择的主要动力。然而，经由教育之轨"走出社区"，对社区人而言困难重重。由于历史与现实原因，长期以来，个案社区的学校教育发展滞后，尤其是学校文化与村落文化的差异性，社区儿童难以适应学校文化，难以置身学校的主流文化之中获致学业成功。也就是说，沿着学校教育之轨成功

---

① 原名为"陆三公路"，起于麻江县陆家桥，经麻江、宣威至翁城河渡口进入丹寨县境，经兴仁、烧茶、台辰321国道线经县城、金钟、交圭出境至三都县城。1929年开工，1940年通车，1944年被破坏以阻挡日军进犯。因天灾与人祸，使用时间不足两年，直至1952年，县人民政府修复通车，成为丹寨与外界交流的重要通道。

② 文兴林. 丹寨县志［M］. 北京：方志出版社，1999：702－704.

③ 王国超. 民族村落学校变迁与教育选择［J］. 佳木斯大学社会科学学报，2015（4）：154－158.

"走出社区"是一小概率事件，以致社区人将这一小概率事件赋予神秘的色彩，他们并没有看到公平考试表象下潜藏着复杂的内涵，而是将之归为自身智商局限，或归为神灵不佑。

虽然"物理通道"已打开，但直至"文革"之前，"走出社区"的人依旧是凤毛麟角，说明了时代背景限制与学校教育动力的微弱。据课题组调研，"走出社区"的人有 14 人，人员大致分布为：岩寨 1 人，党期 2 人，大豆 3 人，上羊望 3 人，下羊望 5 人。在这 14 人当中，全部沿着学校轨道获得成功的仅有 3 人，占比 25%；2 人是学校脱轨后，通过参军而获得成功；剩余 9 人，均是通过参军或修铁路的途径获得成功。可见，就"走出社区"而言，学校教育的推动力极其微弱。

20 世纪 90 年代初，由于国家对乡村教育的日益重视，社区学校质量日趋提升，逐渐成为社区人"走出社区"最主要的动力。而在 20 世纪 90 年代末，外界市场经济的吸引（打工）成为"走出社区"的另一种动力。当然，这一通道的教育选择者更多是学校教育的脱轨者。在这一期间，小学阶段是社区人最经济的选择，小学之后，就只能沿着学校教育轨道走到尽头，最后"走出社区"，否则，如果在半途脱轨将需付出较为沉重的代价。

> 我走出来是很不容易的，记得我第一年高考没有考上。当时想到爸妈年纪大，没钱去补习了。实在没办法，我就只有回家种田。但是我很不甘心，只有将读书这事放在心底。所以，我经常在干农活空闲，到林场那边偷木板子卖，将挣得的钱存起来。尤其是，从学校回家后，我几乎是书不离身的，但寨子人看到我看书，他们会笑，所以只有悄悄躲着看。在家期间，我还经常采草药、野果等，拿到城头卖，一年后，我就攒够了补习费，所以就回城头补习了。第二年，我记得高考考了 370 分，刚刚上本科线，一分都不浪费的。大学毕业就回丹寨教书，就是这样走出来的啊！（王明青，2015 年 1 月）

从以上案例我们可以看出，受访者王明青的学习成绩应该是不错的，所以他补习一年就能顺利"走出社区"，相对而言，上羊望寨的"文化人"王荣林则困难多了。

> 我读书时，小学成绩还可以，初中以后成绩就开始不好，高中就更差了。高中毕业后，只有回家干活路啦。我那时年纪可不小了，和我一样年纪的堂兄弟，孩子都会走路了，所以家里人忙着张罗结婚，然后生娃娃，一切都很平常。那时，村里面小学经常缺老师，需要很多代课老师。想想

自己干农活不是很利索，比不上其他人，当代课老师还有"转正"的机会，所以就去小学教书。刚进学校时，被安排教一、二年级，说是让我先适应适应。大概有一年多，毕业班的数学老师被调走，学校没办法，让我去顶一下试试。我那时为了得"转正"，很努力哦！那一年毕业生成绩很好，尤其是我教的数学，所以后来学校老让我教毕业班的数学，再后来毕业班的语文数学都让我教，成绩一样很好。几年后搞点关系，就直接"转正"了。当然，我那时代课工资太少，三十多块钱，也没多少人愿意搞的。有的老师来了 1 年不到就走的。我是 1994 年转成民办教师，1997 年底，我是未经过正规培训就直接转为公办教师了。（王荣林，2015 年 12 月）

改革开放持续推进，直至 20 世纪 90 年代，外面的世界变化已日新月异，个案社区人"心理通道"依然尚未开启，而是在被外界刺激下，被动地通过"被拐卖"或"打工"方式与外界互动，成为早期"走出社区"的人。我们找到了个案社区最早去广东打工的人，早些年他常被称为"广东娃"，他与我们深入交流。

我退伍回来后，也没有什么事干，就在家待了一两年。好像在 1992 年前后吧，那时我十五六岁的妹妹丢了，四处打听，才知道去了广东。所以就去广东找找，之前也没人去过广东的，尽管我去过外面当兵，但还是有些怕的。那时我也没晓得广东是个什么样子，完全陌生的。我去的时候一边看地图，一边走，走得很慢！到广东后，觉得广东那边有很多打工的机会，我那时就觉得在那里打工肯定比在家挣得多啦，所以就决定留下来试一试，没想到，你看看，一待现在都快 30 年了，几乎都在广东过啦，两个娃娃都长大了，大女儿早都有小孩了。我在广东打工都好几年了，我们寨子年轻人才通过我带路去广东，再之后，整个羊望去广东的人就越来越多了。（李天明，2013 年 12 月）

由于之前尝试"广东打工"的成功案例，不仅给社区人在外面世界生存积淀了的丰富经验，更增强社区人"走出去"追求美好生活的勇气，坚定了他们的决心。2000 年后，个案社区的人们逐渐外出打工，甚至举家外出打工。当然，外出打工的地域已不再局限于广东，而是拓展到许多发达地区，如浙江、福建、北京、上海等。随着贵州省经济社会发展，省内公路网、铁路网、电视网、互联网逐渐成为社区人生产与生活之网，这一网络不仅仅是"窗口"，而且它使人们逐渐处于同一个平面之上。社区人对外界的认知路径多样化，尤其是青壮年，他们均有一定文化知识和更开放的思想。通过各种网络，他们开始以更为宽阔的视野重审传统村落社区、重审自我，而"走出社区"自然成为一个重要途径。

与历史上的"走西口""闯关东"一样，走出社区、走向世界，这是社区人追求美好生活的方式。社区人在外面打工，增加收入，改善生活，甚至重构他们的思维方式，而且，他们以"他者"的姿态，初步认知了外面世界多样性，拓展社区人作为"人"的价值与意义。近几年，之前举家外出打工的现象已逐步减少，社区的各种仪式也逐渐回暖，人们对美好生活的选择趋于多元化。

值得反思的是，相对于传统的生活方式，以打工方式"走出社区"，使整个社区的经济实力大大增强，甚至呈数十倍增长趋势，然而，这一经济实力并没有支撑社区的教育系统，并没有联动村落社区学校教育可持续发展，继而生成强健的教育生态系统。换言之，个案村落社区学校教育的社区价值与功能的释放十分有限，即在学校教育的社区贡献率很低。最终，个案社区的学校教育生活，乃至九年义务教育生活，仅仅成为社区儿童"走出社区"，到外面世界打工谋生活的推力与预演。这就不断地"固化"了社区人的"幼儿园→小学→初中→打工"成长路线，个案社区的儿童与社区传统生计方式几乎毫无相干。① 这将在一定程度上制约着国家乡村振兴战略贯彻落实，亟待各界的关注与化解。

---

① 赵忠平. 村庄的陌生人［M］. 北京：社会科学文献出版社，2018：272－273.

第三章

本土教育：民族村落社区人"初级社会化"力量

　　1904年（清光绪三十年），清政府颁布的第一个系统学制，即癸卯学制，标志着现代教育逐渐在全国范围内开启了它新的发展历程。1905年，清政府废除在中国历史上延续了1300多年的科举制度，为新学制的贯彻推行提供便利。在全国范围内，旧式学校因传统功能缺失而被迫改制，新式学校纷纷建立，形成一片欣欣向荣的教育气象。与此同时，个案社区县域于1907年也将龙泉学院改为高初两等小学堂，缓慢地尾随着我国教育现代化步伐。然而，在丹寨这一广阔而又沟壑纵横的地域上，龙泉小学堂这一星星之火难以形成燎原之势。对个案社区而言，在20世纪60年代前，社区人要想接受现代教育，以获得"思想解放"，只能千里迢迢到社区外求学，因此，整个社区仅有极个别"文化人"。当然，在那个物质匮乏的时代，追求"物质解放"是第一要务，社区人最直接的需要并非现代教育，而是孕育于社区日常生产与生活之中的本土教育系统。现代学校是一种外置式机构，具有外力作用，它很大程度上束缚了社区本土教育的功能释放，换言之，现代学校的外力作用，以温和的方式，将社区儿童拉进主流文化系统之中，制约着社区儿童的初级社会化，避免其成为"社区人"。若处于内外力之间游离，也就产生"文化边缘人"，他们难以认同社区传统生活模式，无法在社区获取生命力量，也无力通达学校教育轨道的终点，成就功名。"穷"字，生动概括了社区早期"文化人"艰难困苦的生活景象，反映了他们成为本质意义"社区人"的艰难，也诠释他们的生命质量及其边际人格特征。①

---

　　① 王国超. 民族社区教育资源冲突与调谐［J］. 贵州民族大学学报（哲学社会科学版），2016（6）：187 – 199.

第一节　1959 年前社区外学校图景

作为一种外置机构，我国现代学校的流布是自上而下的。作为一个小小的苗族村落，个案社区是学校发展系列的最末端，在这里，社区人要完成整个系统的学校教育，是几乎不可能的。"皇权止于县政"，国家现代学制的全国推行力量，只有县城及周边地区能获得微弱的感受，村落社区几乎全然不知。在漫长的中国教育发展史中，个案社区始终依附着县城这一微弱的"机体"以感受其脉动。1730 年，清朝廷建八寨厅，①国家触角延伸至县境内，随即义学兴起，学校史正式在这一区域拉开序幕，个案社区处于这一历史脉络之中。

一、旧式封建体制下的学校

（一）义学、厅学、书院

义学，相当于小学教育。1375 年（明洪武八年），在丹寨县境内就设立了 1 所社学，带有"义学"的性质。1730 年（清雍正八年），张广泗在县境内设立多所义学。1732 年（清雍正七年），鲁朝聘在今老八寨内设立八寨义学。1873 年，刘垂祺在县境内开设 11 所义学。维新变法后，县境纷纷设立新学堂，长达百余年的义学淡出历史舞台。

厅学，1838 年（道光十八年），县境陆顺乾等人在县境内设立厅学。1840 年 3 月（清雍二十年），贺长龄、王庆云也设立厅学。同年，贵州都匀府八寨厅学也创立②。1842 年 2 月（清雍二十年）又调都匀县学训导进驻八寨厅，1855 年（咸丰五年）后厅学被废除。

书院，1843 年（道光二十三年）在八寨厅城西街创建的龙泉书院，毁于 1855 年战乱。1874 年（同治十三年），重建龙泉书院于当时的城内北街，书院院舍有 21 间，设山长 1 名，斋长 2 名。1899 年（光绪二十五年），书院改学白话文，提倡研习哲学、史学、语言文字学等儒家经典。书院教学形式以学生自学为主，集体教学与讨论为辅。考试均以"八股"试贴与诗赋。1907 年（光绪三十三年），龙泉学院改为小学堂，被赋予新的内涵获得重生。

---

① 文兴林．贵州省丹寨县地名志［M］．黔东南州内部期刊，1987：2.
② 张羽琼．贵州古代教育史［M］．贵阳：贵州教育出版社，2002：210.

（二）私塾

清末民初，在旧式教育淡出我国历史舞台的背景下，私塾却在丹寨县境内兴起。由于私塾的灵活性，1908 年至 1949 年期间，县境内私塾众多，除沟壑险阻和乡设立私塾相对较少外，其他每乡均设立多处私塾。据丹寨县志记载，1944 年，整个县域共开设了私塾 96 所，学生已达千余人。[1]

整个县域内私塾的校舍简易，没有严格的学制。教学日程为 2 月份开学、10 份放假，学生修学年限、入学年龄均没有明确规定，但一般仅招收男孩。先生多为未入仕的读书人。学生的学费各私塾不一，但一般为每生每年 1 块银圆、2 大斗大米。教学内容为《三字经》《百家姓》《四书》《五经》《春秋》等；教学模式为全天非读即写，甚至还增"灯学"。

作为一种初级的学校教育形态，肇始于我国先秦时期的"私塾"，历时几千年之久，绵延至民国初年，几乎苟延残喘。然而，已在全国范围内被废除的旧式教育载体——私塾，却在这一信息闭塞的丹寨县域内欣欣向荣，予新式学校这一特稀缺资源的区域以另类的教育供给。这种反差足以说明"私塾"具有极强的生命力，也成为个案社区学校教育发展的一个重要"注脚"。

二、现代学制下的学校

（一）小学教育

1907 年，吴席珍将龙泉学院改为小学堂，1908 年先设初等小学堂，1909 年则增设高等小学堂 1 个班。1911 年，在平夷等地创办的 7 所简易学堂，一年后均改为初等小学。1920 年，创办得禄、白元、永安、中孚等小学。1931 年，创办方胜小学。1937 年，在长青堡办省立小学长青堡初级小学，1938 年更名为省立仪凤小学，1939 年，省立仪凤小学迁至朱砂厂，更名为省立朱砂厂小学，1940 年又更名为八寨扬武中心小学。1950 年，境内有县立小学 11 所。1951 年 5 月，扬武小学校又更名为贵州省丹寨民族小学。1955 年 10 月，全县学校均贯彻教育部《小学教学计划》，初小（1 ~ 4 年级）设语文、算术、体育、唱歌、图画等课程，高小（5 ~ 6 年级）增设自然、地理、历史等课程，并在初高小均增设手工劳动课。[2]

（二）中学教育

1939 年 6 月，梅少逵在县城东门坡创立八寨县立初级中学，同年 9 月招生 1

---

① 文兴林. 丹寨县志 ［M］. 北京：方志出版社，1999：836.

② 文兴林. 丹寨县志 ［M］. 北京：方志出版社，1999：836.

个班，共60人，学制3年；1941年9月更名为丹寨县立初级中学，1942年办学规模已扩至3个年级3个班，学生共135人，其中女生30人。1952年，改名为丹寨民族中学，有教师17人，学生213人。1956年，有7个班，教师24人，学生328人。1956年7月更名为丹寨中学，开设文学、算术、代数等课程。1958年，丹寨中学升为完全中学，招收高中生1个班，共60人，学制3年。丹寨中学高中部的增设，标志着丹寨县从此开启体系较为完整的基础教育事业。①

三、社区"私塾"的历史记忆

随着民国中后期各种教育政策贯彻落实，私塾和小学"共生"的格局被打破。在全国范围内，"私塾"发展已日趋式微。然而，由于当地政府对教育不作为，"私塾"此时在丹寨县境内得以蓬勃发展。而又因社会文化自身的变革滞后性，在中华人民共和国成立之初很长一段时间里，丹寨境内的私塾和现代学校处于并存状态，"后知后觉"地复演着中国基础教育的近代命运。②

"陆家湾私塾"就是在这一历史背景下产生的。1940年前后，稀饭寨人张万应在陆家湾开办"私塾"，借用私宅作校舍，近30个学生中有4名来自个案社区。该校资料无从查考，我们只有求助于王学才的记忆。

> 我那时也不知道为什么，有一天我爸对我说让我去陆家湾读书，那时我有9岁③多点吧！那时我们羊望跟我一起去读书的还有几个，加上我就4个人，记得一个是我的堂哥王军奴、一个是党期的李朝元、一个是岩寨的李朝亮，我们先生是来自稀饭寨的张先生。后来他每一年都到我们这边来招学生，这个我记得很清楚。还记得招生的时候老是说，"只要有20人就可以开学啦，请你们老人放心吧"。我去读的时候，学校有30多个人，一个女孩子都没有，我们读书的房子是他租别人家的。我们那个学校就只有张先生一个人，反正不分年级，也没分一节一节课的，就是一个上午和一个下午地上课，也没有分什么什么课，哪像你们现在分语文、数学、音乐、美术、体育等。中午放学休息吃饭，饭都是我们各自从家里带去的。下午接着读书。我们读的都是《三字经》《百家姓》《四书》《五经》等。我在那里也就读了一年的书，那学校就说要迁到张先生他们的寨子去了，他们寨子离我们家可有一个半小时的路程哩！所以就没继续去读。回家待了差

---

① 文兴林. 丹寨县志［M］. 北京：方志出版社，1999：836.

② 蒋纯焦. 一个阶层的消亡——晚清以降塾师研究［D］. 上海：华东师范大学，2006.

③ 9岁，一般是指虚岁，事实上多数8岁，这是几乎所有社区儿童的入学最佳年龄。

不多一年后我爸又让我去朱砂继续读书。我记得那朱砂的小学名叫"省立朱砂厂小学"吧，好像！（王学才，2013 年 1 月）

1944 年 3 月，国民政府公布了《国民学校法》，其规定了 6～12 岁的学龄儿童应受基本教育，每保应设国民学校 1 所。同年 7 月，国民政府公布了《强迫入学条例》，规定国民学校实行学龄儿童强迫入学。① 然而，国民政府颁布《国民学校法》《强迫入学条例》等文件，却未在丹寨县境得以贯彻落实，也未严格推行"取缔私塾"的禁令，也没建成保国民学校。所以，"私塾"在丹寨县境有很大发展空间。恰恰就在《国民学校法》公布的 1944 年，私塾作为学校形态在偏僻的个案社区境内岩寨自然寨首次出现，以下是李朝林对当时学校情况的描述。

小时候，告王架和告掠所②他们两个在我家楼脚开办私学，听说那时告掠所还会草药呢！我就是在我们家楼脚的私学读的书，大概我都快十岁才开始读吧！私学里学生有我们寨子的，也有党期啊、瓦厂啊、排卡啊、上羊望啊 30 来个人，上羊望那个现在在贵阳工作的告洗③也是跟我们一起读书的。在私学读书，我们每个学生每年都要交给老师一块大洋，还有一挑谷子。私学在我家只办了一年，就迁到大豆那边租别个家房子办学了，我也就跟着到那边去读书，但老师只剩告王一个了。我们私学是不分年级的，也不分什么课什么课的，只有整天背啊背的，确实没什么意思，不像现在你们有各种各样的课，如语文、数学、美术、音乐、体育啊这些。我们上课时，有的背诵《大学》，有的则背诵《孟子》，各背各的，反正背得为止。其实我们在读私学时候，朱砂厂也是有公办学校的，只是我爸他们说在私学能学到更多东西，所以一直在私学读了两年，直到私学不办为止，没办法只有到朱砂厂去读了。（李朝林，2013 年 10 月）

据县志记载，1939 年 4 月，"省立仪凤小学"迁至朱砂厂村，更名为"省立朱砂厂小学"④，说明此时离个案社区 1.5 公里处的朱砂厂村已建有现代新式

---

① 熊贤君. 千秋基业——中国近代义务教育研究 ［M］. 武汉：华中师范大学出版社，1998：108－109.

② 均系苗语音译，告王架，其汉名叫李正华；告掠所，其汉名叫李朝邦。

③ 系苗语音译，告洗，其汉名叫王正周，在贵州省委党校工作至退休。

④ 1939 年月 4 月，贵州省教育厅将原设在长青堡的"省立仪凤小学"迁至朱砂厂，更名为"省立朱砂厂小学"；设 4 个年级级共 7 班，学生 220 人，其中女生 15 人，教员 9 人，岁出经费 1.3 万元，载于《丹寨县志》884 页。

学校。1941 年，该校更名为"扬武乡中心国民小学"，随后增设高小阶段，改为县办，[①] 并推行了现代新学制。但灵活简易的传统"私塾"已深入人心，社区人普遍认为"私塾"更能学到东西，反映了国家教育与底层需求之间的冲突。[②] 但人们接受新事物是需要时间的，到了 1946 年初，国家教育政策逐步落实，人们逐渐接受教育生活更为丰富的现代学校，以致私塾生源难以维系，个案社区的"大豆私塾"解散是历史之必然；士绅马文强[③]随后在上羊望寨租用"大菜园"[④]的一间民房开办"私塾"，原就读于"大豆私塾"的部分学生转入"大菜园私塾"，其中包括之前提到的"文化人"王永周，而有个别学生直接转入"扬武乡中心国民小学"。"私塾"作为一种旧式学校制度，始终无法躲避我国教育现代化的浪潮。一年后，"大菜园私塾"也难以抗拒历史大潮的汹涌而解散，社区里又陷入无学校状态。"大菜园私塾"解散后，少数学生转入"扬武乡中心国民小学"，而绝大部分则"弃学归田"，回归传统的生活样态。而继续就读的学生中，极少数人成为个案社区第一代"文化人"，他们以微弱的力量维系着社区一丝"文化"气息，也成为社区人与外界互动的主要"连接点"。[⑤]

第二节　1959 年前社区"文化人"及其人生境遇

个人的自由全面发展离不开历史的具体的物质条件和社会条件，没有丰富的物质资料和稳定合理的社会环境，人类是不可能自由而全面地发展的。而作为促进人的全面发展的力量，教育是在一定的社会历史条件下进行的活动，具体的历史环境是其存在前提，也是其要面对的社会现实。[⑥]

整个封建王朝，地处国家政治版图边缘的丹寨，无法以正面的形式发声，

---

① 文兴林．丹寨县志［M］．北京：方志出版社，1999：844．
② 张济州．文化视野下的村落、学校与国家［M］．北京：教育科学出版社，2011：116．
③ 丹寨县羊排村大地主马三喜的后代；据有关史志记载，马三喜（约 1761—1833），扬武乡羊排人，扬武马姓家族经济的奠基人。相传早年靠务农兼贩仔猪起家，拥有田地、山林近万亩，散遍于丹寨、雷山、榕江等县，甚至延伸至广西部分地区，田地年产稻谷高达 140 万斤。有学者认为，羊排马氏家族是中国苗族史上最大的地主。
④ "大菜园"，即为四合院，现四周有王荣超、吴学光等三家，校址就在吴学光家隔壁，已撤迁。
⑤ 王国超．民族村落学校变迁与教育选择［J］．佳木斯大学社会科学学报，2015（4）：154－158．
⑥ 刘同舫．人类解放视域中的教育价值合理性探析［J］．教育研究，2010（8）：28．

而是以反抗压迫方式留下历史印迹。民国至丹寨县全境解放，大小战事不断，由此而涌出许多因"战功"而成名的人（类文化人①）。就整个中国而言，战乱不断，在这一背景下，地处边陲的丹寨教育事业几乎难以得到国家关照。县境内先民也仅有通过"战功"发出自己的声音，借以获得历史性存在，成为人们所传颂的"文化人"。在《丹寨县志》（1999）"人物传"中一共列出 30 人，其中有 28 人为丹寨籍人，这 28 人中，几乎都是"沉默的大多数"。诚然，他们的命运与国家命运相连，却几乎无人浮现在国家大历史叙事之中，仅在封闭的丹寨境内"名垂青史"。这 28 人之中，因"武功"而得以扬名的有 12 人，高达 40%；官员、中医药师、农具生产者、演员等共 15 人，占 50%。真正意义上的"文化人"仅 5 人，占 17%，如此低的比例，让人倍感斯文扫地。当然，在《丹寨县志》"人物传"里，肯定还有许多"人物"尚未顺利入选，如胡政举②（1880 年中进士并任云南建水知县）、王德安（黔东南州第一任州长苗民）、马登科③（反清起义并据守八寨厅 16 年之久的苗民首领）等人。

表 3.1　《丹寨县志》人物传统计

类别	军人	文人	其他
人次	12	5	15
所占比例	40%	17%	50%

人数极少的"人物传"及其构成，可较为直接地反映出丹寨区域的历史发展脉络，继而部分地窥出整个国家大历史舞台频繁变迁。由于地处边陲的丹寨县正式归入国家版图时间相对较晚，人们缺乏这一平台与外界互动，现代学校自然在境内发展较为滞后，文化人物也自然少之又少，仅占 17%；而长年的战事却不断给文运不昌的丹寨县域人们一个自我表达的机会，造就了一批批"类文化人"。因此之故，学校教育的"凋弊"，恰恰给孕育于乡野的"本土教育"得以充分发展的空间，导致涌现大量的"本土教育"生产能工巧匠，正如《丹寨县志·人物传》（1999）里所记载人物，即为被誉为"陈半仙"的祖传中西医药师陈宗和，以"医德"与"医术"并举而闻名境内外的苗族民间草医汤欧

---

① 境内都将有国家工作单位的人，不管其是否有文化，统称文化人，我们将之称"类文化人"。

② 林开良，林朝晖. 贵州教育溯源［M］. 贵阳：贵州人民出版社，2006：102.

③ 马登科，原名马元英，男，出生年月不详，扬武乡羊排村人，羊排马家大地主马三喜的后代。

友，在境内享誉盛名的地方戏曲演员张世锦，创造了"分体榫接式犁铧"并被广泛沿用至今的宋有元，1979 年被邀参加全国少数民族歌手诗人座谈会的民间歌手陈金才，等等。

一、社区第一代"文化人"及人生境遇

在个案社区漫长的沉淀中，没有一个"文化人"或"类文化人"能幸运挤进县域官方叙述之中，遑论在国家范畴历史记载体系之中，难以体现个案社区丝毫文化气息。在一个斯文叙述空白的场域，一位颇具争议的早期"大人物"——潘光前，却在个案社区里得以广为流传。

> 潘光前，他的苗名叫王哥掠（苗语音译），我记得应该是 1912 年生①，是我们大豆寨的人，个子很高很高，长得可威武了，现在我们寨子人也没有他长得那么高、那么好看了。他这人一共当了 4 次兵嘞！这个人哪！好玩得很啊，听老人说他有次去军队里刚当了几天兵，慢慢觉得没什么意思就悄悄跑回了家，甚至有一次更是好玩，他当上兵，在去部队的路上就领得了大洋，所以又跑回了家，差不多就这样子，搞了 4 次呢！最后一次算是老实点了。后来不知道什么情况，他还当上重庆哪个地区的公安局局长。到后来不知道为什么，转业回到我们寨子了，但很不巧，那时候生产大队里正好已经分完田地了，因为他的父母已过世了，大队的那些领导们开会决定安排大队的一间房子给他住，还给他一些粮食啊这些。就这样，潘光前就在大队里住了一段时间。哪个晓得，党期那些人趁他出远门，将他住在大队的家通通偷光。潘光前开始不知具体是哪个人，经过打听，大概知道小偷反正就是党期人，他这人厉害着呢，哪里忍得下去。因此，他为了报复，愤怒之下偷党期人的一头耕牛，也不管它是哪家的，就把牛杀了吃肉；他这还不够解恨，陆续偷盗党期人的其他东西，之后，他的名声就越搞越臭了，成为我们羊望"坏人"的代表了。好玩得嘞！当时羊望生产队的名字叫"光前生产大队"，大队领导觉得这和潘光前的名字一样，有"光前"两个字，觉得很不好，最后开会决定后才改名成后来的羊望生产大队。（潘永明，2015 年 10 月）

诚然，据访谈得知，潘光前没有太多学校文化积淀，也就是说他并非本质上的"文化人"，但他是军人，长年征战沙场，功勋不断，游走全国各地，官职

---

① 真实年龄无从考证，本数据仅为受访人潘永林所述。

升到公安局局长，继而获得"文化人"诸多性格，就民国期间而言，潘光前算是真正意义上"走出社区"的人，并与外面世界，甚至与国家权力有着较为密切的互动关系。然而，既然潘光前不是真正意义上的文化人，也就无法在国家主流社会的文化人生活的场域容身，而被抛回个案社区文化之网中，同样格格不入，其悲剧性意味不言自明。潘光前的传奇经历足以说明个案社区人"走出社区"，与外面大千世界平等互动的艰难，也说明个案社区人"走出社区"失败的"严重后果"。

与潘光前同年代，算得上"文化人"的则是李正华和李朝邦二人了。他们二人的共同点是：生于民国中期，就读于旧式学校，未能顺利走出社区，算是旧式学校的"脱轨者"，但相对社区人而言算是文化人，"满腹经纶"却无从施展，在长期的旧式学校文化熏染中，逐渐生成陶行知所谓的"贵族气质"①。这一"气质"与社区生计方式不兼容，使他们对体力劳动较为冷漠，内心充满矛盾与彷徨。在国家政策夹缝之中创办私塾，利用自己的"文化"谋生活，这是他们比较体面的生存方式。凑巧的是，他们的青年时期遇到国家大集体生活时代，需要一部分文化人担任大队管理人员，组织生产与生活，起到承上启下的作用，他们负责代表个案社区与上一级国家机关联系与互动，发挥自己的文化才能，生活比办私塾时更为体面与悠闲。70 多岁的李正华之二女儿李朝英将其父的生活场景给我们——描述：

> 在我印象中，我爸年轻的时候人非常好看，就像你们现在说的"帅"，我听别人说他还当过老师，就是在我家隔壁的房子开办学校。不过啊，他开学校的时候，我都还没有出生呢！只记得我小的时候家里有很多很多的书，每一本都厚厚的，翻半天才翻完，反正我也不懂，当时觉得也没什么意思。我爸爸去世以后，我妈她们反正也看不懂，觉得应该给他拿下去看，所以通通烧给他了，早知道当时给你们留几本看看，到底是些什么书！也不知道什么时候开始，反正小时候我爸就一直是会计，记得她们上班地方是在党期寨，他们大队里那一伙人，要么就在房子里待着，要么就到处看看，也不知道他们一天搞些什么事情。即使到了最忙的季节，他都不会随我妈她们下田地干点活路。他下午一到家，不是翻他那堆书，就是乱弄他的猎枪。反正随便我妈怎么骂他都不管，骂多了他就上山去。后来，我爸干脆就不回家了，免得天天被骂，吃住都在那房子里，家里有什么事，只

---

① 据陶行知所言，受教育越多，就越不愿干体力劳动。

能去那里找他，我记得我还去那里找过他拿钱买盐巴呢！他那时候上班啊，感觉和你们现在上班差不多。那个时候他也经常外出，近的就是公社、城头，远的好像就是都匀，一去就好几天找不到他，后来还听说他有其他女人，但我那时小，不知是真还是假！（李朝英，2015 年 4 月）

从整个叙述看，第一代"文化人"的李正华，也是全社区公认学识最高的，在其难挤进体制，成为"公家人"后，在社区创办"私塾"，成为其获得生活资料的最佳方式，成为斯文和得以安放的载体，也能让斯文持久延续着。后来的生产大队会计的工作岗位使其"文化人"身份的作用和价值凸显，逃离了粗重的农村"活路"，"富足"于其他人的生活，足以让社区人忘记其作为国家体制外的"农民"的身份。

二、社区第二代"文化人"及其人生境遇

第二代"文化人"，生活于民国中晚期至 20 世纪 90 年代，主要有王永福、王学才、李朝林、潘永林、李有为、王富昌、王付国等人，后三人均属下羊望寨人，也均获国家公职，穿着斯文的外衣直至终老，也让斯文完整传承给下一代，该寨后来"文化人"涌现，已成社区里"文化人"之寨，不能不说与上一代"文化人"的传承息息相关。而前四人却代表了社区"文化人"的历史命运。这五人之中，就属于王永福的学识最为渊博，然而生活却最为凄惨，似乎他的"学识水平"与"生活质量"故意反道而行。对于王永福，他的学识让人"赞不绝口"，而他的懒惰及其贫穷让人"嗤之以鼻"。问及王永福的生命史，几乎身为同代的"文化人"王学才在一声叹息后娓娓道来。

你要我讲王永福，就算找对人了。他好像比我大三岁，我现在都 77 岁了，他如果还在的话，就应该是 80 多一点。他爸爸好像有点文化，小时候还教他写字。听说他爸也是读过一点点书的，在哪里读就不知道了。我倒是没跟王永福一起读过书，但总听他的学习经历。他小时很聪明，读书又刻苦，他到哪里书就带到哪里，经常看到他在看书，一直到老哩！我去扬武读书时，好像他已读到四年级了，我们老师经常让我们向他学习。记得是 1944 年，王永福就六年级毕业了。刚开始时候他要去当兵，之后不了了之。由于在学校不仅读书成绩好，也比较老实，所以后来他被推荐到排莫乡当乡长秘书，在那里，他学到很多东西，尤其是写告状材料，后来他一直靠这个吃饭呢。新中国成立后，据说因为他在工作时加入三青团，差点被抓去坐牢。随后，羊望开始搞大集体，他就当上会计，负责算厘米，就

按他读书和工作时候的认真，得罪了不少人啊。每天都搞得很慢，大家干了一天的活路晚上不定期等着他慢慢算，你说烦不烦嘛？后来，寨子上好多人干脆就在他们家里睡觉等他算，所以怨声载道难免了。黔东南州成立时，我们这里排卡寨①的王德安是州长②，听说州长邀请他去凯里工作的，这肯定是个绝好的机会，但听说他老婆死活都不让他去，之后就不知道了。由于王永福当过乡长秘书，所以在"文革"时被评为"四类"③，而"金四赖"逐渐成为社区男女老少对他的蔑称。20 世纪 80 年后，王永福在学校里学的文化越来越没有什么作用了，他又不愿也不大会干农活，所以他的日子也过得一天比一天差。人的脾气也越来越差。有时候还有人请他写点东西，但请他一次，他就天天去别人家吃饭，再加上一喝酒就发脾气，就没有人敢请他了。最后他死了好几天才被人发现。（王学才，2015 年 8 月）

也不知道为什么，与我们谈论王永福，王学才脸上总闪烁着忧伤，或许这也是在回顾自我生活境遇，尽管自己生活过得很好。访谈结束，老人一声叹息，"读书人就这样，不会劳动"。这一句切中了那个时代文化人的境遇，也是对王永福最生动的概括。王永福的文化理想与生活现实这两个极端构建了整个封建教育"入仕"失败的"文化人"的命运框架。"文字与书本只是人生工具之一种，'老八股'与'洋八股'教育拿它当作人生的唯一工具看待，把整个的生活都从这个小孔里表现出去，岂不要把生活剥削得黄皮骨瘦？"④ 读书，原本是一种最优雅的生活，然而王永福生活的时间与空间，却有着近乎相反的解读。书不离身，是王永福从学生时代开始直到去世均保持的一种"另类"生活方式，却被个案社区的人们视如敝屣，且四处散播，流传至今依然尚未消去。这一学识与生活相背而行的故事，给个案社区儿童的教育选择产生极其不良的影响。

王永福在以他不会、不愿甚至也不屑的农业生产为生计的社区中，内心是无根的，他需要找到自己心的归属。因此之故，他对社区里的学生怀着特殊的

---

① 排卡，属扬武乡羊排村的一个自然村寨，离羊望社区 1.5 公里路程。

② 王德安，男，苗族，1930 年生，扬武乡排卡人，1980 年版第四套人民币中壹角人民币上左边人物；1956 年 7 月 23 日，黔东南苗族侗族自治州成立，王德安当选为第一任州长，之后在贵州省体委担任领导，直到退休，2006 年 6 月去世，享年 76 岁。

③ 四类，与"四赖"当地汉语方言谐音，即"四类分子"，指中华人民共和国初期土改至以及"文革"前后约 30 年的时间里，对地主分子、富农分子、反革命分子和坏分子这四类人的统称。20 世纪 60 年代，随着"四清"运动、"文化大革命"等政治运动的开展，逐步建立严格的"四类分子"外出、来客等汇报制度，取消"四类分子"一切政治权利，规定一定的集中"学习"和义务劳动时间。

④ 陶行知. 中国教育改造［M］. 北京：商务印书馆，2017：93.

情感，也许欲在学生群体之中安放自己流浪的心，也许希望在学生群体之中让自己的斯文延续，其实，两者均是一个人最本质的诉求。所以，王永福找各种机会到后辈读书人家串门，去的时候，从来没忘记背上他认为是经典的书籍。然而，个案社区学生的家人无法看到那些经典著作的价值，他们只看到了王永福的"穷"，以致人们普遍会认为，"他就是想来蹭饭吃的"。王永福主动登门赐教常常受阻，只有趁机加入放学的学生群体之中，他似乎很愿意成为其中一员，他主动发问，主动赐教，但学生常常或是随意应付，或是置之不理。

> 自从我小时候，别人就骂他"金四赖"，我也不知道是什么意思。反正我只知道他穷得不得了。在我读小学的时候，一放学就跑回家把书包一丢，去大树脚玩，在那里，可以玩好多事情。但我们玩着玩着，"金四赖"老爱过来跟我们搭话，"金四赖公"老是问这问那的，也不知道为什么，他好像很想知道我们学校发生的任何事情。如上哪样课、哪个老师上、我们喜不喜欢听等。我们开始还回应两句，之后不理他了。但他不断地问，也不知道怎么的，他就自己说起他个人来，说他如何努力，成绩又如何好！哪个才爱听他说那些啊？穷得饭都没有吃，哪个理你啊！（王世军，2013 年 12 月）

谈完上述之后，受访者意犹未尽，却欲言又止，只好作罢。长期以来，"物质贫困"是个案社区人急于挣脱的首要任务，挣脱"物质贫困"也是个案社区追求"自由"的基本前提。改革开放政策利好，使个案社区思想得以解放，积极凭借生产劳动以对物质财富展开追逐，忘却自身"斯文"的内在需求。以上两个案例中，对王永福的评价均提到一个关键字，即"穷"，这是对那个特殊时空中王永福真实境遇的概括。个案社区人用蕴含深义的"穷"字对他的人生进行诠释，也用"穷"遮盖了王永福渊博学识的事实，甚至"穷"遮蔽了王永福与社区生活世界的互动。

在王永福所处那个物质匮乏的时代里，物质追求成为社区人生活世界的背景，文化知识仅仅作为谋取功名的工具，除此几乎别无他用。所以，已习染了学校文化的王永福，无法在社区生活世界中找到自我，哪怕儿童群众也不例外。在一幕幕热烈的生产场景之中，王永福手捧一本书，形成鲜明的反差，也暗示着王永福的学识水平与生活水平的背道而行。

相对王永福而言，作为文化人，李正华虽也未经学校轨道顺利滑入体制之内，继而"走出社区"，但由于时代差异，境遇截然不同。不管是开私塾还是当生产大队会计，李正华都是凭借着学校文化过着相对体面的生活，王永福却反之，贫穷如影随形，伴其下半生。教育，是从生活世界之中抽离出来，促进人类生命价值提升的主要动力，而缺乏"劳动教育"的学校教育，演变为仅仅可进入国家体制的工具，以至于，"教育在'人的发展'中的主导作用"这一命题在两代"文化人"的身上有着不同的诠释。个案社区人对两代文化人的生活境遇的评价中，许多人认为是两人的性格差异及那个特殊的时代使然。然而，我们认为，他们两人将受的学校教育应该难逃干系。总之，两代文化人的生活境遇给现代学校教育改革提供诸多启示。

第三节　本土教育：在社区生活世界中进行

第二代"文化人"群体之中，除王永福外，还有王学才、潘永林、李朝林、李有为等人，为什么偏偏仅有王永福难以融入社区的生活，而其他人却能相对较好地适应社区生活场域？这一困惑迫使我们去探究另外一个教育主题，即社区教育的另一种表达形态——本土教育。

"教育对'人的发展'起主导作用"，这一理所当然的命题，在王永福的"教育与生活"现实之中遭遇解释困境。专门的教育研究催生于学校教育领域，以致教育研究常常忽视了本土教育领域，使人们不经意中颠倒了学校教育与本土教育的逻辑关系，以为"教育"理应源自"教学"，[1] 即"不存在'无教学的教育'这个概念"[2]。我们将"学校教育"想当然地默认为"教育"的全部，以至于"那些能够谈论知识的人谁不立刻就想到学校和教育的途径呢？……"[3]事实上，这一命题在学界存在诸多争论[4]，它容易屏蔽学校教育自身的"限度"，屏蔽了学校教育在一定程度上对人的多样性存在方式的封闭性，也容易使人们对学校教育"过度信赖"以致学校教育承受无法承受之重。倘若"教育对'人的发展'起主导作用"是一个真命题，我们认为，这里的"教育"必然是指在某一特定时空的教育发生。从发生学而言，学校产生前，本土教育是人类教育发生的全部力量，它在"人的发展"中起主导作用；而学校分离于本土教

① 项贤明. 论生活教育与学校教育的逻辑关系 [J]. 教育研究，2013 (8)：4.
② [德] 赫尔巴特. 普通教育学讲授纲要 [M]. 李其龙，译. 北京：人民教育出版社，1989：12.
③ Lugo J O. G. Hershey L. Human Development [M]. Inc.，N. Y.：Macmillam Publishing co，1979：30；石中英. 教育学的文化性格 [M]. 太原：山西教育出版社，2007：114.
④ 王卓. 学校教育在人的发展中起主导作用吗 [J]. 教育评论，2002 (2)：4 - 6.

育并独立发展，"人的发展"则由"学校教育"与"本土教育"两个维度、两个系统有机同构，合力推动"人的发展"这一复杂的系统工程。

所谓本土教育，是指某一族群长期在同一地域内生产与家务实践过程逐渐生成的文化传承模式，即教育。它开启了人们多样性存在方式，它是促进该地域族群及个体生存与发展的活动，是社区"生活所原有，生活所自营，生活所必需的教育"①。因而我们可笼统称之为"生活世界的教育"。同样，本土教育是促进社区人生命生成的一种教育形式，是促进社区人"价值"提升的根本动力。本土教育因其发生时间差异，其价值与功能也不尽相同。对社区人而言，王永福所处的时空，本土教育应该处于"中心"地位，本土教育应是社区人的发展之依靠，然而，王永福的"过度教育"和"短暂功名"，已极端地帮其逃离"本土教育"之网。丹寨县全境解放后，"功名"的失落，迫使他折返早已陌生的社区生活，开始艰难的"文化再适应"，成为"文化边缘人"的现实就可想而知了。

一、成家：本土教育之目的

成家，即组成"家庭"之意，人类学界认为家庭是人类的本质特征之一，没有家庭就没有人类。每一个人的身份，"受之父母"，却又授予子孙，也就是说，每个人的身份均是"家身"，即"家庭之身"，② 这说明"家"对个人的本质内涵。

在个案社区里，"成家"就是本土教育的最直接的目的，"成家"外在表现载体是结婚这一象征性仪式，"成家"的内在含义是"成人"，即成为一个完整社区的社会性角色，其"责任和义务超出了照顾自己和个人享乐的范围"③。

> 我们寨子上有一个残疾的男孩，听说好像是小的时候就这样了的。他的一只手腕是弯的，一只脚又是瘸的，走路很慢，很难看。但是啊，他倒是灵活得很嘞！现在他有三十来岁了吧，看样子是越来越难讨媳妇了！我们这边啊，没讨到媳妇只有挨着父母住，因为没结婚就没成家嘛！他家哥哥和弟弟都早就结婚了的，就连他家弟的小孩都好几岁了，最小的妹妹也

---

① 陶行知. 普及现代生活教育之路［M］//江苏省陶行知研究会，等. 陶行知文集. 南京：江苏教育出版社，2008：587 – 588.

② 张祥龙，张恒. 家的本质与中国家庭生活的重建［J］. 河北学刊，2018（3）：1 – 8.

③ ［美］朱莉. 如何让孩子又成年又成人［M］. 彭小华，译. 成都：四川人民出版社，2018：148.

出嫁了。这个"男孩"的父母亲都很老了，大概有60多岁了，天天干活，勤快得很，就是要多找点钱给他结婚哪，等他结了婚，两个老人才安心啊。有个远房亲戚帮忙说媒，在好边远的地方讨得一个已离过婚的媳妇，而且那个媳妇手脚倒是好的，只是脑子不大灵，还带来一个姑娘呢！不过"得"了就好，他家父母算是安心了，儿子结婚即成家，父母就是完成任务嘛！不然啊，不仅是他家父母不安心，就连整个寨子的名誉都不好呢！（王有邦，2015 年 9 月）

结婚，也就是成家，是在个案社区家庭长辈对子辈养育的直接目的，也是本土教育的直接目的。在整个社区里，与以上类似的案例俯拾皆是。"成家就安心了"，是在个案社区的结婚典礼上的高频句式，父母在当天也健步如飞，满脸洋溢着喜悦，这不仅是父母完成养育任务的喜悦，也是他们本土教育成功的喜悦，这一喜悦胜于金榜题名。2000 年前后，社区儿童考上大学，也被认定为"成家"的象征，同样大摆宴席。在这一问题上，"本土教育"与"学校教育"无意中达成某种嵌合。然而高校扩招后，大学生就业艰难，成家与"考上大学"内涵式分离，升学典礼也就可有可无了，而成家又恢复其在个案社区人中的位置。①

个案社区本土教育的目的，是以"结婚"为分界的，在社区人的逻辑里，结婚典礼后即为"成家"了，这只是"成家"的表层含义。本质而言，成家与成人一样，是一个生成性定义，而非既成性定义，结婚典礼只是象征性事件，将前后时间分隔。在社区里，成家还有另一个分界点，就是分家，分离出父母的家庭结构之中，独立"成家"，除此之外，虽然社区人也认为"成家"了，但这一新的家庭之中，也并非使"成家"就成为既成性定义，而在漫长的日常生活之中不断圆满。

换言之，"成家"有"应然"与"实然"之别，所谓的"实然"，则是以"结婚仪式"为标志的"成家"来界定与评价本土教育成效，而所谓"应然"，则是整个人的"成人"过程。"应然"是社区人在人生历程中不断地解构与定义的，进而促进"人的发展"。然而，社区最为关注的是本土教育的"成家"之"实然"形态，即实然"成家"是社区本土教育的最直接、最现实的目的，是成为"社区人"的显性表现形式。因此，德国教育家布雷岑卡将教育目的定义为"在规范概念的意义上，教育目的意指一种规范，它描述了一种设想和有

---

① 涂元玲.村落中的本土教育 [M].太原：山西教育出版社，2010：122 – 124.

关一个或多个受教育者的人格状态或者人格特征，它们不仅应该变成为现实，而且受教育者还应该通过教育而有助于它们的实现"①，这也是本研究的主要关注点。

根据社区人思维，若要养育一个儿童健康成长且实现"成家"之目的，成为社区人，生理健康成长成熟是前提，但这还相差甚远。"成人"或社区真正意义上的"成人"，并非一种生物的、自然的现象，更是一种社会的、历史的建构，是一种多重因素，甚至异质因素的复杂产物。② 社区人普遍认为，尚未结婚的人，不管其生理上的成熟程度、年龄上的大小，都算不上一个完整意义的社区人，都不能享受社区成人的应有礼遇，就连过世都不能葬于成人公坟区。因此，象征着"成家"的结婚仪式具有重要意义，它是社区儿童的"成人"必经之途。社区人呱呱坠地起，父母亲就为其"成家"作准备，本土教育是其成长的社会性资源，也是引导儿童向社区人成长的规约。因此，未"成家"的成年人可享受到未成年人同样的生活闲适与自在而不易受非议，当然，也未能享受到社区成人所应有的权利。从理论上讲，人们为延续生活闲适可以选择未婚，或尽量晚婚，但事实并非如此，近年来却涌现了一种相反的现象，即早婚现象比比皆是，他们放弃未成年人无忧无虑生活的权利，却无法充分享受到成年人的权利，更无法承担成年人应有的义务，形成一种新的"边缘人"。

总体而言，"成家"后的社区儿童才能成为真实意义上的"社区人"，才能分享社区成人的权利，承担社区成人的义务及社会角色责任。从某种程度上说，社区人真正的人生肇始于"成家"之后。"成家"成为本土教育的最直接、最现实之目的，"成家"，即"成人"的标志具体表现在个人宗教、经济、法律等权利的获得与享受。

（一）"成家"的人可享有原始宗教权利

宗教权利，这里是指社区人通过"成家"仪式获得参加社区宗教活动与宗教所规定的"社区人"应享有的诸多权利。③ 这种权利是赋予一个人成为真正意义的"社区人"的基本前提。

> 我们这边的人，结婚差不多就算是成家了。其实，结婚分家后，才算

---

① ［德］沃尔夫冈·布雷岑卡．教育科学的基本概念［M］．胡劲松，译．上海：华东师范大学出版社，2001：99.

② 陈淳，朱站．冲突与协：西方儿童地理学的发展及启示［J］．热带地理，2015（4）：489－497.

③ 吴晓蓉．教育在仪式中进行——摩梭人成年礼的教育人类学分析［M］．重庆：西南师范大学出版社，2003：68.

是真正成家成人！在结婚之前，做错了事情比较容易被别人原谅嘞！结婚了以后就是大人了，做事情也就要注意点啦。如女孩子出嫁到别人家，哪里还能像在家里那样耍脾气啦！我们年轻的时候，一般都是在 17 到 20 岁左右结婚，后来听说国家政策 20 岁以后才能结婚，比我们小一点的也就都二十来岁才结婚。哪个晓得，现在小娃娃们结婚又变得早得多了，有些十五岁左右就结婚了，比我们以前还早呢！这些孩子初中毕业后，要不就在广东悄悄结婚，要不就是打工一两年就结婚，我觉得好多都不是按国家规定的年龄结婚的。反正悄悄结婚，也没有哪个晓得，生了娃娃后再去把结婚证和娃娃户口一起办，就是多交了点钱。对于现在早结婚这事情，我们这边家长是这么认为的：一是怕孩子在外面玩野了，收不了心！二是怕好的对象被别人提前抢占了。所以在羊望，20 岁以上娃娃都属于老一点的了，25 岁以还没"成家"就不好意思了，难找了。正因为这样，社区人都让其子女早点结婚，早点成家。（王荣邦，2015 年 10 月）

在我们这边呀，没有结婚，老人是放不了心的，一个人没有结婚，那他不就还是小娃娃嘛，哪里成大人啊？不管他年纪有好大，过世也是冷冷清清的，不能在大人的公坟那边埋的，只能和小娃娃一样埋在山坡上，什么也没有，以后也没有人去烧香的，意味着他不能在祖坟地与祖先团聚，也不能享受后代对他的供奉。（李朝英，2013 年 12 月）

社区人对"成家"（结婚）进行阐述时，大都认为："不结婚成哪样人啊！"实质而言，这里所指的"人"，也仅特指"社区人"（社区文化意义的人）。唯此，社区人才可能与先祖一样，有自己的位置，享受后人祭奠与祖先团聚。否则，还需要快快投胎，重新来过。在问及"未'成家'人为什么只用木匣当棺材而非真棺材"时，社区人解释说："因为死者还不算是成人，他只是个小孩子，用木匣容易腐烂，才能得以快快投胎，'重新做人'。"由此可见，这种原始"宗教权利"在社区人意识里，是极其重要的，它成为人的存在最底线的意义。

我家斜对面有个几年前才死的叫"劝嘎闹"①的小孩，就是王永福家的，王永福有文化，给"劝嘎闹"取名为王光龙，好像这小孩是王永福快

---

① 汉名，王光龙，社区第二代"文化人"王永福之子，据说王永福几乎到 60 岁时候才生的；"劝嘎闹"，是一种蔑称，"劝"是其苗名，社区人将地处更偏僻的短裙苗支系统称"嘎闹"，因其母为短裙苗支系，故得其"姓"。

60 岁才得的小孩。"劝嘎闹"死的时候个子蛮高的，估计有十七八岁的样子了。他没有结婚，也就没成家，所以去世时什么都没得，炮仗没有，芦笙没有，更不要讲棺材了，反正冷冷清清的啊。他们家家族随便把他埋在后山儿童坟区上。他死后寨子上好多人都不晓得呢，更不用讲远的地方了。"劝嘎闹"死后，寨子上就好像从来没有这个人一样的。（李朝英，2015 年8 月）

以上的现象可理解为社区人"对死亡现象的坚定而顽强的否定，由于生命不中断的统一性和连续性的信念，神话必清除这种现象。原始宗教或许是我们在人类文化中可以看到的最坚定最有利的对生命的肯定"①。未成家人的死的惨淡葬礼与生的隆重仪式形成鲜明的反差，"生"代表新的希望，预示婴儿将可能成为一个社区人，而"死"的惨淡仪式意味着可以忽略死者短暂存在的事实，并将之归为偶然，需重新来过，坚定生命的连续性的信念。

相对于男孩子而言，"成家"的失败，社区舆论与习惯法对女孩子尤为苛刻。不许她们回娘家动锅灶，不许她们在重大节日留宿娘家。更有甚者，离婚女孩在临死时都不准在娘家咽气，后事料理也不准家族人插手，而是雇外族人处理，也不准在社区公共坟场，哪怕是儿童坟场也不行，这生动地诠释了"嫁出去的女儿泼出去的水"这一句话。这也充分说明了个案社区本土教育失败对女孩子极其不利。

（二）"成家"的人可享有经济权利

在个案社区人从婴儿开始就置身于"生产与家务"场景，并参与其中，只是不同性别、不同年龄所参与的方式与程度不一样而已。一般而言，男孩常跟着父亲到耕作劳动现场中去，而女孩则常跟着母亲参加针线等女性劳动。尽管如此，他们参与目的是学习，并无明确劳动任务。在"劳动"过程中，他们被鼓励不断尝试，以致他们是在一种较为愉悦的氛围中不知不觉就习得了社区里的生存技能及其习惯。一个人"成家"后就不同了，家庭劳动，必须以成人身份参加，有明确要求。社区劳动，也要求以成人一分子参加，如修水库、公路、水渠等集体劳动。对于成家的人，不管年龄、劳动能力差异，均可算一份完整的劳动，可以按成人标准享有社区所分发的每一份财物。当然，他们也取得了享有经济支配的权利，自主自由地支配所挣财物。

---

① ［德］恩斯特·卡西尔. 人论 [M]. 甘阳，译. 上海：上海译文出版社，1985：107 - 108.

在我们这边的人，结婚就算是成家了，不管是男孩还是女孩，这就算是成人了，成人都得去做和大人一样多的事情，比如说，如果是男孩子，虽然婚后服饰没什么变化，但他干活必须勤快，必须自己想方法去找钱，找得的钱也不能仅供个人用，不能大手大脚的；如果是女孩子，结婚后服饰变化就大啦，她就被要求盘起头发，和未婚女孩子有明显区别，她的言行举止与小女孩也得有明显区别，更重要的是，要承担更多家务，得早上起得最早来煮饭，晚上做完家务后，还做点针线活，睡得最晚，否则遭到社区人乱讲的。（李朝英，2015 年 8 月）

总之，社区人"成家"，虽然在经济上分享了作为成人的权利，但同样也分担了作为成人的责任和义务。在社区舆论作用下，个体在"成家"后主动承担对家庭、家族和社区的各种事务。"成家"仪式的符号化和神圣性，再现了其在社区人生命历程中的不可或缺性。

（三）"成家"的人可享有习惯法权利

"成家"仪式完毕，就意味着社区人获得了社区习惯法承认的"公民"身份，享有作为一个成人应有的权利与义务。这同宪法赋予公民的权利与义务的效力相似，社区人赋予"成家"人社区里的合法权利与地位。可自由参与家庭、家族、村寨、社区等场域的各项重大决策议事，并享有独立发言权，乃至死后可被后人供奉。同时，"成家"人则有全部义务遵守习惯法，一经触犯则负全责。而且，"成家"人还有权参与社区执法，处置触犯"法"之人。此外，"成家"人还可以参加任何社区社交活动，获得参与家中大小事务的权利。

对这里的孩子来说，我觉得结婚对他们变化蛮大的。自从结婚之后，好多小孩像换了个人似的，处处都按大人的样子来做事情了，有时讲话都像大人一样的。所以他们就慢慢地转换了角色并认同角色。因为已"成人"了，所以结了婚的人与自己年龄差不多的朋友，关系也就没有以前好了，毕竟做的事情不一样嘛！结婚的人也就得和大人一起干活路，一起玩，尤其是，他们得和大人一样讨论家里或家族，甚至全村的一些事情。所以，我们老人都非常想要孩子早点"成家"，这样孩子可分担一些事情，而且他自己也能得到成长。（王明标，2016 年 1 月）

社区人借助"结婚"这样一场庄严、隆重的仪式，使个体逐渐内化强烈的社会责任感和义务感，把个体的习惯、信仰、行为、禁忌等渐渐纳入社会的轨道。① "结婚" 仪式成为社区个体从家庭步入社区的重要节点，它不仅是家庭对个体 "成人" 的身份认同，更是社区对其 "成人" 的身份肯定。

二、结婚：成家的象征仪式

结婚仪式象征着 "成家"，它是个案社区人 "成人" 的必经之途。而这一仪式的发生绝非偶然，它凝结了长期的 "本土教育" 成果，与 "学校教育" 的毕业典礼仪式一样，它是人生的一次至关重要的阶段性总结。而要促成这一 "成家" 象征仪式的发生，须历经 "角色准备" "角色预演" "角色强化" 等几个重要的步骤。

（一）角色准备：本土教育

通过对个案社区本土教育目的的探讨，我们获知，"成家" 使社区人获得所属社区的宗教、经济与习惯法的权利与义务，承担家庭、家族、社区等各个场域里重大事务的责任。然而，责任与角色是相伴而生的，正如戈夫曼所言，"与某一特定地位相联系的种种权利与责任" 就是角色。② 社区本土教育就是为子女成功扮演 "成人" 这一人生角色的准备过程。这一过程起始于婴儿时期，直到 "仪式" 结束，才完成 "成家" 的应然 "成人" 过程。

个案社区人对儿童未来角色的期待是从一个人出生开始的，"讨菜娃" 和 "砍柴娃" 是他们对女孩和男孩的粗略称谓，是他们对不同性别的孩子的角色期待，他们早已为女孩子与男孩子预备了两套相对独立的本土教育系统。和学校教育一样，角色期待与定位就像 "人才培养" 定位一样，决定了课程体系与教学模式。下一节将对之专门论述，在此仅简介。

正如以上所言，在个案社区的小孩从婴儿开始，就置身于 "生产与家务" 场景，参与其中，只是不同性别、不同年龄所参与的方式不一样而已。4~5 岁前，男孩子所参加的 "生产与家务" 无 "生产性"，他们仅仅在做与其相关的游戏。而 4~5 岁以后，男孩子就开始参与部分生产性的 "生产与家务"，但多为 "劳动教育"，旨在确保他们 "获得一种自我存在的价值感和意义感"③。当然，男孩子参与的劳动，并非由他们独立完成，而在长辈或兄长的帮衬下完成。比如放牛，男孩都是与长辈或兄长同行，而长辈或兄长随时提醒，适时帮忙。

---

① 郑晓江. 中国生育文化大观 [M]. 北京：百花洲文艺出版社，1999：548.
② ［美］欧文·戈夫曼. 日常生活中的自我呈现 [M]. 杭州：浙江人民出版社，1989：15.
③ 班建武. "新" 劳动教育的内涵特征与实践路径 [J]. 教育研究，2019 (1)：21－26.

男孩可在放牛期间参与各种游戏，如种田、烧炭、削木刀、编鸟笼，等等。这些虽是无"生产性"的游戏，却是社区生活世界中"生产性"活动的演习，也是在播种着社区儿童未来的"种子""心灵之根"，为儿童成婚、成家、成人准备着。等到了8～9岁后，他们的游戏逐渐富有"生产性"，并扩大游戏范围，涉及社区生活的方方面面，他们追随着父母上山下田，多为观摩，鲜参与其中。孩童的好奇心是无法挡得住的，孩子们开始在田埂边开垦出一小块田土，他们追随着父母的节奏，遵循着四季的节律，春夏秋冬，悉心照料自己领地，不懂时也主动向父母问询，父母当然也带着微笑不厌其烦地"示范教学"。① 这是多么美妙、多么和谐的教育景观呀！这是"情"促"知"，并融于"行"，驱动"行"的学习模式。再到12～13岁后，他们早期的"生产与家务"游戏逐渐演变成有生产性的劳动。也就是说，他们通过无生产性的游戏习得了个案社区生计模式，这不是外置式的教育，而发育于无生产性游戏所播下"种子"，甚至链接了孩子作为人类与自然的原始情愫，当然勤劳、节约等习惯也自然养成。这一"劳动"的意义不仅于此，它使儿童将当下"无目的"的游戏与"有目的"的劳动融为一体，有效促进儿童整全发展。② 到14～15岁时，无生产性的游戏慢慢淡化，生产性的劳动增强，此时的男孩已具有一定生计能力，可全程参与砍柴、打猎、割草、挑担、赶集、耕田、挣钱等成人事务，他们也认知与认同个案社区生计方式。至此，男孩子的本土教育经历已为其"成家"的角色准备就绪。

　　在我们羊望啊，其实娃娃从小就开始干活路了，只是小的时候他们做的是那些玩耍的生产游戏，等到十五六岁，他们玩耍就会越来越少了，开始会了大人会做的好多事情，只是可能做得不是很熟练而已。在我们这边，如果哪个男孩子干活路较勤快，亲友争相地给他说媳妇成家，如果哪个男孩子勤吃懒做，就没有人愿意给他做媒了，怕以后过不好人家会骂呀！所以啊，我们这边的长辈都会对哪些勤吃懒做的男孩子讲："你勤吃懒做的，哪会讨到媳妇啊！"。老人就这样一遍又一遍地提醒那些孩子。（龙多敢，2013年1月）

个案社区里16～17岁的孩子已基本掌握了社区的全部生计方式，认知与认

---

① ［美］薇薇安，等. 游戏是孩子的功课：幻想游戏的重要性［M］. 杨茂秀，译. 昆明：晨光出版社，2018：141－148.

② ［意］蒙台梭利. 儿童的自发成长［M］. 李芷怡，译. 北京：北京理工大学出版社，2015：100－102.

同个案社区的生活习俗，也就是说，16～17岁以后，他们已具备了成家成人的基本条件，所以，16～20岁就是社区孩子的"法定"结婚年龄，这一年龄的孩子们整装待发，随时敲开人生的另一道门，成婚、成家、成人。

在个案社区，与男孩子的"粗活"相比，社会舆论对女孩子的本土教育成果的要求近乎苛刻，我们可以剥开社区语言文化之网，探出其中一二，在社区娶媳妇的苗语直译为"要媳妇"，其中，"要"是主动行为，暗含着"可不要"的意思；而苗语中嫁女儿可直译为"送女儿"的意思，暗含如不优秀，男方则"可不要"的意思。由此看出，不管是"娶"还是"嫁"，对个案社区女孩子极为不利，女孩子处于不能自主的境遇。正因为如此，女孩子本土知识的学习时间最长，内容最复杂，如家务、针织，礼仪等。

图3.1 儿童对织布的好奇

因此，在个案社区里，除生育能力这一天然的素质之外，手工针织技能最能彰显苗族女性之"美"。习得针织技能一般有两种方式：一是当长辈做针织活时，在长辈身旁的女孩自动观摩与学习，这是社区角色文化定向使然；二是父母请巧妇对女孩传授。3～4岁女孩自主观摩，她们在真实的场景中部分体验，激活了自我求知欲，12～13岁时，女孩子就可独立完成简易的针织品了。正如学校教育中因学习负担过重而不得不补课一样，社区12～13岁以上的女孩子，不管走到哪里，常常随身携带针织工具，闲时"补课"。母亲也常常予以警醒。这一切都是为女孩子人生的升学考试——"结婚"准备的。

记得前年农历十一月份，有个"鬼师"算到了令人害怕的事情，说是我们王姓家将会30日前遇大事。那个鬼师所说的"热闹的大事"就是指发生火灾之类的。得知这个预言后，许多妇女奔走相告，村民们一片恐慌。

但令我想不到的是，妇女们居然在这个时候并没首先想到自己的生命安全，以及贵重财产，而最先想到的是赶紧在第一时间转移长期为女儿准备的针织品，甚至有个老奶奶说，千万别烧到我家孙姑娘衣服啊，就算烧到我都没关系。（王永切，2015 年 11 月）

从以上案例可看出，手工针织品对个案社区女孩子的重要性，它不仅是女孩子长期学习的成果，是父母亲长期对女孩的本土教育成果，也是一个家庭综合实力的展现，含有"显富"价值。在个案社区里，一个女孩子的嫁妆，从婴儿期起母亲就为其准备，到五六岁的学习与参与，再到十二三岁后的女孩独立准备，至少历经十五年的时间跨度，也就是说，一个女孩子的嫁妆大多积淀着整个家庭十五年的心血。借此，"鬼师预言"的案例的背后原因就不言自明了，女孩子及其母亲对针织品嫁妆十分看重，为保全女儿嫁妆，她们甚至愿牺牲自己的生命。

家务在个案社区本土教育体系中也占有重要地位。女孩子的家务是一套非常庞杂的技能体系。它不仅仅指洗碗、洗衣、煮饭等这些日常的简单的家务劳动，而且包括更为复杂的内容。如蜡染技能，它包括染料调制、染布两个环节。染料调制由采集草药、药材配方、染料保存三个主要步骤组成，而染布也由三个步骤组成，每步添加草药、操作手法均不同。再如酿酒，"酒"成为在社区人祭祀和红白喜事的必备之物。因而"会酿酒""酿好酒"也是个案社区女孩实现"成家"必不可少的条件。酿酒需要体力支撑，它由药酒配制、酒料配制、蒸酒三个主要步骤构成，工序较为烦琐，所以女孩一般是十五岁左右才学会。

"礼仪"，对个案社区的运行具有重要作用。相对男孩子而言，社区舆论对女孩子"礼仪"的要求更为苛刻。婴儿期开始，父母就注重家庭礼仪，尽力保证女孩在礼仪氛围下自由生活，并在礼仪氛围之中适时给女孩予以引导、唤醒与强化，促进女孩子的基本生活礼仪生成。例如用餐，晚辈必须在长辈动筷子后才能开始享用，有客来访，必邀共餐，不管其推辞与否，均为其樽满米酒，酒后为其添满米饭，餐后收洗碗筷，否则视为无礼。再如走路，行走姿势要平缓，不走在长辈前。再如称呼，同姓较为简单，只要厘清辈分即可，而异姓则比较复杂，若与母亲同姓，则称为外婆、外公、舅舅、舅妈、表哥、表姐、表弟、表妹等，若与姑爹同姓，则称为姑爹、姑妈、表哥、表姐等，若与前两者都不同姓，但与舅舅或姑爹所属同一社区，则按与他们同姓称呼。此外，对女孩"跨越"性别界线的行为，父母常常严肃警告；社区流传各种故事，形成舆论，在无形中维系着社会角色界线。

总之，社区人的"成家""成人"对女孩子本土教育的要求近乎苛刻，这就意味着，在升学渺茫的背景下，对学校教育的选择，是一种极具风险的行为，因为，选择了学校教育，就是选择了通向"城市生活"这一单向的学校教育之轨，也就是放弃了通向"乡野生活"这一本土教育之轨。倘若一旦成为学校教育"脱轨者"，几乎难以在社区范围内成家成人，将成为个案社区女孩子终其一生无法承受之重，以致长期以来，女孩子在结婚与升学之间作选择时，往往选择了后者。①

（二）角色考察：定亲

由于家庭、宗族、社区的高度重视，本土教育发挥着系统作用，一般而言，孩子在17~18岁这一社区法定婚龄，"成家"条件已准备就绪，"结婚"在紧锣密鼓地准备着。此时，男孩父母四处散播要"成家"的信息，亲朋好友均愿意为勤快的男孩做媒，甚至主动做媒。反之，则没人愿意做媒。同样，女孩也差不多，同样散播要"成家"的信息，刺激更多媒人登门，以备挑选。父母亲非常欢迎媒人登门说亲，多多益善，因为，这说明父母家庭教育的成功。所以，媒人登门不到三次，是不能婉拒的。

过去社区年轻人择偶标准中，家族病史、劳动能力、生活习惯、家长举止、家庭收入、田土状况、房子多寡等为考核的指标，而对配偶长相要求较低。这主要由社区的生计方式决定，长期的本土教育也起到了很大的促进与引导作用。随着社区生计方式的变迁，学校教育日趋制度化，学校及其教育帮社区孩子逃离社区及其文化场域，本土教育已逐渐淡出孩子们的生活世界，"择偶标准"自然已发生根本性变革，"长相"逐渐跃升为第一要素。

基本满足择偶标准的男女双方家庭即可"定亲"（或称订婚），传统而言，男女双方的了解仅通过媒人及亲戚粗略介绍，而作为主角的男女双方是不允许碰面的，甚至一无所知。发展至今，男女双方在定亲前就要求单独见面，重点看长相及性格特点，男方根本也不在意女方针织技能、蜡染技能、酿酒技能等；同样女方也不在意男方的社区生活技能。这与城市人的婚姻缔造相差无几。尽管现在的嫁妆要求有蜡染布、布织品等，但多由其母亲代劳，女孩子对这些传统物件的工艺一无所知，更不用说这些传统工艺所承载的传统文化了。

（三）角色强化：结婚

定亲这一角色考察的时间长短不一，在此期间，双方均可退婚，如女方要

---

① 近年来，随着义务教育的贯彻执行、选择升学的女孩人数增多，但在社区里，选择结婚的也屡见不鲜。

求，则由女方退还男方定亲的聘礼，如是男方要求，则由男方支付一定损失。

然而，经过一段时间的角色考察，男女双方家庭综合多方因素考虑，无异议，即可"结婚"。这一综合因素之中，富含着丰富的"本土教育"成果，虽然男女双方家庭对其评判的指标体系有所偏好，但也足以说明男女双方达到某种嵌合。正如学校教育中的毕业典礼一样，"结婚"典礼也有强化角色功能，经由典礼，可强化个案社区儿童"成家""成人"的角色身份，当然，这种角色强化也是一种社区权利的享用与责任担当。

结婚典礼时，被考核主要对象更多是女方，重点是嫁妆，它最能突显本土教育成就，如新娘穿戴厚度，嫁妆的数量与做工精细程度等。围观者常常惊叹："她父母真会教女儿呀，你看她做成了好多东西啊！"本质而言，这是对本土教育成果的赞扬。

结婚，女孩变成女人，必须换装，一改出嫁前"女孩子"装扮，这对女性的一生产生重要影响。从此，孩子头绾高平髻，额前盘左旋发檐，外包青色蜡染布方帕，用银蝴蝶别紧，佩戴银耳坠、银项圈、银手镯，脚穿草鞋或布鞋；上身改穿右衽大襟长衫，拴前围片或长围腰。而盛装上身还得穿7或9件短衣，外衣为集刺绣、挑花、织锦、蜡染多种工艺缝制而成的对襟无纽扣花衣，下身穿3或5条裤，围片、裹腿、花带均多件，后腰束一副银链。不包头巾，发髻插银梳、银簪、银雀花，缠银绦链等，戴银项圈、银手镯、银戒指各三五只。脚穿缎质靴状袜和船形花鞋。[①] 女孩一旦换装，终身不改，哪怕离婚依然如此，成为永远的身份标识。值得深思的是，这种耗尽十多年心血准备的"成人"服饰却像十字架一样成为束缚女孩一生自由的重要物件。

总之，结婚典礼是"象征性的、表演性的，由文化传统所规定的一整套行为方式"[②]，强化了男女双方社会角色，它作为一种文化符号，推波助澜地实现了个人作为成年的人、公众的人和有意识的人的嬗变，[③] 也为他们的人生打开另一扇门。

然而，从本质上而言，社区人的"成家"是一个生成性概念，需要男女双方终其一生推动才能动态发展，持续获得适应不同时间与空间的定义，个体"成人"也是在这一肌体之中发展着，在这一肌体之中获得自我价值的持续提升。

---

① 文兴林．丹寨县志［M］．北京：方志出版社，1999：193.

② 郭于华．仪式与社会变迁［M］．北京：社会科学文献出版社，2000：1.

③ 吴晓蓉．教育在仪式中进行［M］．重庆：西南师范大学出版社，2003：68.

三、本土教育：社区人的发展资源

"人的发展"是指个体从出生到生命的终结，其各种潜在素质转变为现实特征的过程。① 作为社区教育生态的一个重要维度，本土教育是促进"人的发展"必不可少的力量，其孕生于社区人的生产与家务实践之中。"人的发展"是一个有机整体的动态发展，可分为生理、心理与社会三方面素质，而且三者相辅相成。

"本土教育"是社区人在社区这一生存场域之中生产与生活而逐渐生成的文化模式，它渗透于日常生活世界之中，教育在生活中，生活在教育中，无法将其从生活世界中分离出来，即其具有生活性、整体性等特征，以致无法和学校教育那样，将其切割为"德""智""体""美""劳"等教育组成部分。鉴于此，我们尝试以本土教育所发生的"场域"作为叙述单元。②

个案社区日常生活世界中的"本土教育"，主要发生于"养与育""玩耍与游戏""生产和家务"等场域之中，③ 这一系列的教育发生，不经意间促进了社区"人的发展"，润物细无声。

（一）养与育

养育，是指人们在日常生活中对个体抚养、教育，使之成长的活动。"相比于生育，养育问题越来越成为重要的社会问题"④，它与教育密切相关，父母为其子女的种种喜怒哀乐的情感源自天性，是教育本质原初表现。质言之，教育包含于养育。教育，尤其是专门的学校教育，是从生活世界中抽离出来的一种特殊生活模式，其中包括日常生活中的养育，所以它是人们对养育质量的内在价值诉求。洛克的《教育漫画》对于"教育"一词，仅论述了"养育"问题，⑤由此可看出，养育在人类教育发展中占据重要的地位。由于文化差异，人们的养育行为各异，但他们的养育模式对其儿童心理发育和人格形成至关重要，成为儿童后天全部的生活底色。"养育涉及对儿童的喂养、照管、穿着、道德情感

---

① 全国十二所重点师范大学联合会．教育学基础［M］．北京：教育科学出版社，2008：35.

② 王国超．民族社区教育资源冲突与调谐［J］．贵州民族大学学报（哲学社会科学版），2016（6）：187－199.

③ 涂元玲．村落中的本土教育［M］．太原：山西教育出版社，2010：40.

④ 钟晓慧，郭巍青．人口政策议题转换：从养育看生育［J］．探索与争鸣，2017（7）：18－96.

⑤ 石中英．教育学的文化性格［M］．太原：山西教育出版社，2007：114.

的形成等方面"①。

1. 儿童养育的主要内容

关于汉语"养育"一词，个案社区的苗语体系并没有与之对应的专门词汇，仅有"生""教""养"等相关字眼出现。这里的"生"，是指孕生，"教"专指教化，而"养"则多指喂养，其内含着"育"的意义。因此，从三个字相比较而言，苗语"养"字更接近汉语"养育"一词。比如个案社区苗语"养娃"一词中的"养"并非仅仅是"喂"这一单纯的动作行为，其中"育"渗透于这一行为之中。在社区苗族体系之中，"养"有两个目的，其中第一个目的是"吃饱""穿暖""不病"，这是对个人身体素质的基本规定，也是社区人长期以来最迫切的追求；第二个目的则是"不偷""不抢"，它是对个体社会素质的基本规定，两个目的的有机整合是个案社区人基本素质的规定，也是个案社区儿童"养育"的基本内容。

（1）吃。从根源而言，"吃"是动物界"种"延续的根本性力量，"吃"渗透于人们生产与生活之中，因此，社区人的"吃"也必然成为本土教育中"养育"的首要内容。在物质匮乏时代，"吃"同样是学校教育的内在追求，或者说是学校教育的目的之一，如"吃皇粮""吃官饭"成为早期学生的教育目的。许多人类学学者经由某族群的"肚子"，即可巧妙地进入该族群的文化内核。② 因此，"吃谁的""跟谁吃""吃什么""如何吃"等聚焦"吃"而形成的各种关系，成为我们个案社区文化内核入口，也成为个案社区儿童养育文化的入口。

在个案社区之中，"家"是"吃"发生的主要场域，也是基础性场域，以"家"这一场域为核心，向"家族""社区"等场域不断扩散，逐渐形成差序养育格局，这是基于人类本能而自然生成的文化模式。在社区思维体系中，"各家娃各家养"成为共识。婴儿，由母亲母乳喂养，成为婴儿与母亲互动交流的方式。一般而言，坐完月子的母亲就须参与"干活路"③。离家太远，则背婴儿前往，以便及时喂养；而离家近，则可隔几个小时回家喂养。喂奶是母亲最早的"养育"方式，也是最早的教育方式，母亲则成为个体认识世界的第一扇窗口。

---

① 涂元玲. 村落中的本土教育 ［M］. 太原：山西教育出版社，2010：43.
② 郭于华. 关于"吃"的文化人类学思考 ［J］. 民间文化论坛，2006（5）：99－104.
③ "干活路"，是指劳动，尤其是指体力劳动。

随着婴儿的长大，满一岁后，母乳喂养逐渐淡出，"嚼饭"① 喂养逐渐取而代之。几年来喂养方式发生变迁，小孩满岁后，奶粉则替代母乳，米粉替代嚼饭。两三岁就由小孩自己吃米饭了，此时他们吃饭经常满地掉饭，长辈常告诫："不能落饭啦，不然就要打雷了啊！"② 之后，小孩喂养逐渐演变成为"散养"，父母早上蒸一大甑子米饭，煮一大盆酸汤，搁在家里，就干活去了，"喂养"得由小孩自主完成。虽"各家娃各家养"，但在同家族，小孩则是"玩到哪儿吃到哪儿"，小孩常穿梭于各家屋之间，吃是不分彼此的。尽管两家大人之间闹矛盾，但"大人归大人、小孩归小孩"。

在社区同一寨子，小孩之间视为兄弟姐妹，"交错喂养"也是自然之事；父母赶场带来糖果，也适当分给隔壁小孩。不同寨子之间的情况则有所不同了，在有些寨子，两者是"主""客"关系，尽管只有一墙之隔，大人及小孩均"舍近求远"。由此可知，"差序喂养体系"仅在同姓寨子中盛行。

（2）穿。"穿"是养育的基本内容，"穿暖"和"吃饱"是人"生理需求"的两个重要维度，它是促进人"生理素质"得以发展的源泉。

在个案社区，家庭为小孩的"穿"准备最早，甚至母亲的"嫁妆"就有小孩"穿"的衣物。由于特殊的地理环境，背着小孩干活是常事，所以"背带"是必备衣物，女孩从小就为未来小孩的"背带"准备着。女孩在结婚后，就正式着手婴儿背带，工序十分烦琐。从布料到刺绣，再到组合完成，之中蕴含着女孩以及社区人特有的期待。此外，外衣、帽子、鞋子均为手工制作。为婴儿"穿"准备，主要由母亲完成，这是女孩"成家"前的本土教育成果的复核。婴幼的"穿"大多由其母亲手工制作，但两三岁后，男娃的"穿"，手工制作的比例减少，逐渐由市场购买取代，母亲只需为其准备一套盛装即可。然而女娃却不同，直到结婚前，她的"穿"一直为母亲操心。

总之，"吃"和"穿"是养育的两个基本内容，是人生理需求的两个重要维度。"吃"和"穿"的基本目标是"吃饱"和"穿暖"，而"不病"是前提条件，是促进"人的发展"的动力，也考核"吃"和"穿"尺度。因此，在个案社区，"吃"和"穿"需达到"不病"标准或直接目的，其他什么"营养搭配""服饰搭配"等并没有特别要求。"吃"，"有什么吃什么"；"穿"，"有什么穿什么"。

（3）管。"管"是养育体系中层次较高的内容，个案社区里，"管"的直接

---

① 指将米饭在母亲嘴巴里嚼烂，再将之喂小孩。
② 社区文化模式里，对小孩掉饭的警告是其内容之一。

目的就是"不偷""不抢"，这是个体社会性发展的基本前提，也是个体成人的基本规定。"管"属个体社会素质范畴，终极目的是个体成为"社区人"。因此，社区人常骂犯错小孩为："有妈生，没妈管"。

当然，"管"在养育体系中，并非纯然"看管"，其具有较为丰富的教育蕴涵。从整个养育结构看，"吃""穿""管"等均为促进"人的发展"的行为，属于一种"教育"行为，然而三者之间各有偏重。"吃"与"穿"偏重于"养"，而"管"则偏重于"育"。在个案社区，"管"的发生主要以家庭为基本单元，但"管"的责任已逐渐由母亲"主管"过渡到父与母协同"共管"，再逐渐过渡到家族，乃至社区"共管"，形成多主体、立体化的"管"体系，共同促进孩子成家成人。对于刚出生的婴儿，"管"就已开始，父母首先用胶圈在婴儿衣袖打死结，蕴意为"长大后不乱动，守规矩"，这是社区人对"管"好一个人的期待。婴儿期仅由母亲"管"。一岁后，从直接"管"逐渐过渡到间接"管"，此时一般由老人或大孩子负责代管。其实，真正的"管"的发生应该从三岁左右开始，长辈在"管"的过程中，有意无意地将教育夹带其中。农忙，常带孩子参与其中，任其"生产"游戏。农闲，父母常带孩子参与社交活动，任其"角色"游戏。此外，父母也常带孩子参与社区各种各样的仪式，借以濡化习惯法。尤其是，用一些道德故事来教化孩子，强化其道德行为。

总之，在整个养育结构之中，个案社区人对"管"高度重视，有时甚至胜过"吃"与"穿"。他们世世代代用各种传奇的生活故事劝诫孩子"不偷""不抢"的道德准则，同时也规范着作为养育主体的社区长辈的"养育"行为，因此，"管"不仅是促进个案社区儿童成家成长的重要力量，也是维系着个案社区和谐发展的重要支点。

2. 养育活动的教育发生

从"培养人的活动"这一教育的质的规定性而言，"养育"就是一种特殊的教育形态，其已有机地融于日常生活之中，养育发生即生活之发生，亦即教育之发生，但为便于对"养育"进行价值分析，以供现代教育反思与借鉴，在此将"养育"的教育意蕴人为抽离出来。

（1）立体化教育。在个案社区里，一个儿童从出生到成人的全过程，均处于立体化教育之网中，绝非父母二人教育之功。家庭、家族、寨子、社区，长辈、同辈、晚辈等多场域、多因素合力促进儿童发展的教育发生。

首先，在吃方面，"家"是个案社区儿童"吃"的主要发生场域，但"吃"的空间边界是模糊的，其可跨越家、家族、宗族等场域发生。如，婴儿喂奶，他人是可代喂的，没人计较，无意间儿童与他人的接触，从源头上链接婴儿与他人的"依恋"关系，为未来交流提供了基本前提。儿童成大以后，长辈常有意唤醒，"哎呀！不帮我嘞，小时你还喝过我的奶呢"。小孩"吃"常在家庭、家族、寨子与社区多场域发生。十三四岁左右的小孩，就基本养成了"玩到哪儿就吃到哪儿"的习惯，这促进了社区"差序"情感的建立。

其次，在穿方面，孩子快出生时，几乎整个家族都在为其准备"穿"，待到满月时，纷纷前往献之予以祝贺，表达了家族对婴儿的美好期待。两岁以后，虽"穿"的主要责任在家庭，但也有例外，如隔壁家的小孩已长大成家，则将婚前旧衣服无偿赠予，而小孩父母也不嫌弃，欣然接受，这也是孩子与他人依恋关系建立的一种方式。

最后，在管方面，从以上个案社区苗语称谓论述中，我们可看出，家族、寨子、社区关系都很密切，小孩几乎与大部分人均有着千丝万缕的联系，这就决定了小孩的社区共"管"。婴儿期，"管"在家庭发生，母父优先，姐哥其次；幼儿期，"差序"共管，即"管"已突破家庭场域，横跨家族、家族、寨子、社区。而个体"管"的失败，也影响甚广，"差序"波及。社区外人对社区人的评价多以"家族"为叙述单元，个体淹没于家族之中。因此，小孩行为受家族共同监督与教育成为必然。

总之，从"吃""穿""管"三个方面在立体状态发生，个体与整体内在叠合，构筑立体化教育之网，推动个体成家成人成长。这一个立体教育之网浑然天成，值得现代学校教育反思。

（2）情感化教育。儿童的养育过程中的教育发生，是以本能情感为基础的。无论在家庭、家族、寨子还是在社区场域，教育的发生都是以情感纽带为基础。儿童婴儿期，母亲以母乳喂养，呵护"生理性早产"① 婴儿在"宫外"度过长达一年时间，弥补人先天性缺陷，延续了母亲与婴儿的天然联系。轻拍婴儿，哼着小曲，母亲与婴儿浑然一体，不仅满足婴儿生理需求，而且也激活婴儿情绪情感。同样，其他妇女帮助喂养的接触，也会产生"印刻效应"②。"印刻效应"是婴儿与外人联系的基础，也是"管"外延发生的基础，这是社区人言传

---

① 筑波大学教育学研究会. 现代教育学基础［M］. 钟启泉，译. 上海：上海教育出版社，1986：66.

② 德国行为学家海因罗特（O. Heinorth）在实验中发现：刚破壳的小鹅，会本能地跟随在它第一眼见到的自己的母亲后面。但是，如果它第一眼见到的不是自己的母亲，而是其他活动物体，它也会自动地跟随其后。这被行为学家洛伦兹（K. Lorenz）称为"印刻效应"。这不仅存在于低等动物之中，而且同样存在于人类。

身教实现的可能与可为。与"喂奶"一样，孩子稍大后，"吃"发生的场所延展，强化婴幼儿早期的"印刻效应"。而"穿"方面，赠予旧衣物、帮忙缝补等也是"印刻效应"的强化方式。最终，基于"吃"与"穿"生成天然感情，为"管"提供基础。而"管"的内容与形式更接近于"教育"的定义，这种"教育"更与关怀水乳交融，不可分割。

总之，养育活动的教育发生，是以"吃""穿"的生理需求为前提，激活感情链接，推动"管"的发生。这一曲折的教育路线，始终融于人的关怀之中，收到意想不到的效果。今天现代学校教育，正是缺乏缓慢的情感联结，"冷冰冰的"现代性知识的嵌入，收效甚微。

（3）道德化教育。在物质匮乏时代，儿童养育体系的"吃""穿"极其重要，为此，父母一年四季，早出晚归。然而，"不病"才是前者的直接目标。因此，个案社区人有自己独具特色的儿童教育资源。

> 差不多十年之前，我们寨子上的人不小心"成漆"①，我们是都从不会去场坝买"汉药"的②，那时我们都认为，就算去买得，也不会治好病的。所以，我们常常就去寨子不远的山谷去"买水"来治的。为什么说是去买呢？因为我去打水是先付钱的。人人"必须"给钱才能打水的，随便你给多少钱都可以，但我们一般都给两分以上，一分就是太少了，不好意思。那个时候啊，我们都是自觉的，因为如果不付钱，打回来的水就只是水，没用，付了钱打回来水才是药啊，才能治病！但去年修路时，那山谷已被盖住了。（潘朝芬，2015 年 7 月）

以上受访老人已年过七旬，从她表述的语气可看出，至今，她对"付钱买药"故事的"真实性"仍然坚信不疑，足以说明这一文化事项在代代传承过程中，渗进每个社区人的无意识之中，形成社区人的道德自觉。

我们追问原因时，看得出老人显得很无奈，甚至觉得我们不可理喻，最后老人不耐烦地说，"这还要问，老人都这么说的啊"。显然，对他们来说，"万事万物的一切情状皆自然使之，没有什么好疑问的"③，社区人在这种自然状态下

---

① "成漆"是指中漆毒；将中漆毒说成"成漆"，其中"成"说明其在人体自然生成，而非因接触到漆树之故，说明社区将之神化色彩。
② 社区人将市场上买来的药，尤其是指西药，统称为"汉药"。
③ ALFRED S，THOMAS L. The Structures of Life – World ［M］. Evanston：Northwestern University Press，1973：3 – 4.

生活，他们并非一举一动都要找出理性依据。① 这是一种道德文化传承，无须考虑文化本身"科学性"，也无须考虑"药"本身功效，这已融入一代代社区人的血液，实现了道德教育的目的。

总之，"不病"仅为人的生理前提，作为社会属性的"管"才是人从"自然性"向"社会性"跃进的内动力。在"管"的过程中，各种民间传说里极具感染力的人物形象、故事情节，使小孩从内心深处激活道德感。正如盖托所言，"一个民族的神话系统通常是它的教育系统"。②

此外，社区里还流传"陈阿尖"的故事③，大概是这样的：

> 从前，有位寡妇艰难地养着一个男娃，名叫陈阿尖。陈阿尖从小就聪明灵巧，但他母亲没有好好管教他。陈阿尖小时候偷了一些小东西时，母亲不仅不批评他，反而很高兴，觉得偷一些小东西没什么关系的，长大就会好了。慢慢地，陈阿尖长大了，他的胆子也越来越大，他到处去偷东西，最后发展到去抢官府的官银。最终被官兵捉拿归案，在问斩时要求见母亲一面。他的母亲匆匆赶过去，陈阿尖对母亲说，"想再吸母乳一口"，出于对孩子的爱，他母亲向他靠近，殊不知，陈阿尖不是要吸母乳，而是咬断了母亲的乳头，并说道："因为你小时没管好我，我才落到今天的下场。"他的母亲后悔已晚。

据调研，这故事发生在清朝光绪年间的无锡县城，但也不知何时开始，这一故事在个案社区里妇孺皆知，世世代代流传至今，以至于我们原以为是本村落社区的独有。经查实，网上各种版本众多，但基本蕴含一致，即儿时"管"的缺失而酿成后天的大错。在当时一个信息闭塞且无文字载体的苗族村落社区，仅凭民间口口相传，就能将故事不远万里，从无锡散播至此，充分表明"养育故事"的穿透力，也表明社区对养育"管"的重视。这一故事不仅成为社区人成长成家成人的资源，也维系着村落社区和谐发展。

---

① 项贤明. 泛教育论——广义教育学的初步探索［M］. 太原：山西教育出版社，2004：224.

② GAYTON A H. Perspectives in Folklore［J］. The Journal of American Folklore, 1951, 64 (252): 147 - 150.

③ 本故事是根据社区人李朝英的表述整理而成，但流传于个案社区的故事原型并不完整。其具体的时间、地点、人名均由课题组查阅大量的资料后加以修补完善的。

（二）玩耍与游戏

图3.2 儿童玩耍与游戏（捡石子）

谈到"玩耍与游戏"，人们第一反应就是"儿童"，也就是说，玩耍与游戏就是儿童的形象，是儿童生活的景观，是儿童认知世界、与世界互动的基本方式。因此，某种程度上说，要探明儿童的内在秘密，首先路径就是"玩耍与游戏"。然而，由于"玩耍与游戏"深深地融入日常生活之中，从古至今，对它的界定与诠释均难以清晰。①

从本质而言，玩耍与游戏是儿童天性外在的表现形态，是儿童对外在世界的本真认识。② 学校未进入个案社区的时候，玩耍与游戏几乎是儿童生活的全部，也是促进儿童发展的教育形态，为个案社区儿童成长成家成人储蓄内在动力。从理论而言的，儿童的玩耍与游戏也同样为后期的学校教育储蓄了强大的精神支点。

1. 玩耍与游戏的主要内容

汉语的"玩耍与游戏"，个案社区苗语体系中没有与之对应的独立词语，仅有"做玩"和"玩"两个词的意思与之相近，也就是说，个案社区对"玩耍"与"游戏"两种行为是不分开的，统统用"玩"或"做玩"代称。如，"去玩""爱玩""到哪里去玩"等，很少说出具体玩什么。相对城市儿童，个案社区儿童几乎没有专门的玩具，但这给他们更多的选择空间和更丰富的想象空间，所以，在不同的时间与空间，他们"玩"法各异，精彩纷呈。在空间上，孩子们

---

① 涂元玲. 村落中的本土教育［M］. 太原：山西教育出版社，2010：59.

② 福禄培尔. 人的教育［M］. 孙祖复，译. 北京：人民教育出版社，1991：30.

可在房屋、学校、河边、树脚、路上、山上、田野等地创造出一套独立的游戏体系；在时间上，不同的季节、天气、时段等，孩子们也有相应的游戏体系。因此，在个案社区苗语体系里，只能用"时间""空间""玩伴"来区分孩子们的玩耍与游戏。

"玩耍"从婴幼儿期就开始。婴儿吸母乳时，手四处抓，尝试感触外在世界，我们将之称为"玩耍"，即随意、无规则、自愿。蹒跚学步时，玩耍真正开启，父母常将其限于某区域，婴幼儿则在狭小空间里自主玩耍。在家，常将房间空旷处四周阻隔成独立空间，面里放些"玩具"，小孩可自由玩耍。在外，多由大小孩看管，玩耍空间延展，内容更丰富，如捡石头、摘树叶、捏泥巴等。三岁后，小孩可摆脱大人，有了更自由的空间，可以单独玩耍。在社区里，除简单自制玩具外，基本上没有固定玩具，小孩只有就地取材，发挥想象。社区各个寨子都有古树，大树脚成为整个寨子的标志性场所，也是整个寨子小孩玩耍与游戏的中心。一年四季，小孩都喜欢在这里玩耍与游戏，如"跳格子""拣石子""玩树叶""呆雪头"等。总之，可以说全寨子小孩都是在这里度过了自己的童年。

走出社区，小孩玩耍与游戏的自由度就大大增加了。夏天，寨子旁的小河，游泳、捉鱼、"开田"等成为男孩玩耍与游戏的主要活动。而女孩选择另一种较偏的角落安静地玩耍，明显没有男孩那么自由。

> 我们小时候，在夏天最喜欢的地方就是小河边，可以玩耍的太多了。在河里游泳累了后，我们就会跑到河边去捉鱼，可好玩了。开始，我们在浅的地方用砂石、泥土将它与深水区隔开，并且留一条路让大水流出去，这样，就有一块可以捞鱼的地方了，之后，小伙伴们撸起袖子，用手把水撩完，就可以看见小鱼小虾了。

> 在河边，除抓鱼外，我们还可"开田"呢！就是在河边水浅的地方隔出一块田，四四方方大概有 1 米多点吧，然后，我们就悄悄去别人家田里偷拔几把秧，种在河边的"田"里。但这种玩耍就比较麻烦了，刚开始时候，天气热，天天都可去河边玩，顺便就看一下水够不够、有没有遭虫咬等。但交秋后，不能下河玩，可还得去看，没办法啊，因为是我们自己亲手种的田啊！秋天，我们像大人一样去打谷子。（王桂英，2015 年 10 月）

尽管社区儿童几乎整个夏天都在河边度过，但那仅仅是一种玩耍，并非具有目的性的"游泳"或"洗澡"，因为小孩在河里并不特意学习游泳，也不会特意去清洗身上污垢，小孩颈部依旧黑黝黝的。

在个案社区里，小孩到六七岁时，父母就会分配轻便的劳动任务，如放牛、送饭、晒谷物、看小孩、喂猪等。以放牛为例，放牛是小孩最常见的劳动任务，社区附近有宽阔的坟场，小孩们将牛驱到坟场，玩耍与游戏就开始了。放牛的时间一般较长，坟场宽，牛也不易跑远，所以，玩耍与游戏时间充裕，内容自然也更丰富。此时，男孩多玩"打仗"游戏，女生多玩跳绳。

> 小的时候，我们放牛最多的地方就是寨子的坟场了①。那里的草虽然很少，但那个地方宽得很，小孩子最爱在那里放牛，因为那里小孩子多，好玩啊！在那里，牛一般不会跑远的，一两个小孩负责看牛就足够了，因为周边的田地都围着的嘛！牛哪有那么容易进去糟蹋庄稼的，我们一把牛赶到坟场，可以随便玩了。在那里玩什么都可以，但我们男孩子玩最多的就是"打仗"！这个，女孩子不喜欢玩，她们最喜欢是跳绳、跳皮筋、采蘑菇等，大一点女孩就是编彩带、刺绣，就是准备结婚嫁妆啦！（王继忠，2014年2月）

儿童教育家蒙台梭利认为，"父母的作用是有限的，大自然是儿童引领者，父母只是旁观者和守护者"②。在个案社区，父母终日忙碌，而且没有为儿童提供专门的固定的玩具，然而，正是专门玩具的缺乏，无形中赋予了社区儿童游戏更自由的想象空间，教育就在充满想象力的游戏之中悄然发生，对个案社区儿童的未来成长成家成人起到不可替代的作用。

2. 玩耍与游戏的教育发生

在个案社区里，没有制度化学校教育的羁绊，玩耍与游戏几乎成为小孩子的全部生活，场地广阔、丰富多彩、无拘无束，小孩子以天性与周遭世界互动，积淀日常生活体验，激活儿童探究世界的动力。总之，不管是身体的、感观的，还是精神的玩耍与游戏，③ 其间，教育悄然发生，它不仅赋予儿童快乐生活，而且促进儿童自我建构，为儿童理性教育发生奠定了坚实的基础。

（1）突显儿童教育本真。玩耍与游戏是社区儿童的全部生活，它是儿童生活的基本特征。社区人虽不知晓游戏对儿童的科学价值，但长辈对儿童玩耍与游戏持认同与开放的态度，"小玩、小玩，你不让他玩"，因此，成人不刻意要求儿童参与生产性的活动，只要在"不抢""不偷"的范围内，"做玩"的时

---

① 羊望社区里，除岩寨有一个独立坟地外，其他寨子共用"鼠岭"坟地，约近千亩。

② ［意］蒙台梭利. 儿童的自发成长［M］. 李芷怡，编译. 北京：北京理工大学出版社，2015：5.

③ 福禄培尔. 人的教育［M］. 孙祖复，译. 北京：人民教育出版社，1991：275.

间、场域、内容、同伴等均没任何限制。成人对小孩子玩耍与游戏也不作过多干预。儿童本真生活样式就在不受约束的情境下得以舒展，正如莫迪亚诺所言，"一旦在游戏中不受他人监督，儿童则可自由地满足自身的好奇心，并借此充分了解自身周遭的环境。"

其实，儿童"做玩"的同伴也不全是同龄群体，隔辈游戏也常常发生，如生产游戏、玩具制作等，成人常常参与其中，并适时予以指导，或予以配合。在这一跨辈互动过程中，教育显性发生，长辈成为教育者，而儿童成为学习者，玩耍与游戏则成为教育实践活动，玩具成为教育内容。整个教育过程中，学习者是内在好奇心驱使下参与，自主动员身心资源介入，激活儿童天性，突显教育本真。

（2）促进儿童社会性发展。儿童"玩耍与游戏"是教育的一种特殊形态，在这教育实践中，教育者并没强加给儿童权柄的压力，教育者与学习者之间地位相对平等，儿童们得以无拘无束地游戏。在这一教育实践过程中，儿童不自觉地对成人社会角色进行认知、探究与尝试创新。由于固定玩具的缺乏，儿童对家里的所有成人物件都感兴趣，都可当之为玩具，如，梨、扫把、菜篮、旧鞋子，等等，随便一件器物都可成为儿童心爱的玩具，借此，儿童常模仿成人使用器物的各种姿态，扮演着成人各种社会角色。

有时，儿童趁成人不注意，参加成人真实生产现场，例如，趁母亲外出，小孩操作起织布机，以为不会被觉察，母亲回来一看就知道真相，但并不过多指责。当然，生产游戏男女有别，不准跨界，否则会遭成人严厉呵斥，确保社会角色定位。

"打仗"游戏是男孩社会性发展的重要载体。在"打仗"中，同组需要内部团结，作战部署、诱敌深入、化装等均需要团体配合。其间，儿童可习得个人与他人、个人与集体、集体与集体之间关系，养成协调这些关系的初步能力。总之，通过玩耍与游戏，儿童认知与体验成人社会角色。同时也学习通过分享、协商和互助等方式处理个体与集体关系，促进儿童社会性发展。

（3）培育儿童认同意识。在好奇心驱使下，社区儿童在"玩耍与游戏"中模仿成人的生活与生产角色，强化儿童的角色认同，对社区独特生计方式的认知与认同。小孩子在不同年龄有不同的"玩耍与游戏"内容与场域。婴幼儿期，小孩只能就近在家里或大树脚周边玩耍与游戏，在一个极其狭小的空间里进行，认同感产生也局限在这一空间之中；随着小孩长大，七八岁时，在完成父母安排的简单任务后，可有充裕时间尽情玩耍与游戏，山上、田间、地头、小河边等几乎每个角落，都是儿童玩耍与游戏场域，通过玩耍与游戏，儿童在社区切身体验与认知，激发儿童社区认同意识。

几乎所有社区人，儿时踏遍社区每个角落，山上有什么树、有什么石头、长什么草药、长什么野菜、怎么玩，田间地头春夏秋冬都种什么庄稼，等等，社区里每个人了如指掌。认同感产生不是凭空而来的，激活它需要一些物件作为载体。社区儿童，切身对社区的不断探索，找出社区特色、生存环境的优势，认同意识得以激活，成为族群认同、国家认同的基础。

（三）生产与家务

"生产与家务"是村落社区"吃饱""穿暖"的基本保证，因此，生产与家务已是社区儿童成家成长的重要评判尺度。对社区人而言，生产是基础，生活是方式，两者多属生理层次的需求。但在生产与生活过程之中蕴含着获得更多价值、更丰富的意义。

蒙台梭利认为，对儿童而言，"游戏"就是他们的"工作"。[①] 其实，个案社区儿童的"玩耍与游戏"与"生产与家务"两者之间并非泾渭分明，而是相互叠合与交叉。它们和谐地融于儿童全部的生活世界之中，难分彼此。个案社区地处边陲，山高路险，咨讯闭塞，生产率低，这就要求全民劳动，共同创造财富。换言之，社区人一生都在"生产与家务"场域之中，借以摆脱"物质"束缚，追寻人生意义扩展、价值提升。

自由，是智慧获取的基本途径，儿童玩耍与游戏是自由养成的重要载体；训练，是知识获取的基本途径，儿童生产与家务及其教育是其实现方式。有效整合自由和训练，则是"人的发展"之根本。[②] 因此，随着年龄增长，儿童具备一定参与生产与家务的能力，"玩耍与游戏"与"生产与家务"就会形成反比关系，即"玩耍与游戏"比例逐渐减少，"生产与家务"比例逐渐增多，到成家时，"玩耍与游戏"就所剩无几了；至此，社区儿童成为一个自食其力的人，成为一个可以承担责任与义务的人，成为一个真正意义上的社区人。

1. 生产与家务的内容

"生产"与"家务"几乎是密不可分的两种劳动形态，一般而言，"生产"偏向物质财富累积，"家务"偏向各种财富的消费，近似于"生活"。也就是说，两者虽然目的一致，但"生产"是为"家务"提供了物质载体，"家务"却是"生产"的意义，为"生产"指明发展方向。因此，生产力低下时，社区

---

① ［意］蒙台梭利．儿童的自发成长［M］．李芷怡，编译．北京：北京理工大学出版社，2015：5.

② 王立志．教育就要宽、柔、养、育［N］．光明日报，2013-12-11.

人重视"生产"的程度略高于"家务"，而生产力提升时，对"家务"的重视相应提升。总之，个案社区的特殊地形，高度依赖自然环境，"生产与家务"就是被这一特殊的自然环境左右自身发展形态。

个案社区在 20 世纪 90 年代前的漫长岁月中，人们不善也不屑经商，依赖独特生境，缓慢地开展生产与家务，生成地方性知识体系。个案社区里所谓的"饭"，专指米饭，也就是说，水稻是主粮，儿童生产技能学习首要是"种植水稻"。因此，在儿童成长过程中，不管是男孩还是女孩，均已通过"玩耍与游戏"，对这一技能的启蒙，具身体验与认同，获得初步角色认同。当然，真正的"水稻种植"远比"游戏"精细得多，步骤烦琐，而且枯燥辛苦。

> 种植水稻是很复杂的了，现在好多年轻人都不会了。就像我家老大，现在都快 50 来岁，犁田都不会的，更不用讲比他小的娃娃了。我想想，看看怎么才跟你讲清楚呢。水稻种植要分成好几个步骤呢！大概有培植秧苗、犁田、栽秧、看管、收割、晒谷。第一步我来讲讲如何培植秧苗：将种子泡水后铺在木板上，把木板放到炕棚，一般炕大概 10 天左右。棚秧苗长到二至三寸时取出，一株株地插在田里，长高一尺后移植到所有的田里，这样做能保高产量。第二步就是犁田，这是最难的步骤了，好多年轻人不会的就是这一步：我们是用牛拉犁的，关键是牛与人要配合好，否则无法完成。一块田最少需犁上三次，第一次松土，即让泥土吃水，填补那些边边角角的裂缝，免得漏水；第二次得将泥翻过来；第三次时，再检查补缝，看看达到"防水"效果没有。技术不好的，第二天犁好的田，水就"跑"光了。第三个步骤就是栽秧，这个步骤比较简单，男女老少都可参与，这里重要的是谁栽得又好又快了，也不能"我走你慢倒"啦！第四就是日常看管，这一步也比较简单，需要注意观察秧的情况，最辛苦的是下雨时半夜去接水了。第五个步骤就是秋天收割稻谷，一般是农历九月中旬前后稻谷成熟，收获季节大家倒是高兴，也没有什么难度。最后一个步骤就是晒谷子，现在每家都会修一块水泥场地，以前仅靠石板和晒谷席，麻烦多了。这事情大人抬，小孩守，配合完成。这差不多就是全过程了。（王明帮，2016 年 2 月）

除水稻种植外，社区人还在家附近种植蔬瓜果，较远种玉米、红薯、小麦、大麦等，更远则种花生、高粱、小米等。牛是每户重要家畜，春夏秋冬，小孩放牛随处可见。以"牛"为核心的劳动很多，如割草、放牛、喂草等。此外，养猪是社区主要家庭经济来源，所以每家必养猪，其也涉及一系列的劳动，但主要由女孩子负责。养鸡、养鸭等也可贴补家用，有时可解一时之急，这类劳动多由小孩负责。

　　个案社区盛行"男主外，女主内"的传统，"生产"男性占主角，女性则占配角，然而"家务"女人则占主角，男人当配角。较为简单的家务是：洗碗、做饭、洗衣服、喂家禽、种菜等；较为复杂且只由女性完成的"家务"有：织布、刺绣、蜡染制作、酿酒、做酸，等等。

　　社区人普遍认为，"生产"是最主要的生计活动，长辈常常教育孩子："钱在高岩，不苦不来啊。"对懒惰的小孩，成人常训道："你不做，你吃不吃嘛"，"自己做，自己吃啊"，"你不做，哪个做给你吃啊"，等等。社区人甚至总结人的一生，即"吃住、吃住"，说明社区人意识中，"生产与家务"目的就是满足"生存需要"。

　　2. 生产与家务的目的

　　"生存需要"是生产与家务的最直接目的，其间接价值更丰富，可在一定程度上满足社区人的社交需求、尊重需求，乃至自我实现需求。在物质匮乏的时代，"生产与家务"成为社区择偶主要标准，青年男女均在此积极表现，争得社区认可，欲借以实现成家成人目的。长辈随时督促他们，男孩懒惰，则被告诫，将来难娶老婆；女孩偷懒，同样被训："这么懒，以后哪有人要啊。"在"生产与家务"的失败，将可能导致"成家"失败，这种失败多发生在"文化边缘人"身上。

　　　　我们这地方有好多好多的"读书人"①都要不到老婆啊！我想想，给你大概数一数，岩寨1个，党期2个，大豆3个，上羊望没得，因为上羊望读书的人是全村最多的，所以他们那里要不到老婆的自然就比较多了，好像有4～5个以上！这些读书人哪！年纪很大了还在读书，最后又考不上学校，读书时又没学干什么活路，最后考不上回家后，当然也就不会做什么啦，他们一个个勤吃懒做，到处瞎晃悠，家里人忙都忙不过来的，这些文化人倒好，整天走这里走那里的，吃吃喝喝，书又读不成。不干活路，又想穿好、吃好的。你想想看，哪个家女娃娃爱意跟他们成家啊，就算女娃爱意，她爸妈哪会同意嘛！不过啊，他们倒是最后也都"得"了老婆了，个个都30多了才"要"得，老婆都不是我们附近的，附近人家哪个愿意啊？（王永兴，2016年7月）

---

　　① 这里的"读书人"仅指虽读书却未能获得"功名"的人，除考取大学的读书人外。

其实"成家"是以结婚为表现形式，但其蕴含着丰富的社会学意义，它是社会（区）对个体人格的整体评价，是一个人成其为"人"的基本条件。因"教育过度"而错失"生产与家务"学习机会的"文化边缘人"，除考取功名外，在社区里他们几乎不是一个完整的人，也因缺乏生产与家务技能这一生存根基，使"读书人"的整个人格遭受坍塌，找不到老婆，难以"成家"是自然之事。相对女孩而言，这一现象较少，原因是个案社区女孩子学校入学率极低，而且受教育年限极低，少了学校教育的纷扰，便于女孩"生产与家务"的习得及其习惯的养成。

在个案社区里，"成家"困难的人成了家庭教育的反面教材，如长辈常这样告诫偷懒小孩，"像你这个样子啊，以后肯定会和某某一样"，更有甚者，直接以"某某"名字称之。这就说明，虽社区小孩的"生产与家务"并非家庭第一位要务，但它可评价小孩本土教育成效。所以，社区人对小孩习得"生产与家务"技能，养成"生产与家务"良好习惯予以高度重视，旨在实现"成家"之目的，完成家庭对子女的本土教育责任。值得深思的是，社区人认为，人天生是勤快的，某人的偷懒是鬼神使然。因此，他们请"鬼师"做法事，旨在驱除懒惰，继而达到"成家"之鹄的。

随着现代化向农村境域纵深推进，个案社区人对自然生境的依赖相对减弱，社区山地农耕经济类型这一传统生计方式日益消解。近年来，对社区未成年人而言，外界发达地区越来越成为他们谋生活的广阔田野，社区只是他们的聚居地，甚至成为他们的"老家"，一年回一两次。打工逐渐成为社区人的最主要的生计方式，甚至成为未成年人唯一走向。当前，在整个社区里，不论是男孩还是女孩，完成"九年义务教育"便涌入发达地区打工，社区成家成人评价标准发生变迁，由原来复杂且不专业的本土教育向"钱"这个单一标准转变，"高""富""帅"这些城市社会"成家"标准，也逐渐向个案社区移植。

简言之，尽管社区生计方式变迁，导致"成家"的评价标准随之变迁，但孩子成家之终极目的，仍是个案社区家庭运行的基本目标。

3. 生产与家务的教育发生

儿童教育家福禄培尔认为，人须经由"生产与家务"，方能达致人之内部世界与外部世界的和谐与统一，本质而言，"生产与家务"就是生活的本身；此外，劳动也使精神与自然走向融合。他反对过于以"生存视角"评判儿童"生产与家务"，而是主张将其当作教育的重要载体。[1]

---

[1]　福禄培尔. 人的教育［M］. 孙祖复，译. 北京：人民教育出版社，1991：16－18.

"生产与家务"是人类两种最基本的实践活动，各族在长期"生产与家务"过程中，与周遭生境互动生成独特的文化生态系统，这一系统的承传，教育发生于其间，并逐渐生成相对独立的系统，反作用于文化生态系统运行与优化，成为所属群体发展的动力源泉。因此，生产与家务之教育在人类教育系统中举足轻重。

个案社区人在长期生产与家务进程中构筑独特的地方性知识。生产方面，有水稻、白菜、小麦、洋芋、花生、玉米、红薯，等等的种植知识与技能；家务方面，有蜡染制作及其他相对简单的家务。此等种种，构成了社区人生存与发展的知识体系，并以歌谣、图画、口传等方式形成地方性知识系统，并以儿童成家为目的的知识系统濡化与涵化，生成了独具特色的社区生产教育系统。①

（1）连续性。"作为宇宙万物一部分的人在其生命过程中是不断发展的"②，人的发展是整体的、毫无裂罅的、动态的发展过程。个案社区的"生产与家务"教育沿着社区人的生命整体发展。社区的生产与家务教育起始于婴幼儿期。婴儿期，长辈有意无意借助语言刺激婴儿感官，逐渐使之定向化。如给男女孩取名有很大差异，起到定向化作用，"讨猪菜娃"是女孩子的代名词，"砍柴娃"是男孩子的代名词，每个孩子具体的名字也是以此为基础的。他们绝大部分的名字蕴含着某方面的生产与家务期待，他们的名字中，几乎均与劳动对象、劳动成果、劳动工具相关联。可见，孩子呱呱坠地起，长辈就给他们生产与家务启蒙。

社区孩子在幼儿期时，长辈有意无意中将"生产与家务"夹带到"玩耍与游戏"之中，悄然实施生产与家务教育。在幼儿初期，虽然长辈多以各种玩具为主，但这些玩具其实大多是成人"生产与家务"工具的模型，如芦苇草编织的菜篮（女孩玩具）、泥土耕牛（男孩子玩具）。此外，放置家里的农具、长辈举手投足、生产场景、语言系统，等等，均在构筑着农耕文化之网，具身于网中的儿童，自主濡化，达到润物细无声之教育功效。幼儿后期至少年期，社区儿童置身"生产与家务"现场，有时观摩，有时尝试，并得到长辈适时指导。少年后期，社区儿童参与全部劳动之中，但长辈或家庭并不对之有明确的任务。此时，社区儿童已经开始承担挑水、砍柴、煮饭、洗衣、割草等劳动任务。直至十五六岁时，社区儿童对个案社区的"生产与家务"基本掌握，并初步养成劳动习惯。

---

① 张诗亚. 西南民族教育文化溯源［M］. 上海：上海教育出版社，1994：99.

② 福禄培尔. 人的教育［M］. 孙祖复，译. 北京：人民教育出版社，1991：19.

从整个过程来看，社区孩子对"生产与家务"的掌握，是一个连续性的、整体性的教育过程，从婴儿到幼儿，再到少年，各个节点均自然链接，形成生活之流，确保整个"生产与家务"过程和谐地促进社区人发展。

（2）情景性。情景性是现代制度化学校碎片教学的修复路径之一，情景性教学已被引进现代学校之中，成为提升学校教育质量的模式。在个案社区，"生产与家务"教育活动渗在情景之中自然流淌。儿童从出生起，就置身于自己名字、衣物图案、语言系统、生活现场等所构筑的"生产与家务"网络之中，儿童内在情感自然产生，并主动参与其中。如"种田"、捞鱼、烧炭、刺绣、蒸等，均是社区儿童自主创设的教育情景，并非为完成长辈的工作任务，也没有长辈的监督。在这一自设情景下，社区儿童有了足够的犯错机会，自主舒展自己的想象力与创造力。

当然，在个案社区，也有相对集中教学的现象，如，德高望重的长辈以图片、谚语、故事、歌谣等为载体，集中对几个孩子进行"生产与家务"相关知识和技能的教学，尽管如此，这种集中教学也是以儿童常常置身家庭劳动现场、胸有"情景"为基础的。

（3）适应性。米德描述萨摩亚人"因体制宜"生产教育分化现象，即"身体高大的姑娘与同龄的身材矮小的姑娘是不同的，因此我们的教育方式必须以身材而定"①。个案社区同样存在这一现象，长辈对儿童"生产与家务"分配也是量体而定的。尽管是长兄，身体发育慢或身残，长辈自然安排轻便任务，其他儿童不会心存非议。当然，这毕竟是鲜有现象，儿童最常见的差异就是年龄与性别，长辈常常予以警醒，如十五岁女孩常被提醒，"你都十五了，快要出嫁了，还不会缝衣服啊？"反复提醒使儿童开始学习。此时，若男孩想参与，则被长辈驱逐，"女孩子的事，男孩子不要来捣乱"。这种分工在"生产与家务"现场随处可见。

经由"适应性"特征的素描，可勾勒出一幅其乐融融的"因材施教"教育景观。社区儿童置身于这种教育形态之中，不知不觉地，其社会角色逐渐定位，社区儿童的童年"在人生的程序中"，有了"它的地位"。②

当然，社区"本土教育"并非局限于以上几个场域发生，重大节日、仪式、日常交往等场域同样具有丰富的教育蕴含，而且，各个场域之间的边界也并非不可逾越，教育各个要素之间关系错综复杂、叠合与交融。当前学校教育所切

---

① ［美］米德. 萨摩亚人的成年［M］. 周晓虹，等译. 北京：商务印书局，2008：135.

② 卢梭. 爱弥尔（第1卷）［M］. 李平沤，译. 北京：商务印书馆，1978：82.

割的"德""智""体""美""劳"等不同教育部分融于各个场域之中，推动着社区人的整全发展。正如有学者认为，"在生活世界中受到的教育是人类最本质意义的教育，生活世界是'没有人能够任意支配的背景知识'"①。生活世界的"感觉丰满性"也是儿童人性完满生成的前提，是本土教育显著的特征与优势之所在。

然而，"本土教育"虽然在很大程度上保证了个案社区的系统运行与稳定，形成了特有的内聚力，② 但崇尚感观的本土教育却难以赋予社区人客观世界的普遍性与必然性的认知，无法将社区人相对地抽离出生活情景，以"他者"立场进行理论审思。在本土教育系统中，个案社区总是在有限的"视域"中以一种自然的姿态生长着，阻碍着社区人行为的理论思维，以及在更为广泛的意义上进行自我定义。这一困境正孕育着本土教育的自我现代性追求，这为作为现代性知识传承机构的"现代学校"的移植与生长提供必要条件。

---

① 赵石屏. 试论家庭的教育关系——基于现代文化变迁的视角 [J]. 教育研究，2012 (11)：118.

② 张诗亚. 西南民族教育文化溯源 [M]. 上海：上海教育出版社，1994：163.

第四章

学校教育：民族村落社区人"次级社会化"力量

长期以来，个案社区的本土教育发生于日常生活世界之中，促进了儿童"初级社会化"①，即儿童成为本质意义的"社区人"。然而更广泛意义上的"人"的形成，必须借助崇尚科学理性的学校教育，以通向"次级社会化"，经由家庭、社区迈向更为广阔的社会场域，在此之中重新定义，进而提升个案社区人的价值。在漫长的社区发展进程中，本土教育的内在局限已孕育着自身的现代性突围，这为现代学校的嵌入提供了前提条件。"人的发展"必然超越生活世界，从而超越其经验的界限而进入其生活的另一领域——科学世界。② 随着社区人向外流动范围的扩大和理性力量的不断联合与迅速扩张，以探究"科学世界"为己任的学校教育，嵌入个案社区成为必需与必然。③

在我国学校发展史中，现代学校蜕变于旧式学校，是旧式学校面对外力冲击下的自我蜕变产物。而在这一地处边陲的苗族村落社区，其学校教育发展史也必然在整个中国教育发展脉络之中。

第一节　扎根于社区的学校（1959—1962 年）

清末民初，个案社区所属县境内"私塾"兴盛，而此期间的 1904 年，我国现代学制——癸卯学制已推行，1907 年，龙泉书院改制为小学堂，就此开启了该县域现代学校教育的序幕。随后，1939 年八寨县初级中学创立，1958

---

① 据社会学理论，按年龄划分，人的社会化可为初级社会化与次级社会化两个阶段，其中初级社会化主要指儿童的社会化，而次级社会化则指儿童之后的社会化。本研究是按"人的发展"的场域来划分这两个概念。

② 项贤明. 论生活教育与学校教育的逻辑关系 [J]. 教育研究, 2013 (8)：6.

③ 项贤明. 泛教育论——广义教育学的初步探索 [M]. 太原：山西教育出版社, 2004：247 - 248.

年升格为完中。同时，在个案社区所属乡政府驻地已于1939年建立省立朱砂厂小学。

简言之，个案社区所属县境域内，旧式学制与现代学制几乎齐头并进，也就是说个案社区的学校教育流淌着旧式封建学校和现代学校的混合血液。

一、社区现代学校：作为"数量"产物

1944年，岩寨私塾创办，启动了个案社区学校教育发展史。随后历经"大豆私塾""大菜园私塾"等短暂变迁后，悄然退场，这一私塾办学历程，虽历时短暂、毫无体制可言，但其却启蒙了个案社区，培养了对整个社区意义深远的遗产，即诞生了王永周、王永福、李朝林、潘永林、王学才等社区第二代"文化人"，为个案社区随后大集体生产储备了人才，也为个案社区散播了"斯文"的火种。

"旧式私塾的产物，它是一个旧社会的延缓力量。"① 这是对第二代文化人的特征概括，他们是旧新教育制度叠加的"产品"。在那个特殊时代，他们被区隔于体制空间之外，而在国家教育政策推动下，"办学"成为他们在社会谋生存的最体面的选择，客观上为个案社区人认知外在世界提供新的视角。

1958年3月，教育部提出"两条腿走路"的教育发展方针，倡导国家和群众办学并举。1958年3月，中共贵州省委召开全省宣传工作会议，要求各地以"跃进"步伐普及小学教育；同年6月20日，贵州省教育厅召开电话会议，提出各县务必在9月20日前普及小学教育。② 在这一背景下，初中毕业的李朝林、潘永林③二人主动向生产大队领导表明响应政府号召在社区内办学校。经大队相关领导商讨决定借用潘永军私宅创立学校。1959年8月，学校正式开学，根据生源及教学资源现状，该校设有一至二年级，每年级一个班，每班约20人，生源来自社区内，年龄9岁至16岁不等。教师工资按大队"工分"计算，教师与学生均可到大队食堂就餐。

---

① 司洪昌. 嵌入村庄的学校——仁村教育的历史人类学探究［D］. 上海：华东师范大学，2006.

② 黔东南苗族侗族自治州地方志编纂委员会. 黔东南州志·教育志［M］. 贵阳：贵州人民出版社，1994：73.

③ 创立初，其受邀到杨武小学代课，社区学校就仅有李朝林1名老师，一直到学校解散。

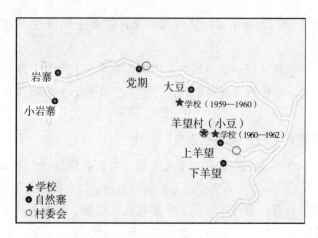

图 4.1　羊望社区学校校址

　　1959 年，校址迁到离现址 50 米处，校舍借用潘永安私人房宅。整个办学期间，教师只有 1 名，实行现代新学制，每节课 40 分钟，早上语文数学、下午音乐美术体育，没有考试。学校课桌临时借用杀猪架，板凳学生自带，黑板教师自制。教师工资每月 15 元，由县财政拨发，年终大队补贴大米。此时，教师与学生均不准到大队食堂就餐。这样，社区学校与社区逐渐分离。1961 年，为贯彻中央"整顿、巩固、充实、提高"的八字方针，贵州省对学校全面调整，以求"质量"，借以提升"科学教育"的水平。加之自然灾害，粮食减产，生源锐减，作为"数量"的社区学校逃难被"精简"的命运，整个黔东南州小学总数从 1957 年的 1930 所膨胀到 1959 年的 2648 所，到 1961 年，又精简到 989所。[①] 1962 年初，历经两年半的社区学校历史性终结，个案社区再次陷入无学校教育的状态，历时近十年之久。

二、1959—1962 年学校的特征

　　个案社区学校是作为"数量"而开办，可称之为"58 年'大跃进'"的政策路线"误差"的产物，而在中央"整顿、巩固、充实、提高"的八字方针的贯彻后自然告终，体现了底层村落学校生存困境，它们从始至终都依附国家政策而存亡。此外，从学校校址迁移看，暗合学校与国家政策关系较远，为学校生存与发展予以更自由的空间，学校教育也自然融入生活世界之中。

---

　　① 黔东南苗族侗族自治州地方志编纂委员会. 黔东南州志·教育志［M］. 贵阳：贵州人民出版社，1994：122.

（一）教育者

社区学校创办者是李朝林、潘永林两名教师。正当社区学校开学期间，潘永林接到扬武小学任教通知，并接受邀请前去。从地理上看，潘永林是"舍近求远"，而从国家体制上看，他却在"舍远求近"，也就说，潘永林选择离家远一点的扬武小学任教，却离国家体制内更接近，在那个人才匮乏的年代，甚至是一步之遥。正因为如此，学校开学后，教师只剩李朝林1人，身份为"农民"。

> 我1958年初中毕业，那个时候因为家里实在穷得很，没干活吃都没吃的，所以就只能放弃去城头读高中的机会啦，只得回家当耕田当农民了。后来我还去了省地质工作差不多有一年的时间，之后就回家干农活了。回家不久，就听到国家办学政策很开放，农民都可以自己办学校，而且可以自己教书；当时又看到了我们羊望的孩子不读书的太多了，想想不读书以后肯定就无法了解外面的世界，所以我就有了开办学校的念头。之后啊，我就去生产大队找领导商量，大队领导都觉得我的想法好，并且表明全力支持。我开办的学校就在1959年9月正式开学。那个时候啊，我都结婚了，家里两个老人又老啦，没人干活路，家里事情也多，学校里就我一个老师，我家里一有事，那就只能给学生放假啦！在农忙季节，是必须放假回家帮忙的，家里没有劳力真没办法，学生也得回家帮他们爸妈干点活嘛。当然啦，不忙的时候，我也经常给学生补课，有时晚上都补，也基本按上级要求上完课的，倒是上面也没有什么人来管过。在我刚刚开办学校的时候，我的工资是由大队按工分给的，我和学生都可去大队食堂进餐，和我们羊望的其他人没有什么区别啊。（李朝林，2015年9月）

李朝林，作为个案社区学校的教师，即"教育者"，其身份为"农民"，教育者与农民身份叠合，这就内在地注定了他与社区的生活世界融为一体。他的工资由生产大队以工分结算，吃饭也是去生产大队食堂，这和生产队其他农民一样，只是劳动分工不同罢了。

1960年，个案社区基层国家组织——光前大队委员会迁到小豆寨，小豆自然寨跃升为个案社区政治中心，变成为整个个案社区里最具有内聚力的公共场所。总之，"大队"这一名称逐渐替代"小豆"名称，小豆寨因此成为个案社区的政治、经济与娱乐中心，国家政权又一次在个案社区这一个小小区域里施展其强大的"吸附力"。同年，社区学校也迁往小豆自然寨，主动向基层国家组织——生产大队委员会驻地靠近。正是这个时候，李朝林作为个案社区学校的教育者，其身份也被赋予了一层薄薄的"国家"色彩。

学校搬到小豆寨后，过了不久我的"工资"改由县财政统一拨发，与"公办教师"一样的，只是少了点，就15元每月，年底生产大队适当补贴部分大米之类的粮食。但是那时候，我就不能到生产大队食堂吃饭了。（李朝林，2015年9月）

学校追随着国家政权层次组织——"光前生产队委员会"迁至小豆，与其办公地点只有两百米之遥，学校与国家政权拉近，学校已得到了国家体制的关照。在谈及"工资"时，李朝林对"由县财政统一拨发，与公办教师一样"进行了特别强调，充分体现出其对与国家攀附上关系的强烈自豪感。尽管后期所领得"由县财政统一拨发"的工资，十分微薄，无法赖以生存，还依靠社区年底分粮。因此，教师本身就是社区人，还依附于社区生活之中。

（二）学习者

学习者是学校创办的根本与存在的依据。在"私塾"淡出历史舞台后，羊望社区历经近十年无学校教育的历史，累积了大量失学儿童。这成为李朝林、潘永林二人办学的基础，国家办学政策此时仅给了他们空间和理由而已。

1959年8月，我开办的那个学校正式开学，我们根据当时学生报名情况，只开有一至二年两个年级，每级只开一个班，每班大概就20个人吧，学生大部分都是我们羊望的，也有几个是别个村的[①]，他们的年龄大概是9至15岁之间吧，因我们羊望好多年都没有学校，累积学生还算比较多的。刚开始的时候，学生可以和我一起到大队食堂吃饭的。（李朝林，2013年11月）

村落社区学校，学生均来源于社区，1959年前，学生还可以到大食堂进餐，几乎与未读书的孩子一样，也分不清楚谁是学生，谁不是学生。

那时学生年龄差距很大，几兄弟或几姊妹都在一个班是常有的事，有些学生来了十把天就回去了，有的却开学好久才来，学生觉得好玩就来，不好玩就走，甚至有的女学生都背着小妹或小弟来教室上课呢，教室可热闹了。（李朝林，2013年9月）

在社区的孩子之中，学生身份与非学生身份边界并不明晰，未注册就到学校玩耍的孩子比比皆是，而学生逃课回家放牛或走访亲戚也是正常的事。

---

① 除岩寨小孩外，他们就近到瓦厂村学校去上学；瓦厂社区学校，开设一、二年级，教师1名，张万朝，身份为农民，现还健在。

1960 年，学校迁往小豆寨后，教学管理得到一定规范，虽仅有一名教师，但各科目都能简单地开设。当时在小豆学校就读的社区老人向我们谈了当时的情况。

> 我好像是 1959 年 9 月到大队读书的，反正当时只有"舅金占"（李朝林，苗名"金占"，受访者的妻子李姓，因此称之舅）一个老师。那个时候我们 40 分钟每节课，早上语文算术，下午音乐、美术、体育，但好像没有考过试。1959 年下半年，开始饿饭了。到 1960 年，我那时都 14 岁了，当时，在学校读书一天只给半斤米饭，吃不饱啊！而回家干活就可以得到 1 斤，可以差不多吃饱啦！所以我读不到一年就回家干活路了。（王荣邦，2012 年 12 月）

很明显，1960 年后，学校教育管理逐渐规范，基本上按新学制运行。然而，"饿饭"已开始了。学生也不允许去大队食堂进餐了。"学生"与"非学生"的界线就是"吃饱"与"吃不饱"之间的界线，在那个物资极度匮乏的"饥饿"年代，"吃饱"与"吃不饱"是截然不同的两个概念。此时学生与非学生之间的区别明显，学校与社区逐渐分离，许多学生也纷纷退学回家干活"吃饱饭"，学校发展每况愈下，学校规模不断缩小，由两个年级两个班改为两个年级一个班，学校之终结也在情理之中。

（三）教育措施

羊望社区学校的教育措施最明显的特征莫过于校舍了。学校创立之初，校舍是无偿"借用"民间私宅，干栏式木结构房屋，也仅为潘永军众多房子中的两小间而已，与其他几间、隔壁邻居、整个自然寨、整个社区的房屋并没有任何质的区别。我们走访这一学校旧址时，并没有发现什么特别之处。在那里，没有学校标志，就连校名也都没有，只在原教室墙壁上依稀看出几个粉笔字，除此之外，没有留下更多学校迹象。如果不是专门走访，谁也不会知道那里是羊望村学校创始之所。由此我们可以畅想学校在那个年代的创办场景、教学场景。学校就这样被淹没在村落社区凌乱不堪的干栏式木结构建筑群之中，与社区融为一体。学校搬迁至小豆自然寨后，看似与作为国家政权基层组织拉近了距离，然而，校舍依然是无偿"借用"私宅，同样是闲置的干栏式木房。遗憾的是，当我们打算到那里考察，奢望追寻片段历史记忆，却得知原办学的校址于前年被一个疯子付之一炬，似乎有意切断了人们对那段"饥饿"年代刻骨铭心的教育记忆。

在教育内容方面，每节课大概是 40 分钟，并开设语文、算术、音乐、美术、体育等课程，这与当下的学校课程设置相差无几。但是，每门课程上课时间、课程具体内容、教学方式，乃至全年教学安排与当前学校教育大相径庭，甚至至今被认为最为关键的教学环节——考试环节尚未开设。

> 在语文课上，因为所有学生都是我们羊望的，他们爸妈都不会讲客话（地方汉语），当然学生也不会，所以，只有在读课文时用客话，全部用苗话讲解，下课时肯定就是用苗话跟他们说的，我自己也不会普通话的。算术课差不多就是用苗话了，当时我叫学生回家用高粱秆切成三寸长，用一根线穿起来，用它来计算。在音乐课上，我教几首歌，如国歌之类的，之后都不上了。美术课没怎么上。在体育上，那时哪有操场啊，让学生在马路上跑几圈就任其自由活动了。其实，上午上语文和算术还算正常，下午的音乐、美术、体育就多数不上了。而且我们所有课程都不兴考试的，反正也没有人检查的。(李朝林，2013 年 9 月)

从具体课程开设看，外壳按照国家标准模式进行，却在国家政策弹性空间内，根据社区的生活内容与条件而行，"反正没有人检查的"，学校具体实施却几乎融入社区生活世界的节律之中。

> 早上上课时间好像是从 9 点 15 分开始，学生早上在附近山坡上放牛，听我 9 点第一道敲钟后回家，要了饭团才匆匆赶来的。我们农忙季节都放一两个星期的农忙假，我自己也要回家帮忙啊！(李朝林，2013 年 9 月)

此外，据李朝林老师介绍，当时好多学生都没有课本，用原大队杀猪架当作课桌，学生自带板凳，教师自制黑板，学校的办学条件非常艰苦。

总之，从教育者、学习者、教育措施三个基本要素的特征看，在国家政策无暇顾及这一因失误而产生的学校时，学校扎根于社区之中，"被迫"与社区生活世界融为一体，依附与适应，以求自我艰难的生存。个案社区的学校在我国整体学校系统之中，仅仅作为"数量"意义存在，最后，这一因国家政策失误而生的产物自然难逃国家政策纠正而亡的命运，却启蒙了社区第三代文化，延续了羊望社区的"斯文"火种。

第二节　逐渐独立于社区的学校（1970—1990 年）

历经两年多的个案社区学校未能实现自身意义蜕变而被迫退场，大多数学生返回社区，融入传统的本土教育系统之中，极少数学生则转入离个案社区两公里的丹寨县扬武小学插班就读。从此，个案社区境内再次处于无学校教育的窘况，这一窘况历时竟然长达近十年之久。

一、社区现代学校的重建与发展

在"读小学不出队，读初中不出社"的政策影响下，1970年，生产队管理委员会根据地方政府相关文件精神，决定在个案社区重建小学，四处招聘教师，应邀者却寥寥无几。羊望社区学校创始人李朝林在受邀之列，接受我们访谈时，他回忆起当时的情况：

> 1962年2月，我创办的学校被取消了以后，我只好回家干活路啦。大概"文革"即将结束前后，村委会有人来邀请我回去恢复羊望学校，我拒绝了，原因一是当时老师工资实在太低了；二是当时生产队急需会计，那个得钱多。我家里已有三个小孩，负担较大，我就选择当会计啦！后来据说他们邀请了下羊望王付先一人去组织恢复学校，其他的就不晓得了。（李朝林，2014年1月）

转业军人王付先接受了生产队重建小学的重任，于1970年8月牵头重建小学，学校名称定为"羊望民办小学"，个案社区学校终于有了自己名字。当时的教师仅有王付先本人，由于他是转业军人，本身就在体制内，所以属公办教师。校址在"大队"驻所，直至今日。校舍均来源于没收富农（或地主）房宅，均属国家公共财产，从原来的"借用民间私宅"到"征用国家财产"转换，也因此给学校留下"国家"的烙印。从此，由国家"正确"决策而生的"羊望民办小学"，在羊望社区正式拉开教育序幕，演绎出许多教育的传奇。随后，师资队伍逐渐壮大，在学校创立者王付先调离后，先后有王有学（1970年）、骆礼霞①（1971年）、王贵晴（1973年）、王贵越（1973年）、王治奇（1974年）、唐启光（1974年）、潘永儒（1974年）等人应聘到学校，其中，王有学（校长）和骆礼霞两位老师属公办，其余为民办。根据生源情况，开设一至四年级，每级一个班，每班10人左右。课程设置与现在差不多。已在此任教38年的潘永儒老师对学校当时的情况非常清楚，他向我们做介绍：

> 我是1974年到羊望小学教书的，一去就教王彪他们的数学。那时学校很简陋，全部是木房，东面一个大房，有两层，每层三间，上面都是学校办公室和村里面（村委会）办公室，一楼两间打通成一间，作为一年级教

---

① 老冬村，稀饭寨人，扬武初师班毕业，因与当时麻江县工作的上羊望寨人王永周结婚，因而调到羊望民办小学任教，与王永周离婚后，去向不明。

室，比较大，因为一年级的学生较多，剩余一间就是二年级，就相对比较小了，反正读到二年级人就少多了。南北面分别是由两个小粮仓改造成教室，分别是三年级和四年级，围起中间的泥巴球场。然后，最西面就是已摇摇欲坠的厕所。

那时上学的人不多，好多人都不愿读书的，除一年级有 20～30 个学生外，其他一个班 16 个左右，上课学生也不听讲的，把老师的话当"耳边风"，都喜欢在后面玩耍的。不过，我们老师也经常请假回家干活路。（潘永儒，2013 年 9 月）

这状况延续很久，在社区里，随便找一个读过书的人，差不多都能描述一番，而且描述的内容都差不多。

我读一年级时，教室很大，四面透风的，没有钥匙可以随时进出的，所以我作业做不好，老师要关我们时也都关不到（了），因为他一走，我们就可以从教室漏洞钻出去。桌子大多是坏的，没有抽屉，开学的第一件事是就去"抢好桌子"。教室地板是泥巴，坑坑洼洼的，我们上课时总爱在地上玩泥巴，或跟隔壁二年级学生一起"喊"课文，跟二年级学生讲话，因为两个教室的隔墙有好多大漏洞嘛！一年级学生是很多，男生女生都有，有年龄大的，有些很小的。一到冬天，教室太冷，每个人都带火的，有的是用饭钵做，有的用茶缸做，有的用较小铁盆做，都在里面放点火灰，再加放炭火，书包都带有红薯，不管是上课或下课，不时在火上烤红薯片，现在想起来还觉得好玩得很！（潘小军，2013 年 9 月）

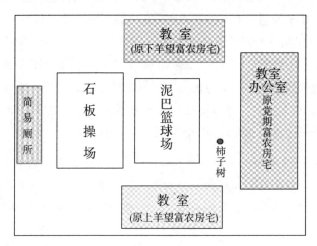

图 4.2　羊望民办小学格局（1971—1990 年）

　　我们对不同的社区人做了访谈，将之相互验证，相互修补，尽量还原学校当时真实场景。整个 20 世纪 70 年代，羊望民办小学只有三栋木房构成，东面那栋比较大，与村落社区其他木房一般大小，两层三间，第一层是两个教室，楼上有一间是教室，另两间用作学校办公室和村委会办公室，阳台走廊的梁柱上挂一节近 1 米长 5 寸宽的废旧铁管，以供打铃之用。对面就是一棵较大的柿子树，每年柿子挂满枝头，自然成为老师秋季福利。南北面有两小间教室，由集体粮仓改造而成。三栋房围成一块泥巴单边篮球场，往西面方向就是石板操场，由原生产大队晒谷场改造而成。最西面就是一个面积较大，却是又脏又臭的，连老师都不愿进的公共厕所。这就是学校的全部资产。校园没有什么绿化，四周偶有旁边村民见缝插针，到处种菜，没有围墙，没有大门，也没有什么体育设施，只有一个篮球，几根跳绳绳子和一副摇摇欲坠的木结构篮球架。

　　全部算下来，全校教室共有五间，一个大教室，一个中等教室，两个小教室。学校充分地使用这些设施。大房子二楼教室作临时之用，多数闲置或当教师宿舍，一楼分为两个教室，其中一个为通间，即两间合二为一，供一年级使用，因为一年级学生较多，各年龄段男女生都有，大部分学生读书年龄为 9 岁，但 8 ~ 14 岁的都有，尤其是女生，大多都 13 ~ 15 岁左右，快到成家年龄了。一年级教室后面还留两米多的空地，学生可在此自由活动。另一间较小，供二年级使用，因为，二年级学生已少了许多，基本实现了"识字""算账"目标后，许多学生不读了。另外，南北两间教室都是由小粮仓改造而成，虽很小，但几乎坐不满学生，因为到了三四年级，学生就差不多只有 10 个人，女生则所剩无几。此时的男生已成为家庭劳动力，纷纷弃学"从农"。学校利用了学生失学率逐级增大的规律对学校设备进行了分配。

　　从以上看，当时学校虽已有固定校舍、课桌、黑板，也有专门老师，但是，学校教育教学管理仍然较为混乱。那个年代，学生、老师、社区人对学校教育都不够重视，学生数量比 1959 年创办学校时的人数还少。这一点被当时的教师和学生两个不同群体代表不断证实，一年级时学生还较多，二年级时学生突然少了许多。当然，那时学生读书是无目标的，没有任何参照物可以成为激励他们努力的动力。社区人所见到的"文化人"，与他们并没有什么差异，就是能写写信而已，而家庭经济情况却比他们还差一些。此外，社区人看到"文化人"最多的莫过于社区学校教师了，但从我们访谈的各个文化人看，很少有人说很愿意去学校任教的，勉强去了也常常途中"弃教从耕"。党期自然寨唐启光老师的"弃教从耕"经历在社区及周边流传甚广：

> 我读书到二年级时，党期的唐给（唐启光）教我们，他很会教书的，他教我们时，我们就是学得快，所以当时我们很喜欢唐老师。不过他教我们不得好久，就不教了，回家去了。后来才听说去砍油柴①卖去了。（王国辉，2012 年 12 月）

2013 年 9 月我们再次做田野时，从当时在羊望民办小学任教的潘永儒老师那里得到更为详细的了解：

> 我当时是有机会跟王有学一起去丹寨读"速师班"的，想到那时老师工资太低了，正式教师与代课老师工资都相差不大，每个月就 15～20 块吧，反正相当于一只老母鸡的价钱哪！好多老师都不教了，党期唐给（唐启光）、岩寨王治奇就是那时候离开学校的，他们说要去砍油柴卖，或扛圆木卖，反正一个月无论怎么样都能挣得 40～50 块钱哪，比马老师强多了。（潘永儒，2013 年 9 月）

可见，"弃教从耕"故事主角并非仅唐启光老师一个人，但在社区持续流传着的却仅有他，这不仅是在表达社区人对"很会教书"的唐老师的惋惜之情，他的辞退给社区教育损失，更是通过"教书"与"种田"两种行为的经济效益比较，表达其对"文化人"身份卑微的感叹。

在地处封闭山区的羊望社区，"家长选择送小孩读书"及"小孩自己选择读书"两种行为的直接动力源自"教师"这一最直接的参照物，因为对社区绝大部分人而言，根本没有更多机会接触到其他"吃官饭"的人了。

"文革"后，各级部门全面贯彻党的教育方针，摆正政治与业务、德育与智育、"主学"与"兼学"的位置；逐步把工作重点转移到提高"教育质量"上来，鼓励教师钻研业务，勉励学生刻苦学习文化知识，羊望小学重新建立学生成绩考核和升留级制度。从此，"升"与"留"成为学生成绩单最受关注的字眼。刚领到成绩单的同学们，有点"几家欢喜几家愁"的场面。我们对"七零后"一代进行访谈：

> 我是 1979 年才上学的，当时可不像现在，现在所有学生都可"升级"，我们那时要（领）成绩单时，最关心的两个字就是"升"和"留"，留级回家就会被老人骂，所以很怕，具体成绩都是其次，反正也没得"奖状"，管它的哦！（王国程，2012 年 1 月）

---

① 油柴，是指松树根部，有些富含油脂，易燃，主要用于引火，早期偶尔也用于照明。

"升留级"制度给学生与家长一些刺激，在某种程度上促进了教育质量的发展，然而这种刺激却较为短暂，很快就不了了之。社区人更多认为读好书的人并非学习本身的结果，而是天生的，或老祖宗"给的"，因而，他们也没有过多指责小孩，也没反思自己的家庭教育。尽管如此，此时，也有零星的几个人"考取学校"，吃上"官饭"，如社区大学生王正国、王贵轻、王江、王平等，也有为数不多的中专生，社区儿童似乎可以从这些"文化人"中找到参照物，找到学习行为的动力，但因为数额太稀少，在社区里仅作为"传奇人物"得以传播，在长期的传播中又无端增添了神秘色彩。

> 王正国（凭）借他脑子，得吃"官饭"，得"好"了！主要是他公（爷爷）"给的"啊！

这种简单表达模式经常被套用在那些为数不多的"吃官饭"人身上，社区人不断地在"吃官饭"的人身上添加各种各样神秘的色彩，这是社区人为自己及其子女未能攀附功名找到的"合理"的解释方式，也是在不断强化了他们自己对经由学校阶梯取得功名的"可望而不可即"之感。

因社区生计方式尚未发生根本性变化，这一与社区生活若即若离的关系一直顽固地延续着，直至20世纪80年代末，学校发展与学校生活尚未发生根本性变化，在我们访谈"八零后"读书人王超，他还对当时的情形记忆犹新：

> 我读一年级时，记得教室很大，四面透风的，冬天冷得很。桌子好多都是没有抽屉的，所以开学都要早点去抢桌子。一年级我还"留"了一年，还是在原来教室。二年级就在隔壁，三年级就到小粮仓读，到四年级时，学校要修平房，我们抬着桌子到处跑，在大豆读四年级上学期，下学期又搬到下羊望去读，五年级就搬回新学校。（王超，2013年9月）

可见，学校生活一如既往地延续历史，与20世纪70年代情况几乎没有太多变化。小孩早上在睡梦中被父母亲叫醒，脸也不用洗，揉揉眼睛就被吆喝着放牛或割草去了，等听到学校的第一道敲钟声后，才匆匆赶回，拿起母亲已备好的饭团往学校跑去，气喘吁吁地在教室待了一节课，有时候还忘了带书包，有时候则忘记带笔。刚缓过神来时，就该下课吃中午饭了。虽说是中午休息，但学生是根本不休息的，社区人都没有睡午觉的习惯，理由是"中午睡觉会头痛或变懒"。午休时间，如农忙季节，学生得回家帮忙，而农闲则到山坡上或小河边去玩耍与游戏。同样，也是在听到预备钟后，才气喘吁吁地赶到教室，要不迷迷糊糊地听课，要不就干脆美美地睡上一觉，一觉醒来，一天的学校生活已结束。回家后是几乎不复习的，完全和其他不读书的儿童一样，"不在学校不是学生"。因此，上课迟到在社区学校是很正常的事，老师也没有过多责备，只是迟到太长时间，老师可能会罚站一会儿。

这就是羊望民办小学绝大部分学生的学校生活常态，《丹寨县志》里记载此时中小学学籍管理规定："连续留级两次，无故旷课，屡次教育仍不到校，作自动退学处理。"① 但真正实施并不到位，几乎没有人因"无故旷课"而退学，只有学生本人不愿意再读。学校生活就这样延续着，也没有人特意去改变什么。20 世纪 80 年代后增设五年级，形成了 1~5 年级的完全小学，但小升初升学率在全乡常年处于中低状态，未毕业的学生也纷纷转到周边小学复读。

"一手树木，一手树人""先盖娃娃窝，再建政府楼"，1987—1989 年三年中，州、县多方筹措共计 2210.98 万元，用于改造中小学危房。② 在这期间，县政府下文决定拆除羊望小学原破旧不堪的干栏式木结构校舍，并将其物归原主，决定于 1988 在原校址上修建砖房校舍。在 1988—1989 年两年间，整个学校散落于社区各自然寨之中，一年级校舍租用大豆寨潘永儒房宅，二年级校舍租用上羊望寨王有学房宅，三年级租用大豆寨王何多房宅，四年级租用下羊望寨大集体旧粮仓。全体学生均满怀着对"洋房""冬暖夏凉"的期待，扛着桌子、板凳成群结队地穿梭于各自然寨之间。分散于各自然寨的学校，学生的学校生活更为新鲜与自由了，玩耍与游戏的空间扩大了。但学校生活本质上还是依然如故，迟到、旷课依然他们学校生活的常态。更准确而言，真正的学校生活仅是村落社区儿童日常生活世界很小的一部分而已。以至于学生在家抽烟、喝酒时，如被质问为什么当了学生还这样，学生常常回答：

"这里又不是在学校，不在学校哪里还是学生哪？"

然而，与正在如火如荼地修筑着的新教学大楼一样，结构、风格、高度等都与昔日的废旧干栏式木结构建筑相比有着质的飞跃，羊望小学也似乎正在酝酿着一个新的发展突破。

二、教师及其学校生活

1970—1990 年的社区学校，已经有了属于自己的"姓名"，即羊望民办小学，它是区别于社区其他组织或机构的特定符号，有了"姓名"，学校才能正常

---

① 文兴林. 丹寨县志 [M]. 北京：方志出版社，1999：864.
② 黔东南苗族侗族自治州地方志编纂委员会. 黔东南州志·教育志 [M]. 贵阳：贵州人民出版社，1994：73.

有序地与其他组织或机构进行交往；而其已在无意之中表达了它作为一个独立个体而存在的愿望。然而，若其"羊望""民办"两词失落，"小学"就难以找到自己的安所，社区学校就如同一个无所依附、无家可归的"人"。因此，社区学校名称本身就已注定了其与羊望社区的生活世界有着难解之缘。

教育者，这里单指教师。重建后的社区学校，工资待遇是极其低的，教师这一职业在那年代几乎毫无"魅力"可言，只是那些"入仕"未果的"文化人"的多项选择中的一个选项而已，因此，鲜有人从一而终地坚守这一职业。对此，社区几位有代表性的"文化人"对当老师的态度足以说明这一点。

> 李朝林：大概"文革"结束前后，村委会有人来邀请我去恢复学校，我拒绝了，主要原因：一是当时工资实在太低；二是当时生产队急需会计。我家里已有三个小孩，负担较大，我就选择当会计啦！

> 潘永儒：我当时是有机会跟王有学一起去丹寨读"速师班"的，只是那时觉得当老师工资太低，正式与代课的老师工资都相差不大，就15～20块吧，反正相当于一只老母鸡的价钱哪！好多老师都放弃不教了，唐给（唐启光）就是那时候离开学校的，他说他去砍油柴买，一个月40～50块钱哪，比当老师强多了。

> 李有为：我初中毕业后结婚了，在六几年时有机会跟王有学一起去城头读"速师班"的，不过那时我已有两个孩子，教师工资太低，难以养家，所以就放弃了。

> 潘永林：我1961年从老冬小学回家种田后，羊望学校恢复时也有人叫我去教书，但工资太低，我不愿意去。

在现代社会，教师首先是一群世俗职业者，"文化与教育"首先是谋生而非求道。教师不仅要去关心居舍、去求'恒产'，而且还要为日常柴米油盐所困扰而难以超脱。[1] 其实，流传甚广的唐启光老师"弃教从耕"的故事也充分说明了这一问题。当然，"速师班"或"初师班"毕业生，且已获得了"公家人"身份的王有学和骆礼霞等人，他们坚信将来会更美好。据坚守岗位到1998年才转正的潘永儒老师介绍："当时正式与代课的老师工资都相差不大，每月15～20元，相当于一只老母鸡价钱。"如此低的工资，对一个挣钱养家的农村男人来说，这是一种近乎羞辱的行为。与当时社区里较为流行的挣钱方式——砍油柴

---

[1] 李书磊. 村落中的"国家"——文化变迁中的乡村学校［M］. 杭州：浙江人民出版社，1999：30.

的每月 40～50 块钱相比，唐启光老师"弃教从耕"的选择也在情理之中。虽经长时间不断地侵蚀着人们的记忆，但这一故事至今仍然历久弥新，主要在于他比其老师更"会教书"。

从社区学校重建初期，有外来的教师骆礼霞，其余均来自本社区，如，王有学、王贵晴、王贵越、王治奇、唐启光、潘永儒等。20 世纪 80 年代后，陆续来 1～2 名外来教师，如龙本权、王时义等，长期以来，学校就仅有 1～2 名公办教师，也多来自社区，而其余都是民办，女教师屈指可数。因此，学校日常生活对教师来说，仅仅是其生活一小部分而已。教师都是掐准时间到校的，农忙季节，晚上或大清早一样去"抢水"耕田，农闲得起早去割草，然后才匆匆赶在上课前去学校，时有来不及换衣服，穿着满身泥土的衣服上课的现象。国家规定的课程社区学校一一开设，但往往其具体实施与中心校相去甚远，副科（自然、音乐、美术、体育）多为摆设，农闲时还应付上一下，农忙时全变成自习课。上完课后，教师一样急急忙忙地赶着回家帮忙干活。如此低的工资待遇，也难怪教师必须通过承担更多的生产与家务劳动来增加家庭收入，也增强了其作为男人在家庭中的地位与尊严。而在节日期间，教师满脸通红，酒气熏天地上课的现象时有发生，背着小孩或带着小孩来教室上课的现象更是司空见惯。当然，这种社区习俗化的学校生活倒也给来自社区的学生带来几分亲近感，促进教师与学生的诸多互动交流。

三、学校与社区的联系

虽然这一期间社区学校作为"村落中的国家"已逐渐得以凸显，但"羊望民办小学"的名称本身也隐喻着它必然与社区还存在着某种关联。虽然有了自己的"姓名"，只是作为与外界交流的特定符号而已，并没有因此而完全摆脱社区的束缚，正如家庭中的成员一样，虽然有了"姓名"，却依然无法挣脱家庭束缚。学校没有大门、没有围墙，与社区紧紧连在一起，学校的教育教学行为也裸露于社区视界之中，也没有"村落中的国家"的升旗仪式，远远望去，学校和谐地消失在一连片干栏式木结构建筑之中，社区人随意穿梭于学校与社区之间，学校也因此与社区密切交往而积蓄自己的内聚力。

（一）教师与社区人之间

教师是学校与社区重要的纽带之一。20 年的学校发展过程中，几乎没有人寄宿于学校，偶有教师有这个打算，后来听闻学校常"闹鬼"，就打消了这个念头。相传办公室那栋大木房早年有人在"堂屋"梁上吊死，所以阴气很重，往往夜深人静时，这里很"热闹"。学校领导设法阻止这一谣传，但消息不胫而走，没有老师胆敢住校，社区人路经此地也毛骨悚然，这给传承"科学"的现代学校增添了一层复杂的情调。羊望社区学校的教师大都来自社区，除王有学是公办外，其他都是民办或代课教师，哪怕偶有外来老师，还都是农民出身，与乡村社区有天然的认同，经常游走于社区各自然寨之间。近十多年学校发展进程中，教师的共同特点是年龄较大，出身农民，已结婚，妻子务农。因此，哪怕教师身份是公办，也无法独享"城市生活"，无法脱离农民身份的印迹。也因为如此，社区学校里所有教师都与社区有着千丝万缕的联系。以王有学为例：

1965 年毕业于丹寨"速师班"，先到三拱桥（属南皋乡）任教几年，羊望学校恢复后，随即调到羊望民办小学，王付先离校后，其担任校长一职。除他本人之外，四儿一女，均为务农，妻子来自岩寨，务农。一家七人，就有六人为务农，王有学"国家人"身份也变得模糊起来，微薄的工资待遇是难以维持家庭运转的，不管王有学多有"贵族气质"，都不得不参与家庭生产劳动，他与社区人建立共同语言，为学校教育提供了社区语言基础，加强了与学生及其家长的沟通与交流。

因教师"国家人"身份，社区人总赋予其神秘的色彩，社区小孩是最惧怕教师的，但频繁的交往也渐渐褪去了教师那层神秘面纱，这为促进学生学习提供了条件。

（二）学校与社区人之间

社区与学校之间，凭借双方所掌握的资源，进行交往式的交流。首先，露天电影的放映是社区人与学校之间拉近关系的重要途径。20 世纪七八十年代露天电影放映的原因主要是宣传教育，利用放映电影换胶带间隙发言，开展宣传教育。放映经费支持有两种方式：一是由政府出资，目的是新政策的宣传；二是为了罚款，也就说，谁被罚款就由谁支付，以示检讨。学校几乎置于社区中央，也居社区最高处，又是村委会办公室的所在地，有最大的广场，这四个条件使得社区电影放映大都在这里进行。长期的电影放映，积聚了学校的内聚力，也使学校成为村落社区人业余教育场所。在社区里，学校是社区国家政策宣传教育的载体，是习惯法执行的场所，是增强人们对道德的认知的场所。此外，在一个信息闭塞的村落，放电影内容本身也是人们认识世界的窗口，甚至是唯一的窗口。学校作为社区最主要的电影放映场，成为社区人交流场所，也成为学校与社区互动的重要界面。

夜校的开设更是社区人接受教育最直接的方式。20 世纪 70—90 年代，在社区中，有许多人通过夜校教育获得了社区"文化人"身份，如王永新和王永邦两兄弟，这些文化人远比那些接受正规学校教育却入仕未果的文化人更受社区人尊敬，他们少了那份"贵族气质"，他们甘于躬耕山林，他们集学校教育与本土教育于一身，这就是夜校对社区人培养的成果。夜校教育，对已错过正规学校教育机会的社区人提供教育补偿，也让所有社区人体验学校学习经历，便于他们对子女进行教育，进而促进了学校教育的发展。

长期以来，学校篮球场作为社区最好的篮球场，成了社区人的体育场所，不管是不是学生，都可以在这里运动与娱乐，儿童也可以在学校里找到玩耍与游戏的东西，尚未到入学年龄的儿童大多数都因这种吸引力而选择上学，只是学校教育本身缺乏因势利导，没有将这一吸引力转化为学习的吸引力，最终造成了绝大多数的学业失败者。此外，学校也成为社区大型活动开展的地方，学校老师也参与到这一大型的活动之中，增强了教师与社区人的沟通，为学校教育发展提供了条件。而且，这也是学校与社区作为一个有机整体向外界表达自己的存在，展现自己的风采的方式。

（三）从交换到交往

社会学"交换理论"认为，两个经济实体间在稀缺资源的分配过程中若存在互补性，则经济主体就会有交换的动机或倾向。[①] 学校与社区间尽管此时还处于多维交融状态，但两者间的资源互补性所产生交换的动机或倾向，仍是促进他们互动的力量。

一般而言，社区学校有专职师资队伍，有较为丰富的教学设备和文娱体育设备，有相对浓郁的文化氛围，还有长期积淀而成的"内聚力"等。但对社区而言，这些都并不是交换资本，几乎属于公共资源，社区人均可免费享用。如果要交换的话，仅有厕所粪便、大队晒谷场才有交换价值，才能产生资源上的交换。

社区学校是在原大队基础上修建的，原大队委会所留下的晒谷场成为学校优势资源，在水泥还不普及的年代，一大块石板晒谷场，成为学校的资本是自然之事。那时，秋收季节，社区人最大的困境就是找不到地方晒谷子，担心发霉。因此，学校晒谷场成为社区人关注的对象，但毕竟这是学校资源，学校完全可以借口影响教学之名而不予使用。学校往往利用这一资源与社区人进行交换，以获得学校的生存与发展。学校与社区人长时间周旋后答应，以实现两个主体心灵交流，这种交换不是以金钱方式进行，也不是以物物交换方式进行，

---

① 李红婷. 无根的社区, 悬置的学校——湖南大金村教育人类学考察 [D]. 北京：中央民族大学，2010.

而是通过交往的方式，社区人获得晒谷子场地使用权，而学校获得其在社区的权威性。

　　而粪水收集中，更为体现交换的性质。在社区学校重建初期，化学肥料不普及，相对晒谷子，化学肥料昂贵得多，社区人更愿意使用农家肥，粪水成为一种最为宝贵的资源。"分产到户"后，村社集体逐步解体，各户人家都惦记着这一资源，学校协商后交给紧挨着的小豆寨各人家轮流使用，借此磨合学校与小豆寨有意无意的"边界"争执，为学校挣得了社区的认同与支持。当然，也需象征性地交换，获得使用的人家需负责厕所的清洁。学校以这种方式与社区保持有效互动。

　　总之，学校与社区之间的交换关系并非以直接金钱或物物作为媒体，而是通过社区所认为的优势资源，以一种赠予的方式，借以置换融于社区的学校的信任与权威。借此，获得学校在社区里的和谐发展，也体现社区"羊望民办小学"的真正要义。

第三节　独立与逃离于社区的学校（1990—2013 年）

一、1990—1998 年的社区学校

（一）羊望小学的"大发展"

　　羊望小学新校舍于 1989 年末竣工，一排两层楼"洋房"① 校舍几乎屹立于个案社区中心地段，而且居于个案社区最高区域，学校操场边高高的国旗杆上飘扬着鲜红的五星红旗。这一现代学校配置与个案社区破败不堪的木结构建筑形成巨大的反差，几乎暗含着两个不同的生活世界。在个案社区里，砖房是受人排斥的，这是社区人漫长的生境适应的结果。社区人将所有砖房统称为"洋房"或"汉房"，它是一种外在力量嵌入的载体，是现代理性的象征，而个案社区木房则代表内聚力量延续的载体，是传统地方性的象征。现代学校的外在表现与内在逻辑均与社区不协调或不兼容，制约着现代性知识在社区发展的有限性。

―――――――――

　　① 社区人将平房也称为洋房。

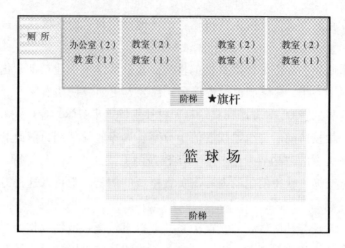

图4.3　羊望民办小学格局（1990—1998年）

1990年9月，散落社区各个角落的教育全部由学生高兴地"扛"①回新校舍。社区孩子们十多年来的"冬暖夏凉"的"洋房梦"终于得以实现。这时候，个案社区的学校已发展到118人规模，形成完全小学，全校包括学前班在内共有7个年级，每级1班，共7个班②。此时的学校已由"羊望民办小学"正式更名为"羊望小学"。学校新设置及其校名更改，充分表明了个案社区的学校已挤进我国乡村教育现代化的轨道，表明了社区学校逐渐独立于社区及社区人的生活世界，正扮演着"村落中的国家"的角色。

新校舍投入使用后，学校各方面都得以改善，教育教学管理也逐渐得以规范，严格按照国家教学标准施行。随着青年教师进入，尤其是社区内几名代课教师的到来，如王彪、李胜等老师，他们均为高中生，未进入体制内，与第一代文化人李正华和李朝邦、第二文化人李朝林和潘永林一样，教书成为他们一种相对体面的谋生方式，除此之外，第四代文化人王彪与李胜等人还有更高的期待，等待"转正"，进入体制，实现"曲线救国"。从主观上，"提高升学率"成为他们"转正"资本，他们工作自然就努力得多。而客观上，在他们的带动下，其他公办老师也受到不同程度的影响，尤其是年轻教师李玉飞、杨光明、王治超等人。在这一批年轻教师的努力奋斗下，学校升学率逐年提高，个案社区学校名声四扬，插班生与补习生接踵而来，学校发展规模达到顶峰。对此，

---

① 所有的教学设备只有桌椅，这些均由学生自主"扛"回新校舍。
② 黔东南苗族侗族自治州地方志编纂委员会．黔东南州志·教育志［M］．贵阳：贵州人民出版社，1994：138.

现在担任羊望教学点负责人的王彪老师还备感自豪。

事实上，从社区学校创办以来，教师岗位一直由第三代文化人担任，而平心而论，他们学历普遍偏低，除了潘永儒老师读过一个学期高中外，其他教师多数未初中毕业，学历过低是影响教学质量的一个主要因素；同时，随着社会发展、知识更替加快，第三代文化人在民国末年所接受的知识已经难以适应新时代需求，而把教书仅作为"副业"的社区代课（或民办）教师，也没有适时更新知识以适应新时代。新教师未能引进，新知识未得以补充，这两点就足以导致社区学校在乡村学校群中升学率长期低下的现象。尤其是学校变成完全小学后，这一问题更为凸显。因此，此时学历偏高、有朝气的新时代青年教师的引进，犹如一剂良药，及时扭转社区学校颓势，将学校成绩几乎推到历史发展高峰。当谈及自己的这一段经历，王彪老师强调：一是他教书教得好；二是他那时选择坚持是明智的。

其实，这一阶段羊望小学升学率的"骤然"提升，让学校发展"高歌猛进"。究其原因，我们认为，除以上两个原因外，促成这事态发展的还有以下几个因素。

一是长辈对教育的重视。此时在校生之父母正值壮年，在外打工多年，了解现代知识在工业社会所带来的经济收益，促使他们对教育较为重视。传统的"顿啦"仪式在这一背景下沉渣泛起。在社区里，小孩学习成绩差，父母并没有过多归咎于孩子本身，而归因于祖先不给力，或归因于至圣先师孔子不给力，社区人通过做这种仪式来消除这一障碍，借此提高学业成绩，谋取功名。在社区里，读书人大都"被做"这一仪式。暂且不论其科学与否，确实体现了长辈对子女教育的重视与期待。一位已大学毕业并进入国家体制的社区人跟课题组谈及这一事情。

> 我爸妈曾给我做了三次"顿啦"仪式。第一次是在初三时候，他们认为，初三很关键，做了记性要好些，做了就没有人诅咒，学习就会顺利。第二次做是在进高一时候，理由是我刚考上了高中，肯定有人嫉妒，并在背后说"小话"，所以通过"顿啦"来祛除人们的不良议论，让我安安心心读书。第三次是高考落榜，准备复读的时候，理由是，我落榜是因"孔圣人不给力"，所以需要祭拜，"请孔老夫子来帮忙"，保证学习顺利。（王国昌，2012年2月）

当我再三追问"做了'顿啦'，你自己感觉怎么样"时，他笑了笑，欲言又止，最后说，"我好像也没什么感觉顺不顺的"。虽与学校所传承的"科学"

有所冲突，但他也尽力配合，就算给自己的心理暗示。

图 4.4 羊望社区"顿啦"仪式及其所写的字

二是榜样的力量。榜样是一个时代的标杆，承载着广为认同的价值取向。在这一段时期里，"考取学校"的人多了起来，尤其是下羊望寨，我们初步统计，社区"吃官饭"的人，岩寨 4 人，上羊望 11 人，下羊望 15 人，党期 6 人，大有 15 人，共计 51 人。51 人虽占总人口的比例极低，但社区错综复杂的亲缘网络，足以保证社区孩子与文化精英之间交流与沟通的频率，继而消解了文化精英"可望而不可即"的神秘感，即祛魅，使之在孩子的眼前，是一个具体的人，是一个可被追赶乃至可被超越的人。孩子们借此反求诸己，关注自己学习的本源，而非凭空想象借助外力的推动，尤其神灵的推动，这就如欧洲文艺复兴一样，社区人思想逐渐得以"启蒙"。社区孩子开始明白，通过自己双手把握自己的命运，并以社区"文化精英"作为自己"可望亦可及"的奋斗目标。

三是教师引导的问题。外界看到社区学校所取得优异的成绩，大都只看到数据本身，其实数据背后隐藏着一些不为外人所知的"秘密"，就连这一行为的导演者也选择性"遗忘"掉了这一"秘密"。试想一下，一个在县境内名不见经传的边远山区小学，居然仅用几年时间凭借考试分数就与城关小学、乡镇中心小学差不多齐名，远远地抛弃同类级别学校，这确实让人匪夷所思。对于这一行为，"八零后"一代的社区读书人都一致认可确有此事，我们采访一位现已进入体制社区的"文化人"，他道出其所经历的学校生活：

> 我大概 1989 年读一年级，那时学校在修平房，所以我们一年级也是在潘永儒家读的。二年级我们就搬回大队了，那时我成绩差得很，反正差不多都是班上倒数，恐怕考初中都难了。到六年级时候，王彪老师教我们语文，后来语文数学都是他教我们，那时晚上他经常要补课，反正晚上不是上课就是上晚自习，很严格的。我的数学一直都还可以，语文得从一年级

的拼音开始补起，后来语文还是有了点进步的。

　　到扬武小学参加小学升初中考试时，同一学校考生都是在一个考场的，因此，老师之前就按全班学习成绩按"好"与"差"搭配，并要求同学们要"互相帮助"，而且，在考试过程中，老师还通过各种方式给我们暗示，我们还是得到一些信息，所以那时全班考得非常好，好像全班都考上初中哟，其他学校都没考取一半呢！（王明梅，2013 年 7 月）

　　其实在 20 世纪 70 年代末至整个 20 世纪 80 年代期间，因小学均为全县统考，考试成绩为教师年终考核指标，因而羊望社区学校里，这种行为一直存在着，只是在 1990—1998 年，乃至 2000 年，这一段时间里更为"精心设计"罢了。这种行为一直延续至"普九"后才有所缓减，一是那时代课老师已悉数"转正"，不需要为积累"资本"而"精心设计"；二是"普九"后，小升初不需要严格选拔考试，所有学生均可直接进入初中，完成九年义务教育。

　　总之，在羊望小学的"大发展"促成因素之中，师资、设备、家庭的重视与支持等全面不占优的情况下，学生的学业成绩要与"城镇中心小学"不分伯仲，不经过"精心设计"几乎不可能。

　　（二）教师及其生活

　　20 世纪 80 年代中期后，羊望村籍教师逐渐减少，而外籍教师数量相对增多，1990—1998 年社区学校的 11 名教师中，来自社区的有王有学、余英、潘永儒、李玉飞、王标、李胜 6 名，来自社区外的教师有何伍林、扬光明、王治超、苏思、余丹清 5 名。社区外的教师大都是公办，社区内的教师大都是民办或代课，其中余英老师是早年嫁到社区内的，其丈夫在扬武乡辅导站工作，家安在社区大豆寨，和其他来自社区的教师一样，课余也参与到社区各种劳动之中。

　　这一时期教师工资依然很低，据《丹寨县志》记载，1990 年丹寨县教师人均年工资为 1441.09 元，月均工资为 120.09 元，[①] 其实，社区教师远低于月均工资标准，尤其是青年教师和代课（民办）教师。对这一点王彪老师感触最为深刻。

　　我 1989 去学校代课时，工资也就 28 元，在那时，相当于一挑米的价格，或者一根原木的价格，当时"公办"也就大概是 60 元吧。反正那时工资都不够我自己用的，更不用说拿钱去养家了，幸好我家田多谷子多，所以每个赶场天都挑一担大米到城头卖，得到和工资差不多的 30 块钱，才够

_____

① 文兴林．丹寨县志［M］．北京：方志出版社，1999：862.

我个人用呢！但到 1997 年我"转正"后，工资稍微涨了一些。（王彪，2013 年 9 月）

当我们再访问其父亲，第一代"文化人"的王学才时，他也反复强调工资低这一事实。试想，每月 28 元工资对青年教师王彪而言，已婚，父母健在，家境还算殷实，这点工资仅为他个人日常花销的一半，然而，对一个靠干"教师"挣钱养家的男人而言，真的难以想象。因此，这一时期和 1970—1980 年一样，代课（或民办）教师仅来自社区内，干"教师"仅为他们的兼职行为，他们的挣钱养家方式还得靠在田间地头的辛勤劳动所得，学校那点微薄的工资仅为补贴家用罢了，但这一时期代课（民办）教师们有了"转正"这一盼头，所以还算尽心尽力，积攒转正"资本"，等待时机，所以才促成了社区学校"大发展"的"神话"。

作为"公办教师"的李玉飞，原以为考取师范就已跳出龙门，偏偏又回到个案社区学校，社区的父母、同伴、亲戚，学校的老师、同学，这一切都熟悉得让他没有什么新奇感，他的"回归"，并非志愿回乡做"奉献"，而纯属无奈之举，他拿着微薄工资与没有读过书的昔日同伴生活在一起，长相平平，没有什么可"炫耀"之处，因而处处显出其心有不甘。在日常生活中，他羞于"躬耕山林"，而且有意无意地与社区人保持一定的距离，似乎在特意自我塑造一种"文化精英"的神秘感。除嗜酒这一社区"特色"外，他还不如另外两个外乡青年教师更融入社区生活世界。

来自社区外的教师中，何伍林，公办教师，时任校长，家在离社区 1.5 公里处的朱砂村，一家四口，妻子务农，有田地，每天都回家，星期六、星期天还得帮家人干两天活路。杨光明和王治超两位老师，均刚从师范学校毕业，正规的中专生，20 岁出头，单身，自然不用养家，不需要、也不大可能回家干农活。学校没有专门的教师宿舍，原来教师宿舍"闹鬼"，这好像故意将两位以传承"科学"为己任的教师推向社区之中去。王治超租住了一家民房，饮食自理，而扬光明老师寄宿在远房亲戚家，与其家庭搭伙。虽他们均出生于苗族社区，但长期的学校生活已将他们与苗族传统的生活世界拉开了一定距离，常常仅待在自己的居室里，玩弄着有点城市气息的吉他、口琴等，"试图"独享城市生活。然而，长期居住于社区里，自然就难免与社区人交流，慢慢地，也消磨了他们"文化精英"的傲慢，逐渐与社区人融合，也拉近教师与学生的距离，他们俨然成了社区人的一分子，成为在社区人面前的去神秘化的具体人，成为社区孩子学习的榜样。

值得一提的是，在"成家"问题上，青年教师都有不同程度的困难，民办教师多数来源于社区，属于社区"文化人"，他们长期接受学校教育，疏于本土教育，"表层地"学会城市人的生活方式，却对农村生活方式产生了少许"抗体"，也就是社区人所谓的"学懒了"，在一个以农业生产为衣食之本的苗族社区里，教师"文化人"的身份，及其微薄的工资，在社区并不受欢迎。作为社区人，他们"成家"的对象自然就是社区或周边农民，"成家"依然成为他们难以解决的心病。

而另外三位青年"公办"老师，"成家"更是难上加难，每位老师都有一段至今难以释怀的"往事"。李玉飞，虽然是社区人，从学校教育"凋敝"的现实背景下走出社区，由于学校教育与本土教育的不兼容，试想，李玉飞需要多少决心与力量才能"挣脱"本土教育之网的束缚，成功挤进国家体制。凭借"公办"教师的身份，找一个对象看似有很大优势，事实上它却非易事。我们采访了一位不同意将女儿嫁给"教师"的家长。

> 那些老师，一天只会吃好的穿好的，自以为自己是老师，回家什么活路也不想干，家里全部活路只会落到老婆一个人身上。工资又没多少钱，回家来会随便骂人，嫁给老师有什么好的啊！还不如嫁给农民，小两口一起干活路，一起过日子，哪个也不嫌弃哪个。（王贵芬，2012 年 1 月）

是啊！自认为已"鲤鱼跳龙门"，获得城市人身份的青年教师，因长期专攻学校教育而疏于本土教育，对村落社区农业生产不了解，也不愿干。家庭担子全压在妻子一人身上。此外，作为城市人身份的教师与农村人身份的妻子，两者在行事风格、文化认同等方面均有难以愈合的隔阂，在琐琐碎碎的日常生活中，摩擦是难以避免的。所以李玉飞本人不愿，也难在社区内找到心仪的女孩与之"成家"。因而其选择了"逃离"社区学校，自愿调到较为偏僻的排调①小学，目的就只有一个：找个对象"成家"。结果倒也如愿以偿。但无意间，与社区"文化边缘人"的"成家"选择对象的路线完全一致，这是李老师始料未及的。

王治超与杨光明老师来自外乡苗族社区，正规师范学校毕业，社区生活对其而言，并非自己梦寐以求的城市生活，而是迫于现实的无奈之举，陌生的社区生活多少给他们带来一些新奇。然而，他们终始无法回避难找对象"成家"的窘况。其实他们都不愿娶农民身份的社区女孩，这一身份间的"鸿沟"使他

---

① 排调镇，是丹寨县、雷山县、榕江县三县交界处，相对县城而言，该镇较为偏僻。

们难以接受，他们选择对象排列顺序为：公办教师→民办（代课）教师→读书人（汉族）→读书人（苗族）。在苗族村落社区里，找女公办教师几乎是大海捞针，在苗族社区文化体系中，抛弃本土教育而选择学校教育的风险实在太大，没有哪个家庭敢让女儿冒这风险的。他们选择了可靠的本土教育，让女孩延续着社区人认为"并没有什么不好"的传统生活方式。所以成就一个女公办教师几乎不可能，即使偶有个别，她们也不选择"无房、无背景"的乡村公办教师为对象，乡村男教师也只能"临渊羡鱼"，却不能"退而结网"。民办（或代课）教师其实就是苗族社区冒险选择学校教育后的失败"产品"，这一事实不为社区人所接受，所以为数极少。对社区学校男青年教师而言，这一层次已经是最佳选择了。作为代课老师的余丹清老师之到来，让羊望社区学校青年教师有了盼头，经一段时间的"周旋"后，王治超与一位代课教师"接上头"，"恋爱"了很长一段时间，最后到谈婚论嫁时，男方调查发现女方家祖先的"不干净"①，所以不欢而散。杨光明老师也遭遇同样的"成家"的困境，他在第一层次、第二层次、第三层次选择均无望后，打起"学生"的主意。在他自己所教的六年级班，看上了一个学习成绩好、长得漂亮的女生。才十四五岁呀！在城市社会里可能还觉得有些"滑稽"之感，而在苗族社区，这一现象倒也可以容忍，但以女生父母坚决反对而告终，原因不言而喻，这成了杨老师难以回顾的往事。

其实，这种"教师找不到老婆"的现象在社区及乡村学校已成为全民共识，这在很大程度上影响了后来社区儿童在报中考志愿时选择回避"乡村教师"这一职业，优秀的学生更多选择读高中、考大学，工作地点至少也留守县城，避免找不到老婆的困境，实现"成家"这一亘古不变的社区教育目的。

> 我哥比我大八九岁，我读五六年级时，他已在初中复读好几年了，最后自己也知道读不下去，就放弃了。但他对我要求很高，在他威逼下，我五年级成绩突然好了起来后，他就一直提醒我："到时一定考高中读大学，千万别考师范（中师），回来当"差劲"的老师，找不到老婆。"我初中成绩一直很好，中考成绩全校排名前几名呢，填志愿时，我毫不犹豫地选择了一所重点高中，放弃考师范，最后考取大学，都不回丹寨工作了，更不用说回农村当老师了，当然已找老婆"成家"了，呵呵！（王治昌，2015年9月）

---

① "不干净"是指祖先患有怪病（麻风病、神经病及其他目前不可治的事）、不知死因、自杀等。

学校教育与本土教育的不兼容、重男轻女等多因素促成了苗族社区男女受教育的差异失衡，进而造成了这种男女教师比例失调，很大程度地影响了乡村教育的可持续发展。

总之，羊望社区学校升学率连续几年居高不下后，享誉丹寨中小学教育界，全体教师均不同程度受益，民办（代课）教师均悉数得以"转正"，青年公办教师也获得了"升迁"机会，王治超、杨光明等教师被征调到扬武小学，几年后均调到初中部，现在均调到丹寨县城工作，"家"均安在丹寨县城，最终完成了"个人城市化"进程。而羊望小学也因随后的"转正""升迁""普九"等综合因素，长期居高不下的教学业绩回到村级学校群体的教育发展轨道之中，一切均恢复了平静。

二、1998—2012 年的社区学校

（一）羊望小学的稳定发展

1998 年，羊望小学被评为"国家贫困地区义务教育工程项目学校"，并在此时修建第二栋教学楼，与第一栋教学楼隔着篮球场相互"守望"。房子的增多，各种功能房间逐渐健全，实验室、教师宿舍、仪器室、资料室、图书馆（室）、办公室、行政室、微机室、远程室，等等。此时，校园内有乒乓球桌、篮球场、单杠等设备。经过十余年的发展，社区学校各种教学设备趋于健全，教学仪器、电脑、投影机、图书资料以及体育器材等都能基本保证现代教学开展。师资队伍也逐渐壮大，2011 年，丹寨县编委核定羊望小学编制为 16 名，[①]但当时各类型在职教师共 15 名，其中公办教师 8 名、特岗教师 3 名、支教教师 2 名、代课教师 2 名；教师学历结构也趋于合理，8 名公办教师均为自考专科学历，特岗教师均为全日制本科；而在职称结构上[②]，小高职称 5 人，小一职称 3 人；除艺术类教师未配齐外，教师队伍配备趋于完整。社区学校 2011 年已发展到 8 个教学班、348 名学生的规模。

---

① 据文件《关于重新核定丹寨县羊望小学教职工编制的批复》（丹编复 [2012] 30 号）整理。

② 特岗、支教、代课未能参与职称评审。

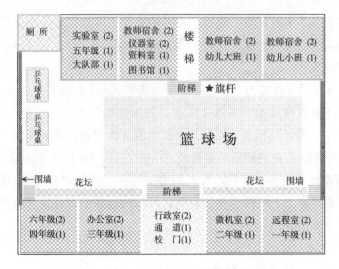

图 4.5 羊望小学示意图（1998—2012 年）

学校的管理日益规范，也尝试提出了办学方向、理念、风格、要求、宗旨等，如 2009 年提出的校训为："尊师、爱生、真教、实学、求实、进取、开拓、创新"；办学方向为："教育要面向现代化、面向世界、面向未来"；办学理念为："以人为本，促进师生共同发展"；教育要求为："学会学习、学会做事、学会共处、学会做人"；服务宗旨为："希望自己的儿子有怎么的教育，就给学生怎么的教育"。我们看完以上"丰富"的办学方向、理念、宗旨等后，多有种"似曾相识"的感觉，有位老师悄悄对我们说："没一句是真话的。"确实，我们难以看到其与学校自身文化以及与其相互依存的社区及社区文化特色的校训、办法方向、办学理念、教育要求、服务宗旨等，似乎是将尽可能想到的教育词句或他校所使用的词句统统叠加，以防缺损。说明学校已基本上按国家标准化开始运行，也说明"羊望小学"中的"羊望"仅剩下了完全意义上的"地理概念"，学校与社区关系已渐行渐远了。尽管如此，这也证明着学校正在尝试凝练自身的特色发展之道。

同时，学校各种教学管理制度正在推行。"教学质量奖惩制度"规定：奖，人均分基分为 60 分，人均超过 60 分的就予以不同程度的奖励；惩，人均分基分 60 分，人均分低于 60 分的就进行不同程度的罚款。至今，昔日民办教师早已转正，已没有了那段艰苦岁月时的工作动力，至今的支教与代课教师进入国家体制之门已关闭，代课仅为他们临时性工作，无工作动力可言。在这种背景下，奖惩制度应运而生，保证了学校教育"质量"在全乡依然有一定优势，在2010—2011 学年第二学期期末统测中，羊望小学除幼儿园、一年级、三年级外，其他班人均分在全乡都获得名次，如，二年级语文数学两科均获得第二名，四年级科学获得第三名，五年级数学获得第三名，六年级语文获得第二名、数学获得第三名，等等。

而"师德师风工作制度"第五条明确规定"教师不允许与学生谈恋爱"，这几乎有些不与日俱进。现在社区小孩与城市小孩一样，都为6岁入学，小学六年级也不过12岁，这种"特殊恋爱"发生的可能性几乎为零，而且，随着教师工资待遇提高，今日的教师与昔日"找不到老婆"的农村教师不可同日而语了。这种规定的赫然标明，充分说明了社区学校还难以抹掉那段艰苦奋斗的历史记忆。

羊望小学交通较为方便、教学成绩较好，因此之故，名目众多的资助接踵而至，先后有"台湾佛教慈济慈善事业基金会""贵州省团委心心社""黔九鼎房开公司"等资助单位，学校的各种设备与图书资料正日益增多。

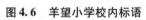

图4.6　羊望小学校内标语　　　　图4.7　羊望小学铁门与围墙

学校老教学楼一楼走廊与篮球场边接接处竖起一根国旗杆，五星红旗随风飘扬，每周一早上均举行升旗仪式，仪式程序也与其他学校相差无几，学校通过仪式不断强化学校"村落中的国家"形象，在学校环境与教室的布置上，均与国旗的主题和谐一致，两边围墙均被充分利用，右边是"知识改变命运，教育造就未来"，左面围墙是"知识就是力量"，两栋楼走廊分别写着校训：尊师、爱生、真教、实学、求实、进取、开拓、创新。而教室走廊与室内均挂满了与其他学校内容都差不多的名人画像，学校利用每个角落宣扬国家主流意识形态。因校址居于社区聚居区最高处，随风飘扬的国旗成社区标志性物件，远远望去，砖结构的校舍与比邻凌乱不堪的干栏式木房形成鲜明对比，使你感到该"小学是在自然散漫的村居中人为设置的国家环境，它是国家培育人才的工厂，它自身也是国家形象的一种展现"①。学校在两幢教学大楼之间，砌起了两堵围墙，在新修大楼中间行政办公室下留出通道，套上大铁门，加上大铁锁，校园内就形成一组建筑群，在社区中"自成体系"，不像先前那么孤单了。从此，居于社区中央及最高点的羊望小学俨然成为一个"易守难攻"的"城堡"，日常时间里，社区人很难有机会进去，显得几分神秘与威严，社区人路过校门总爱探头去看个究竟。而铁门的开放时间是严格限制的，一般是早上 7 点至早上 8 点半，中午 10 点半至下午 2 点半，下午 4 点至下午 6 点，周六周日整天均紧闭着，所以，不是学校的学生是不允许随便入内的。

2003 年，长期与社区学校共同办公的国家政府基层组织——羊望村村委会，迁出羊望小学，这一与社区人关系甚密的组织之"割离"，进一步确保了学校免受社区人的干扰，也进一步促成学校与社区的分离。而此时仅有来自社区的学生与社区本身有关，学校及其教师已逐渐独立于羊望社区，不再是羊望村社区中的一分子了，"羊望小学"中的"羊望"几乎已失去其原有完整的意义，"学校场域"所发生的教育行为几乎完全脱离了苗族社区文化的意义之网，"羊望"仅仅变成了社区学校的一个附加代码，仅剩一丝地理学意义。然而去掉了"羊望"，就仅剩余"小学"了，既然如此，"小学"放置于什么地方又有些什么区别呢？学生上学远了啊，那么把学生与学校"捆绑"迁出即能得以解决。但没有足够经济条件为之保驾护航，所以这一极具隐蔽的"发展逻辑"没有成为那时羊望社区教育改革的现实。

（二）教师及其生活

1999 年下半年以来，贵州省在中央财政政策基础上，决心调整财政体制，积极督促各地将农村中小学教师工资管理上收到县。建立教师工资专户，由财政部门按照国家统一规定的工资项目和标准，通过银行将教师工资直接拨入个人账户中。2000 年后，丹寨县已实现了乡村教师工资"一分也不能少"，②并相对略高于县境内其他事业单位，乡村教师部分实现了"体面教书，尊严生活"。就羊望社区学校而言，截至 2012 年 4 月，第四代"文化人"王彪老师（小高职称）每月应发工资已达 4326.10 元，第三代"文化人"潘永儒等老师的工资早已突破每月 5000 元大关，新进教师杨佳老师每月应发工资也达 3108.5 元，③ 不

---

① 李书磊. 村落中的"国家"——文化变迁中的乡村学校［M］. 杭州：浙江人民出版社，1999：7.

② 新华网. 贵州力保乡村教师工资"一分也不能少"［EB/OL］. 新华网，2002 - 05 - 13.

③ 据羊望小学 2012 年工资册整理。

管相对于2012年丹寨县城每平方1500元左右的房价，还是与社区人风餐露宿却每月不超2000元的打工工资相比较，这一工资待遇已经不低了。因此，乡村社区学校教师突然变成了社区内外的"香饽饽"。在丹寨县境内，愿意从事这一职业的人越来越多，尽管此时"成家"依然是个问题，但绝非乡村教师所独有。那些历经了微薄的工资一路"犹豫"地走过来的教师们，尤其是当时处于最为底层的民办（代课）教师们，他们生活依然如故，只是嘴角总有一丝莫名笑意，他们总爱回顾或谈起那段艰苦的岁月，总想借用那一段经历来激励自己的学生与子女，也在不断地证实自己的坚持是明智的。而此时，由于各种原因，社区唐启光老师几乎延续着那年代的"相对"贫穷，与昔日的同事们形成鲜明的反差，其"弃教卖油柴"这一已被长时间侵蚀的记忆一次次被激起，尤其是唐老师那前几年极具悲剧般的孤独死去。

除了潘永儒、余英、王彪三位来自社区内的老师之外，"大发展"时期的教师均先后调离社区学校，随后几乎几年就换一批教师，年纪越来越小、学历越来越高、数量越来越多，2011年教师已发展到15名，社区人几乎没有机会看清新教师的面孔，又换一批了，更不用说与教师们接触与交流了。作为地方性知识一部分的"学校闹鬼"事件所造成的阴影，已被现代性知识所消解，青年教师都"毫无顾忌"地寄宿在学校里，学校教师似乎与社区人无关，学生放学后，大铁门一关，校门内自成体系，与门外分隔成两个不同的生活世界。几位单身青年教师开启了城市人的生活，一起看看电视、聊聊天、备备课。① 他们之中也有教师在社区里有亲戚，但都不愿与之有太多交流。

德国著名教育哲学家博尔诺夫（O. F. Bollnow）认为，如果谁想适应某环境并建立一种正常的生活，那么他必须在该环境之中某个位置上住下来，在一定程度上扎下根。并在长期居住的一定范围内加以防护，以防止外界的敌对进攻，并根据自己的需要加以布置。于是从无限空间内的较大范围中划分出一小块的安全区域。② 作为法人组织的社区学校也一样，它选择了位于社区中央以及最高处扎下了根，并借围墙将其与社区分隔，形成自己的安全区域，试图借以剔除阻碍教育发展的无关变量。因此，围墙内外的空间缺乏足够的联系，围墙内的教师理应链接社区、社会、国家及世界等，形成一种新的"差序格局"，而不应

① 李书磊. 村落中的"国家"——文化变迁中的乡村学校 [M]. 杭州：浙江人民出版社，1999：12.

② ［德］博尔诺夫. 教育人类学 [M]. 李其龙，译. 上海：华东师范大学出版社，1999：78-79.

过度强调校内外的空间分界。

　　诚然，围墙与铁门的出现，学校与社区之间少了昔日的许多纠纷，少了周边村民悄悄地在校园一角开垦菜地的现象，少了社区人来往穿梭于校园之间，也少了"民办"时期学校与社区的交换与交往，在较大范围的社区空间内划分出一小块安全区域，学校公共设备也几乎成为学校自身独享资源。然而，围墙与铁门的出现，将学校与社区隔离成两个几乎截然不同的生活世界，围墙内代表城市生活世界，围墙外代表传统乡村生活世界，围墙内外均悄然演绎着自己的生活故事，受过"城市取向"现代学校教育的新一代青年教师，虽然有少数几个寄宿在学校里，似乎与社区近在咫尺，却是有形围墙与无形围墙阻隔着的"他世界"的人，难以与社区交流与交往，他们将自己关在这一"城堡"里，过着"都市人"的生活。在"城堡"里，城市所具有基本现代化都已具备，电脑、互联网、电视、电话等，当我们来到这里做田野，待上近两个小时后，这里的一切竟然使我们有了身处"都市"之感，几乎忘却了这里仅为"羊望"这一乡村苗族村落社区中一角而已。在这里，只是少了城市生活中周末可"消费"的商场与亮得刺眼的霓虹灯而已，但他们每逢周末都在县城里待上一两天，基本上可弥补这里"城市生活"的缺损。更有甚者，这里的生活仅仅为过渡阶段，工作满两三年后，他们就可以将自己的家安在县城，放学铃声一响，迫不及待地骑着摩托车往县城"飞"去，不到 15 分钟就能回到安在"城市"的"家"。

图 4.8　冷清的上学路上　　　　　　　图 4.9　上学路上的小卖部

　　除学生还是社区人之外，社区学校似乎与社区越来越无关联了，它越来越成为教育行政部门的一个暂住组织，越来越成为国家主流文化的"孤岛"，这一切正在酝酿着一场新的教育变革。

三、2012—2013 年的社区学校

随着社会的发展，我国经济取得了巨大进步，2012 年我国实现了全国财政性教育投入占 GDP 的 4% 目标，以及投入比重向农村地区、贫困地区、民族地区倾斜。与此同时，全国"打工潮"也一波又一波掀起，社区人由男人外出打工、女人与子女留守，到女人参与打工队伍、子女留守，再到"举家"外迁打工，留守儿童及其教育问题早已应运而生。这两个因素为学校逃离村落社区预备了充分的条件与理由，学校逃离社区的现实已呼之欲出。丹寨县委及政府顺应这一由"隐性"到"显性"的乡村教育"发展逻辑"，按照"减少数量，增加容量，提高质量，形成规模"的总体规划，走"小学向中心乡镇集中、初中向县城集中、全部建设寄宿制学校"的教育发展路线，将全县 37 所小学和 19 个教学点撤并，全部搬至乡镇政府所在地或中心集镇，羊望小学自然在撤并之列。① 2012 年 9 月，个案社区的小学撤并到扬武民族小学，而社区学校则降格为"办学点"，仅留幼儿大小班、一二年级共 4 个班，偌大的校舍显得格外冷清，早上上学路上也少了昔日的喧闹声。2011 年的 15 人教师中仅有历经那段艰苦岁月磨炼的王彪老师"留守"，已逐渐突显出他"谋生"后"谋心"的职业升华；其余教师均"满心欢喜"地转到扬武民族小学，与城市生活距离又靠近了一步。社区学校教师数量也由 15 人下降到 5 人，其中 4 人为公办教师，1 人为代课教师。在教师组成上，社区内占 3 人，社区外 2 人，回归学校恢复初期的教师组成结构；教学内容、教学模式依旧延续着。2012 年 3 月，"贵州省农村义务教育学生营养改善计划"在羊望小学正式启动，学校部分撤离后，这一计划照旧。到目前为止，这一计划的实施是由国家补贴与家庭支付两部分组成，学生家庭每学期均须交一定营养餐费用。这一计划在一定程度上使儿童成为学校与家庭"协作共养"成为可能，进而拉近学校教育与社区家庭之间的距离。

学校与学生"捆绑式"整体撤离，学校教育似乎"要把孩子们从他们的双亲那里拖走，使他们可以成为只属于社会的孩子"②。这使社区人有些不适应，在青壮年人几乎全部外出打工的前提下，尽管儿童的留守引来长辈没完没了的骂声与叮嘱声，但儿童的生活却给已毫无生机的村落社区生活带来些许的灵气，

---

① 丹寨县教育科技局，丹寨县教育基本情况［EB/OL］．丹寨县人民政府网，2012 - 08 - 17.
② ［德］雅斯贝尔斯．时代的精神状况［M］．王德峰，译．上海：上海译文出版社，2013：34.

试想，一个没有儿童的村落社区生活，那是多么的黯然。尤其是，上学沿路的小杂货店也因学生的离去而关门，仅剩一家勉强维持着。社区老人们谈及学校撤离之事，都似乎感慨万千，却无从谈起，我们在田野调查过程中，无意中看到了感人的一幕。

> "昨天下午我送两个孙孙去读书，回来路上都哭了，我两个孙孙实在太小啦！才七八岁，就住在学校里呢。昨晚到半夜时，我又哭了，天气都凉了，才七八岁的两个孙孙会不会踢被子啊？"
>
> 一位年近60岁的奶奶还一边哭一边向迎面走过来邻居阿姨诉说，旁边人都劝她："不要再哭了，你这哭会对孙子读书不好的哩，会影响他们的学习与生活哩！"听到别人这么一说，老奶奶哭声才慢慢平缓下来。（2013年8月）

目睹了这一看似正常的场景，我们内心久久不能平静，"教育是生态农业，不是现代化工业。对教育，我们要宽、柔、养、育，而不是倾力打造"①。总感觉民族村落社区现代教育的"跨越式"发展进程中，好像少了些什么，又好像多了些什么。疏远了孩子与家人的情感畅通，隔离了孩子与社区文化链接，将一个孩子投入"混杂"的文化之网，欲借此实现民族村落社区教育的跨越，实现社区人由"生物人"直接跨越到"国家人"或国家主流文化的人，会不会使孩子反问"什么是家""哪里才是'家'"，而无法让孩子感受到"家"对自我的意义。"什么是我的中心，社区还是学校？"这一问题会使孩子无法感受到社区及其文化对"我"的意义。那么，有没有一种方法，能够修复这一既成的事实呢？

总之，社区学校理应承担传承社区文化的职能，以此保证社区儿童适应社区生境，成为"社区人"，这是任何人成长的根基；同时，社区学校也应承担着渗透民族国家主流意识，传承现代性知识，提升社区人与"他文化"交流的能力，保证社区儿童在"社区人"基础上有着更为广泛意义上"人"的定义提升，做到"社区人""国家人""世界人"的认同与选择自由、自觉。社区学校的部分撤离后，羊望社区大部分儿童成长路线为：在教学点读书→远离社区的小学与初中读书→沿海地区打工→返回社区成家。因远离社区，学生与社区文化难以有效互动与融合，在现实教育背景下，社区民族文化在学校场域里传承已困难重重，收效甚微，社区儿童已无法通过社区文化濡化适应社区传统生计方式，也无法将在学校教育中所获知识转变为智慧以及把这个智慧融入自己现

---

① 王立志. 教育就要宽、柔、养、育［N］. 光明日报，2013－12－11.

实生活之中，① 进而难以维系"社区"原初意义的存在与蜕变。同样，在当下学校教育发展系列中，社区所属乡镇中心学校无论纵向发展如何显著，在短时间内难以实现与城市或主流社区的横向教育均衡，而难以实现经由学校教育通道，实现大量人向主流社会的"主体间性"迁移。因此，民族村落社区学校的"逃离"这一发展逻辑所携带的理论体系还需要我们恒久探寻。

---

① ［法］埃德加·莫兰. 复杂性理论与教育问题［M］. 陈一壮，译. 北京：北京大学出版社，2004：133.

第五章

民族村落社区学校教育与本土教育之关系变迁

第一节　民族村落社区教育与人的发展之规律性阐释

人，是一个生成性概念，是复杂、变动不居的，"在他身上蕴含着宇宙"①。人类慢慢挥手向动物告别的过程，其实质就是在不断探索各种路途认知自我、定义自我、超越自我的过程。教育学承接着哲学探明"人的发展"之动力的神圣使命，教育活动本身就是促进"人的发展"的动力之源。

一、三形态说：人的发展形态

马克思（Karl Heinrich Marx）将"人"的生成进程划分为三个形态（阶段），他认为人类的三种存在形态是一个否定之否定的过程，是人的类本性经历"群体本性""个体本性""类本性"三个发展阶段，也是人的主体性逐渐得以凸显、不断增强的过程。

（一）第一形态：以人的依赖为基础

"人的依赖关系"是人最初的存在形态，马克思将其称为"自然经济时期"，在这一形态中，"人的发展"极大地受到自身与自然条件限制，个体及其力量过于渺小，人与人之间差异较小，多以整体形式进行社会实践，以集体力量与自然界互动，以实践人类自身自我保全。此时，个体淹没于群体之中，个体与群体的意义几乎叠合，为了人的类而存在，人基本处于"群体本位"状态。然而，人类生产生活条件极其低下，人类无法挣脱自然的束缚，包括人类自身在内，人与自然的脐带"藕断丝连"，人类借助着自然工具与自然力进行生存与

---

① 莫兰. 复杂性理论与教育问题［M］. 陈一壮，译. 北京：北京大学出版社，2004：43.

生产实践，并依赖大自然恩赐维持着"群体"基本生存。在人所依存的"群体"之中，生存、生产与家务融为一体，无法分工，每个个体均尽力而为，劳动产品分配在很大程度上也是"按需分配"，形成低级形态下的"共产社会"。

总之，在一初级社会形态之中，人被局限于狭隘利益范围与地域内艰难地实践，离开群体保护，个体难以独立生存，也就难以形塑独立自由的人格结构，以致"人的价值"尚未得以拓展。

（二）第二形态：以物的依赖为基础

人类发展第二个社会形态，这一形态的特征是：人的独立性是基于对物的依赖性。这是一种有限的独立性，马克思将这一阶段定义为商品经济时期，它是人类生产力提高后的一种社会形态，是人类对"以物的依赖"为基础的社会形态的否定与选择。在这一较为高级的社会形态之中，人的力量得到大大提升，因而人类可以有限地从对"自然我""自然界""人类群体"等这些原始依赖关系中挣脱出来，通过人类自身智慧创造性地获得生存与生活资料。至此，"狭隘地域性的个人成为世界历史性的、真正普遍的个人"①。随着人类文明进步，个体生存能力逐渐得以提升，人的个性与自由也随之得以舒展，"人的发展"不断得以超越，"人的定义"不断得以丰满。然而，随着人类物质财富的日趋充裕，人逐渐"异化"了，主客颠倒，"物"反客为主，主宰着"人"，人性被物役而人类并不自知，人类关系结构也随即发生"变异"，整个人类社会几乎成了财富创造的"机器"。由于物的束缚，人类只能以有限个性与自由生活着，"人的发展"处在对物的苦苦挣脱之中。尽管如此，我们依然坚信，这样一种社会形态正为人类自我否定自我超越积蓄着强大力量。

（三）第三形态：以人的全面发展为基础

基于第二阶段的社会形态的力量积蓄，"建立在个人全面发展和他们共同的社会生产能力成为他们的社会财富这一基础上的自由个性"②，这是人类第三种社会形态存在，这是人类对第二阶段社会形态的否定、修补与升华，马克思将这一社会形态称为"共产主义"。人类历经漫长的艰辛探索，终于实现了真正的"类本性"。"在这个阶段，一切形式的拜物主义被克服了，个体与类之间的矛盾得到了解决，人与自然、人与人、人与自身之间的关系达到了和谐统一，人作

---

①　马克思恩格斯全集（第3卷）［M］．北京：人民出版社，1960：39.
②　马克思恩格斯全集（第46卷：上）［M］．北京：人民出版社，1979：104.

为真正的人全面地占有了自己的全面本质，成为完整的人。"① 总之，"人的发展"是一个持续"自我否定"的过程，经由对第二社会形态的否定之否定，人获得个性的全面和谐发展，"人的价值"得以全面提升。在这一漫长的人类发展过程中，"共产主义对私有财产即人的自我异化的积极扬弃，因而是通过人并且为了人而对人的本质的真正占有；因此，它是人向自身、向社会的（即人的）人的复归，这种复归是完全的、自觉的，而且保存了以往发展的全部财富的。"②

马克思认为，人是具有多种性质的统一的物质实体，研究"人性"须从人本身开始。他强调了"人类存在的方式，即自由的自觉的活动的'类本性'"，其是实践唯物主义轨道上的人性论，是人类教育发展的理论依据，也是当前我国民族教育研究与实践的精神支柱与理论支撑。

二、民族村落社区教育与人的发展

本研究前面已经提到，"教育在人的发展中起主导作用"，倘若这是一个真命题，这里的"教育"绝非仅指学校教育这一特殊表达形式，本土教育同样是促进"人的发展"之重要一维，它与学校教育有机统整，共同推动"人的发展"这一复杂系统工程。

马克思的"三形态说"主要论及"人的发展"的历史形态，着重从最为宏观的、最为漫长的人类发展进程来对"人的发展"阶段或形态划分，即"人的依赖"阶段、"物的依赖"阶段、"自由个性"阶段。欧美发达国家发展到21世纪初，"物的依赖性"阶段已走到马克思理论所设计的人类与生俱来的"阵痛"，在"全面繁荣"表层特征背后，潜藏着人类发展的深层危机，工业化、城市化的高速发展，却似乎在加快人的"异化"步伐，这一现实应该时时警示与指引着我们正确的发展路向。

对我国而言，改革开放以后，"以经济建设为中心""发展才是硬道理"等吹响了全国人民摆脱"人的依赖性"阶段物质贫困对"人的发展"的束缚、走向对"物的依赖阶段"的号角，短短30年间，人们的物质生活发生了翻天覆地的变化，尤其是近年来这一号角也犹如民族村落社区中央的"大喇叭"，激活了社区人否定"人的依赖性"阶段，奔向"物的依赖"阶段。

---

① 艾福成. 马克思关于人的类本质理论及其意义［J］. 吉林大学社会科学学报，2000（4）：63.

② 马克思恩格斯全集（第42卷）［M］. 北京：人民出版社，1979：120.

然而，在整个国家范围工业化、城市化得以"大发展"的前提下，民族村落社区实现"物的依赖"阶段是借助"暂时转移"的方式来实现的，① 是以一种"底层"的姿态融入国家这一发展轨道之中的，这是一种"病态"现象，却得以持续发展着。

以个案社区为例，它是以外出打工，甚至举家外迁打工的方式来实现第二个阶段的。据我们初步统计，长期在外打工（务工）的人数约占全社区总人数的85%以上，而这些打工群体之中，学历层次高中以上的不到15%。社区人悄然被分割成三类群体：一是农业人群（60岁以上），大部分人仅接受本土教育，小部分人接受过初小教育，主要留守社区；二是准工业人群（18~60岁），以本土教育为主，大部分人接受小学以下学校教育，小部分人接受初中教育，他们以外出打工为主、务农为辅，进退较为自如；三是工业人群（3~25岁以下），也称学生，他们以学校教育为主，大部分人接受了初中教育，高中或小学学历人数较少，接受本土教育太少，该人群目前寄希望于学校读书或外出打工。

社区人在外从事的工种有砖瓦厂"出窑"、玩具厂"缝制"、报社"搬运工"等，几乎没有人干"脑力"劳动，除了为数不多的几个"包工头"，这里并非对这些"体力劳动"贬损，但整个社区人均从事此种体力劳动，并逐渐形成"阶层固化"之势，这才是问题之所在，因为仅依靠人的自然力谋生本身就是对"人的发展"的一种束缚。造成这一现象的原因只有一个，那就是没有接受较高层次的学校教育，无法使他们职业选择多元化。就即时性而言，社会发展过程中的矛盾并没有浮现，外出打工依然是人们理性的选择，他们在"留守务农"与"外出打工"之间已做出了权衡与选择，因历史与现实等原因而没有接受学校教育的"大多数"，对这一劳动分工"任劳任怨"，并将这一选择归因于个人。然而他们的下一代未必如此，教育成为下一代社区人价值提升的关键。众所周知，"外出打工"本身是社会进步的重要指标，也为"人的发展"提供了重要条件，"外出"本身使社区人突破了"狭隘地域性"的限制，打破了社区人传统的对自然与群体的原始性依赖，使社区人在更为广阔的范围内自我定义成为可能；而"打工"本身也是社区人生计方式的多元选择的结果，也是社区人摆脱物质贫困的方式，实现人更丰富定义的手段。而要使这一"人的发展"趋势得到良性发展，教育无疑是一剂良药。

任何人的生存与发展都是有着自己的根基的。德国著名教育哲学家博尔诺

---

① 联合国教科文组织. 反思教育：向"全球共同利益"的理念转变？[M]. 联合国教科文组织总部中文科，译. 北京：教育科学出版社，2017：28-29.

夫（O. F. Bollnow）认为，如果谁想在世界上适应环境且正常生活，那么他就必须在空间上取得一定稳固性。换言之，他必须在这个空间某个位置扎根，该位置不是空间内任意点，而是他所依附的"家"的所在，是他感到与之相连的地方，是他"在家"的处所。而在这空间的居留，即"居住"，是以人的某种内在的精神状态为基础的，教育的目的不仅是给人们提供了安全空间，而且是发展他们真正居住的内在条件。唯有如此，人们才有借此不断向无限空间进军的动力源泉。① 可见，羊望社区是社区人扎根之所，是社区人向外界无限空间"流动"的起点，在这一起点扎根，并非社区近年来所掀起的"修房之风"就可以实现的，而是一种苗族村落社区文化的承传。在社区学校里，大都以主流文化为起点，对本土教育有意无意忽略。羊望社区学校正门阶梯两旁用瓷砖砌着两张地图，一张是"中国地图"，另一张是"世界地图"，这也许是学校追求对称而非有意为之，但作者认为这本身就是对村落社区"地图"的无意忽略。而对社区文化模式疏忽，社区儿童是难以获得向无限空间进军的持续动力之源的。

"教育能够是，而且必然是一种解放。"② 教育之于人不仅是最长久、最具生命力的解放方式，也是人类解放不可或缺的内在环节。真正的教育必然是促进人类不断获得解放与自由的方法，③ 这里的"真正的教育"，我们认为是学校教育与本土教育的综合体。因此，"本土教育"是社区人在社区"居住"的内在条件，是社区人自我定义最直接的教育维度，而学校教育是社区人向无限空间"进军"的直接推动力量。总之，学校教育与本土教育的有机整合，是推动社区人"存活"质量日益提升的力量，是社区生活"异化、物化、去自我化、非理性化、虚无化"的抗拒与改造的力量，④ 社区人从"对自然束缚"的解放到"对物依赖"的解放，使人获得一种艺术性的生活方式，使人获得真正的自由，即获得了人的本质；在认同意识上，由社区认同、民族认同，到国家认同，乃至世界认同迸发；在人的发展上，由"社区人"到"国家人"，最后发展至"世界人"。总之，人类教育之目的，在于使每个人获得自由而全面的发展。

---

① 博尔诺夫. 教育人类学 ［M］. 李其龙，等译. 上海：华东师范大学出版社，1999：78－89.

② 联合国教科文组织国际教育发展委员会. 学会生存——教育世界的今天和明天 ［M］. 北京：教育科学出版社，1996：175－176.

③ 刘同舫. 人类解放视域中的教育价值合理性探析 ［J］. 教育研究，2010（8）：30.

④ 吴全华. 生活的改变与教育对生活的改造 ［J］. 当代教育与文化，2013（5）：1.

第二节　民族村落社区学校教育与本土教育之关系

一、民族村落社区学校教育的本质与价值

（一）民族村落社区学校教育的本质

教育的概念混乱也是国际性问题，它是随着人类对其意义的认知变化而变化的，在历史上，我国古代的"教育"散见于"得天下英才而教育之，三乐也"；"教，上所施，下所效也；育养子使作善也"等论述之中，而西方"教育"一词也多源于拉丁文 educare，即有"引出"之义。从我国古代"教"与"育"的含义看，"教"的甲骨文"𣁳"字是手执鞭训导小孩演卜之形，西周学校就有"朴作教刑"的记载。而"育"的甲骨文"𣫞"也有妇女育子之形，有"孕育、养育"之义，《诗经·小雅》中"拊我畜我，长我育我"一句中的"育"也为"生育""养育"之义。由此可见，"教"本质就是外施内效，由外向内，体现了社会的意志；"育"本质就是孕育、养育，由内向外，反映了个体成长的需要；两者走向不同，因而内在决定了教育自身的矛盾,[①] 充分说明了"教"与"育"是一个矛盾对立统一体，在很大程度上折射出社会与教育的矛盾。[②]

而教育本质，即教育质的规定性，也就是对"教育是什么"的回答。长期以来，学者对"教育本质"的研究多为对"学校教育"这一约定俗成的限定的研究，本研究前面已提到，因教育学的产生是学校教育推动的，学校教育成为教育学研究的主要对象，甚至是唯一的对象，因而有"无教学的教育"之说。从广义而言，人与教育之间始终相伴相随，人类的产生也就是教育的产生，人的出生就是教育的出现，因此，夸美纽斯（J. A. Comenius）认为，"假如要形成一个人，就必须由教育去完成。"康德（I. Kant）同样认为，"人只有靠教育才能成人，人完全是教育的结果。"可见，这里的"教育"并非特指学校教育。学校教育是人类发展到一定阶段的产物，而学校教育也仅是人在特定时空限制下发生的。人在学校场域外，教育同样产生，它成为人多样化存在方式的促进

[①]　王健. 从甲骨文字形看"教"和"育"［N］. 光明日报，2013 – 04 – 10.

[②]　刘智运，胡德海. 对教育本质的再认识［J］. 北京大学教育评论，2004（4）：103.

力量。

从社区学校教育发展的历史轨迹看，在学校嵌入之前，国家触角也尚未延伸及社区，此时，社区人开启多样性生活，就整个社区范围而言，本土教育给予社区人丰富的生活样式，而学校教育嵌入后，人们仅关心学校如何按照工业社会（或主流社会）的学校教育发展系列"进化"。学校"教育迅速地从旨在使每一个人的内在禀赋在一套核心价值观的指引下得到充分发展的过程蜕变为一个旨在赋予每一个人最适合于社会竞争的外在特征的过程"①。学校在社区一出现就作为一套国家"社会化"机制，它是国家触角伸入社区后的配套机构，它通过有目的、有计划、有组织地培养社区儿童成为"国家人"，以实现"社会整合"。诚然，学校教育是"旨在使每一个人的内在禀赋在一套核心价值观的指引下得到充分发展的过程"，即"育"。而在"社会整合"，即"教"的前提下，"在不同社会中'教育'进行社会整合和引领个人自由发展的式样具有丰富的多样性"②。而以主流文化为背景的核心价值观指引下的社区现代学校教育中，"育"的功能释放空间被压缩，最后几乎仅剩"国家整合"这一"教"的本质功能了。在社区里，学校教育本质中"教"与"育"之间的矛盾潜隐起来，给人们制造了一种"矛盾已解决了"的假象。

而在国家力量的推动下，学校教育取得了压倒式优势，统治社区教育场域，使本土教育逐渐失语，村落社区年轻一代甚至"视之如草芥，弃之如敝屣"，这是"嵌入村庄的学校"两种功能的有限性所造就的，"社会整合"与"社区整合"之间，即"国家人"与"社区人"之间的矛盾；个人又难以在以主流文化为背景的核心价值观指导下的现代学校获得充分发展。社区儿童欲以学校教育作为未来存在方式的通道，那么，就有可能陷入"社区人"与"国家人"之间"接缝处"所留下的"陷阱"。什么知识最有价值？众所周知，学校教育内容的选择是在一定"价值"指导下进行的，虽然"价值"是指"客体"对"主体"需要的满足，但这一"价值"在教育者与学习者两个主体之间存在认同上的差异，这种差异是以学习者的妥协而告终的，使学习者失去自我选择的余地。③ 这就封闭了学习者未来存在样式的丰富性，使社区学校教育价值在社区人那里有着自己的诠释空间。

---

① 汪丁丁. 教育的问题［J］. 读书，2007（11）：39.
② 巴战龙. 学校教育·地方知识·现代性——一项家乡人类学研究［M］. 北京：民族出版社，2010：279－280.
③ 姜月. 论学校教育的悖谬——基于文化视角的分析［J］. 教育研究，2009（1）：66.

"社会整合"本身就是引导各区域、各族群的人对社会认同、国家认同,进而使人们摆脱了狭隘的区域、群体、个体的束缚,将人在更为广泛的场域内自我定义,是增强人的社会性的一种表现,是提升人的价值的一种方式。当然,"社会整合"也并非就是实现"天下大同",而是通过"各美其美""美人之美""美美与共",进而实现"和而不同""和则生物"。然而,"社会整合"关键在于对人的内在精神的培养,遵循"我"的发展规律,从"我"开始,向"我家""我社区""我国家""我世界"的"差序格局"拓展。而非经由没有根基的"社会整合",以实现"跨越式"的国家认同。① 试想,没有足够对其所属家庭、社区的认同,尚未获得"认同"的内在素养,更遑论其对社会或国家,乃至世界的真正意义上的认同。

然而,没有国家政权及其学校教育嵌入,即国家的"社会整合"无法充分发展,那么,民族村落社区原有教育的"社会整合"仅在较为狭小空间内进行,人的社会性必然受到这一狭隘的范围束缚,因此,"国家整合"是提升人的"品位"的途径。因此,理想的学校教育,理应将学校文化与社区文化链接,促进社区个人生活、社区生活、国家(社会)生活、世界生活链接起来,形成可以自由往返穿梭的畅通通道,借此,实现社区人、国家人和世界人等不同角色身份的自由切换。

社区"文化人"中的"文化"是个案村落社区约定俗成的称呼,事实上,称为"现代文化人"更为合理。社区人并未意识到自己生活于其中的意义之网。进入学校,即"现代学校",村落社区家长就不再愿意将自己的传统文化传承给他们的子女,以避免文化冲突,以及挤压有限的学习时间。"人是文化的存在物,他所属的文化是他不可逃避的生活世界,也是他进行各种活动的基本条件。"②"现代文化"附载着"物质利益"吸附力,使社区家长与学生更为关注;个人疏于本土教育(文化传承),未能在社区形成个体文化生成,就奔忙于"现代文化",立志在此获得个体文化生成,然而,由于现代学校过度重视"科学世界的教育"而忽视"生活世界的教育",简化了丰富的文化内容,学校教育正如潘光旦对20世纪二三十年代的中国乡村教育所描述的一样,"似乎唯一的目的在教他们脱离农村,而加入都市生活。这种教育所给他们的是:多识几个字,

---

① 当然,"我""我家""我社区""我国家""我世界"等发展规律也并非封闭发展的,而是相互关照、相互支援的。如"我"的生成,必须需要"我家""我社区""我国家""我世界"关照,但"我家""我社区"是最直接的资源,"我国家""我世界"是间接资源,并非可有可无的。

② 李娜. 试论文化的个体生成与文化自觉 [J]. 北方论丛, 2011 (6): 120.

多提高些他们的经济的欲望和消费的能力，一些一知半解的自然科学与社会科学的知识和臆说为多，……至于怎样和土地及动植物的环境，发生更不可须臾的关系，使 85% 的人口更能安其所遂其生，便在不闻不问之列。"①但是，一旦他们的文化生成进程受阻，或人生命运不济，迫使他们返回村落社区，他们就难以在社区进行文化的再生成与创造，"文化边缘人"自然而生。

现代学校因其文化内容选择、传承模式与目的的价值主体差异，社区学校的教育价值失落，村落社区"文化人"并没有像学校教育的价值预设那样，使社区人的价值得以持续提升，相反，学校教育似乎成为村落社区"85%"的人价值提升的障碍。

（二）学校教育"再生产"：四代文化人

学校教育若以学习者所属的核心价值为指导而发生，并在国家整合轨道下运行，那么学校教育本身就仅有"教"与"育"的矛盾，然而这是矛盾的对立与统一的过程，矛盾的双方是相互依存的，在双方对立统一的联动过程中，最终可实现人的全面发展之鹄的。而在一个民族村落社区，学校教育再生产予以其"产品"，即"文化边缘人"另外一种境遇。

第一代文化人在哪里接受教育，是现代学校教育还是旧式封建教育，目前无籍可考。在丹寨县境，现代学校教育的介入较为迟缓，我们姑且认为社区第一代文化人接受旧式的"私塾"教育。1944 年，社区出现了由第一代文化人所开办的"私塾"教育，所以第二代文化人处于新旧社会交替之际，他们的早期教育都不同程度地接受了旧式的封建"私塾"教育，后期教育却是在现代教育体制中进行的。第三代文化人的启蒙教育是在第二代文化人所创设的社区学校（没有校名）进行的，虽以现代学校教育为框架，而且，私塾的文化再生使命已终结，让位于新式现代学校，却遗留着"私塾"的许多特征，而第三代文化人的后期教育几乎是在现代教育体制下进行的。第四代文化人是在第三代文化人所主持的羊望民办小学接受学校教育的，"私塾"气息已无影无踪了，"临摹"着现代学校的框架或样式，只是这框架的实现过程困难重重罢了。第五代文化人就是 1980 年后的一代，完全接受现代学校体制，此时学校现代化程度也得到很大发展。

总之，学校作为村落社区发展过程中的产物，作为一种外置机构，当时社区学校并非羊望社区的产物，而是一种外来的、异域文化生产机构，其所生产的人，在社会价值、行为模式、文化结构、个性特征等方面都与国家上层教育

---

① 潘乃谷．潘光旦释"位育"［J］．西北民族研究，2000（1）：6.

设计有所差异，甚至大相径庭，因此，在村落社区这一小小背景下，复演他们
独特的存在样态，是反思现代学校教育的一种方式。①

1. 第二代文化人：新旧学校"产品"素描

第一代文化人在第三章已叙述，而且第一代文化人所接受的教育多为私塾
教育，没分年级，大都未进入体制，均为社区自主赋予他们"文化人"身份，
在此不赘述。为了统计与叙述便利，我们对每代文化人作年龄界定。第二代文
化人以初中生为主，少量虽仅小学学历，但村落社区赋予其文化人身份，如该
文化人还健在，年龄为65~85岁之间。第三代文化人均初中以上学历，年龄为
50~65岁之间。第四代文化人高中以上学历，以进入体制的人为主，年龄为40
~50岁之间。第五代文化人40岁以下，以进入体制的人为主，或大学本科以
上，待业或未毕业。这四代文化人中，几乎都在社区学校接受过教育，属于社
区"走出来"的人。

表5.1　羊望社区第二至五代"文化人"

寨　名	第二代（体制内外）		第三代（体制内外）		第四代（体制内外）		第五代（体制内外）		小计（体制内外）		总计
	内	外	内	外	内	外	内	外	内	外	
下羊望	5	1	0	2	9	0	2	0	16	3	19
上羊望	3	0	2	0	5	0	3	3	13	3	16
大　豆	4	1	6	0	9	0	2	8	21	9	30
党　期	2	1	0	1	5	0	1	4	8	6	14
岩　寨	0	1	1	1	3	0	0	3	4	5	9

从表5.1可看出，社区学校（私塾、羊望民办小学）所生产的第一代文化
人，我们称之为社区学校第二代文化人，他们的共同特点是都接受"私塾"教
育。这一代文化人所处的时代，扬武乡政府所在地已设立小学，仅有丹寨县城
一所初中，高中部时断时续。1944年，村落社区"岩寨私塾"开设，到1947年
的"大菜园私塾"终结，他们都在社区"私塾"接受启蒙教育。在那个时代，
大多数社区人的学校教育生活随着私塾的兴起而开始，随着私塾终结而终结，
仅有近1/3的人能进入现代学校，有极少数人进入初中，形成村落社区第二代

---

① 司洪昌. 嵌入村庄的学校——仁村教育的历史人类学探究［D］. 上海：华东师范大学，
2006.

文化人。他们之中，多数人挤进体制的路径较为曲折与坎坷。这一代文化人除王永周和李延贵之外，都有一个特点，妻子与子女均在家务农，而且他们均在丹寨县境内工作。

（1）人物速写

王德昌，男，1933 年生，下羊望人，高中学历，已逝。在丹寨县粮食局工作，妻子务农，育有两男三女，除王德昌本人外，全家人均分得责任田。大儿子王平，专科学历，在西南民族学院进修，获本科学历学位，现任丹寨县政法委副主任，人大原副主任；二儿子王江，原丹寨县教育局第一副局长，现为丹寨县宣传部副部长，专科学历，最后学历未知；大女儿王琼，中专学历，现为小学教师；二女儿王芬，中专学历，现在丹寨县医院工作。

王富先，男，1935 年生，下羊望人，小学学历，已逝。入伍转业后，分配在新疆工作，因其身体不适应新疆环境，复员回乡，当时国家正好有政策，退伍并具有小学学历可以担任小学教师。妻子在家务农，除王富先本人外，家人均分得责任田。王富先是羊望民办小学的创办人。育有三男一女，三个儿子均初中以上学历，小儿子中专学历，大儿子二儿子均在丹寨大萍农场工作，小儿子王群毕业于凯里农机学校，毕业时正好赶上丹寨县中专生不分配，无奈现在广东打工；女儿未读书，现在社区大豆寨务农。

王富国，男，1934 年生，下羊望人，小学学历，已逝。退伍后，分配在丹寨县印刷厂工作，妻子在家务农，育有三男一女，除王富国外，全家均分得责任田。大儿子王贵晴现在家务农，原是羊望民办小学开办初的民办教师，因各种原因离开；二儿子与三儿子退伍后，均通过迂回途径进入体制，现在丹寨县龙泉镇派出所工作；女儿凯里农校毕业，现在某乡镇工作。

王富民，男，1936 年生，下羊望人，已逝。小学毕业后，考入榕江师范学校，由于种种原因，弃学回家务农。新中国成立以后，当了土匪，后来被剿，死在雷山县境。

王富强，男，1936 年生，下羊望人，初中学历，原丹寨县人大主任，育有四男一女。大儿子二儿子已婚，在家务农，三儿子四儿子无业，往返于打工与县城之间；女儿在家务农。

王正一，男，1934 年生，上羊望人，退伍后在安徽省工作，至今下落不明。

王永周，男，1935 年生，上羊望人，先后就读于"岩寨私塾""小豆私塾""大菜园私塾""扬武乡中心国民小学"、丹寨中学（初中）、贵州大学高中部、中央民族大学等，大学毕业后几经辗转，最后在贵州省委党校工作，直至退休。其前妻骆礼霞初师毕业，曾调到羊望民办小学任教。离婚后，在贵阳再婚，现育有一子。王永周是羊望社区第一个本科生。

潘永邦，男，1936年生，大豆人，小学学历，在贵州省地质队工作，现已退休，妻子务农，育有三男，大儿子二儿子均中专毕业，现在贵阳市工作，三儿子技校毕业，现长期在贵阳及周边自主经营服务行业。

潘永林，男，1937年生，大豆人，初中学历，育有两男两女，均为务农，无一人延续其斯文，先后就读于"岩寨私塾"、扬武乡中心国民小学、丹寨中学，初中毕业，到贵州农学院读高中，中途退学回家务农。曾参与李朝林创办的羊望学校，开学后离开，受聘于凯里县扬武小学，1961年，根据黔东南州相关文件精神，被召回家务农。

潘永坤，男，1935年生，大豆人，小学学历，妻子在社区务农，育有两男一女，大儿子和女儿小学未毕业，小儿子小学毕业后跟随父亲在县城读初中，未进体制，潘永坤原在丹寨县油库工作，退休后回家务农至今。

潘永贵，男，1934年生，大豆人，小学学历，退伍后，原在丹寨县汞矿监狱工作，因犯重婚罪被撤职。回家后，投入已忘得差不多的农业生产，几乎一切从头开始，但几年后就顺利适应，与社区其他人一样。

潘永全，男，1936年生，大豆人，初中学历，育有三男一女，妻子务农，大儿子小儿子及女儿均务农，二儿子通过内招进入省财校读书，毕业后接替父亲银行工作。

李延翔，男，1937年生，党期人，早年丹寨与雷山并县，在雷山县读完高中后，留在雷山县某单位工作，妻子雷山县人，职业不详。自从其父母过世后，几乎20年才回家一次，社区人基本忘记此人，这给社区人带来一丝神秘感。

李朝奴，男，1936年生，党期人，初中学历，已逝。原在丹寨县某银行工作，后期因账目不明而被判入狱，劳动改造积极，获提前释放条件，但在释放前病故。

李有为，男，1938年生，党期人，初中毕业时，家庭经济困难，放弃继续读高中，回家务农。没有儿子，仅育有三个女儿，均小学毕业，现嫁在社区内务农。

李汪嘎，男，1935年生，党期人，小学学历，退伍后在都匀市某单位工作。

李朝林，男，1934年生，岩寨人，初中学历，务农，育有三男一女，大儿子与小儿子小学学历，均务农；二儿子高中学历，曾在丹寨县保险公司等单位跑过业务，现已辞职回广东打工；女儿嫁到大豆寨务农。李朝林是羊望社区学校的主要创办者。

（2）重要人物的个案：生命史的记录

①王永周

王永周，男，1935 年生，上羊望寨人。他是在学校教育轨道上"永不脱轨"地走出来的第一人，是在羊望社区学校（"私塾"）真正意义上走出来的第一人，是羊望社区的第一个大学生，第一个本科生，第一个教授，第一个在省城贵阳工作的人，等等。在村落社区学校教育论述中，谈及"第一"，几乎难以回避"告洗确"（苗名，苗语音译）的印迹。他已成为社区儿童学校教育的终极目标，指引着人们的学校教育目标与方向，对社区学校教育有着重要的影响。

求学经历：

王永周生于贫寒之家，父亲去世较早，家里有两个兄弟、一个姐姐。父亲去世时，姐姐 14 岁，大哥王永邦 12 岁，弟弟 6 岁，王永周也才 10 岁。当时母亲安排大哥耕田养家，弟弟在家放牛、砍柴等，姐姐做"讨"猪菜等家务，让处于中间年龄的王永周读"汉书"，在这样的家庭安排下，三个天资聪明的儿子中，仅有王永周一人获得了读书机会。对于这样的家庭安排，王永邦对课题组说：

> 我爸死的时候，我 12 岁，弟弟 6 岁，"告洗" 10 岁左右吧，我也很想读书的，但我妈要我在家耕田，家里就我最大，我也没办法，那时"告洗"正是读书年龄，只能让他随便读读啦，反正小弟还小，还没到读书年龄呢！（王永邦，2013 年 10 月）

1944 年，王永周就读于由第一代文化人李正华与李朝邦开办的"私塾"，与同代文化人李朝林、李有为等为同窗。一年后，随着"岩寨私塾"迁往大豆寨，又一年后，因国家政策的挤压，生源减少，"私塾"解散。此时，已接受两年学校教育的社区儿童纷纷返回家务农，极少数人直接进入当时的"扬武乡中心国民小学"继续读书，而王永周选择在当地士绅马文强开设的"大菜园"私塾上学。对于这一点，长王永周两岁的大哥向我们介绍了大概经过：

> 当时"大豆私塾"解散后，羊望社区一时又没有学校了，好多人都不知道该走哪里，大部分人很自然地回家种田，反正他们已长大了，"告洗"那时有十二三岁了吧，可以种田了的，我妈都不知道让他回家还是让他去扬武继续读书，羊排马家地主马文强在"大菜园"开办"私塾"，所以很自然就选择了"私塾"，反正离家近嘛，花钱也不多，家里也有我负责耕田，小弟王永新放牛、要柴等，家里生活暂时还能维系。那时跟他一起在"大菜园私塾"读书的同学，我能记得的好像还有党期的李廷飞、下羊望的

王德先、同寨的王连米，等等。一年后，"大菜园私塾"也因学生太少，收不到多少钱而解散了。在老师的不断劝说下，母亲还是让"告洗"继续去扬武小学（当时确切名称好像是"扬武乡中心国民小学"）读书。我还记得"告洗"去扬武小学读书时，因其读过三年"私塾"，所以可以直接读三年级的，但在考核时写错了一字，老师不让他读三年级，非得让他从二年级开始读，我还记得那老师名字叫"潘元荣"呢！（王永邦，2013 年10 月）

从王永邦的表述中，几乎可看出他对其弟弟学校教育的关注，不仅是对弟弟学习本身关心，而且是对学校教育的一种渴望。这说明了村落社区人沿着"学校教育"轨道走出来，过程之中充满了太多的偶然，只要一个小小的环节出了差错，都会轻易"脱轨"。

其实，在那个年代，对社区人而言，私塾与现代学校并没有什么区别，他们也不了解到底有什么本质上的差异，对两种新旧教育制度的选择均为"就近"原则，只有在封建旧制"私塾"接连被现代学校体制挤兑而无处存活，退出历史舞台后，社区人才被迫选择了现代学校教育。

到"扬武乡中心国民小学"读二年级后，因王永周本人天资聪明，也因其年龄偏大，二年级课程学习得心应手，成绩年年优秀，受到老师的好评，一改读"私塾"期间那种枯燥的学习心情。那时跟他同窗的有扬武乡"名人"，原水利部农水司司长吴明忠，并与其同窗直到高中毕业。

王永周1953 年小学毕业，以优秀成绩考入丹寨中学，就读初中一年级，那时他已近17 岁，在村落社区里，已到了"成家"年龄；加之母亲的去世，姐姐的出嫁，家庭经济贫困成为其继续沿着学校教育轨道前行的阻力，在国家少量补贴下，两兄弟勉力维持着，其堂兄已成家，常常伸出援手，在多个看似极其微小的"支点"上，王永周咬牙读完初中，并以优异的成绩考上高中，但那时只有贵州大学设有高中部，学校远在省城贵阳，所幸的是，那时国家对优秀贫困学生补贴较多，因此，王永周就靠着国家补贴顺利读完高中，考入当时的中央民族学院政治理论本科。

工作与生活：

1960 年，大学毕业，王永周响应党与国家号召，分配到社区所属凯里县县委宣传部工作。1958 年12 月，炉山县、麻江县、丹寨县、雷山县四县合并成凯里县，其实县城暂设在当时凯里县杏山公社（现在的麻江县城），1961 年8 月，恢复麻江县和雷山县，原县境丹寨、排调、兴仁、永乐4 个公社复建为区，丹寨区和兴仁区属麻江县，排调区和永乐区属雷山县。羊望村社区属丹寨区，自然隶属于麻江县，王永周依旧留在麻江县工作，工作地点不变。此时，经人介绍，他结识了刚初师毕业并在扬武小学初小任教的骆礼霞老师，仅见几次面，就确定关系，几年后结婚，骆礼霞也成为羊望村社区中的一员，1970年羊望民办小学开办后不久，就被调到羊望村社区学校任教。

1962年10月20日，经国务院批准，丹寨恢复独立建县，许多原丹寨县工作人员均从麻江县城撤回丹寨县城工作，当时丹寨县人才紧缺，《丹寨县志》记载，1964年第二次人口普查，整个丹寨县仅有大学文化程度人口131人，占总人口的0.16%，① 更何况王永周是正规名牌大学本科生，这样的人才在当时的丹寨县境屈指可数。因此，新恢复的丹寨人事部门也筹划着将王永周引回丹寨县工作，但因各种原因被王永周婉言拒绝了，为此，丹寨县有关部门领导还长期"颇有微词"。其弟弟王永新无意中听到别人对王永周的议论：

> 我那时去丹寨县城办事，有几个人当着我的面在议论"告洗"，他们不知道"告洗"是我兄弟，看他们好像是刚开完会议的样子。我听是在议论"王永周"，就凑过去听听，其中一个人说："王永周，是我们这里的人，都不愿回到丹寨来工作，忘本啊！"另外一个回应道："是啊，你看读书那会儿，可怜兮兮的嘛，现在都忘记到哪里去哩！"我听了这话，又可气，又可笑！就算"告洗"回来，你们会重用他吗？你们还不是照样拉帮结派的？（王永新，2013年10月）

留在麻江县工作期间，妻子骆礼霞老师从羊望民办小学调到麻江县城工作，两人总算解除了几年的两地分居之苦。但因王永周长期在外出差，与妻子感情逐渐冷淡，不断传出不良风声，每次出差回家，不是"小别胜新婚"，而是一见面就争吵，最后只好分居。当时，在骆礼霞邀请下，王永邦、王永新两兄弟还亲自步行到麻江县城，试图挽救即将破裂的婚姻，对此王永新还记忆犹新：

> 我们收到骆礼霞来信，信中她邀请我们去劝"告洗"跟她和好，我和"告依"（苗语音译，王永邦）商量后，决定步行前往。但我们去麻江后，"告洗"并不愿跟我们更多谈及他与骆礼霞之间的矛盾，一味叫我们吃好喝好，只说两人行事风格差异太大，两人的喜好差距很大，其他就没有说什么了，第二天他带我们到处逛逛，第三天我们就回家了。不久他们俩就离婚了。（王永新，2013年10月）

---

① 文兴林. 丹寨县志 [M]. 北京：方志出版社，1999：165.

就这样，社区人这一苗汉"跨族婚姻"宣布失败，两人原以为长期的学校教育会使他们的生活模式产生更多交集，进而引向同一生活轨道上，却因为各自民族文化早已在两个人身上生成与展演，面对着生活的琐琐碎碎，两人无法容忍对方对自己文化而言的"越轨行为"，最终无法共续连理。①

"革命"后，王永周被调到贵阳，原想去生活较为单纯的大学工作，但未能如愿，最终被省政府分配到贵州省委党校当一名教师，直至退休。贵州省委党校设在花溪，王永周在这里结识了当时在花溪区统计局工作的第二任妻子。其妻子也是汉族，却有着不同寻常的经历，"胸怀天下"使她有着"身居茅屋"的勇气与动力，初中时就志愿到苗族村落社区插队当知青，而且一去就是五年，其间，她已初步获得了苗族文化生活体验，因而，对王永周有着一种天然的情愫，也成为王永周第二次跨族婚姻的条件与交集，但两者文化差异是根深蒂固的，生活中琐琐碎碎的差异依然在所难免。但两人用学校教育的力量紧紧地走在同一轨道上，直至今日。对这一种文化差异的结合所带来的困扰，在与其妻子交谈中可见一斑：

> 我儿子王晓以后结婚一定找汉族的，而且最好不是来自农村，因为文化生活相同对夫妻的交往太重要了，婚姻是一辈子的事，一辈子相互迁就的生活，质量会降低不少，而且很多人都很难走到最后。我跟王永周就是个例子，我们之间生活方式有太多的不同了，要不是我们努力相互迁就，早就分开了。(2013 年 1 月)

正如美国著名人类学家本尼迪克特（R. F. Benedict）所言：

> "个体生活的历史中，首要的就是对他所属的那个社群传统上手把手传下来的那些模式和准则的适应。落地伊始，社群的习俗便开始塑造他的经验和行为。到咿呀学语时，他已是所属文化的造物，而到他长大成人并能参加该文化的活动时，社群的习惯便已是他的习惯，社群的信仰便已是他的信仰，社群的戒律亦是他的戒律。"②

村落社区文化对王永周而言，是先验性存在，王永周是社区文化的特定产品而已，王永周 11 岁才读书，3 年私塾、5 年小学，也就说，18 年的社区生活，就本土教育内容而言，砍柴、割草、放牛、打猎、围鸟、打谷子、栽秧等社区

---

① 当然，当时离婚是一个复杂因素所致，但文化差异是他们婚姻失败的重要因素。

② 本尼迪克特. 文化模式［M］. 王炜，等译. 北京：生活·读书·新知三联书店，1988：5.

生产技能无一不晓，说明苗族文化早已在其身上生成，已先在地成为其一生全部生活的底色，难以挣脱。

对社区的教育及影响：

王永周与前妻无子女，与现妻育有一子，名字叫王晓，生于 1980 年，1999 年考上中南财经政法大学，毕业后分配到某电网工作，现为中层干部。由于性格趋内向，工作繁忙，至今依然未婚。我们对王永周夫妇访谈时，二老不断吩咐帮忙在大学或事业单位给他们儿子介绍对象，要求"很简单"，一是必须汉族，二是不能来自农村，对于这一点，二老担心我们会有些什么误会，还专门做出解释："不是我们看不起农村孩子，而是城市孩子与农村孩子文化生活差异太大，要克服难度极大，这一点我们深有感触。"

也不知道为什么，王永周从工作到儿子考上大学，20 余年未回到羊望社区的家，对此，社区人众说纷纭，我们更愿意认为，这是作为社区文化的携带者的王永周终其一生在适应着城市文化与生活，因而导致村落社区生活有意无意地被忽略。儿子考上大学，他第一次携妻儿回羊望社区，找回"根"的感觉。

他的"不回家"，给社区人带来神秘感，村落社区对其赋予漫无边际的"臆说"，对社区儿童而言，"可望而不可即"，少了几分学习目标参照物的价值。然而，亲戚们通过主动与王永周接触，不断消解他的神秘之感，对他的亲戚而言，王永周已成为一个具体的人，一个活生生的人，一个可望也可及的人。

首先受其影响的是他的大哥与弟弟，二人均未上过学校，一生仅参加不到一个月的扫盲夜校，通过自学，他们俩的真正文化水平与社区其他文化人相比，有过之而无不及。王永邦重"理"，他对数学特别感兴趣，尤其是珠算被称全村第一，在大集体时代，长期承担村会计工作；而王永新重"文"，对政治有所偏好，喜欢讨论国家大事，对中国近现史了如指掌，直到今日他仍然随时关注时事政治，语言表达流利，曾担任羊望村村主任，之后一直担任调解员。兄弟二人虽未进过学校，却早已被社区人赋予"文化人"身份，实属鲜有，很难说这无不与其兄弟王永周的影响有关。对此，王永邦还给作者谈及他的学习经历：

> 因我妈安排我在家耕田养家，所以我没有进过学校，只断断续续读过几晚上的夜校，但我很认真，随时找机会学习，见路边有可写字的石子或木炭就找块地方写字，晚上睡觉都想到读书呢！在"大菜园"读夜校时，我成绩太好，奶奶担心我离开她，就反对我继续读书。过不久，我又去党期读夜校，就慢慢学当会计，但还是有很多不会。那时王学才是小学毕业生，总想去问他，问多了他也常常有些不耐烦，我只好自己摸索，加班加

点，边学边做，很辛苦。后来，我有机会去麻江下司学会计50天，我如饥似渴，还获得一张奖状哩！1956年，在光前社时，我协助会计李正华搞统计，之后我就是会计啦！（王永邦，2013年10月）

同样，王永新也有与大哥一样的学习与发展的经历：

我现在73岁，我们家有三兄弟，我爸过世早，我妈安排我大哥在家耕田，二哥读书，我在家放牛和打柴。所以我没机会读书啦！后来在羊望小学上了16个晚上的夜校。1958年10月份去水城（离现在的水城有20公里左右）修铁路，在那里也不断找机会学习，写信啊这些都在那里学会的。（王永新，2013年10月）

可见，王永周在其大哥和弟弟眼里，并没有什么神秘可言，之后差异仅是家庭安排的"偶然性"结果。他们深知，王永周仅仅靠个人努力而获得进入国家体制，就先天素质而言，并不与另外两兄弟有多少差异。所以他们通过后天修补，也曾获得挤入体制的机会，只因时运不济。王永邦是因其妻子的阻挠，没有进一步发展，而王永新更是与国家体制近在咫尺。

1958年10月我去水城修铁路。那时，国家有文件说，在我们铁路工人中，计划留20%当正式工人，我那时已有一定的文化，单位原本要给我转正的，但因1958年"大跃进"，"出工一条龙，活路一窝蜂"，国家又抽调大量人力大炼钢铁、新修铁路，加之1959—1960年大饥荒死去许多人，使各地劳动力极度缺乏，黔东南州要求所属人员全部回乡务农，我人生唯一"吃官饭"的机会就化为泡影了，1961年，我只好回家务农，直至现在。（王永新，2013年10月）

王永周对其亲戚的影响是深远的。其创造了村落社区无数个的"第一"，近20年后才被侄子，也就是王永新的儿子王正国所追平。最早的直接影响是，其妻子骆礼霞因与王永周结婚后成社区人，被分配到刚创立的羊望民办小学任教，在她的带动下，王正国未满7岁就跟随姐姐一起上学。未满7岁就读书，对社区人而言，本身就是一个新的突破，当时的社区人都是10岁以上才开始读书的，大伯、二伯、伯妈、父亲、学校等为其构筑了一张学校教育文化之网，与社区本土教育之网一道，"先在性"地形塑着王正国，他从小学习优异，年年获得羊望民办小学"三好生"，高中毕业考上西南民族学院应用化学本科专业，毕业后先到黔东南师专附中任教，随后转到师专本部。前几年，在四川大学攻读在职硕士学位，毕业后调到钦州学院（现更名北部湾大学），随即评上教授，担任二级学院副院长，广西大学硕士生导师。他创造了社区一个个奇迹，延续了王永周的斯文。王正国的女儿也考上中山大学，外甥女李群也和王正国一样，在两张文化之网中吸取养分，考上贵州民族大学应用数学本科，去年分配到长青乡审计办工作；外甥也考取一所大学读专科。王永周大哥王永邦的外孙李昌祥2013年考上贵州师范大学本科，外孙女也在2019年考上贵州医科大学本科，进一步承传了王永周的斯文。

巧合的是，以王永周母亲分给其的私宅为中心，方圆不足10米，成为上羊望寨的"文化轴心"，甚至成为整个羊望社区的"文化轴心"，涌现第三至五代"文化人"，如王有昌、王有学、王正国、王标、王光学、王国昌、王荣祥、王明海、王明光，等等，而且大都在社区分别创造了学校教育的新纪录。王正国成为社区内第一位大学教师、二级学院副院长（副处级），王国昌为社区第一位硕士、博士，王荣祥成社区第一位中学校长，而且整个羊望社区的"纪录"均由这一"文化轴心"自我突破，他们代代接力着斯文，这一狭小的地带已成为社区人纷纷论述的"传奇地带"。

②李朝林

李朝林，男，1934年生，岩寨人。1944年，在自己家读"私塾"，先生是李正华、李朝邦。一年后随"私塾"迁至大豆寨，而"大豆私塾"解散后，直接转到"扬武乡中心国民小学"继续读书。相对王永周而言，在学校教育轨道上，李朝林已经"赢在起跑线上"，却阴差阳错，演绎出与王永周截然不同的人生轨迹。

图5.1 社区学校创始人李朝林

求学经历：

李朝林 10 岁开始读书，在李正华和李朝邦两人合伙在他家开办"私塾"时就读。在那里办学一年后，李朝林随学校迁到大豆再读一年。两年的私塾，成为李朝林的启蒙教育，"大豆私塾"解散后，他直接转到"扬武乡中心国民小学"，那时早已实行现代学制，从二年级开始读，三年级留了一级，16 岁才毕业。

> 我是 10 岁时开始读书的，当时就在我家楼脚的"私学"读，先生是"告王占"（李正华）和"告掠所"（李朝邦），当时"告掠所"还是中药师呢！在我家办学一年后，到大豆再读一年，老师只有李正华一名了，在两年私塾期间，教育内容"四书"，全天背诵，老师一般不做解释，以背为佳，不同学生背的不一样，背书也是不分年级的，都是没关系的，一句话，反正就是能记住为止。其实在我们读私学的那两年，朱砂那边就已建立公学了，但那时我爸他们觉得私学更好，学得的东西多得多，所以我才在私学读了两年。但是之后，大豆的私学已被取消了，我只有到扬武（扬武乡中心国民小学）从二年级开始就读，留级三年级，因此，读了六年才小学毕业。（李朝林，2013 年 12 月）

其实社区"私塾"的解散，同样给李朝林的家庭抉择带来困惑，继续读书还是让其回家种田？这几乎是那年代社区人家庭共同面临的困惑，大部分人选择后者，但李朝林的父亲是早期文化人，其叔叔李正华对其家庭选择也受到重要影响，最终选择了前者。作为李朝林本人，几乎没有选择权利，他的行为都是长辈选择的结果。许多有钱人家，一旦选择让孩子读书，就让其年年读书，尽管年年留级也照样供到一定年龄。因此，社区人里流行将"年年留级"的学生称为"万年鱼"。

李朝林 16 岁才小学毕业，那时整个丹寨县境内只有丹寨中学才设有初中部。继续读还是回家种田，又一次成为李朝林选择的困惑。那时作为第一代"文化人"的叔叔李正华已在当会计，生活较为富足，与体制内工作人员在物质上有过之而无不及，这不仅在物质上给予他一定支持，而且在精神上，李正华的"文化人"的榜样力量得以彰显。更重要的是，家庭劳力并非紧缺，种种因素，又一次促成了李朝林父母选择前者。因此，李朝林如愿以偿地到丹寨中学继续读书，1958 年初中毕业，丹寨中学当时并没有设高中部，要读高中就得到省城贵阳去。继续读书还是回家种田，这一问题又成为李朝林家庭选择的困惑，这一次却并不像前两次那么幸运，他的家庭选择了后者，原因很简单，父母年事已高，家庭缺乏劳力，经济贫困，无法供给。此外，在那个年代，"文化人"并没有十足机会进入体制，人们并没有看到直接的希望，而在社区当会计、支书等工作成了不错的选择。在这些多因素综合促动下，李朝林的家庭放弃了他继续就读高中的机会。

工作与生活：

在羊望村社区，"工作"是一种外来词汇，并不是广义上的工作，而是专指国家体制内的工作。但是，从其初中毕业到1978年前，作为"文化人"的李朝林的工作与生活是介于国家体制内外之间的。如1958年到贵州省地质局测量队四分队工作，1959年创办社区现代学校并在学校任教，最后到光前生产大队当会计，直到分田到户。在这近20年间，李朝林绝大多数时间是靠自己的"学校教育"资本获取其衣食之源的，繁重的体力劳动仅是他工作中很小的一部分。

初中毕业不久，李朝林被召进地质队，获得一次"吃官饭"的机会，可这一次又偏偏被那个"特别"的年代给剥夺了。

图5.2　李朝林在省地质队的合影

毕业后，我去贵州省地质局测量队四分队待了两年多，那时因为我有文化，局里决定让我"转正"，但偏偏此时黔东南州下文要求在外工作的农民全部返乡，以补充劳动力缺额，因此，我被迫返回家务农。

从地质队回来后，国家正好对农村办学政策放开，我随即找到支书、队长等大队领导协商，创办了羊望民办小学，时间约八月份，校址选在大豆潘永军家私宅，但不需要租金，教师只有我一个人，工资开始由大队用工分抵，后来工资由县财政统一拨发，15块钱一个月，大队还补充一些大米。公办教师大约一个月 20 块钱吧！当时的学生当中就有王有学①哩！第二年，校址迁到现址附近潘永安家，1962 年 2 月，由于国家精简机构，我的学校被精简掉了，在两年半的办学时间里，全部课程都是由我一个人教的，好多教学设备都是我自创（制）的哩！算盘、黑板、教鞭，等等。（李朝林，2013 年 10 月）

两年多的办学工作，是李朝林由学校返回社区后的一段缓冲期。试想，一个刚从学校毕业返回社区的学生，文化再适应的确是一件很艰难的事情。学校工作，确实给了他一份可以基本谋生的职业，更是给了他一个与粗重的体力劳动保持距离的借口。

学校被撤销后，李朝林不久就担任了羊望生产大队会计，这又延续着国家体制内外"边缘地带"的生活，同样与社区粗重体力劳动保持一定的距离，工作也较为安逸。

> 他们那些当大队领导的，又不用参加我们干活路，他们一伙人去这里看看，去那里看看的，有说有笑的，清闲得很啊！（李亚占，2013 年 10 月）

虽说李朝林的身份依然为农民，但他并非真正意义上的农民，他没有全职参与体力劳动并借以谋生，而是仅仅承担一些家务劳动罢了。而且，当生产大队会计，收入并不亚于当时的基层工作人员，以至于李朝林后来并没有设法向体制靠近，进而进入体制，而是维持着这一"清闲"的工作状态。

> 在当会计期间，扬武小学潘校长曾派人来邀请我去当教师，我还是婉言拒绝了。原因很简单，一是工资待遇实在太低，二是生产队急需要会计。因此，我选择当会计。"文革"将结束之际，大队领导也曾邀请我回去恢复学校，我还是婉言谢绝了，原因和上面的差不多。（李朝林，2013 年 10 月）

"文革"后期，生产大队邀请李朝林去恢复学校，这几乎是他人生靠近体制，继而进入体制的唯一"稻草"，但他没有认清时局，上羊望"王有学"就是在此时选择去丹寨县城读"速师班"后进体制的，而他让机会从指间滑过，至今悔之晚矣。

> 王有学那时只是小学毕业生吧，他选择去丹寨县读"速师班"，我们羊

---

① 王有学，男，羊望社区第三代文化人，20 世纪 60 年代初师毕业生，在南皋任教几年后调到羊望社区学校当老师，直至退休，一生嗜酒，已过世。可能因其文化程度及教学水平并不突出之故，社区文化人对自己命运不济时都拿王有学来比较，表明原本应该有比王有学更好的前程。

望有好几个文化比他高的，都不以为意，觉得没有意思，当教师工资那么低，哎，后面人家就好多了！（李朝林，2013 年 10 月）

李朝林的影响：

一个人对社会其他人的影响，是需要许多附加条件的。在教育影响上，李朝林的文化水平并不低，在这一代"文化人"之中，尤其包括那些进入体制者，他都属于较高学历的，但在这个物质贫乏的年代，对"物质财富"的崇拜是无法回避的问题，直至今日也概莫能外，学校"文化"仅是工具，财富才是目的。因此，学校文化崇拜是借以文化获取财富为前提的，后期的李朝林，并没有通过学校教育进入体制，或获得财富，因而只能如第一代文化人王永福一样，"穷"字挡住社区对其学校"文化"的关注与崇拜，也挡住他对社区人的榜样影响，缺乏了突出的"物质财富"，李朝林的"满腹经纶"对社区的影响显得多么苍白与无力。

李朝林育有三男一女，大儿子与小儿子小学学历，二儿子毕业于职业中学（职高），均在家务农；女儿未小学毕业，务农。李朝林是羊望社区现代意义的学校主要创始人之一，却没有一个子女受其影响而延续其斯文，孙辈也未出现过文化人，实属遗憾，但也几乎在情理之中。

我有三个男娃，他们均读过书，小学时我还给他们一定辅导，成绩也还可以，尤其是三儿子，但上初中后，我们也都比较忙，疏于辅导，最终就没有一个能有"工作"，哎，算了，不管他们啦！（李朝林，2013 年 10 月）

言语之间，表露出李朝林对自己无法为子孙提供榜样力量而叹息。

③潘永林

潘永林，男，1937 年生，大豆寨人。与王永周、李朝林一起，为"岩寨私塾"同窗，但与他俩不一样的是，他只读了半年"私塾"就转到"扬武乡中心国民小学"插班二年级学习，仅仅比前两人早了三年时间，按现代话语理解，他已"赢在起跑线上"。此外，他又与李朝林不一样的是，他较为积极地向国家体制靠拢，并读过一个学期的高中，但同样是时运不济，造成同样的结局。

求学经历：

1944 年，李正华与李朝邦在社区岩寨自然寨创办"私塾"，当时仅满 9 岁的潘永林就前往入学，仅在那里待上半年，"岩寨私塾"迁往大豆之际，父母随即就将其转入已推行现代学制的"扬武乡中心国民小学"，插班二年级继续学习。

我是属鼠的，比朝林小两岁，我在岩寨朝林家读过半年私学，那时私学是没有分学期的，先生是李正华和李朝邦，私学迁到我们寨子时，我就转到扬武接着读二年级了，比他们好多人去扬武读书早得多，但因留级多次，直到1956年才小学毕业。（潘永林，2013年10月）

1956年，潘永林考取丹寨中学初中部，读了三年初中，学习成绩较为优秀。1958年，考取贵州农学院高中部，随即远赴省城贵阳读书。直到那时，潘永林基本上按学校教育轨道顺利前行，走进"体制"几乎仅是时间问题。但造化弄人，仅读了半个学期就终结了。1959年，国家提出了破除封建迷信的指示，丹寨县政府有关部门贯彻执行，潘永林父亲因做"鬼师"而被抄家与批斗，使潘永林家庭无法再供其读下去了。

> 1958年丹寨中学初中毕业，考入贵州农学院（主要是读高中，现贵阳市乌当区农牧学校），读了一个学期，因父亲做"巫师"被批斗，两个兄弟已分家了，家里已没人支持了，只好回家干农活，当时大队支书潘光周因需要用人，建议我不回去（读书）了，要我带队去"挖深根"[1]。（潘永林，2013年10月）

但潘永林并不相信命运，他不甘心在体制外。过了不久，林东煤矿正抽调工人，他悄悄报了名，佯装是响应国家的号召去当煤矿工人，实际上，他自己打着小算盘，想借助去林东煤矿的车票，到贵阳时悄悄下车，直奔农学院，继续学业。但在年迈母亲的百般阻拦下，不忍心，最终还是留了下来。

工作与生活：

长期的学校生活，潘永林当然也不可能顺利地"再适应"社区的文化，他急需要一个缓冲期。我们知道，"教书"向来是入仕未果的"书生"不二的选择，社区学校就此应运而生。

> 去林东煤矿的"阴谋"不得逞后，在家也不晓得干哪样。看到社区里有好多不读书的小孩，羊望又没有学校，听说国家又有可在农村办学的好政策，就立即有了在羊望开设学校的想法。去跟朝林一谈，他表示同意。于是，我和李朝林一起去找到支书（李朝珍，音译三甲，岩寨寨）、王德章（光前大队长，王江的大伯）他们商量，并得到他们的允许与支持。（潘永林，2013年10月）

就这样，与李正华办"私塾"的初衷一样，羊望社区学校于1959年得以创

---

① 1958年大跃进时期，"挖深根"是指为了让植物长得更好。

立，但当时并没有校名，创立之初，潘永林却接受当时"凯里县扬武小学"的邀请，去那里代课了。这说明其办学并非有什么"高尚"的想法，仅是找到自己谋生的手段而已，舍弃自己精心谋划的学校，而选择了更为接近体制的"凯里县扬武小学"任教也在情理之中。

> 我在扬武小学仅待了一个学期，就被调到儒远小学，就是现在的建心小学，在儒远又待了一年，1961年又被调到老冬小学，当丹寨县并到麻江县，形成凯里麻江丹寨合并，情况比较复杂，一哈①合并，一哈分开的。那时因丹寨县饿死的人太多，我们都被迫遣返生产大队务农，一回家就担任大队会计。（潘永林，2013年10月）

当会计，是那个特别的年代赋予"文化人"最好的谋生方式，使他们延续着"文化人"的身份，过着较为体面的生活。如果没有这一工作，真不知道他们会变成怎么样。

> 1963年终于等到了一次"吃官饭"的好机会。那时，扬武公社决定动员所有拥有初中学历以上的人员补充到教师队伍中去，然而，当时当扬武公社党委书记的王金华执意要留我在羊望生产大队当会计员，以便于他们开展工作，所以，公社并没有通知我，这一次机会又白白失去了，这可是我人生最后一次啊！（潘永林，2013年10月）

潘永林主动地向国家体制靠拢，却一次次错失良机，更多是那个特别的年代所造就的。当然，羊望民办小学在创办前，大队领导也曾邀请过他，当时正担任生产大队会计的他，对那个政策复杂多变的年代产生怀疑，并深知进入国家体制的机会渺茫，因而又婉言拒绝了。

潘永林的影响：

跟李朝林一样，因未进入体制，农民身份，加上并未通过学校的"文化"获得突出物质财富，因此，这两点足以遮蔽了社区人对其学校"文化"的关注与崇拜，也挡住他对社区人的榜样影响，他对社区人的教育影响也同样显出苍白与无力。

潘永林育有两男两女，均务农，没有一人延续其斯文。

> 我家几个小孩都很不争气，小的时候我经常教，成绩都还好，长大一点后，他就是不愿学习哪！哪里像当时的我啊，那时我们只是没有机会而

---

① 当地汉语方言，表示时间很短的意思。

已。（潘永林，2013 年 10 月）

就社区人而言，潘永林算是"满腹经纶"，而作为父亲的他，无法给自己的小孩树立榜样，这确实使他有些无奈。在我们采访他回来的路上，遇到一个 30 来岁的青年男子，得知我们刚与潘永林聊完，随即对潘永林大肆评论一番：

"告二练"（潘朝林的苗名音译）"假"（冲）得很哩！那次我们在村里面一起开会时，他老是说："以后村委员会干部选举必须要求是初中生以上，最好是高中生，选择一个小学生当村干部怎么能行呢？"你看看，他说的是什么话，他自己不过就是个小学生而已，要求还挺高，真是的！（王明祥，2013 年 9 月）

很显然，这位青年男子并没对潘永林有所了解，或者根本就不屑于了解他，可能因其农民的身份及其并不突出的家庭物质财富，挡住了人们的视线，所以社区人只是按一般惯例认为："作为那个年代'文化人'的潘永林，最多也不过是小学学历罢了。"然而，谁都没想到他竟然是初中毕业生，并曾经在省城贵阳的贵州农学院念过高中，只是没毕业而已，这样的学历层次，就整个丹寨县而言，在那个年代还属稀缺人才资源。据《丹寨县志》记载，1964 年第二次人口普查，高中文化程度人口 681 人，占总人口的 0.86%，也就说，每 100 人中仅有 0.859 人为高中生。而初中文化程度人口有 2512 人，占总人口的 3.17%，每 100 人中仅 3.17 人为初中生。小学文化程度人口有 4185 人，占总人口的 5.28%，每 100 人仅有 5.281 人为小学生。[①]如按当时文化程度包括肄业与未毕业也统计在内，潘永林就属高中生，他就包括在全县总人口的 0.86% 之列。

当然，因文化程度较高，长期以来，他一直担任生产队（村）委会不同的干部职务，早已年过古稀的潘永林，现在还在担任着村委会某干部职务，并表现出很高的热情，在没有子女接续其斯文的情况下，只有自己亲自保持着这一份斯文"火种"。在我们找到他，并表示与之交流"学校教育问题"时，老人非常乐意。我们认为原因有两点：一是他觉得自己终于找到了"同类群体"，并可以在"我群体"中找到自我定位，找到心灵的安所，这是他在社区几十年工作与生活中，无法享受到的；二是他的孙儿潘利八月份刚刚收到大学录取通知书，考上西南大学应用物理本科专业，而且是免费师范生，终于在宗族内延续了他的斯文，这使他欣喜万分。所以我们的访谈也是从这两个问题开始的。

---

① 文兴林．丹寨县志［M］．北京：方志出版社，1999：165．

（3）第二代文化人的评述

①体制内外之间

村落社区第二代文化人都有一个共同特点，就是所接受的学校教育均跨越新旧两种教育体制，具备第一代文化人的某种特质，却表现出更为不同的文化气质。他们所处的时代，像王永周那样，在学校教育轨道上一路走到大学本科，创造了社区多个纪录，几乎与现在人的学校教育发展流程一样，这并非完全是他个人选择的坚定，而是综合因素共促的结果，是许多偶然的必然。在那个年代，国家各级各类人才极其缺乏，进入国家体制的机会较多，只要抓住一次，就足以改变自己的人生轨迹，但社区很多文化人一次次错过，国家政策的变动不居，模糊了人们的人生选择，然而，有一些学历很低的人，利用入伍的机会，同样能进入体制，成为社区没有文化的"文化人"，这类人还占很大的比重。

从以上三人的生命史记述看，体制内外的生活模式差异不言自明，王永周以一个社区文化的携带者身份走进陌生的城市，在城市中找到自己的生存空间、衣食之源，过着体面的文化人生活，但自身文化与城市文化的不兼容性也是显而易见的，他通过减少与社区交流，试图丢掉社区文化给自己城市生活带来的"包袱"，殊不知，社区文化早已在其身上"执着地"生成，他个人本身就是社区文化的"产品"，剥离他身上的社区文化特质就等于剥离了他的肉体一般，注定成了枉然。从第一次离婚的经历到第二任妻子对儿子的婚偶要求，可以看出两种文化之间的差异已渗入他生活体系的每一个缝隙之中，直到今天，直到永远。

那些通过"迂回"路途挤入国家体制的社区文化人，如入伍的人、后期抓住某次机会而进入体制的人，这批人虽仅在丹寨县境内工作，甚至有些还在乡镇工作，但相对王永周而言，显然他们的"进退"要自如得多。丹寨县是个苗族集聚地，曾经被设为苗族自治县，在 1964 年的第二次人口普查中，苗族人口数占总人口的 70.0%，1982 年第三次人口普查，苗族人口数占总人口的72.3%，到 1990 年第四次人口普查时，苗族人口数占总人口数已达到了75.0%。①同样，在《丹寨县志》所记载的丹寨县"1950—1990 年部分年度干部民族构成表"（不含丹寨汞矿干部数）中，1980 年，苗族干部人数占总干部人数的 44.6%，到 1985 年占 49.0%，再到 1990 年第四次人口普查时，就已达到了 63.8%。②试想，作为一个苗族社区人在这样一个苗族集聚的县境内工作与

---

① 文兴林．丹寨县志［M］．北京：方志出版社，1999：160－163．

② 文兴林．丹寨县志［M］．北京：方志出版社，1999：474．

生活，显得多么和谐。他们自由穿梭于城乡之间，根本不存在什么文化适应问题。

像潘永林和李朝林那样的社区"文化人"为数不少，"干"民办（代课）教师、"干"生产大队（村）委会干部几乎是他们一致的兼职选择，也是他们的"用武之地"，这两种职业（行业），为社区文化人与社区粗重农业生产劳动保持距离找到了合理"借口"，这两种职业都是介于国家体制内外之间，也成为社区文化人身份的象征。社区第二代文化人，是社区人，却不谙于社区耕作；是国家人，却久居社区，与社区人一起生产与生活着，这是他们体制内外之间身份或角色的特征。当然，逢年过节也会帮人写写对联，凸显他们文化人的身份。总之，第二代文化人，对国家或社区都是稀缺人才资源，只有他们才能填补"边际职业"的人才空缺，他们是国家文化的传播者，链接了社区与国家，保证社区文化与国家政权之间的有效互动，客观上推动了社区人在国家的范围重新进行自我认识、自我定义，进而提升社区人的自我价值。

而像王永邦与王永新两兄弟那样，未接受过正规的学校教育，仅通过自学而取得一定机会，这样的"文化人"在每个自然寨也有一至两个，他们在大集体时代负责计工分，当大队会计或其他村干部，社区人同样赋予他们"文化人"的身份。他们没有读过现代学校，自然也缺乏了陶行知所谓的"贵族气质"，在进入体制未果后，很自然地融入社区的一切生活之中，做到"平心静气""进退自如"。

作为社区文化人，他们的一切生活都介于国家体制内外的边际地带，他们与体制内的人在一起，并没有太多的不融洽，同样，他们与社区人在一起，也没有太多的不和谐。取得国家体制内外人的信任，也成为党与国家重大政策在社区最主要、最直接的"解读者"与"践行者"。

②角色残留效应

角色残留效应，学者司洪昌用之描述"仁村"文化人角色扮演现实。① 在羊望村社区第二代文化人角色扮演中同样存在这一现象。

"文化人"中的"文化"是苗族村落社区约定俗成的称呼，事实上，称为"现代文化人"更为合理。苗族社区并未意识到自己生活于其中的意义之网，也是文化体系中的重要的一维。

"人是文化的存在物，他所属的文化是他不可逃避的生活世界，也是他进行

---

① 司洪昌. 嵌入村庄的学校——仁村教育的历史人类学探究［D］. 上海：华东师范大学，2006.

各种活动的基本条件。"① 作为沿着学校教育轨道走下去，直到大学本科毕业，然后顺理成章地进入国家体制的王永周，从表层上看，长年的学校教育几乎赋予他所谓的"贵族气质"，然而在日常生活中琐琐碎碎表现出深层文化特质。早年的生活习惯、爱好、举止在不经意间表露出来，显得与城市文化有些不协调。当然这也是这一代社区文化人普遍具有的角色残留效应。

在社区里，那些未进入体制的文化人，他们是在社区里与社区人的交往互动中建构起自身文化人身份的，社区人作为评判者来赋予他们文化人身份。② 社区文化人，在日常生活中处处突出其文化人特质，符合社区人对文化人本身的角色期待。学校教育所赋予他的准文化人的身份无意中表现在日常生活的各个领域之中。因而，想在社区获得角色信任，就必须表现出与社区一般人所不同的角色。

首先，社区文化人拥有科学文化知识，按理说，用理智知识武装自己的头脑，指导农业生产，获得更多的物质财富，进而获得社区人的认同，这是村落社区学校教育所宣扬的"知识就是力量"的乌托邦逻辑，这一逻辑却难以在社区文化人那里奏效。在羊望社区的文化人之中，没有哪个家庭的物质财富较为突出，在社区人的论述中，都认为他们是"打点吃点"，没有什么积蓄。但是，文化人的家庭经济情况也不能太贫寒，也就是与一般人不分上下，不然就与"文化人"身份不符了，正如不成功的人讲"成功学"一样，没有什么说服力。第一代文化人王永福就是个特例，穷困潦倒的他，"穷"字挡住他与社区人的有效互动，也挡住了作为评判者的社区人对其做出客观公正的评判。在这一前提下，学校教育所赋予他的生活模式才可能被接纳，他才能获得文化人的身份。

其次，在外表特征上，也与一般社区人有些不同，尤其是服饰上，一般情况下，他们都穿着汉装，与体制内的工作人员差不多，除非重大节日，几乎很少看见他们穿程序烦琐的苗装。而且，衣着也相对整洁与干净。因此，汉族人走进社区，最先接触的是他们，一看到文化人的衣着就知道是文化人，不需要到处打听。

再次，社区文化人说话的语气和方式与社区一般人略有差异。他们往往语气平缓，娓娓道来，声音不像社区其他人那样容易激动。尤其是喝酒的时候，文化人不会一喝醉就口若悬河、口不择言。文化人不管在醉醒之间，都控制得

---

① 李娜. 试论文化的个体生成与文化自觉 [J]. 北方论丛，2011 (6)：120.

② 司洪昌. 嵌入村庄的学校——仁村教育的历史人类学探究 [D]. 上海：华东师范大学，2006.

很得体，不失态。而且，话语也并不是很多，也许是他们与社区人语言体系略有差异的缘故，例如在酒桌上，大家谈笑风生时，文化人却表现得较为淡定。此外，文化人的话语也与社区人有点差异，他们讲苗语却常夹杂着汉语方言，在家里，也常跟子女用汉语交流，就如城市人故意训练英语口语似的，小孩名字也常译成汉语来称呼，或者直接用汉名称呼。这一点与进入体制的社区文化人几乎相同。

其实，这也并非刻意保持学校语言特征，而是在有意无意中表现出来的，这是一种学校教育所赋予准文化人身份在社区日常中的生活残留，这一残留在与社区人的互动中，促进其文化人角色的生成。

③大历史建构个人生命史

正如马克思所言："个人的全面性不是想象的或设想的全面性，而是他的现实关系和观念关系的全面性。"① 作为一个边远的苗族社区，也无法回避国家大历史对个人生命史的建构，学校教育的每一关键点，如"私塾"到小学，小学到初中，初中到高中，高中到大学，在这一漫长的轨迹中，稍有差池，就不可弥补。同样，他在社区的工作与生活中，也遇到许多关键点，但国家政策的频繁波动，使社区人无法认清历史脉络，因此，无法做出明智选择。

李朝林、潘永林、王永新等都一致认为，除了学校教育被那个年代阻止或中断外，由于1961年饥荒，黔东南州将全部在外工作者撤返原籍补充劳动力的政策断送了他们的前程。诚然，这是国家大历史与个体生命史之间的同一性，个人对整个国家而言，宛若沧海一粟，个人在大历史面前，几乎无法自由操控自己的生命流程，只能在一个较狭小的空间中寻觅活路，只能"被动"淹没于历史的沧海之中。

总之，这些滞留在县境内的社区文化人中，不管是在体制内还是体制外，他们的妻子与子女均在农村，身份均为农民。这就注定他们无法与农民身份完全隔离，也无法与社区文化隔离，他们在两种文化体系之间摇摆着，虽在学校里接受了科学文化知识，宣扬"相信科学，破除迷信"，而在社区里，却悄然地按照社区习俗做起"迷信活动"，不亦乐乎！

2. 第三至四代文化人

第三至第四代文化人算是中华人民共和国成立后羊望社区的新一代，他们均在羊望社区学校接受启蒙教育，第三代文化人是在李朝林所创办的学校，第四代是羊望民办小学，在社区学校接受启蒙教育后，均转入扬武小学（含附中，

---

① 马克思恩格斯全集（第46卷：下）［M］．北京：人民出版社，1980：36.

1969 年）学习，自始至终均是接受现代学制下的学校教育。这两代人时期，丹寨中学已设高中，第三代文化人读高中前两年稍有变动，之后一直稳定开设，直至今天。

这一段时期，丹寨县教育已得到一定发展，人们文化程度得以较大提高。1982 年第三次人口普查中，丹寨县共有大学生 213 人，占全县总人口 0.17%；高中生 2980 人，占全县总人口 2.33%；初中生 11251 人，占全县总人口 8.78%。到第四次人口普查时，丹寨县大学生人数达 375 人，占全县总人口 0.27%；高中生 4205 人，占全县总人口 2.99%；初中生 15658 人，占全县总人口 11.12%。羊望社区所属的扬武乡，第三次人口普查时，出现 2 名大学生，181 名高中生；到第四次人口普查时，已有 6 名大学生，272 名高中生。

在这两代人中，因扬武小学的初中部开设，读初中的人越来越多，初中生已不是社区的稀缺人才资源，但高中生还是为数极少。因此，社区文化人身份的学历要求已到高中生。这两代文化人之中，旧式的毛笔字传统也不复存在，许多人对毛笔一窍不通，仅学会使用钢笔了，一到逢年过节写对联，还得请第一代、第二代文化人帮忙，这一小小的差异，却成为两代文化人之间差异的重要特征。在社区人眼里，这两代文化人除了会识字、写信之外，比第二代的文化人要差得多，尽管第二代文化人的学校学历层次很低。这一段时间内，全县在师资严重缺乏的情况下在各乡镇都开设初中，而那个年代农村尖子生都选"早吃"志愿①，他们初中时就报考中师、中专，不愿考高中、考大学，而报高中者是中专已筛选一次剩余的，大多是无奈而为。这就造成了初中、高中师资数量不足、质量不高。专科生当高中教师，中师生当初中教师，高中生当小学教师。这也是第三代与第四代文化人中除考取学校"吃官饭"外，水平比第一代、第二代文化人差得多的原因。

1977 年恢复高考后，社区第三代文化人之中，没有一个参加高考的，这使我们觉得有些奇怪，或许是他们许多都育有两个以上孩子，家庭负担过重，无暇顾及；或许是在这么一个边远的民族社区，国家政策在不断传递过程中慢慢"走样"，吸引力消减；或许是他们已不敢再相信那个政策多变的年代所"冒"出来的新政策。第四代文化人正好赶上这个好年代，利好政策徐徐打开，顺其自然。对第四代文化人而言，他们所处的时代，政策已慢慢得以稳定，进入体制与否似乎取决于他们在学校教育中的成就。

羊望社区第三代文化人中，王贵晴、王有昌、潘永儒、唐启光最为典型，

---

① "早吃"志愿，是指初中毕业直接报考中师、中专，三年毕业即可参加工作。

在此对他们做简要记述。

王贵晴，男，1951年生，下羊望人，中共党员，父亲王付国是社区第二代文化人。王贵晴9岁就读于李朝林创办的社区学校，撤销后转入扬武小学；那时初中、高中均为二年制，因此，王贵晴在扬武小学（含附中）读完初中后，随即考上高中，但于1973年高中毕业时，高考已取消，只有回家务农。他同样无法再适应社区文化与生活，但总要找一个谋生"活路"，于是刚毕业不久的王贵晴就到村委会和羊望民办小学递交担任民办教师的申请，经过扬武公社党委和龙泉区区委同意，王贵晴成为羊望民办小学的一位民办教师，使他从"学校"直接过渡到"学校"，回避了返回社区后的文化适应，社区学校同样是他返回社区的缓冲区域，在十多年的学校文化生活中，慢慢适应了学校的生活，而高考的取消切掉了他的学校教育轨道，切掉了他学校生活的继续，只有选择当教师，才能延续他的学校文化生活样态。

王贵晴较高的学历优势，使他任教期间取得很好的教学成绩，1973年刚受聘为民办教师，1975年7月就被扬武辅导站评为先进教师；1977年被分配到扬武小学（含附中）担任五年级数学教师；一年后，他又被龙泉区区委评为先进个人；1980年，王贵晴被分配到老冬小学任毕业班数学教师；直至1983年，他又被调到扬武小学（含附中）任初中体育教师；1987年再次被龙泉区委评为先进体育教师；1990年，回家务农，在王贵晴的"关于民办教师生活补助申请书"[1] 上，这样写道：

> 那时因教师工资实在太低，家庭负担过重，缺乏劳动力，生活极其困难，所以就返回家乡务农。

王贵晴的"关于民办教师生活补助的申请书"的撰写，肯定回避了一些事实真相，将光鲜的一面展现出来。我们问他"为什么那时不教书就回家了"，他也表示不太高兴，但最终说出了与其"申请书"所写的差不多的理由。对此，我们采访了李朝英老人，得出了另一番解释：

> 他才不会自己自愿离开学校呢！他那个人懒得很！你说他回家能搞哪样？又爱喝酒，又只会吃好的，早上8~9点钟才起床，我们5~6点钟就起了，到山上都砍得一挑柴回家了，他都还没起呢！所以，他离开学校是不得已的。那时，他年轻，人长得又好，虽然结婚了，但到处找女的，后

---

① 在社区田野期间，正好遇到王贵晴与王彪老师协商申请书事宜，笔者邀请他们一起共进午餐（即访谈）。

来"玩"出问题了！所以他就是被逼着回家的。（李朝英，2014年1月）

回家后，王贵晴并不甘心于乡村社区生活现状，他学会吹芦笙、做芦笙，热心于逢年过节给孩子们自编自导芦笙舞，参加各种比赛，这也算是他继续社区教育的一种方式。只是就社区人而言，这算是不务正业了。王贵晴本人形象好、口才佳，篮球打得很好，在丹寨县境内的体制内外圈子里，人缘都很好，离开学校一年，1991年贵晴又被聘为羊望村治保主任，似乎从"文"转到"武"，但不管怎样，他还是跟国家体制保持联系，并保持着较小距离。在他担任治保主任期间，连连获奖，1992年、1994年、1997年都被扬武乡派出所评为"治保主任先进个人"，时任所长的王治成对其赞美有加。2000年开始担任羊望村村支书，直到2011年返回家。1973年高中毕业后至2011年村支书卸职，近38年的时间里，作为一个受过学校教育十余年的他，对社区粗重的生产劳动仍然保持较低的热情，生活却与体制内的人保持较小距离。在这38年里，他通过不同途径，几乎不间断地向国家体制无限靠近。①

其实这一代文化人的经历依然很丰富与坎坷，大历史较为稳定，便于他们自己把握命运。在这一代文化人中，与王贵晴差不多的人还有很多，如王贵越、王有学、王有昌、潘永儒、唐启光、王治奇。作为文化人，他们都曾选择到社区学校去延续自己的斯文，发挥自己的优势。但犹如大浪淘沙一般，真正进入体制的人为数极少。唐启光和王治奇，是第一批离开学校的人，他们敢于直面社会粗重的生活，"主动"再适应社区文化与生活。王贵越与王贵晴一样，是"被动"离开学校的，他在"文革"期间，经不住"利诱"，参与这一期间"反革命"活动，并担任师长，结果未"出师"就被剿灭，他丢掉民办教师的工作。王有学、王有昌、潘永儒是幸运儿，王有学初中毕业后，已结婚育有儿女，他抓住丹寨县"速师班"这一"稻草"，转身由农民变成"吃官饭"的人；王有昌和王有学是亲兄弟，与王有学一样，国家政策开放时，已结婚，但他做出了让人无法接受的"行为"——"装疯"，借此骗走了他的结发妻子，然后轻装上阵，随即进入体制。潘永儒却是幸运中的不幸运，幸运的是他终究进入体制，不幸运的是他作为一个读过一学期高中的文化人，在错过读"速师班"后，于1974年进入羊望民办小学当民办教师，经历了许多艰辛与彷徨，面对着同事一个个离去，他依然一路走过来，直到1998年才顺利"转正"，历经24年的等待，这需要很大的勇气与信念。

---

① 整理王贵仁"关于民办教师补助的申请书"以及对李朝英的访谈记录。

第四代文化人的典型代表有王贵轻、王正国、潘建奎、李治国、李玉飞。相对于第三代文化人，他们相对好得多，能否进入体制，更多是由他们自己的刻苦与努力程度决定的。王贵轻、王正国、潘建奎、李治国、李玉飞、李强等都是沿着学校教育轨道走进体制内的，几乎没有更复杂的经历。

王正国，男，1963 年生，在骆礼霞（其伯父王永周前妻）的鼓励下，未满7 岁就进校，创造了羊望社区儿童最早入学纪录。家庭文化濡化，加上个人的聪慧与刻苦，学校学业成绩一直名列前茅。顺着他伯父走过的轨道一路走下去，17 岁高中毕业考上大学，进入体制，远离社区文化生活。这几乎与国家对学校教育的预设一样，按部就班，成为社区学校教育的奇迹。王贵轻也和王正国一样，成为社区这一代文化人的另外一个本科生，他也沿着学校轨道走到高中毕业，只是高考落榜，但他不甘心于社区烦琐单调的生活，发奋努力，第二年终于考取本科，顺理成章地进了体制。

与王正国和王贵轻不一样，潘建奎、李治国、李玉飞并没选择高中志愿，而是选择了"早吃"的中师志愿，毕业后均回到社区学校任教，因为其角色身份及文化与社区人不一样，很难找到与之匹配的对象"成家"，这成为那个年代乡村教师的现实问题。

这两代文化人的数量较多，尤其是第四代文化人之中，出现为数不少的"文化边缘人"，他们整天不务正业，依附在作为农民的父母身上生存，却衣冠楚楚，游离于城乡之间；他们不像社区其他人那样，按时结婚成家，生儿育女。十多年学校文化生活中，他们为了提高自己的学业成绩，以获取进入体制的"资本"，努力用学校文化包裹住自身业已生成的社区文化，将自己打扮成学校"文化人"形象。然而，学校文化外衣并未使其顺利进入体制，社会并没有足够多的舞台让其表演。他们被迫返回社区，却难以褪掉学校文化外衣的束缚。这是那个特殊年代的教育悲剧，但直至今日，这悲剧似乎依然在表演着。

3. 第五代文化人

第五代文化人包括 20 世纪 80 年代和 20 世纪 90 年代两代人。20 世纪 80 年代，改革开放向羊望这一传统的民族社区打开，主流文化以各种途径渗浸社区之中，学校教育是传播主流文化的主渠道，电视也是重要途径之一。20 世纪 80 年代的人随着年龄增加，渐渐"表面地"认识了外面的世界，感知了两种生活模式的差异，这一代人对社区本土教育接受的信息量明显下降，本土教育已被渗透到社区与家庭的学校教育、电视、广播、录像、网络等多因素所替代，在多因素共谋下，形成了一股强大的推力，促使社区人向着"现代性"的曙光奔去。这一代文化人放弃了"乡村教师"这一曾经理想的目标，纷纷选择报考高中、考大学，借以回避"找不到老婆"这一乡村教育恒久的困境。

（1）"八零后"文化人

①生活记录

20世纪80年代的社区文化人主要以进入体制内为主，未能进入体制内的，难以在社区获得"文化人"的身份与尊重。第四代文化人的学校教育轨道的传奇般历史，给20世纪80年代的社区儿童留下的也仅仅是个"传说"。因此，20世纪80年代的文化人并不多，仅出现王贵颖、王国昌、王荣祥、王明海、潘建华等人。

王贵颖，男，1980年生，下羊望人。1986年入学，小升初未通过，到扬武小学六年级留级一年，第二年顺利考上初中，初中三年，成绩平平；1990年，初中毕业，当时中师、中专录取分数高得多。在已中专毕业的哥哥的指导下，他报考高中，并顺利考上。高中三年，除英语较好外，其他科目成绩一般，高中毕业考取黔东南师专，毕业后分配到县一小任英语教师，成为社区文化人。王贵颖在整个学校教育过程中，成绩并不突出，但坚持不懈，最终进入体制。

王国昌，男，1979年生，上羊望人，1987年入学，一至四年级成绩倒数十名左右，除有点书法特长外，没有什么引人关注的地方，家长、社区人没人对其抱以期望。在五年级时，他大哥正读初二，大哥此时年龄大、成绩差，却懂得成绩好意味着什么，常常试着对王国昌要求，限制其打篮球，不让其到处疯玩等。更值得一提的是，家人在干活时，就让王国昌做出选择，"干活路"还是"看书"，王国昌当然选择后者。刚开始，只是想借此逃避劳动，因而趁家人全部出门，就悄悄溜出去打篮球。一旦被他哥发现，就被痛打一顿。慢慢地，为逃避干活路，选择待在桌子上，闲来无事，也会翻翻书。幸运的事情终于发生了，就这么一翻，第二天的语文测验全考中，破天荒地考了全班第一名，这激起了他学习的信心与热情，最后以羊望小学总成绩第一名考上初中，接着以全校应届生第二名考上凯里一中（省属重点中学）。但三年的高中生活都迷茫在都市之中，高考落选，最后只有通过补习考上大学本科，毕业后又考上研究生，成为社区第一个研究生。

王荣祥，男，1981年生，上羊望人，其家与王国昌家紧挨着，他从一年级开始，年年全班排名第一，各种各样的奖状贴满两堵墙，父母常常以此为荣，到处宣传。最终他以羊望小学总成绩第一名的身份考入初中，初中成绩优异，也常常被评为"三好生"，但中考时发挥失常，考得不理想。他没选择直接读高中，而是选择再插班初二重新读一遍，并将名字更改为"王迪"，有痛改前非之义。重读期间，成绩得到很大的提升，最后以较为理想的分数考上高中。2000

年高中毕业，考上黔东南师专，大学学习期间成绩优秀。毕业后分配到扬武中学任教，其在学校口碑较好，随后担任办公室主任，2011 年担任雅灰中学校长，2012 年担任丹寨三中副校长，2013 年担任兴仁中学校长，成为羊望社区第一位中学校长。

王明海，男，1980 年生，上羊望人，其家也与王国昌、王荣祥家紧挨着，1989 年开始读书，小学成绩平平，多次留级，但数学成绩较好，酷爱象棋，1995 年顺利考上初中，整个初中成绩不突出，没有考上高中。选择复读一年，第二年顺利考上高中，2001 年，考上黔东南师专，入职考试考得全县物理科第二名，分配到兴仁中学任教，2011 年分配到雅灰中学，2012 年雅灰中学撤并后，他被分配到扬武中学。

潘建华，男，1980 年生，大豆寨人，由于其母亲是扬武李家大地主李尊三后代，早年读过书，而且其舅舅均是"吃官饭"的人，因此，他读书比一般人早得多，6 岁就进小学，12 岁进初中，15 岁初中毕业，但成绩一般，中考成绩分数离当时中师、中专分数较远。家长决定让其插班初二重读，在重读期间，成绩中上等，两年后，以较好的成绩考上了高中，高中阶段成绩一般，最后考上黔东南师专。毕业后被分配到扬武中学任教，2013 年分配到丹寨第二中学，完成了个人"城市化"进程。

潘建远，男，1981 年生，6 岁进小学，其父母均为教师。在父母的指导下，从小读书成绩优异，但中考成绩一般，15 岁顺利考取高中，高中期间，成绩一般，高考落榜，第二年复读，成绩也不够理想，最后考上三本英语专业。大学期间，学习成绩较好，英语交际能力极强。毕业后，可以回丹寨中学任教，但他主动放弃进体制，外出福建省金华市创业，辗转全国各大中城市，现已为某公司老板。

潘玉力，男，1981 年生，7 岁进小学，小学成绩优秀，年年被评"三好生"，但上初中后，成绩一般，勉强考上高中，高中成绩也没有起色，最终毕业后考上黔东南师专，本来正值"普九"阶段，需要大量教师，但中学阶段，所学专业并不紧缺。在全县招聘考试中，他无奈报考其他专业，连续两次落选，最后放弃进体制，自主创业。

王正晴，男，1979 年生，1986 年进小学，家族有很好的文化氛围，其父亲是准文化人，其叔叔、堂哥均为本科生。王正晴从小读书成绩中上等，1992 年顺利考上初中，初一时，为了打下更扎实的基础，主动留级一年，于是与邻居的王国昌同班，中考成绩还是不理想，毕业后回家待一年，其间到羊望小学代课一个学期，第二年再到扬武中学补习，1998 年考高中，高中后期其叔叔定期给予资助，但成绩仅属中等，高二时选择放弃，携女朋友外出广东打工。

简要评述：

这一代人没有经历太多的复杂的大历史事件，他们绝大多数是我国第二次生育高峰（1962—1977 年）一代的弟弟，是第三次生育高峰（1982—1991 年）一代的哥哥。小时候，他们还参与一些生产劳动，但最终没成为家庭主要劳动力，没有在生产与家务劳动中"冲锋陷阵"，这给了他们充分学习的机会。此外，经过上一代"文化人"的学校教育探索与尝试，不管是成功经验还是失败教训，都成为他们在学校教育轨道上前行的一笔财富。然而，由于上一代人较低的"入仕率"，他们的家庭没有足够的勇气"投资"学校教育，他们对子女的学校教育仍处于"放任自流"的状态，只对学业优胜者予以些许关注，因而这一年代进入体制的人并没有明显增长之势。

社区"八零后"一代人未进学校的人几乎没有了，"普六"基本实现，但小学学历也占少数，多数人还是读到初中，但未必能毕业，往往读了一年就去广东。这个年代的优秀学生都慢慢选择考高中、考大学，而没有选择上一代"理想志愿"的中专、中师。时代给了这一代人很好的机遇，那就是正处于国家"普九"时期，乡镇中小学缺乏大量的教师。因此，黔东南师专每年定向在丹寨县招生文理各 30 名左右，而那时全县参与高考人数文理也不过 300 人左右，除了本科、专科，落选的学生也不多了，所以成绩向来一般的学生，也能考进师专，毕业后顺理成章进入体制。这一年代，坚持到最后的大部分人，几乎都能进入体制，成为"吃官饭"的人。

如果说第四代文化人已几乎没有了传统"文化人"的特质，那么"八零后"一代的"文化人"的传统文化人特质已荡然无存。现代性知识的浸淫，他们已将苗族社区传统的文化和教育弃之如敝屣，成为社区本土教育贫乏的第一代，在他们身上看不到传统的影子，他们更愿意盲目接受新兴事物，"土""流行"等字眼，这一代人随口而出，慢慢地，那些读书人也不愿从事农业生产，长期的学校生活，让他们迷恋上主流文化，迷恋着城市现代生活，却找不到现代生活的支点，心灵出现无尽迷茫，他们处于无根的空间，他们似乎成为没有任何原则和信念的一代人。由于现代学校"过度"重"科学世界的教育"，而忽视"生活世界的教育"，简化丰富的文化内容，学校教育"唯一的目的似乎是教他们脱离农村，而加入都市生活。这种教育带给他们的是：多识几个字，提高他们对经济的欲望和消费的能力，一些一知半解的自然科学与社会科学的知识和臆说为多，至于怎样和土地及动植物的环境，发生更不可须臾的关系，使

85%的人口更能安其所遂其生，便在不闻不问之列。"①打工几乎成为他们85%的人唯一的选择，放弃去思考"未来"，打工成为他们适应社区生活的缓冲地带，也成为他们"逃避"生产劳动的一个借口。总之，这一代人通过小升初层层考核，不断有人落选，人们已适应了这体制，也多将落选责任归因于自己，读完初中回家务农的人依然还不少。这一时代也出现高中毕业的"文化边缘人"，也同样出现了前几代社区文化人的生活困境，但为数较少，新时代给予他们更多的化解空间，虽然社区学校不是他们的选择，但当村委会干部、去广东打工、开车拉人、在镇上开小卖部等，这些职业给他们提供就业机会，让他们与城市及城市生活保持较小距离。这种教育矛盾，也可称为社会矛盾，就可以迎刃而解了。

（2）"九零后"的学校教育与现状

"九零后"一代是国家"普九"的对象，"至少读完初中"已逐渐成为社区大多数家庭的教育决策，原因并不仅仅是国家政策的推行，更重要的原因是，现在小孩入学年龄提早到6岁，比以前的10岁早了4岁，小学毕业生也才12岁，留在家里不会做什么，无法成为家庭劳力，作为未成年人到广东打工也常被拒雇，因此，读完初中，就可成为一个准劳动者，这时再到广东打工。这一思路造就了社区儿童学校教育的"繁荣景象"，也推动了国家普及九年义务教育政策的贯彻落实。

所有人都被"普九"政策匆忙赶上初三，初中生在"量"上基本实现了国家政策的预设，但"质"在推行过程中，价值初衷发生一定偏离，难以实现预设目标。学校教育甚至成为许多社区人的一种负责，尤其社区儿童本身表现得更为明显。在田野调查期间，遇到这么一个案例足以说明这一问题。

> 这一案例主人公叫王龙，1995年生，2002年读小学，小学一到四年级成绩优秀，多次被评为"三好生"。五年级时，父母全部外出打工，由年过六旬的奶奶看管，几近放任自流的状态，五年级后成绩突然下滑，最终因"普九"政策进入初中。初中期间，成绩一直呈下滑状态，到初三下学期开学时，积累了三年多的问题终于爆发：王龙想放弃"学业"了。他说他觉得学校简直太无聊了，什么都不会，也得一天傻呆呆地坐在教室里，还不给做小动作。因此，他经常逃课，被学校警告过多次；但迫于"普九"压力，始终没有将其开除。

---

① 潘乃谷．潘光旦释"位育"［J］．西北民族研究，2000（1）：6.

最后，不需学校开除，王龙自己"主动"退学，告别了这"无聊的学校"。不过，回到家里，也同样无聊至极。他除了会煮点饭吃之外，社区一切生产劳动都不会，也无法在社区生活世界中找到乐趣，以安慰他在学校所经受的煎熬，社区同龄人不是在"被读书"就是去了广东打工，甚至连一个可以说话的青年人都找不到。面对一排排崭新的木房，却空空荡荡的社区，他把自己关进家里，抱着电视在床上度过一个多月，不出门，邻居老人都担心出了什么事，打电话告诉他远在广东的父母，但王龙只有16岁，未到打工年龄，"去了也没人要"，无奈之下，他父母打电话求助于正在社区做田野调查的我们，请求帮忙将王龙劝回学校。于是我们来到了他家，门没关，直接进去，看到他还在床上躺着看电视，旁边摆放着刚吃完饭的碗。我们百般劝说，无果。"学校太无聊了，一天傻坐着，什么也听不懂"，这是他不停地解释不愿去学校的根本原因。

后来，我们跟学校班主任取得联系，说明了王龙逃学这一情况，并与其他科任老师一起商讨如何解决这一问题，毕竟王龙的辍学也会影响学校"普九"任务，大家都纷纷给出对策。最后我们提议："还是让他到学校去，不需要他完成学校任何学习任务，在课堂上可看自己喜欢看的书，或什么都不干也可以，但不准影响到其他同学，也不能让其他同学知道这事。"这一提议被许多老师认可。最终我们还是将王龙劝回学校，继续未完成的"学业"，临走时我们还不断叮嘱："做事要有始有终，都坚持那么久了，再咬牙坚持一段就可以拿到初中毕业证了，毕业证在广东打工还是很有用的啊。"2012年7月，王龙终于熬过一段最无聊的时光，拿到了"咬牙"坚持下来的成果——毕业证书，并给我们打电话表示感谢，语气很平缓，丝毫没有表示兴奋，言语之间略带淡淡的忧愁。

其实，这一案例绝非偶然，类似个案在羊望村社区俯拾皆是，只是解决办法不同罢了。有些出了问题，父母直接从广东回来，在校门口将子女拉上车直奔广东，"养育"着等待打工年龄的到来。这是学生对现行制度化学校教育的一种外显的抗议形式。总之，为数不少的儿童都是在"无聊的学校"里度过自己的童年，学会了与自己生活几乎毫不相干的"科学知识"。

尽管如此，"九零后"的学校教育依然宛如大浪淘沙般淘出少许"文化人"，从下羊望到岩寨，有王英（女）、王小罗、王小琴（女）、王明光、王明龙、王世家、潘秀花（女）、潘兰（女）、潘信海、潘利、潘信珍（女）、李群（女）、李治忠、李治花（女）、李治章、李昌祥、李树梅（女）、李树娟（女）、李树亮共 19 个本科生，他们之中李群、王英两人同时考上大学，成为社区最早的两位女大学生，又创造社区一个学校教育的纪录，而且其先后进入国家体制，成为"吃官饭"的人。随后有 7 位女生考上大学，几乎与男生数量差不多了，打破了长期以来学校教育性别差异较大的不合理现状。本科生成为最可能进入体制的文化人，社区高中生或专科生却无法逃避成为新一代文化"边缘人"的命运，近几年来，高中生与专科生在社区里的身份赋予似乎等同，全省近几年高考专科（高职）分数线确实太低：2010 年文史 230、理工 200，2011 年文史 220、理工 180，2012 年文史 240、理工 200，2013 年文史 200、理工 180。也就是说，这几年全省专科分数线文理均为 200 分上下，而且在实际补录中分数还会降低 20 分左右，试想总分 750，仅需不到 1/3 的分数就能考上大学，学生的整体素质肯定难以保证，所以专科（高职）生进入国家体制的可能性微乎其微，社区人自然也就不将这一批人当"文化人"看待。

其实，随着社区学校撤并到扬武民族小学，并实行寄宿制，学生就几乎与社区隔离了，社区慢慢变成了仅周日周六回去拿钱的"地方"。而九年后，迫不及待直奔"广东"；个案社区儿童理想在"外"，社区本是他们的家园，却无法对此产生一种天然的归属感和家园感；外界不过是他们讨生活的人生驿站，他们渴望在这个并不属于他们的驿站做多一分的停留。[①]"家"在哪里？他们会慢慢感到迷茫。事实上，社区"文化边缘人"岂止高中以上学历者，几乎所有完成了"九年义务教育"的孩子，都有"文化边缘人"的特征，对本土教育缺乏应有的自信与自觉，对社区传统生活方式弃之如敝屣，对城市生活方式怀有无比眷恋，他们几乎每人一辆摩托，穿梭于城乡之间，却难以找到生活在城市的支点，"心灵"难以找到安居之所，成为"无根的一代"。

（三）民族村落社区学校教育的价值与功能

学校教育的价值设计主体并非社区人自身，因此，它的价值与功能的实现也并非学校教育所宣扬的那样。在社区里，学校教育对社区人价值有着自己的表达方式。从第一代文化人李正华，到第五代文化人王国昌，学校教育对他们而言，就是认识世界丰富多彩的现代生活路径，在对不同的生活模式对比中，找到自己的价值定位及奋斗目标。从这一点上看，学校教育让社区个人突破了狭隘的地域局限，将个人置于更广阔的场域内进行自我定义，进而成为社区个人提升价值的方式。然而，学校教育是一种以主流文化为背景的预设，以与社区文化不兼容的方式进入社区，而不是与社区传统文化链接，倘若社区人要在

---

① 钱理群，刘铁芳. 乡土中国与乡村教育［M］. 福州：福建教育出版社，2008：196.

学校教育轨道上步步前行，就得抛弃或封闭自己业已生成的文化，在学校轨道上多走一步，就意味着在自己文化上少走一步，甚至最后后退一步。学校教育对所有社区人而言，除了识字与算账外，无法形成垫脚石，让他看懂外面的世界，更遑论生成外界文化，他们更多依靠本土教育来维系他们的生活，不断解放自己，提升自我的价值。

从社区"私塾"伊始，"将社区人推向城市社会"就已成为学校的内在价值预设，只是因为国家政策作为的有限性，学校力量无法在社区教育体系中取得领导地位，无法支撑社区人向上流动，使学校反而成为本土教育的一种辅助方式。改革开放后，社区学校得以发展，尤其是"普六"后，学校的"入仕"功能得以发展，尽管如此，在社区里，学校教育实现它"识字""算账"的传统功能后，"入仕"功能仍然微乎其微。多年来，"入仕"功能不是大多数社区人所关注的，它仅仅是个"传说"。

当然，对社区人而言，学校教育是他们最主要的上升通道，是他们与国家政权（或主流社会）互动的唯一链接点。从1944年"私塾"出现开始，学校就成为推动社区人上升的力量，1977年高考恢复后，进入体制的其他途径也关闭了，学校教育轨道更凸显其"入仕"价值。20世纪80年代初期，社区第一批人进入国家体制，实现身份转变，随后，学校教育逐渐彰显其"入仕"功能。为了分析1944年"岩寨私塾"开办以来，社区人考上学校（仅包括中专和大学），并实现"吃官饭"的概率，即学校教育对社区人"向上流动"的比例，借此衡量学校教育对社区人的"入仕"功能与价值。我们借鉴了学者司洪昌运用于"仁村"的分析方法。

需要算出羊望村社区近70年来曾经生活过的人口总量，具体的算法如下：

1944—2014年社区总人数 = 2014年人数 + 1944—2014年死亡人数①

据2013年村委会统计数据，社区近年来每年死亡人数约为15人，我们暂且以15人来计算，将每10年划分为一个阶段，1944—1974年期间，医疗卫生差，死亡人数较多，每个阶段因人口总量的减少而递减1人，而1984—2014年期间，因医疗水平得以提高，死亡人数较少，每个阶段因人口总量的减少而递减2人，以此来计算羊望村社区70年来的总人数。

---

① 外嫁和嫁入上羊望寨人数大致相当，而且长期社区内通婚比例较大，不影响计算总量。

表5.2　羊望社区死亡人数推测（单位：人）

起止时间	年死亡人数	死亡人数（10 年）	备注
2004—2014 年	15	150	–
1994—2004 年	13	130	–
1984—1994 年	11	110	–
1974—1984 年	9	90	–
1964—1974 年	8	80	–
1954—1964 年	7	70	–
1944—1954 年	6	60	–
合　计		690	–

　　根据表5.2，羊望社区70年来死亡人数为690人，但因饥荒原因，1961年、1962年死亡人数分别为16人、18人[1]，超过了1954—1964年阶段的每年7人比重，因而1954—1964年死亡人数应为90人，1944—2014年总死亡人数应为710人。2014年1月羊望社区人口总数为2364人，我们可以推测出1944—2014年曾经在羊望社区生活过的人数：

　　2364（2014 年人数）＋ 710（死亡人数）＝ 3074（1944—2014 年总人数）

　　70多年来，现代学校对3074人的社区进行的精英挑选中，仅有30人顺着学校轨道进入体制。以此数据推算，羊望社区人通过学校教育实现"入仕"的比例为：

　　30 人 / 3074 人 ≈ 0.00975 ＝ 0.975%[2]

　　可见，羊望社区70年来在学校教育中实现"入仕"的概率约0.975%。我们借此数咨询各自然寨的人，他们看法不一：有的认为这个比例差不多，有的还认为偏高。其实30人纯粹沿着学校教育轨道走进体制的人之中，下羊望寨就占了11人，而他们2014年1月总人数才352人，因此，下羊望的"入仕"概率肯定超过1%。相反，党期寨2014年1月底人口总数为586人，"入仕"人数却仅有6人，其"入仕"概率肯定低于0.975%。

　　总之，如此低的"入仕"比率，难以使羊望社区人真正将自己设想为比例

　① 整理王永邦担任生产队会计时笔记本统计数据所得。

　② 司洪昌．嵌入村庄的学校——仁村教育的历史人类学探究［M］．北京：教育科学出版社，2009：286 – 288.

中的一分子，这一分子在社区里，逐渐被社区人赋予神秘的色彩，封闭了绝大多数社区人的想象空间。而且，如此低的比率，也打击了贫困的社区人对"投资"学校教育来"改变命运"的信心。社区人都常说："个个都当官，哪个才来犁田嘛？"这成了羊望社区20世纪90年代前学生大量辍学的一个合理解释。

在20世纪90年代之前，"义务教育"收费，"打工"经济尚未大量注入，社区人家庭也处于贫困之中，学校教育却是一个没有回报的投资，因此，辍学自然大量存在。尤其是高中阶段收费颇高，投资这一阶段的教育风险极大，以至于社区初中生报考中师、中专是一种最为保险的投资尝试。这是当时大学生数量极少的原因。

因看不到前途，贫困家庭不会选择让可以承担一定劳动的十五六岁孩子继续读初中、高中，小学教育倒是大部分家庭愿意选择的，一是小孩劳动力弱，而且读书也可以帮忙做事，二是"识字""算账"是基本技能，是必须学会的。小学教育的社会和经济的回报率最高，因而最受欢迎。而随着层级升高，社区人的热情相应降低。他们认为，在进入体制无门的情况下，并不希望孩子读更多的书，一是成本增高，二是学会更多知识反而成为社区长期诟病的"文化边缘人"，这是任何一个家庭所不愿看到的。因此，从"岩寨私塾"，到"1959年社区学校""羊望民办小学"，再到"羊望小学"，小学一至二年级学生最多，1944年，社区人口很少的情况下，"岩寨私塾"也有30多个学生，"1959年社区学校"也有近30个，"羊望民办小学"和"羊望小学"更多达40个。在20世纪五六十年代，社区最佳选择是初小（小学一至二年级），选择高小（三至六年级）人数较少，初中更为微乎其微了；而20世纪七八十年代，上初中的人数增多，此时多选择考中师、中专等"早吃"志愿；2000年以后，儿童从事劳动逐渐减少，打工潮逐渐波及羊望社区，"初中毕业证"成为沿海地区很多单位（公司）招工的门槛，"高中毕业证"成为优势资源。此外，2000年一代的父亲，一是有沿海打工经历，认识到没知识所带来的不便；二是他们之中许多都读过初中，因各种原因而中断，所以希望孩子弥补自己的缺憾；三是打工经济注入社区，读高中的费用越来越不是一个问题；四是高中招生人数越来越多，丹寨中学从2000年前一个年级文理各1个班到2013年一个年级共18个班。这四点促使近年来社区高中生人数快速增加。可见，社区的学校教育选择是一个社区人综合各种因素而做出的理性选择。

其实，从"岩寨私塾"开始到现在，但凡进入学校读书的人，其家庭经济条件都相对较为富足，这让儿童在学校教育中少一些失败可能导致的负罪感，试想，一个仅靠父母"砸锅卖铁"供读的学生，会有多大的压力；而且，读书加剧了家庭经济困难，一旦失败，回家将无法找到对象"成家"，这将是彻底失败。坚持让子女读到高中的家庭，家庭（扩大家庭）的文化氛围较为浓厚，父母或兄长或亲戚有点文化，最好是"体制内"的人，他们是学校教育轨道上的"拓荒者"，在与"吃官饭"人的频繁相处过程中，消解"文化人"身份的神秘感，使之成为具体的人，成为一个可以赶超的人，给社区儿童不断前进的目标与勇气。本研究试着绘出"羊望社区文化人相互影响关系表"。以社区第一位本科生"王永周"为例：

70多年来，除了20世纪三四十年代，由于历史原因，进入体制的人极少，羊望社区人进入体制的概率并没有发生大的变化。20世纪50年代，虽从学校教育轨道上走进体制的人不多，但通过招工、入伍的途径进入的数量不少，20世纪60年代通过学校教育进入体制的人较多，20世纪70年代却少了许多，20世纪80年代稍有起色，但并不比20世纪60年代的比例高。2000年后，丹寨县中师、中专生从"有限分配"到"不分配"；到2005年，大学分配率急剧下降，学校"入仕"功能日趋减弱。

近年来大学生就业日益艰难，个案社区近三年毕业的本科生共7人，仅2人进入体制，可以预想，随后进入体制的概率应难有改观，甚至更低。这些大学生熏染了陶行知先生所谓的"贵族气质"，他们穿梭于社区和县城之间，成了新时代的"文化边缘人"。相对而言，他们群体化、低龄化。"他们耗费了大量钱财，金榜题名时热热闹闹地大宴宾客。而今毕业即失业，正承担着巨大的社区舆论压力和自我心理压力，过着受刑般的日子。"①

当然，在国家提倡就业多元化思想的指导下，社区人也慢慢接受不进体制，自主创业的现实，大豆寨潘远建已给社区人树立了一个大学生创业传奇，社区已不是本科生追求的居所，将大学生"引回"社区务农已经几乎不可能了。社区人对大学生缺乏应有的宽容，也是失业大学生流动于城市的推力之一。近年来，国家已在社区旁边"造城"，他们有可能返回家乡安居，过着相对稳定的常态生活，愿这一举措能让社区未进入体制的大学生在家乡安个"家"。

二、民族村落社区本土教育的本质与构造

（一）民族村落社区本土教育的本质

本土教育，主要以内生于本土知识与文化为根本，在本土人与环境进行长

---

① 钱理群，刘铁芳. 乡土中国与乡村教育［M］. 福州：福建教育出版社，2008：6.

期信息交流过程中积淀而成，融于本土人日常生活的各个领域之中，成为促进"人的发展"的资源。在多种情况下已"溢出""培养人的活动"这一学校教育本质规定，因此，本土教育已成为一种"泛教育"模式。因与日常生活世界浑然一体，让社区人习焉不察，无法把握其存在的形态与规律。

学校教育"三要素"，即教育者、学习者和教育措施，而本土教育发生并非教育者均"在场"，就这一意义而言，本土教育与地方性知识有着共同之处。地方性知识作为社区的一种文化模式而存在，本土教育是在承认社区这一场域文化意义之网的基础上构筑的，离开了这一意义之网，本土教育本身的价值容易因缺乏支点而落入虚无。

本土教育与学校教育是促进"人的发展"动力的两个维度，不管是在民族村落社区，还是城市基层社区（社会），只是城市社区（社会）的本土教育与学校教育的文化，背景与价值取向有更多的一致性，使人们忘掉本土教育与学校教育的区别与冲突。而在民族村落社区，本土教育与学校教育在更多时候表现出不兼容，尤其是学校在工业化背景下设置，作为量的形式的增加，作为一种与社区人生活几乎"毫不相干"的机构嵌入社区。当人们对现代科学过度"崇拜"，恨不得给人们安装上现代科学"头脑"的时候，本土教育与学校教育之间的冲突将达到高潮。

事实上，本土教育并非仅代表传统，也并非静止不变，永不发展，而是它本身作为一种文化模式，也在动态生成与发展着，它所依存的地方性知识，也与层出不穷的现代性知识进行对接与交流，现代性知识本身就是在较为广泛的区域内解决了地方性知识无法解决的问题，却无法割离地方性知识为其提供的素材。本土教育作为一种促进人发展的重要力量，其并不反对"学校教育"，也不反对学校教育所依存的"现代性知识"，正如羊望社区"私塾"、1959年学校，甚至羊望民办小学，社区人都热衷于送子女接受一到两年学校教育，因为社区人认为，在"入仕"这一工具价值失落的前提下，不会让子女接受更多与本土教育不兼容的学校教育，这不仅仅是因为家庭贫困的问题，正如有些小孩所言，"给我钱我也不读"。他们选择一两年的学校教育，将之融于社区生活之中，融于本土教育之中，学校教育的价值才得以充分彰显，如生产流程的记录、各种计算、各种苗歌记录、与周边汉族交流，等等。此时的学校教育已成为本土教育的一种实现方式。本土教育则反对学校教育所秉承的"唯科学主义"和"泛科学主义"，并以一种微弱力量在抵制着学校教育的"暴力"推行。我们知道，任何科学知识，作为一种理论抽象，都是源于更为广泛的"地方性"知识，其无法实现"放之四海而皆准"的乌托邦设计，因此，理应时时警惕自己作为的"有限性",以及对地方性知识的"谦让"。①

本土教育所"抗议"的学校教育,是那些以城市文化为背景,内在地预设与本土教育的差异、预设了自己的优势地位的学校教育,那些学校教育所培养的人也是让其具备陶行知所谓的"贵族气质",脱离烦琐的乡村生活。而本土教育自身无力消解这一外在机构,因为学校教育从产生起,就与社会结构、国家权力发生着密不可分的联系。

本土教育,以内生于本土的知识为根本,但并不排除"他者"知识的介入,包括学校教育所秉承的现代性知识与文化。本土教育所蕴含着各种来源渠道的信息,本土教育所依存的文化是所属群体在长期的环境适应中动态生成的,并经由纵向"濡化"得以发展与创新,也是通过与他者的接触和交流中进行共时性"涵化",而得以修补与更替。总之,本土教育应以本土性为立场,以促进人的发展为旨归,而不应"唯我独大",完全封闭自我。

在本质意义上,学校教育与本土教育并非"水火不容",两种没有绝对的差异性,本土教育的提出,旨在对学校教育的本身作为功能与价值有限性进行修复,是学校教育发展现状的一种"警示",并非因此而过度高扬本土教育、贬损学校教育的贡献与尊严。

(二)民族村落社区本土教育的构造

因本土教育融于生活之中,融于环境之中,它发生的时间空间没有更多的限制,也不受学校教育"培养人的活动"这一本质规定性的局限,扩大了它的作用范围,渗透到学校教育所不能也不愿涉足的领域。因此,本土教育的发生,并非随时严格要求教育"三要素"均在(到)场,尤其是"教育者"要素,有时处于"缺场"状态。这就可能造成本土教育与地方性知识有一定重叠性。因此,我们尝试从本土教育发生场域及其构成内容加以分析。

1. 本土教育的场域

在学校教育中,教育发生的空间主要在学校场域内,甚至局限于教室内,相对学校教育而言,本土教育所发生的场域更为广泛,但最主要发生于家庭、社区两个单位。

(1)家庭场域

人类学将"家庭"界定为人类社会中由婚姻、血缘关系和抚养关系而形成

---

① 巴战龙. 学校教育·地方知识·现代性——一项家乡人类学研究 [M]. 北京:民族出版社,2010:274.

的亲属间的社会生活组织单位。① 它的联结纽带是婚姻关系和血缘关系或收养关系，它不仅是人类自身生产和再生产的一种社会组织形式，是经济生活的单位，也是本土教育发生的最基本场域。"家庭"概念，在羊望社区里也称为"家"，但它不仅是一个空间场所，而应该是一个富含"场力"效果的"场域"，使每一个家庭成员都受到这一场力制约，这一场力让一个离开家的孩子，自然而然回归，甚至一个远离家的游子，身不由己地对家产生思念。"因为基因的'自私性'，家庭的教育关系双方，即生存利益高度一致的生命一体。……深刻的情感依赖，是儿童对社会，对他人的情感、态度、价值的动力来源，对于儿童的成长具有无可替代的巨大价值。这种深刻的依赖性，使得家庭的教育关系拥有了完整和坚实的教育信赖基础，形成最具稳定性的内在的教育影响力和控制力。"② "家"是社区本土教育的起点，"家"也是本土教育的终点，一个个体首先在父母因婚姻关系而组成的"家"中接受本土教育，获得自己的最初定位，"家"成为个体早期成长的文化意义之网，借以保持个体的发展，个体进而不断拓展自己的力量，自我解放，挣脱了父母之"家"的束缚，获得新的自我定义，以自我优越的方式建立新"家"，即"成家"，基本完成了本土教育的最主要的进程。

在本土教育过程中，儿童养育、经济生活与生产教育、礼仪的培养，等等，都是围绕着"家"这一场域而展开的。在社区现实生活中，本土教育也存在着溢出"家"场域的现象，受到整个社区或更为广泛区域的人们的帮忙与爱护，但仍然以"我的""你的""他的"作为分界。真正打破这一分界的"世界一家人"，只是人们乌托邦的构想。当然，"家"不是虚无缥缈的，而是有着自己承载的主体。在社区人看来，"你家在哪儿""他家在哪儿""回家"等的"家"都以"房子"作为载体，而社区人计算一个自然寨有几家时，往往以"大灶"为单位，前者是指空间定位，后者指在某一空间中所做之事，这里的"所做之事"就是"吃饭"，可见，在羊望社区里，"一个家对应一个灶，'灶'是标志着'家'的一个本土性概念。家与'灶'或进一步引申的'吃饭'是对应的。"③ 羊望社区本土教育的最基本，也是最重要的内容就是围绕着"吃"这一主题而展开的，因此，家庭是本土教育的最基本的发生场域。

---

① 黄平，罗红光，许宝强. 当代西方社会学·人类学新词典［M］. 长春：吉林人民出版社，2003：68.

② 赵石屏. 试论家庭的教育关系——基于现代文化变迁的视角［J］. 教育研究，2012（11）：118.

③ 涂元玲. 村落中的本土教育［M］. 太原：山西教育出版社，2010：34.

养与育是以"家"为中心的。一个人从呱呱落地开始，"父母由此经历着抱孩子、保护孩子、为孩子而不断自我牺牲和即使一切顺利也不断为孩子担忧的种种喜怒哀乐，我们的行为已具有教育意义"①。"家"成为一个人生存资源的固定供给源，这是动物自然的遗留，是父母与儿童自然关系的社会性延伸，没有任何理由，无条件地供给。这是渗透在教育行为中的"前理论、前反思、前科学"的意识。② 在这一"养"的前提下，"家"之"育"才成为理所当然，才能使"育"成为一种权利和义务，如，一个外人对孩子教训时，孩子常常愤愤不平地回答："我又不吃你的，由不得你管！"因此，在"家"这一场域里，养与育是促进"人的发展"的动力根源。其次，在生产教育上，还是以"家"为单位的。在羊望社区，儿童参与家庭各种生产劳动，如全家半夜三更"抢水"、全家一起打谷子等，在这些为了生存而展开的家庭劳动之中，儿童真切体悟了自我"内在世界"与"外在世界"间的关系，进而实现两个世界之统一，③展现内在自我，并认识自我、提升自我价值。最后，"家"是认同意识产生的根源。海德格尔说"人"是被"抛"进世界的，也就说人被置于空间的任意一个位置上，一个不是由他自己所挑选的、不同于他所寻求的位置上，也就是说被置于一个偶然的地点。人要想在世界中建立正常的生活，就以这一"偶然地点"作为基点，即"家"，向更广阔的世界进军。④ 这并非仅是空间的居留，而是人内在精神的状态，是与外在环境的定位，这种内在精神就是认同意识的萌芽，是认同意识发展的始端，是潘光旦先生所言的"安其所"，只有在这一基础上，社区人才可能发展更大的认同意识，在更广阔的场域内自我定义，也就是潘先生所谓的"遂其生"，进而提升"位育"能力。

（2）社区场域

滕尼斯（F. J. Tonnies）认为，"社区"是指基于血缘、感情与伦理纽带而形成的人际关系密切、守望相助、富含人情味的有机群体。它与"社会"的机械群体的特征有本质上的区别。一定地理区域是"社区"形成的非常重要的条件，在相似的自然地理条件下，在长期历史发展的过程中，形成相似经济文化

---

① 范梅南. 生活体验研究——人文科学视野中的教育学［M］. 宋广文，等译. 北京：教育科学出版社，2003：191.

② 朱光明. 透视教育现象学——论教育现象学研究中的三个基本问题［J］. 外国教育研究，2007（11）：3.

③ 福禄培尔. 人的教育［M］. 孙祖复，译. 北京：人民教育出版社，1991：17.

④ 博尔诺夫. 教育人类学［M］. 李其龙，等译. 上海：华东师范大学出版社，1999：78－82.

类型，形成认同感与归属感，进而形成了布迪厄所谓的"场域"。

在地域上，羊望社区各自然寨紧密相连，日常生活中的频繁接触使许多家庭团结起来，纵横交错的亲友关系，再加上行政关系，将他们紧密连接在一起，形成"社区"特质。在羊望社区，家庭"聚集在一个紧凑的居住区内，与其他相似的单位隔开相当一段距离，它是一个由各种形式的社会活动组成的群体，具有特定的名称，而且是一个为人们所公认的事实上的社会单位"。① "羊望"这一社区的形成，我们在第一章已详细叙述，在此不赘述。社区是家庭的扩展，是费孝通先生所谓的"差序格局"中最为紧密的部分，是各种关系形成的"场"所能发生效力的范围。此外，人本身秉承动物界类似教育的本能，它作为一种教育意向，潜隐于人们的意识深处，使社区人在频繁交往中，不经意间成为教育者与学习者，而不需要刻意的教育技艺雕琢，一切出乎原始意向，本能使然。② 因此，社区成为本土教育发生的第二个基本单元。

首先，在养与育方面。社区是家庭的扩展，是个人生活与生产的次级单位，甚至有学者称之为"扩大家庭"，与家庭一样，它是传统与血缘关系的有机连接，不像现代工业化城市社会那般以"无人情味的、纯粹的经济关系"机械连接而导致人们终身交臂而过却不相识。社区在长期的发展过程中，所形成的温情脉脉的有机群体，是本土教育发生的基础，也是本土教育对人影响较为深远的原因之一。在羊望社区里，"养"以"家"为核心，是一圈圈向外扩展的，这里不仅是现实空间扩展，更是亲疏关系的扩展。即"家→宗族→自然寨→社区"，到了社区界线，"养"就基本结束，到另一社区，儿童"养"力量减弱到最低的层次，甚至产生相互排斥的现象。在羊望社区里，自然寨之间，大多都由同姓、同宗族组成，儿童之间关系均为兄弟姐妹，儿童与大人多是晚辈与长辈之间的关系，因而"养"也变得几乎理所当然。"养"也成为"育"的前提，当然两者并没有截然分开，只是"养"提供了"育"的主体与客体之间的内在关联，以及"育"发生的条件。个体与社区之间是相互依存的，社区儿童突破了家庭的范畴，社区就成为其"育"的第二道"防线"，也是社区文化意义之网对个体的匡正。个体在"育"上的失败，给整个社区，尤其是自然寨带来无形伤害，而且这种偶然失败可能常被添加各种神秘色彩。如，羊望社区党期寨被污名为"党期人全是强盗"，这是在社区里污名化，而在社区外却扩展为"羊

---

① 费孝通. 江村经济——中国农民的生活 [M]. 北京：商务印书馆，2001：25.

② 项贤明. 泛教育论——广义教育学的初步探索 [M]. 太原：山西教育出版社，2004：233.

望人全是强盗",人们在不断的污名化过程中,并辅以"特例"加以验证与强化,使之貌似符合事实判断。

其次,同龄群体的影响。我们知道,同龄群体对个体有保护与发展之功能,对社区儿童社会性发展有着重要意义。进学校前,同龄群体是儿童在以父母主导的家庭场域的一种"拓植"① 方式,即"在那些被控制的时空的缝隙之中构建一个可以容忍的世界",② 而进入学校后,同龄群体成了父母与教师两个"成人世界"的"拓植"方式。在这一世界中,儿童可以平等交往,他们的"玩耍与游戏"在两个成人世界所不允许的视域之外进行,基于此,使儿童心灵得到抚慰,如,在羊望社区,儿童被父母责骂时,他们总喜欢逃出父母视域,在同龄群体里"反骂",以求心灵安慰;同时,在羊望社区,同龄群体经常在有意无意中开展一些竞赛来提高他们的竞争能力与意识,如跑步、爬山、游泳、采摘果子等。同龄群体一般都在社区范围内,并非严格按照亲疏远近来组织。但一般均在同一自然寨之间,社区不同自然寨之间则多以亲戚关系或同学关系来连接。羊望社区父母难以容忍儿童同龄群体的构建跨越社区的界线,他们对其他社区保持某种警惕,尤其是对汉族社区表示有意无意的排斥。因此,社区成为同龄群体这一有机共同体的教育发生场域,即本土教育发生的场域。

此外,社区也是生产与生活教育的重要场域,在生产上,社区里结成了各式各样的互助关系,这种关系已突破血缘关系的局限,而以社区内家庭之间交往关系为基础,使羊望社区儿童就是在这一更大的关系网中进行生产技能的习得。社区里各种错综复杂的亲友关系也保证了教育者以"关爱"的方式对儿童进行生产与生活教育。在生产互助中,让儿童濡化了道德习惯,发展成为一种道德自觉。而生活上,许多活动都要求全社区人共同参与,如丧葬仪式、结婚仪式、节庆仪式、村级运动会等等,这些活动都是整个社区人共同参与的。除节庆仪式和村级运动会外,其他仪式大都以一个自然寨为主,其他村寨为辅,但儿童是全程参与的。在这些仪式之中,儿童濡化了社区丰富的文化养分,不断找到自我身份的认同,成为社区儿童向更广阔世界拓展的基础,成为社区人价值提升的支点。

总之,家庭与社区是本土教育发生的两个基本单位,这两个单位构筑了社

---

① 南京大学贺晓星教授认为,"拓植"是指在那些被控制的时空的缝隙之中构建一个可以容忍的世界,是不公开宣称的抗拒形式,是一种对以强权为后盾所进行空间支配的拒绝与批判。

② 常亚慧. 沉默的力量——学校空间中国家与教师的互动 [D]. 南京:南京师范大学,2007.

区文化意义之网，本土教育就在这一意义之网中发生，它滋养与保持社区儿童的成长，成为儿童发展的支点，它对儿童的影响是全方位的，成为儿童学校教育的根基。学校教育仅以学校这一独立空间为载体，对人的影响几乎仅限于学校场域，走出学校，影响甚微。正如之前举的例子，"我又不在学校，哪里还是学生呢?"然而，十多年以来，附载于经济优势与国家权力的学校之介入，社区文化意义之网在逐渐离解。

2. 本土教育的内容

与学校教育多发生于学校内不一样，本土教育发生的场域超越了社区内各个具体的场所，所涉及的内容应有尽有，我们统称为"地方性知识"，就羊望社区而言，其内容主要有以下两个部分。

（1）类主流知识与文化

这类知识是指，国家主流文化知识经由社区"文化人"根据自己业已生成的文化为基础进行解读、缓冲而形成的一种知识样态。这类知识可能是官方的，社区的国家基层行政机关及干部解读形成，而这些干部均由社区"文化人"构成，他们以社区可理解的方式，传播、解释与实践这些知识，这类知识成为社区人对国家政权、国家政策的认知途径，而社区文化人成为这一类知识内容的主要教育者，填补了国家与社区之间所留下的弹性缝隙，缓解了国家与社区之间的紧张关系。此外，随着社会发展，主流文化知识的引进，是不可避免的，也不应避免。如农具的传统与现代结合、房屋的砖木结合以及各种生活用品的传统与现代结合等等，这些传统与现代之间，很难区分哪一部分是本土独有，哪一部分是主流社会传入。它们之间相互借鉴与融合，形成了一种新的地方性知识类型。以砖木结构建筑为例，长期以来，羊望社区以干栏式木结构建筑为主，这是社区适应环境的结果。社区人认为，在气候较为潮湿的条件下，木房可以很好地存放谷子，居住较为舒适，而且木房经久耐用，可持续几代人之久；社区人将砖房称为"汉房""洋房"，离社区仅有300米处的汉族社区（瓦厂村）大多为砖房，就算是修木房也只修一层楼，结构布局与砖房无异；可见，比邻的苗汉两种建筑文化差异明显。而至今，羊望社区将砖房与木房融合，取两者之优点，逐渐生成新的建筑文化。这类知识也是社区文化人对主流文化解读、实践与涵化的结果，这些社区文化人作为本土教育的"教育者"要素，应该给现代民族教育予以启示。

这是以动态的方式来观测地方性知识的"生成性"特征，那种将传统与现代截然对立的研究是不科学的。

（2）传统知识与文化

任何一个民族、一个社区，都有自己独特的文化类型。随着社会发展，这一文化类型依然经久弥新，发挥独特的作用；或因其所蕴含的价值被遮蔽，在某段时间处于失落与消失状态，但现实的困境提示着人们对其传统文化珍视与保护，并使其得以复兴。作为生命力极强的儒家传统文化也历经盛衰，更不用说其他民族文化了。羊望社区传统知识由年长者所持有，并由其所传承，涉及面甚广，包括社区与族群历史、生计方式、风俗习惯等。这类知识附载在文化之中，是社区人在其独特环境生态适应中动态生成的，是在封闭的社区生活中所必需的知识类型，也是社区儿童成为"社区人"所必需的知识装备。当然，随着社区环境变化，这一传统的知识表现形式也会发生变化，但这一知识与文化类型的核心价值在很长时间内不可能轻易消失。在这一本土教育知识内容中，年长者成为天然的"教育者"，他们向年轻一代传承着这一类型的知识与文化。例如，在羊望社区，由于外界市场经济思想渗透，人与人之间的关系几乎由昔日的温情脉脉变成了唯有"金钱"所能维系的关系，社区已略显工业化城市社会的特征，传统的无偿互助，也变成有偿雇佣，连亲兄弟也是如此。在田野调查期间，我们常常感受到社区人对这一现象的觉醒，却无所适从。但他们的行为无意中表达出社区人借用传统民族文化精髓开展自我文化修复实践，那就是，积极传承作为苗族象征符号之一的芦笙文化。据调查，2010年以来，羊望社区内每个自然村寨，均组织芦笙队，集资购买新芦笙，长者主动负责对年轻一代芦笙文化传承的任务。每每重大节庆或仪式，均要求芦笙队员不管身在何方，都得返乡参与，而不计"经济"得失。我们认为这是一种传统文化与知识的复归，是一种面对文化危机的积极主动回应。

实际上，地方性知识与现代性知识、主流文化与非主流文化均是相对而言的，地方性知识的进一步抽象，使其在广泛领域让人们所共享，那就具有"现代性"特质。而现代性知识若以地方人坚守"地方性"立场，以"地方性"的方式对现代性知识进行解读、实践与传播，现代性知识也就具有地方性知识的特质，这其实就是本土教育的现代性追求的方式。两者的本质上并非"水火不容"，同样，主流文化与非主流文化一样，从某种意义上说，主流文化是由非主流文化附载着国家权力、经济权力等因素而取得其主流文化地位的，从文化本质上而言，没有主流与非主流之别。

总之，本土教育就是以类主流知识与文化、传统的知识与文化这两种地方性知识为载体，在两类知识体系中，社区学习者可轻易找到其根之所在，进而将其移植于自我心智结构之中，形成了自我生命成长的力量；而地方性知识是社区人生境适应与创新的成果，它并非一成不变，而是具有动态生成性特征，生境的变迁会推动地方性知识的变异，因此，本土教育需要坚守地方性知识的立场，积极主动地进行现代性追求，以便更好更快地促进社区人的发展。

三、民族村落社区学校教育与本土教育之关系变迁

学校教育与本土教育之间，由于两者的作用对象均为"人"，它们有着无法回避的内在关联。夸美纽斯（J. A. Comenius）认为："假如要形成一个人，就必须由教育去形成。"康德甚至认为："人只有靠教育才能成为人，人完全是教育的结果。"可见，没有教育，人只能以生物有机体形态存在，教育使人从动物形态中走出来，成为人由"潜在人"到"现实人"的中介力量或推动力量。①教育与人相伴相随，"我们的教育是同我们的生命一起开始的"②，正如教育家杨贤江所言："自有人生，便有教育。"人的产生乃教育的发生，个人的生成乃教育的生成，也如杜威的教育信条所述："一切教育都是通过个人参与人类社会意识而进行的，这个过程几乎是在发生时就在无意识中开始了，它不断地发展个人的能力，熏染他的意识，形成他的习惯，锻炼他的思想，并激发他的感情和情绪。由于这种不知不觉的教育，个人便渐渐分享人类曾经积累下来的智慧和道德财富。他就成为一个固有文化资本的继承者。世界上最形式的、最专门的教育确是不能离开这个普遍过程。"③

因此，这充分说明了"教育"并非学校场域所独有，教育先于学校而存在，此种先于学校而存在的教育，我们称为本土教育，也可称生活世界的教育，学校教育不过是从生活教育世界中抽离出来的特殊教育形态，是一种追求教育质量的载体。学校教育是对原始的本土教育的一种形式化、结构化、抽象化，是对本土教育自身作为有限性的改造与修补，是因适应工业社会发展而大量涌现与规范的。

（一）从我国教育发展进程看

学校教育的产生与发展，并非消灭了本土教育而获得新生，而是各司其职，形成合力，共同促进人类发展与价值的提升。以我国学校教育的产生与发展为例。

---

① 周作宇. 教育：文化与人的互动 [J]. 清华大学教育研究，1999（4）：27.
② 卢梭. 爱弥尔（第1卷）[M]. 李平沤，译. 北京：商务印书馆，1978：13.
③ 赵祥麟，王承绪. 杜威教育论著选 [M]. 上海：华东师范大学出版社，1981：1.

因人类的"生理性早产"①，人在降生于人世间时，是不能独自生存的，是全然无力的存在。凡有人类生存和文化形成的地方，势必从事创造、传递和继承人类文化的教育职能存在。② 从现有史实考证的"巫山人"的年代算起，我国教育已有200万年的历史，"巫山人"为了使劳动更有效率，必须制造工具，并将制造与使用工具的经验与方法传授给青年一代，③ 原始教育活动就已发生。其实，除生产教育之外，各种生活仪式也富含教育信息，这种教育融于生产与生活各个领域之中，教育实践与生活实践相互包含，这种教育的形态，我们称为"本土教育"。我国原始社会后期，已出现了"成均"与"虞庠"两种萌芽的学校形态，而夏朝就已出现了"序"与"校"两种真正意义上的学校形态。此时，学校是为国家政权服务的，教育者、学习者均为上层人士，这说明了学校从孕生时就已打下了"国家"的烙印。学校教育仅在上层社会中运行，学校教育成为国家治理的一种手段，虽春秋时期一度呈"学在四夷"之现象，但"文化下移"是极有限度的，"束脩"④ 挡住了真正平民的教育通道。平民只能依然靠"本土教育"获以自我生存、自我定义、自我提升。

欧美国家为适应工业化发展，把学校教育置于国家权力的管理控制之下，以国家力量推动学校教育更规范化、制度化和形式化，学校更为普及，学校教育内容更广泛，学校因此成为工业革命的配套机构。这一现代学校体制传入我国，先是"中学为体、西学为用"，守住传统教育之"根"，最后直接消解了我国自身古代传统学校教育体制，废除科举制，大力推行现代学校教育，也成为推动我国工业化的重要力量源泉。然而，工业化精神指导下的学校教育，过于强调科学知识与技能的传授与训练，忽略了"将人性的内在力量提高到纯粹的人的智慧"⑤，强调知识的分门别类，忽略了人自身的复杂性，忽略了本土教育对学校教育的修补功能，以实现其促进人的发展之鹄的。在20世纪80年代前，学校仍然尚未达到全面普及程度，此时，更多的人依靠本土教育与学校教育协同促进自我发展，本土教育在人们生活之中甚至起到决定性的作用。然而，随

---

① 瑞士动物学家波尔曼认为人在生后一岁，才达到真的哺乳类动物降生时就有的发育状态；要使人的发展与其他哺乳动物并驾齐驱，人类的妊娠期理应比现实延长大约1年，即21个月。

② 筑波大学教育学研究会. 现代教育学基础［M］. 钟启泉，译. 上海：上海教育出版社，1986：14.

③ 孙培清. 中国教育史［M］. 修订版. 上海：华东师范大学出版社，2000：1-2.

④ "束脩"原意指咸猪肉，后来基本上就是拜师费的意思，这里统称为学费。

⑤ 筑波大学教育学研究会. 现代教育学基础［M］. 钟启泉，译. 上海：上海教育出版社，1986：32.

着社会进一步发展，现代学校教育已成为我国的一种公共服务，学校逐渐普设于全国每个村落社区，成为"村落中的国家"，至今已成为全民共享的现代性资源。学校教育因长期附载于国家权力、经济权力，而有着超强"吸引力"，人们借助学校教育之功"发展自我"——走进体制，成为社会精英阶层，将粗重烦琐的"体力活""丢"给他人而获得"自我解放"。但人们在追求学校教育的过程中，渐渐遗忘了本土教育本身对"人的发展"不可替代的力量，使学校教育与本土教育之间的关系出现当下紧张局面，以致教育无法成为通向智慧的道路。

（二）从社区人的发展进程看

以工业化精神为指导的西方现代学制"引进"乡土中国时，尽管是在内忧外患背景下，却体现出较为主动的姿态，"中体西用"的长时间论争是对其的缓冲与调适，但因"救亡图存"为当时第一要务，学制最终得以推行，成为推动我国工业发展的重要力量。尽管如此，旧式封建传统教育制度还在相当长一段时间存活于各个角落，以表达其依然有对"人的发展"的功能与价值。

与之不同的是，我国现代学校教育"进入"民族村落社区时，同属"他物"介入，但主体立场有着本质上的差异，此时介入的"主体"是以国家力量为依托的学校，是以主体身份"进入"的，它自己也成为国家形象，社区学校就是人为设置的国家环境。而作为社区本身而言，是客体、是受体，没有任何"讨价还价"的空间，只有"无条件"接受，只有"静悄悄地革命"或"拓植"罢了。在羊望社区所属县境域内，学校及学校教育的"进入"也是清末民初之事，几乎是新旧两种学校及学制同时"进入"的，丹寨县境内学校教育的进入与国家权力的延伸几乎为同一步骤。这已几乎反映出我国民族村落社区学校教育发展的逻辑顺序。

然而，学校在羊望社区的出现，在国家教育作为有限性的前提下，社区以主体方式引进，如，1944 年开设的"岩寨私塾"纯属李正华个人的办学行为，没有国家财经支持，"私塾"靠束脩自养，也没有国家制度规范；1959 年社区学校几乎属李朝林的个人行为，后期虽有国家财政的注入，但其在社区依然居于主体地位，学校也几乎以社区主体的立场运行。在这两个时期的学校教育中，从教育者、学习者、教育措施三个基本要素看，均有社区自己的特点，富含本土教育的基因，学校生活与社区本土教育交错与重叠，自然与和谐地实践着。此时的本土教育以其生活性、直观性、情境性的特征，指导着社区人的生活的全部，在竭力保证社区人生存的前提下，缓慢地促进了社区人基本素质的发展，提升社区人的内在力量与智慧。在这段时期里，本土教育"在社区人的发展中起着主导作用"，在社区中处于中心地位。对绝大多数社区人而言，学校教育仅成为本土教育的有益补充。1962 年，国家追求学校教育的"质量"，而将"社区学校"作为"数量"剔除，已显现国家力量在村落社区教育的表达。

1970 年，羊望民办小学创设，学校就已成为国家的代理机构，作为国家基层组织的村委会与学校合二为一，是一个有力的证明。只是因国家此时无暇顾及，而给学校教育留足自由发展的空间，加之教师均来自社区，使学校生活与本土教育保持着密切联系，因而本土教育得以大力发展。此时按社区生活的节律开展，学校课程计划表是与社区生产活动表"协商"的结果，学生对本土教育的兴趣不亚于对学校教育的兴趣，甚至有过之而无不及，他们成天穿梭于田间地头之间，在其中快乐地学习与生活着。

随着社会的发展，社会学校承担了社会的教育职能，从而使家庭与社区的教育职能大幅度下降，学校从社区中孤立开来，成为"教育上的孤岛"①，本土教育日趋式微。

（三）"三要素"视角下本土教育与学校教育的互动

我们在前两章论述过，本土教育与学校教育均有各自的发展轨迹，以及对"人的发展"具有促进作用，那么，当前，羊望村社区的本土教育与学校教育之间，是如何互动的？众所周知，现代学校运行特点，决定着学校教育本身的特点，以及对"人的发展"的作用方式；同样，作为本土教育的两个单位——家庭与社区，它们的运行特点，也决定了本土教育发生的结构与形态，以及对"人的发展"之价值所在。总之，本土教育与学校教育各自依存的文化生态系统的差异，造就了两者的优势与缺陷，但两个教育世界均在教育者（亲代）、学习者（子代）与教育措施（地方性知识及其他教育设备）这"三要素"影响下进行互动。

1. 就教育者而言

（1）直接教育者的"缺场"

"人类的个体依赖亲代而获得生命，亲子关系是儿童所降生其中的最初关系"②，本土教育以社区文化为载体，而作为社区人生活的样式，社区文化的"遗传"是亲代将特定文化传承给子代，子代又把这一文化范型内化于自己的本质之中，再现亲代的文化性状。③ 本土教育的发生需要健全的双系抚育的家庭生

①　筑波大学教育学研究会. 现代教育学基础 [M]. 钟启泉，译. 上海：上海教育出版社，1986：232.

②　赵石屏. 试论家庭的教育关系——基于现代文化变迁的视角 [J]. 教育研究，2012 (11)：118.

③　张怀承. 中国的家庭与伦理 [M]. 北京：中国人民大学出版社，1993：87.

态保驾护航，家庭生态失衡，本土教育自然就难以维系。① 本土教育的"教育者"首先理应是父母，他们基于幼儿的无助感而做出本能反应，自然而然地蕴含了教育行为。"谁养就谁育"，而且通过养育也可延续父母与儿童的天然情感，给本土教育推行奠定了情感基础。然而至今，在我国农村大量务工人员外出务工，家乡留不住他们，这就造成父母外出、儿童留守的现象。根据国家统计局发布的"2011 年我国农民工调查监测报告"，2011 年我国外出农民工 15863 万人，外出农民工已婚者 9232.3 万人，占外出农民工 58.2% 的比例。②在羊望社区，打工人数占全社区人数的 85% 以上，几乎所有青壮年均外出打工。已婚外出农民工中，除子女已成家外，几乎都育有小孩;③ 而且，因居住条件有限、子女较多等，举家外迁仅占极少数，据我们初步统计，整个羊望社区共有 7 户举家外迁，其中只有 2 家各有 1 名孩子异地读书。在家庭夫妇外出打工的选择中，男性终始稍占多数，但差距并不大，而且女性留守大多都是为照顾父母和小孩，并负责承担耕种土地任务。每逢春节都有很多人选择留守工地（工厂），挣双份加班费，他们常说：

> 哎，回去搞哪样，回去也就是喝酒啦，路费又贵，回去几天就回来。我们在厂里加班还得双份钱哩！给父母和小孩多寄点钱过去就可以啦，反正我们在哪里不都是一样过年嘛！（王辉，2014 年 1 月）

显然，社区人已装备了"经济"思想，逐渐适应在外打工生活后，早期那种因文化差异而产生的焦虑已消失殆尽，"钱"几乎削弱了 20 世纪 80 年代初的那份"温情脉脉"的思念。正如西美尔（Georg Simmkel）所言，"钱"超越了所有具体事物，显得可以调解一切生活矛盾，然而"当千差万别的因素都一样能转换成金钱，事物最特有的价值就受到了损害"。④ 当然，隔几年，社区成年人也会回家过年一次，看看留守子女，但也只是到了春节后初五六，他们就已陆续离开村落社区，初十左右基本走完，到元宵节，社区"年味"已荡然无存了，只剩老人和小孩（学生）留守。可见，社区儿童在相当长的时间里，作为本土教育的直接"教育者"角色的父亲"缺场"，甚至父母同时缺场，儿童跟

---

① 费孝通．乡土中国·生育制度［M］．北京：北京大学出版社，1998：240.

② 中华人民共和国国家统计局．2011 年我国农民工调查监测报告［EB/OL］．国家统计局网站，2012－04－27.

③ 在社区里，几乎所有人结婚一年内就生育，否则会被社区人非议。

④ 西美尔．金钱、性别、现代生活风格［M］．顾仁明，译，上海：华东师范大学出版社，2010：5－7.

随着已无打工能力的爷爷、奶奶一起生活。通过羊望村委会人口统计数据①，本研究整理出羊望社区留守儿童基本情况，如表5.3所示。

表5.3　2014年羊望社区留守儿童人数统计表

	幼儿		小学生		初中生		高中生		总计
	男	女	男	女	男	女	男	女	
总　数	60	55	97	86	52	45	17	6	418
留　守	46	39	86	79	49	40	15	5	359

备注：留守儿童是指父母一方或双方外出务工而被留守社区的儿童，年龄为3~18岁，即幼儿小班至高三阶段的年龄段。

从以上表格可看出，从幼儿园、小学、初中、高中几个阶段来看，幼儿教育阶段父母均在身边数量多一些外，小学与初中阶段，父母在身边一起生活的数量极少，而高中阶段，只有3家学生父母长期留守社区，因他们白天都在县城当建筑工人，所以穿梭于县城与社区之间，真正跟儿童在一起生活的机会也极少。近年来，在羊望社区，幼儿刚满岁，父母就外出打工，就开始隔代监护是司空见惯的现象。在儿童"印刻"发生关键期却得不到应有的刺激与强化，在随后的父母与儿童关联之中，几乎仅以"金钱"来加以维系。在传统社会，"又当爹又当妈"这句俗语所营造的形象是与悲苦的家庭生活紧密相连的，至今社区父母却为"钱"而主动导演了这一悲剧；在社区本土教育体系中，作为"教育者"的父母首先主动"缺场"，破坏了家庭生态，也破坏了传统教育这一有机体系。然而他们认为："我们出去打工，还不都是为了小孩？"就是在这一思路指导下，他们"心安理得"地将子女交给了学校，将全部希望寄托于学校，希望学校推动子女的全面发展；他们放弃了自己对子女教育的权利与权威，他们甚至认为他们的教育可能阻碍学校教育价值的实现。因此，他们给子女提供他们儿时数倍的物质资料，助益子女学校教育发展，也希望以此得到同样的回报。殊不知，这却成为学校难以承受之重。从学校"闯入"社区的那一刻起，学校本身就以国家形象出现，是"科学世界的教育"发生之主要场域，它是以一种"忘本的教育"姿态出现的。那是为长期物质贫困的"解放"而出现的"头疼医头、脚疼治脚"的西医疗法在"本土教育"上的应用。② 这是社区一种近乎急救的方法，注定那样的学校教育难以实现原始的价值预设。此外，直接

---

① 根据村委会计生人口统计、羊望小学学生情况统计整理而成。

② 刘云杉.有守方有为：教育改革须正本清源［J］.清华大学教育研究，2013（1）：10.

"教育者"缺场，奶奶、爷爷、外公、外婆等充当替补角色，家庭本土教育关系原有的生命秩序出现断裂，难以形成人的有机教育链，大大降低了本土教育的效果。

（2）隔代教育者的"困境"

隔代教育，是一种家庭策略，年轻的父母通过代际合作，试图转移和分散儿童照顾的压力。① 在传统的羊望社区里，大部分家庭都是三代人构成的，这一生命秩序，成为本土教育发生的生态机制。年长者与年幼者之间的非平衡态，使本土教育的发生成为必然，年长者是丰富文化知识的拥有者，而年幼者是文化知识的需求者，两者之间的接触与交流，犹如两块海绵，一块吸满水，一块却缺水，两张叠合在一起，"教育"自然就会发生，我们称之为"溢流"现象。其实，我国原始社会末期萌芽状态下的学校——"虞庠"的教育形态也是这种隔代而生的。此外，人本能地教育子代的潜意识，又进一步推动了本土教育的发生与发展。三代同堂的家庭生态结构是传统社区确保"本土教育"发生的稳定结构模型。它有助于强化年长者的文化权威。在这样的家庭结构中，祖辈的过去就是新生一代的未来，祖辈的过去成为新一代的直接参照模式，儿童由他们的祖辈社会化，儿童的成长过程也就是他们将父母和祖父母的规范和价值进行内化的过程，人们认为习惯会超越时空而永垂不朽。②

然而今天，随着社区儿童父母的大量外出务工，外界各种价值观蜂拥而至，如"平等""经济"等价值观，不断地阻碍着传统的本土教育的发生。社区老人们纷纷感叹："孙辈怎么比儿子更难管了。"

孙辈不愿听祖辈的话，至今已成为普遍现象，就此，我们有两种解释：一是祖辈没什么威信，二是祖辈地方性知识匮乏。鉴于此，我们专门回避两种可能找到了社区"文化人"王永新。在前一章里，我们已提到，王永新已73岁，在其兄弟王永周，也就是20世纪60年代初大学本科生的影响下，自学成"才"，可在现代性知识与地方性知识之间自由转换。在现代性知识方面，他懂得历史，关心时事，了解科技动向，识文断字更不用说了，更值得一提的是，他培养了大儿子王正国成为社区第二位大学本科生，追平了自己兄弟所创的纪录；在地方性知识方面，他会看风水、算生辰八字、懂得各种古谚、安装木房、

---

① 钟晓慧，郭巍青. 人口政策议题转换：从养育看生育——"全面二孩子"下中产家庭的隔代抚养与儿童照顾［J］. 探索与争鸣，2017（7）：81-87+96.

② 赫特尔. 变动中的家庭——跨文化的透视［M］. 宋践，李茹，等译. 杭州：浙江人民出版社，1988：262.

处理社区各种人际纠纷等等。

王永新是个真正的"文化人"，曾担任村主任，长期担任村委调解员，经常代表社区出庭处理各种"案件"。王永新二儿子高中毕业后，回家务农，现育有两个儿子。在我们与老人谈及其孙子教育问题一事时，他直摇头说：

> 阿军（二儿子的苗名）这两个儿子都不听话哪！大的叫王春，小的叫王秋，在他们俩一两岁时，父母就去广东了，现在也只是隔几年才回家过年一次，俩小孩都是我们带大的啊！在小学一二年级的时候，农闲时我还亲自教他学习识字、算数，学习成绩还可以，班上前10名没问题；那时他们爱听我讲故事。五六年级后，一切都变了，教什么他们都不爱听了，骂他们、打他们，他们就干脆不回家，我们都担心，怕他们父母怪我们，现在大的学习成绩还一般，小的不行了，班上倒数呢！反正我现在也管不了他们，负责煮饭给他们吃就行了。（王永新，2013年10月）

作为社区"文化人"，王永新很明白，孙辈小时候的学校教育与本土教育并举的重要性，见缝插针地在田间地头讲授传统故事给孙儿听，对他们进行民族文化传承，让他们获得心智启蒙，感受社区丰富的文化资源。同时，更重视学校教育的辅导，试图保证孙儿成为"社区人"后，向更高的层次跨越，甚至希望孙子超越他的大儿子。但因孙子父母长期不在家，他的权威性没有得以确立，次第而下的生命秩序被破坏，使他的本土教育难以维系。随着小孩长大，接受更多的学校教育，通过媒体习得了各种纷繁复杂的文化，他们对传统文化失去兴趣。老人作为"老传统"的象征，在社区儿童眼里，老人也失去教育者身份的认可。隔代"养育"之中，仅剩"养"这一功能，孙辈与老人之间的关系逐渐仅靠"养"来维系。其实，在我们与老人的访谈中，老人在地方性知识与现代性知识之间相互借用与转换，我们惊叹于这样一个成天与土地打交道的农民，居然对国家和地方的古代、现代与今天的社会了如指掌，并作出自己的评论，而在地方性知识方面也是如此。老人说："这些也只有你们才爱听了，小孩们哪跟你听这些哪！"他"那些故事"的舞台因没有观众而落幕，老人也只能默默尘封这一传统文化。

事实上，不仅是他的孙子，当前初中、高中的学生更不愿听爷爷奶奶讲故事了，在他们心里，老人就是"传统"，传统就该"抛弃"，但他们并不清楚，"辞旧"并非"抛弃"，"迎新"并非"媚新"。作为文化人的王永新道出自己的看法：

> 没有父母在，我们说的什么话孩子们都不听，小时候，他们一不听话，

我就会吓他们一下："你爸妈明天就回家啦，你不听，我告你们爸妈去！"刚开始，还有效，但时间长了，就没效果了。现在孩子什么都想跟城里孩子一样，吃喝拉撒的，都要求很高，老人所说的都不听，也不管你讲得对不对。（王永新，2013 年 10 月）

近年来，社区的各种传统文化活动已慢慢被化简程序，大都出于"经济"考虑；羊望社区人没有真正意义上的宗教信仰，原始的宗教信仰活动已被简化，甚至省略，社区人没有找到真正的"内心制约"，青壮年大都外出，偷盗事件时有发生，有时搞得人心惶惶。

总之，社区现代生活中，家庭生态发生变化，父母缺场、爷爷奶奶替补的家庭形态，仅剩"养"的功能了，各种外界文化的涌入，学校教育"抢占"了学生绝大部分时间，凭借着学校获得科学知识的增多，社区儿童均希望"跨越"本土教育这一传统文化的束缚，直接过渡到学校教育所指导的生活模式，本土教育的阵地也因此呈逐渐被摧毁之势，已逐渐失去了昔日"社区人"形成进程中的主导力量。因此，在民族村落教育构建中，学校教育理应成为社区文化创建的前沿阵地。

2. 就学习者而言

学习者是本土教育的关键性因素，在前面已经提到，本土教育并非随时随地都需"教育者"在场，缺乏"教育者"在场，本土教育就与地方性知识的育人功能差不多，只要地方性知识的价值存在，学习者直接可以从地方性知识本身获得自我成长的资源。而羊望社区教育发展史，几乎就是学校"学生"身份的逐渐确立，社区"儿童"的身份逐渐被遗忘的历史，即社区学校教育发展史就是本土教育的遗忘史。

（1）"在学校是学生"

在羊望社区，儿童的学校教育是这样流动的：①幼儿教育阶段，儿童在社区幼儿园接受幼儿教育，居住在家里。②2012 年 9 月前，儿童在社区学校就读小学，居住在家里；2012 年 9 月后，儿童在社区学校就读小学一至二年级，居住在家里；在扬武民族小学就读小学三至六年级，寄宿在学校。③2009 年 9 月前，儿童到扬武中学读初中，可寄宿学校，也可回家居住；2009 年 9 月后，同样到扬武中学读初中，但要求全部寄宿学校。④一直以来，社区儿童要就读高中，需要到丹寨中学就读，学校远在县城，只能寄宿学校。总之，就目前而言，只有幼儿小班、幼儿大班、一年级、二年级四个班级的学生居留社区，其他仅有周末回家拿钱才留宿一天。换言之，从三年级开始，社区儿童的在家生活时间占全部时间最多不超过28%，剩余72%均在学校度过。如按我们提到的关于儿童对自己学生身份的界定方式，即在学校就是学生，不在学校就不是学生。那么，社区儿童此时已是名副其实的"学生"了。

在传统的社区学校，从"岩寨私塾"到"羊望民办小学"，再到羊望小学前期，学校作息时间是根据社区活动、农事生产时间来安排与调整的，也就是说，是与本土教育协商的结果。据羊望民办小学创办初就在此任教至今的潘永儒老师介绍：

> 学校开办之初，我们学校时间安排表很不规范，经常会变动的，有时候遇到什么节日了，时间表是不得不更改的。比如，大豆遭火灾时，学校的所有人均需参加仪式，仪式完毕才能离开，一天半时间呢！遇到重大节日，学校时间表也经常被调整。尤其是遇到社区孤寡老人生病，我们就得组织师生去帮忙干一天活路。

> 一般是这样安排的：早上9：10上课，早上学生放牛或割草，听到第一次铃声才回家，匆匆赶到学校。当然，老师也是一样的，也是听到铃声后才赶过去的，只不过值班老师去早一点而已。11：40～14：00中午休息，说是休息，在农忙季节，老师与学生都借此时间干点活路，农闲时老师倒可休息一下，此时却是孩子们的娱乐时间啦，小河边、山上、田间地头，到处乱窜的，回到教室全身都粘满草的。16：40放学，此时离天黑还有一段时间，学生还得回家干活路，大一点的砍柴，小一点的放牛，等等。当然，每个农忙季节，我们都得放一个多星期的农忙假的。（潘永儒，2013年9月）

从以上安排可看出，学校作息时间较为灵活，是根据社区农事生产而定的，根据社区节日或突发事件而做出调整，与社区人生活节律几乎一致。初中也离社区不远，步行仅需15分钟，学校时间表也差不多，学生中午需回家吃午饭的。随着学校的发展，学校时间表越多越紧凑，将学生自由活动时间无限压缩。以下是现在社区学校时间表。

表5.4 扬武民族小学羊望办学点2013—2014学年度第一学期作息时间表

6：40～6：50	起床	14：00～14：40	第四节课
6：50～7：10	早餐	14：40～14：50	眼保健操
7：10～7：30	早操	14：50～15：30	第五节课
7：30～8：10	升旗仪式	15：40～16：30	第六节课

8：20～8：50	早读	16：30～17：30	自习
9：00～9：40	第一节课	17：30～18：30	放学、自由活动
9：50～10：30	第二节课	18：30～19：00	晚餐
10：30～10：50	课间操	19：00～19：50	晚自习
10：50～11：30	第三节课	20：00～20：50	晚自习
11：30～13：30	中午休息	21：00～22：30	学习/看电视/休息

注：幼儿班早上只有两节课，下午只有一节课，晚上不上晚自习

表 5.5　扬武民族小学 2013—2014 学年度第一学期作息时间表

6：30	起床	11：20～13：50	午休
6：40～7：30	早锻炼	13：50	预备
7：50	预备	14：00～14：40	第四节课
8：00～8：30	晨读	14：40～14：50	眼保健操
8：40～9：20	第一节课	14：50～15：30	第五节课
9：20～9：35	眼保健操	15：40～16：20	第六节课
9：35～10：15	第二节课	16：30～17：30	体育锻炼
10：15～10：40	课间操	19：00～20：50	晚自习
10：40～11：20	第三节课		

　　社区生活时间不断被挤占，社区本该是一个"家"的地方，现已逐渐沦落为社区儿童单纯的、短暂的居留地。其实，在作为父母的直接教育者"缺场"的情况下，在理论上，倘若学生长期置身于社区，就有可能耳闻目染社区的地方性知识，将之转换成社区儿童自我发展的力量之源，促成本土教育发生。但从以上学校时间表上看，学校生活已几乎占据学生（社区儿童）全部生活时间，每段时间该做什么，不该做什么，都有明确安排与限定，已将社区儿童丰富的生活内容刻板化。将社区"学校教育"取代"生活教育"，颠覆了两者之间的逻辑关系，封闭学习者成长的不确定性与可能性，"社区教育"由"生态农业"逐渐被改造成为"现代化工业"，所有的一切生活内容都按部就班地进行，按"标准"进行，按时间表严密进行。学校对时间的挤占，学生跟家人，哪怕是跟爷爷奶奶待在一起的时间也少之又少，除节假日外，社区儿童绝大多数时间都

在学校度过。年级越高，周末与假期补课的时间就越多，他们待在社区的时间就越少，高中生一个月回一次家是常事，除已被压缩了的短暂寒暑假，社区儿童在家度过外，其余时间都不在社区里生活。

没有社区丰富生活教育或本土教育的滋养，社区儿童的生活被学校生活所取代，从他们的"优秀作文"可见一斑。2012 年，羊望小学撤并于扬武民族小学，五十米大道已将学校与社区连接，拉近了两者的地理距离，从社区到学校步行耗时不到 10 分钟。在很大程度上说，扬武民族小学已成为羊望社区学校的有机组成部分。因此，我们 2013 年 10 月份到扬武民族小学调研，发现五年级 2 班教室黑板报墙壁上，贴满了 12 篇本班学生的"优秀作文"，认真读了起来，内容有很大相似性，我们选了三篇不同类型的"优秀作文"，具体如下。

作文一：

越来越美的家乡

在你的印象当中，你的家乡是怎么样的？我的家乡在我的印象当中是那么贫穷、那么落后，但是经过几年的发展和改变，我的家乡发生了翻天覆地的变化……

啊！家乡的房子变美了。现在的房子有高有低、有大有小，要么是整整齐齐的高楼大厦耸立，要么是工整的厂房、林立的烟囱。夕阳向大地洒下金辉，整个地方都披上了金纱般的衣服，仿佛大地也蒙上了神秘的色彩。在这些雄伟的房子后面还有着连续不断的苍山。一到晚上，万盏灯火齐放光明，霎时，一幢幢高楼大厦又换上了宝石般的衣衫，连苍山也是如此！

啊！家乡的马路变好了，以前那凹凸不平的道路没有了，昔日尘土飞扬的泥土也没有了。现在展现在人们面前的是一条条整齐宽阔的石砖大道；街道上不再是冷冷清清的了，而是热闹非凡的，车来车往，店铺一家接一家，小摊一个连一个，多多少少，任人选择，中间有一条笔直的大马路伸向远方，马路中间被一条笔直的绿化带分开，上面种植着鲜花和绿草。自行车和机动车各走各道。

我走在街道上，看见树枝上有着几只小鸟在欢乐地叫着，叫得那么欢快、那么高兴……（五［2］班，王光芳）

作文二：

我家的电视

在我家里有一台电视，虽然很普通，但是也带给了我和弟弟很多乐趣，有时电视里的电视剧让我有哭有笑，悲喜交加。

我家的电视长47.8厘米，宽38厘米，是立体的。电视上一共五个按钮，一个正方形的大按钮，四个长方形的小按钮。正方形的按钮是开关，长方形小按钮的第一个是调大声音，第二个是调小声音，第三个是声道，第四个是调节亮度的。电视上的玻璃视窗有34厘米长，宽度有25厘米。

电视里有58个频道，有少儿频道、综合频道、湖南卫视、贵州卫视、陕西卫视等。少儿频道主要播出的是一些有趣的动画片，而综合频道主要播出的是新闻和一些电视剧。其他的有到七点半就播出各地的新闻，有些就播出一些电视剧。

有时候还会播出一些书上的童话故事、小说，比如《白雪公主》《小公主》《小王子》《红楼梦》《三国演义》《苏东坡》《水浒传》等。

电视就像是魔术师一样，可以让我们哭，让我们笑，让我们伤心等。当然了，电视也有缺点，比如说，你离电视比较近的时候看电视，不但会视力下降，而且有时候还会头昏眼花呢！所以看电视少一点，健康就多一点。你一定也很喜欢我家的电视吧！那你就去买吧！（五［2］班，潘艳）

作文三：

童年读书

我一生当中最喜欢做的事就是：在一个没有人而又平静的地方看书。

记得有一次，我到姐姐家去玩，就进了姐姐的卧室，我看见了姐姐床的一旁，放着很多很多很好看的书，我高兴地跑到书的一旁看着书，哇……姐姐的书什么都有哎！有《三国演义》呀，《唐诗三百首》呀，《作文大全》呀，《格林童话》呀，等等。

但是我最喜欢的还是《格林童话》，姐姐看见我很喜欢那些书，就对我说：喜欢的话就随便拿一本去看吧！我就说"姐姐你真好"，我就拿了一本书，不用说你们也知道吧！对，有人说对了，是《格林童话》。在《格林童话》里有许多故事，比如《白雪公主》《灰姑娘》《莴苣姑娘》，还有《睡美人》等。这些都是爱情故事，虽然我一点也看不懂，也不知道是什么意思，但是我觉得很有趣。

每一次在家看书时，我就几乎废寝忘食，因为《格林童话》令我很感动，我常常到姐姐家里看书，我有不懂的或不认识的字，就会问姐姐，如果在一个没有人而又平静的地方我就会查字典。

妈妈不让我看闲书，妈妈说看闲书对自己的学习没有好处，要多看点语文、数学、科学、英语。但是我不听妈妈的话，就偷偷地跑到一个平静而风景优美

的地方去看书，我觉得我是一个爱看书的女孩。（五［2］班，李英）

我们惊叹在倡导自由发展、全面发展的教育时代，学生的生活内容却"干瘪"成这般。在这 12 篇"优秀作文"中，只有 1 篇是写"家乡"的，却有 5 篇是写"读书"的，有 2 篇是写"老师"的，有 3 篇是写"电视"的。难道这几种类型就概括了学生的生活内容？答案自然是否定的。其实，学生生活的世界理应比这些丰富得多，在小学这一需要"以自由为主旋律"的教育阶段，他们却被置于这样单调刻板的生活世界之中，缺乏了丰富的本土教育资源的滋补，封闭了思维，不敢尝试表达自我的真实情感。然而，我们周末在社区里，却可以看到一张张笑眼，他们谈笑风生，嬉戏于社区之中，给社区增添了些许灵气。但他们一进学校，那一幕幕就消失殆尽了。一切都变得严肃起来，气氛变得凝重起来。这是长期以来，学校教育按"科学的逻辑"构筑起来的简化的、单一的生活世界样式，并竭力使学生接受和承认这是唯一确定的世界，丧失了人与世界本真的关系，以及向世界敞开胸怀的意识与勇气，① 这应该是学校教育设计者所不愿看到的。在这一作为情感表达的领域体现出来的，是现代学校教育严密体制下"生产"出来的产品，这需要现代教育予以更多重视。

（2）"在家也是学生"

在社区早期的学校教育的时间表中，社区与学校的时间分配几乎差不多，学校时间表根据社区农事生产而定，根据社区生活而适时调整，学生的学校生活与社区生活时间相差无几，以至于社区儿童容易混淆"学生"与"非学生"的身份边界，认为"不在学校怎么还是学生"。而如今完全不一样，在表 5.5、表 5.6 的时间表中，除幼儿班外，学校几乎挤占了学生（社区儿童）全部的时间，留给社区儿童的社区时间仅有回家拿钱的时间。重要的是，现代父母对学生赋予新的身份定义，认为"学生"就应该与"社区人"存在身份差异。在社区本土教育场域，作为学生的社区儿童，是可以不参与的，社区人普遍认为，新时代的儿童似乎不需要接受这种传统的本土教育方式，学校教育才是他们可以依靠的力量。而长期在学校的学生，接受了更为理性的科学文化知识，对这种感观的、生活的、传统的本土教育也并不感兴趣。这两种力量，使学生"人"虽在社区里，"心"却逃离于社区本土教育场域之外。社区本土教育自然也因社区儿童已成为"学校的学生"而造成"学习者"

---

① 吴元发 . 论野性思维在现代教育中的遮蔽［J］. 教育理论与实践，2012（28）：14.

缺场。

当然，这其实是社区人对儿童学校教育重视的表现，他们大都认为：

> 小时候，因为我家里太穷，小学毕业考上初中，读了一年就没钱读了。现在我们没有文化，出去哪里都不大方便，找不到清闲活路做，在哪里都只能做重活路，你看有些高中生或大学生去打工就和我不一样，他们可以去"管"我们，他们不需干活路，领的钱还比我们多哩！（李明光，2013 年 1 月）

这是社区父母亲目前对子女学校教育重视最直接的动力，"打工"是摆脱农村贫困生活的主要路径，至于本土教育对于人，尤其是社区人的发展所蕴含的深远价值与意义，他们是看不到的，也是想不到的，直接的经济利益才是推动他们参与教育行为决策的原动力，这也是社区人"野性思维"对教育价值解读与实践的局限，也是其缺乏学校教育所赋予的理性思维或科学思维的行为表现。对社区父母亲而言，他们急需的是，让子女跨越社区本土教育的束缚，走向更为"丰富"的城市生活世界。

> 反正现在小孩都不喜欢种地了，你看看我们整个羊望，20 岁以下的小孩，有哪个干过活路，他们顶多就是做做家务劳动，男孩有哪个犁过田？女孩有哪个织过布？也没哪个愿意去学这些。所以现在不让小孩读点书，出去打工怎么办，难道和我们一样，又干一辈子的重活路？现在他们应该多学点文化，以后学点技术，去广东打工也清闲一些嘛！（王春，2013 年 10 月）

"打工"成为社区父母亲对子女的学校教育的期望，子女如何在发达地区找到更"清闲"的工作，成为父母的学校教育目标，至于学校以什么样的方式实现这一目标，不是他们的关注范畴。在这里，"教育似乎被定义成一种眼力，一个人凭借它可以'出人头地'，可以识别一切容易赚到钱的捷径"[1]。当然，他们更希望自己的小孩能进入国家体制，成为"吃官饭"的人，但这不是社区父母们普遍的期待。总之，由于对学校教育的"重视"，在社区里，始终赋予自己的子女"学生"身份，并期待子女将来在打工地（城市社会）找到好工作，也可成为工作地的"人"，自然就可以放弃了旨在培养"社区人"的社区本土教育。田野调查期间，我们参加了社区芦笙队，问一位 40 岁左右的男子："为什

---

① 尼采. 论我们教育机构的未来［M］. 周国平，译. 南京：译林出版社，2014：31.

么你不让儿子来参加?"他回答说:

> 他?他怎么能参与这个呢?他是学生,哪有时间参加我们这些事,跟我们做这个有什么用,学生就应该好好读书嘛,将来才有前途啊!(王荣光,2013年10月)

其实,在整个社区里,作为学生的儿童逐渐积累了许多"特权",这一特权是家庭、社区长期以来所赋予的,社区人常对儿童们说"以后不要像我(们)这样啦"之类的话,长辈们不断否定自身的角色权威,[①] 欲借此打破代际身份认同,进而实现"走出社区"之目的。因此,社区儿童(学生)有足够的"特权"或理由不参加社区仪式活动、农业生产劳动。在以前,社区里仅有为数极少的成绩优秀的儿童(学生)才有"学校学生"的身份,而其他学生就是社区儿童,社区所有的宗教仪式、生产与生活的劳动均被要求参与其中。

可见,社区人潜意识认为,以前仅有极个别优秀学生可能成为"城市人"或"国家人",不需要在社区中进行定义,直接跨越或省略这一"初级社会化"环节,而今,所有社区儿童都获得"学生"身份,将来都不需在社区定义了。除非民族村落终结,城市社区取而代之,否则,这一现实可能与学校教育所赋予的生活难以达成某种重叠与共识。

总之,就学习者而言,学校教育挤占了社区儿童绝大部分时间,无限增加儿童个体身上的学校"教育量",无形之中在与本土教育抢夺"生源",这也是城市社会与民族社区抢夺"人源"。社区现代学校作为一种社区教育发展过程中的外置机构,并不是对本土民族文化的链接与超越,而是一种"他者"文化生产机构,它是"在自然散漫的村居中人为设置的国家环境"[②],"学校教育中以升学而逃离本土社会,进入主流社会作为强势价值渲染"[③]。从人类教育史可看出,学校教育,尤其是现代学校教育,是为克服人类原始生活教育自身的弊端出现的,是社会进步的重要标志,是推动人类解放的主要途径。对羊望社区而言,学校教育的介入,理应是对社区本土教育的链接、修补与超越,是使社区

---

① 中国人民大学赵旭东教授在2014年3月29日的"中国人类学民族学研究会教育人类学专业委员会首届年会"上作了题为《家庭、教育与分离的技术——文化转型人类学的一种视角》的学术报告。

② 李书磊.村落中的"国家"——文化变迁中的乡村学校 [M].杭州:浙江人民出版社,1999:7.

③ 刘铁芳.乡村的终结与乡村教育的文化缺失 [J].书屋,2006(10):48.

儿童在社区文化的保护与束缚之中挣脱出来的力量，使之从"社区人"走向"国家人"，甚至向"世界人"迈进。而在学校教育发展进程中，它颠覆了自身与生活教育的逻辑关系，在各种力量的支配下，学校教育以"改造社区生活"姿态闯入社区生活世界，它抬高了自我位置，使自身与本土教育逐渐对立，最终使本土教育在社区教育体系中被遮蔽，封闭了本土教育对人的发展的功能释放和价值彰显。

我们知道，通过学校教育轨道"流向"城市社会，并在城市社会中完成"个人城市化"，成为一个"城市人"是不现实的幻想。此外，正如费孝通先生所言，"以农为生的人，世代定居是常态，迁移是变态"①。作为世代以农为生的羊望社区人，"打工"绝非社区人生活的"常态"，绝大部分儿童，无法逃离社区，社区生活才是他们未来的走向，但他们在社区学校（包括现在扬武民族小学）里所获得的知识与文化与其所依存的民族村落社区的生产与生活相去甚远，学校教育这种以"普世"为取向、以城市价值为取向的文化与知识，在羊望社区这一境域内无用武之地，正如罗素（B. Russell）所言，"人类的全部知识都是不确定的、不准确的和片面性的"②，学校教育里的抽象的"普世知识"在社区里几乎无法奏效。从本质而言，社区儿童的教育资源应该丰富多彩，具有很大的不确定性，学校教育仅为其社区教育（生活教育）的一个重要的发展资源。儿童原本是属于社区的，"学生"仅是他在学校里的身份标识，因为他们始终"回归"社区。现代教育须认识到这一点，才能使两者"和合"，共同推动社区人的发展。

3. 就教育措施而言

教育措施是教育者与学习者联系与互动的纽带，是教育行为发生的内容与方式。在内容与方式两个方面，学校教育与本土教育之间有很大差异，从教育生态发展系列看，学校教育孕生于本土教育，是对本土教育的修补与超越，本土教育是学校教育持续发展的支点，是社区教育生态必不可少的两个部分，是社区教育价值的两种表达方式。然而，对于民族村落社区而言，它是一种外置机构，它的进入是国家力量使然，造成了两者之间的"不兼容"现象。

---

① 费孝通. 乡土中国·生育制度［M］. 北京：北京大学出版社，1998：7 – 8.
② 罗素. 人类的知识——其范围与限度［M］. 张金言，译. 北京：商务印书馆，2008：606.

（1）教育内容：电视与网络

图 5.3　母屋中的电视

德国哲学家尼采早在 19 世纪就看到了传媒（新闻界）对教育的影响并予以批判，指出"现代教育特有的意图在传媒身上得到了最充分的体现，就像在不同程度上，记者——作为为当下服务的仆役——取代了伟大的天才，一切时代的导师，成为把人们从当下解救出来的救星。"① 如果说，电视削弱了现代学校教育的吸引力，那么，对本土教育而言，它就是一种颠覆性力量，呈取而代之之势。在社区教育系统中，电视已成为教育的重要内容，这需要重新审视。在社区传统的房屋结构中，"母屋"是家庭场域本土教育发生的阵地，每天三餐均在这里进行，在这小小的地方，每餐都要求人齐才开始进行。父母亲在这里不断教育小孩："必须等人齐了才开始就餐，这样才称为一家人。"每逢重大节日，还得等祖宗"到位"，先"吃"，即先祭祀祖宗，然后再为受过惊吓的小孩叫魂后，最后才能开始共餐，这算是本土教育的发生。因此，母屋是家庭教育发生的重要阵地。

然而如今，在整个社区里，家家都有电视机，大都配有影碟机，安装有"小太阳"卫星电视接收器，2013 年初，许多人家都已安装了闭路电视。2016年，几乎全社区已安装网络电视，无线网络唾手可得。

电视机占据了"母屋"最显要的位置，现在电视几乎一整天都在开着，"绚丽多彩"的生活剧、缠缠绵绵的爱情剧、天马行空的武侠剧等等，渐渐地，电

---

① 尼采. 论我们教育机构的未来［M］. 周国平，译. 南京：译林出版社，2014：34.

视几乎取代了在这一阵地里发生的传统本土教育，或者说，电视阻碍"本土教育"在此发生。社区儿童的视线几乎离不开电视，他们以电视情节来构筑自己的虚幻的"城市生活"，电视成为学校教育在社区家庭的延续。

从以上作文二《我家的电视》的内容里，我们可看出，学生潘艳对自己的家里的电视机了如指掌，"我家的电视长 47.8 厘米，宽 38 厘米。……电视上一共 5 个按钮，1 个正方形的大按钮，4 个长方形的小按钮。正方形的按钮是开关，长方形小按钮的第一个是调大声音，第二个是调小声音，第三个是声道，第四个是调节亮度。电视上的玻璃视窗有 34 厘米长，宽度有 25 厘米。……电视里有 58 个频道。"恐怕对家里其他任何一样东西都没有那么清楚，昔日"母屋"，这一本土教育场域已被作为现代性产物的电视所"主宰"。至今，在社区的每个家庭，只要有人在家，几乎都开着电视，电视占据了社区人生活的重要组成部分，已成为习惯了学校生活的社区儿童，在那凌乱不堪的家屋之中所能找到的精神寄托的"家园"。因此，电视也同样占据了儿童居留社区的绝大部分时间。在教学点上读书的儿童，一放学到家，迫不及待地打开电视，不愿错过一分钟的看电视时间。在扬武民族小学读书的儿童，周末放学回家，也迫不及待地看电视，犹如错过太多，非得补回来一样，除了吃饭之外，大部分时间都在电视所营造的氛围中度过，以电视所播放的内容为自己社区生活的背景。因此，学生作文《我家的电视》里的描述才是如此细致入微，电视大小、遥控器按钮、按钮对应的频道等等，他们均了如指掌，甚至电视出现小问题，他们都会解决。可见，在一个家庭母屋里，昔日晚辈一边吃饭一边接受长辈社区伦理道德教化，长辈娓娓道来本民族传统神话故事，饭后传统苗歌传承等景象，已被电视那美轮美奂的画面所取代。

当然，作为现代性产物的电视，也是儿童（社区人）认识世界的路径之一。通过电视，突破了现实感观的视野，在更宽更广的世界中自我定义。从某种意义上说，这是一种社区本土教育的新形式，学校教育与看电视时间，几乎占据了儿童全部时间，留给儿童与父母或其他长辈交流的时间所剩无几了，"电视的直观经验代替了实际生活中亲子间的沟通与交流，家庭教育时空被挤占"①。电视节目所依的文化背景并非民族社区依存的文化，大都以主流文化为背景而设置，而且以一种混杂文化体形式出现，以此吸引受众，一方面，这使本土教育内容难以"挤进"儿童心灵并获得生长，进而转换成儿童成长的力量；另一方

---

① 于影丽．社会转型期乡村文化传承与发展研究——B 村教育人类学考察［D］．兰州：西北师范大学，2009.

面，在这一混杂的文化体中，多以刺激受众的感观为主，以迎合不同受众，缺乏文化的"教育性"，真理往往被淹没于无聊烦琐的节目之中。由于电视的娱乐性，儿童几乎无法抗拒，正如赫胥黎所担心的，"我们将毁于我们热爱的东西"①。缺乏父母的守护与指引，社区儿童根本无法鉴别与理解，使正处于价值观、人生观未定型的社区儿童，无法自我定位，即难以"安其所"，自然无法"遂其生"。

在"作文二"中写道："有时候还会播出一些书上的童话故事、小说，比如说《白雪公主》《小公主》《小王子》《红楼梦》《三国演义》《苏东坡》《水浒传》等。"这种表达，明显有些牵强附会，12 篇"优秀作文"题目不一，却如出一辙地提出这些内容，难道是"志趣相投"？据田野调查，其实社区儿童并非特别关注这些内容，他们看得最多的是天马行空的"古装武打片"，家家播放的内容都差不多。学生不管写什么题材的作文，均一致提到"白雪公主""小公主""小王子"，而真正的乡村社区生活的题材被隐藏于学生们的内心世界里，难以在"教育世界"中得以真情表达，这岂不是一种悲剧？我们认为这更多是学校教育内容反复"雕刻"与"囤积"的印迹。

此外，电脑及互联网已逐渐走进社区，日益成为解构社区本土教育内容的另一种新兴现代性力量，成为社区儿童与社区之"分离的技术"②。我们在田野调查期间，电信网络已在羊望社区开通，许多家庭都纷纷添置了电脑，并联上了电信网络。我们在田野调查期间就已帮助社区多户人家安装了十多台电脑，并选择其中一家长作访谈：

> 访谈者：怎么想到电脑联网呢，你觉得电脑有什么用处吗？

> 受访者：哎哟，当然有用啦，有了电脑，就可以"学习农业技术"啦！还可以了解外面的世界呢！

其实，通过多次走访，目前电脑在社区的功能仅是看电视剧，浏览网络图片，尤其是玩游戏，"学习农业技术"更多只是一个理由罢了。在每次走访中，都看到儿童在电脑上玩游戏，乐此不疲。对儿童而言，电脑及网络比电视更具

---

① 波兹曼．娱乐至死；童年的消逝［M］．章艳，吴燕莛，译．桂林：广西师范大学出版社，2009：1.

② 赵旭东教授在 2014 年 3 月 29 日的"中国人类学民族学研究会教育人类学专业委员会首届年会"上作了题为《家庭、教育与分离的技术——文化转型人类学的一种视角》的学术报告；赵教授认为，技术或一般意义上的文明的核心是通过一些器物的发明而使人分离他周围与之密不可分的世界，这种技术或文明实际上是一种分离的技术或分离的文明。

吸引力。可见，电脑及网络束缚着社区儿童对民族村落社区的事物的关注，传统的社区本土教育已成为"濒临灭绝的物种"。

总之，电视、电脑及其网络已成为社区儿童与社区及其本土教育之间强有力的"分离的技术"。可以预见，随着各种各样"分离的技术"对家庭生活的侵蚀，它们也将逐渐侵蚀本土教育的环境与内容，并将继续摧毁着社区境域已千疮百孔的本土教育体系。

（2）教育场域：家庭与社区

"血缘和地缘的合一是社区的原始状态"①，传统村落社区是社会的一个稳定的有机系统，社区因血缘与地缘关系，相互依存，守望相助，作为一个整体，共同应对天灾人祸、生老病死，对社区个体而言，也是自我情感安居之所。在这一完整社区生态运行之中，本土教育成为社区对儿童初级社会化的主要场所，是儿童成为社区人的评判机构。然而，作为社区的组成单元的家庭，因其主要成员的长期"缺场"，生态系统逐渐破损，社区本土教育功能自然无法释放。首先，在传统羊望社区，家庭与家庭之间的劳动互助是一种正常关系，这种互助是一种"你帮我""我帮你"的方式，但事实上，社区人并非计较是否一定还清，特别是在应对天灾人祸、生老病死方面，社区任何人都义不容辞。在社区里，家庭之事也是社区之事，人与人之间的互助与交往是"交情为主，交易为辅"。近年来，打工人剧增，在打工城市，他们不仅获得经济收入，也习染了"经济"思想。当"金钱"僭越为社区人之间关系的桥梁时，这就逐渐瓦解了本土教育所依存的传统社区文化秩序。我们采访了社区最早一批打工者之一——中年人王辉，他的打工经历几乎代表社区人交往的蜕变过程。

> 我算是羊望外出打工的第三人吧，大概是1990年就去了，我在那里做了六七年，羊望才慢慢有其他人来广东打工的，好多都是通过我介绍的。因我在那里时间长，对当地熟悉，所以老板总让我当工头，希望我管理那些从羊望去打工的人，可以多给我点钱，我说我不干，大家都一个村的，在家时经常在一起喝酒，我怎么管他们？那时我觉得，还是靠自己的力气吃饭好。现在想想还有点后悔，要是那时当了工头，到现在我肯定有钱啦！后来也有叫我去学习开推土机，说暂时给我工资少一些，学会后给我翻倍工资，我觉得当时挺好，也没去！现在想起来也好后悔哦！（王辉，2013年9月）

---

① 费孝通. 乡土中国·生育制度［M］. 北京：北京大学出版社，1998：70.

从王辉当时没有选择当"工头",到现在的"后悔",已反映出长期在外打工的他,思想已在悄然蜕变,这一点对他本人而言是自然而然发生的。回到社区的"打工仔"开始用"经济"思想来改造他们原本的生活,开始大胆在社区"谈钱的事"。就这一问题,我们又采访了一位近50岁的中年人,他向我们表明心迹。

> 以前我们帮忙是不能收钱的,最多就是你帮了我,我有空时再帮帮你,没有空也就算了。现在不行啦!我现在一到犁田时节,我赶紧先犁好自家的,再跟别家犁田要钱啦!

在我们问他乡里乡亲是否不大好意思收钱时,他说:

> 哪有什么不好意思的,我要不是照顾孙子,我走广东打工也一样是收钱的。再说啦,他们家人在广东打工也不是得钱哪!

今天,在羊望社区,除非应对天灾人祸、生老病死还保持共同应付的传统社区特征外,其他"互助形式"均已转化为"互雇形式"。以"钱"作为互助的中介,使社区人与人之间淡化了情感基础。此外,频繁的人员流动,使社区人之间难以通过沟通与交流维系传统业已建立的情感,人与人之间甚至10年不见面也是常事,这就加剧了社区人与人的关系恶化。家庭与社区是本土教育的两个发生场域,家庭也因父母缺场、电视的侵蚀而瓦解,社区公共生活逐渐被消解,取而代之的是一种市场经济表层文化支配的生活样态。社区作为本土教育的第二所"学校",原来是可以发挥其社区特有教育功能的,但由于市场经济思想的介入,传统羊望社区从"农村型"社区向都市型或"都市近郊型"社区急剧变迁着,滕尼斯"社区"的那种"温情脉脉"的特征已渐渐淡去,[①] 传统的"家庭→宗族→自然寨→社区"的多层次养育格局已逐渐解体,与县城的"超市"成为社区儿童养育的次级单元,多层次养育格局的解体使儿童与社区的感情关系淡化,这一"本土教育"的情感基础之抽离,阻碍了"教育的原动力",使社区儿童生产教育、礼仪式教育失去其根基,因而社区教育收效甚微。

然而,随着城市化进程向纵深推进,地方性知识退隐于民族村落社区生活之外。儿童的玩耍与游戏已突破了传统局限,他们更迷恋于各种现代性信息之中,电视的出现,几乎成为取代地方性知识的教育功能的主要因素,原来长辈

---

① 2014年1月,丹寨县政府又再次将瓦厂村(汉族社区)并入羊望村(社区),成立了金扬居委会,这在一定程度上说明了羊望社区的传统特征已悄然发生变迁,逐渐蜕化家基层社会组织。

娓娓道来的故事被多维的电视画面所取代，儿童受各式各样现代性信息的熏染，却过着简单朴素的乡村生活。这是现代性使本土教育"学习者"缺场的"罪魁祸首"。学校教育的推行，是使本土教育"学习者"缺场的重要因素，学校生活几乎成为儿童生活的全部，这种制度化的学校生活取代了人本质的复杂性，学校希望生产出适应社会发展的人，成为"对社会有用的人"。儿童进入学校，而学校教育与本土教育发展不一致或不兼容，本土教育的"学习者"要素的缺场自然在情理之中。更有甚者，羊望社区"城市化"已初见端倪，已成为丹寨县城的直接延伸之地，50 米宽大道伸入社区之中，儿童的玩耍与游戏也不同于往日，"走城头玩去"已成为社区儿童的现实，社区仅流为儿童居留之所。总之，由于学习者的缺场，社区内的"本土教育"根本难以为继。

（四）当下民族村落社区教育的发展困境

民族村落社区教育，即村落社区生活教育，是促进社区人的发展之力量源泉。社区教育在促进社区人发展的进程中，不同时期因受社会大历史与文化的影响表现出曲折性。近年来，民族村落社区在我国城市化、市场化进程的驱动下，社区学校教育面临着难以挣脱的困境。

就个案社区而言，学校作为一个社区历史发展的产物，学校生活本身就是社区人的生活的一个特殊组成部分，学校教育也是社区教育（社区生活教育）的一个特殊组成部分，因此，学校教育不能代替社区教育的其他部分，[①] 更不能代替社区教育的全部。当然，我们更不能痴迷于学校嵌入前的社区教育样态。

在羊望社区 70 余年的历史长河中，从旧式的教育制度的"岩寨私塾"到 1959 年的社区学校，甚至在羊望民办小学期间，学校教育在社区教育（社区生活教育）体系之中，与本土教育各司其职，此时本土教育在"人的发展"作用中处于中心地位，促进了人在社区范围内的社会化，也就是社区人的初级社会化；而学校的嵌入，给人们装上了"第三只眼睛"，使社区人认识更为广阔的人类世界成为可能。通过社区学校教育，促进社区儿童次级社会化。然而，当时国家经济落后，国家教育政策在社区作为的有限性以及时代际遇，使学校功能或价值难以实现价值预设。这一期间的社区学校教育的价值，即学校教育的贡献主要有几点：一是推动少数人进入体制，转变了农民的身份，实现了个体的解放，为他们个人认识世界提供可能，进而提升他们的自我价值。此外，成为社区其他人"走出去"、再认识自我的榜样，成为一种学校教育的"引力"，哪怕这个"引力"是微弱的。二是学校教育"生产"了少量"文化边缘人"，这

---

① 项贤明. 论生活教育与学校教育的逻辑关系 ［J］. 教育研究，2013（8）：8.

批人介于"城市人"与"农村人"之间，生活方式、行为举止、生活习惯等处处体现出"边际"特征。"文化边缘人"，对他们个人而言，确实给他们生活带来"进退维谷"的窘况，难以获得自我身份认同。他们身居农村，却不对自我代际延续的农民身份产生认同，对粗重烦琐的农业生产表现冷淡，甚至不屑；身居农村，对城市及城市生活无比向往，却难以找到在城市生活的支点，难以找到城市身份的认同感，因此，只有在两者之间保持一定距离；然而，"文化边缘人"对国家与社区而言，是两者的最直接的链接方式，有效地填补了国家与社区之间的链接所留下的缝隙，促进了国家的"动态"稳定；他们成为社区人认识世界的窗口。因此，这一时期的少量"文化边缘人"客观上对社区、社会、国家作出很大的贡献，也是学校教育的价值所在。三是绝大多数社区人，只在社区学校接受了一至两年的教育，他们是未继续沿着学校教育轨道走下去的大多数，在社区生活中，本土教育成为他们生存与发展的主要力量，推动他们初级社会化，保证他们成为合格的"社区人"，保证他们在社区里"成家"，学校教育仅为本土教育的有益补充，也成为他们认识外界的路径。

羊望社区学校 1998 年发展至今，已慢慢体现出取代社区教育（或社区生活教育）的全部之势（当然，绝对取代是不可能的事），在教育的"大发展"中，学校教育与社区教育之间的逻辑位序在不经意之中被"篡改"，人们对这一"大发展"乐此不疲，在人的发展问题上，收效甚微，学校教育甚至在无形之中陷入信任危机。

打工潮的全面渗入，留守儿童日益剧增，学校俨然成为父母打工后的"托儿所"；外出打工的父母亲深感一定的学校教育程度对打工有益而无害，因而也愿意让小孩入学。这两点促使 1998 年的社区学校发展规模盛极一时，全部社区儿童均可进入社区学校，并完成六年的小学教育。加之，社区学校"教学质量高"，升学率高，几乎全部社区儿童都进入初中，社区人的教育年限又推进了一大步。接受学校教育的儿童数量增多，就意味着社区本土教育接受的量自然相对减少。此外，丹寨县城市化进程使社区环境发生了重大变化，使社区人分裂成三种身份：一是农民，年龄在 60 岁以上的人，他们外出打工少，多数留守社区务农，兼职带（看管）小孩，也偶尔打零工，但多与农业生产有关。二是农民工，这部分人年龄在 18~60 岁之间，他们介于农民与工人之间，他们是农民身份，干的却是工人的工作。长年的打工生活，使他们也逐渐体现出"边际人格"特征，不愿回乡务农了，他们在外界认识了自我的力量与价值。诚然，打工也是提升人的价值的一种重要形成。三是学生，这一批人留守社区或在外读书，年龄 3~25 岁不等，他们分布在学校教育轨道的不同阶段，他们之中，有极少数将获得城市人身份，更多的人却不知身份归何处。

当然，这种分裂并非仅仅是学校教育力量所为，学校教育只是起到推波助澜的作用；这一分裂进一步地加剧了民族村落社区的教育困境，形成恶性循环，期待一种新的超越。

总之，"让生活更美好"是城镇化的应然追求，民族村落社区的城镇化已是不可逆转的趋势，传统民族村落社区的特征的消逝同样不可逆转。如何借助传统社区之根催生现代社区，让社区人"生活更美好"，民族村落社区学校教育理应优先予以指引，而不仅仅是社区城镇化进程中的一个"应对"策略。

第六章

民族村落社区学校教育与本土教育之联动共生

　　"本土教育"是原始人类最初的教育样态，它对维系人类恒久发展，确保人类物种的稳定性具有重要的作用。但是，本土教育具有天然的局限性，它仅仅是人类初级社会化的路径与动力，是人类类似动物界本能教育的发展产物；它本身难以自我超越人的"动物"和"地域"等束缚而获得理性思维，规划人生。而"人的发展必然超越生活世界，从而超越其经验的界限而进入其生活的另一领域——科学世界"①，学校教育是"科学世界的教育"的主要形式，是为克服"本土教育"的局限而出现的。因此，正如古希腊神话的"安泰俄斯"离不开大地母亲"盖亚"一样，学校教育始终无法逃离"本土教育"这一母体而绝对独立存在。随着学校教育发展，学校教育奉行"科学理性主义"，不断摆脱传统本土教育的束缚而渐行渐远，几乎成为人们"浪漫"的想象，寄托着人类发展的全部期待，本土教育在"人的发展"之动力系统中失语，学校教育因远离了本土教育而难以及时获得有效滋补，面临"现代性"问题。

　　从个案社区的教育发展进程看，在一定意义上也是沿着人类教育这一发展逻辑运行的。在学校进入之前，本土教育成为社区人发展的根本动力，它的实质是"人摆脱动物性向文化性的生成"②的全部力量。学校的嵌入，成为"在自然散漫的村居中人为设置的国家环境"③，蕴含着国家对社区人发展的预设，旨在保证社区人摆脱动物性、地域性的束缚，在更宽更广的意义世界与现实世界里，自我认知、自我觉醒、自我超越。同时，通过摆脱动物性和地域性的束缚，进而实现国家认同、世界认同。然而，学校的价值设计主体与学校教育发生主体存在差异，从社区人立场看，他们更多只看到学校教育这一狭小轨道，

---

① 项贤明. 生活教育与学校教育的逻辑关系［J］. 教育研究，2013（8）：6.
② 王晓丽. 生活世界视阈下人的发展研究［M］. 北京：人民出版社，2008：89.
③ 李书磊. 村落中的"国家"——文化变迁中的乡村学校［M］. 杭州：浙江人民出版社，1999：7.

经此可通向外面现实世界，获取更多物质利益。而这一狭小轨道之外，本土教育依然是社区人自我发展之动力。随着学校教育的发展以及学校寄宿制的贯彻落实，几乎切断了社区儿童与社区的有效联系，将社区儿童"跨越式"地安置于国家精心设计的"机构"之中，旨在实现社区人新的跨越，学校教育因此无法在社区境域内实现其原初的价值预设。

因此，协调民族村落社区学校教育与本土教育关系，促进两者"和合"，构建两个教育世界之联动共生机制，是学校教育与本土教育之关系的理想模型，是人类得以持续发展之必然选择。

第一节　联动共生机制构建的基本前提

民族村落社区本土教育与学校教育之关系，在不同的历史发展阶段，出现曲折性，甚至出现各执一端的现象，阻碍着两者价值与功能的实现。但两者的目的一致性、自身缺陷性和互补共生性，为两者回归"和合"关系提供了充分条件。

一、目的一致性

目前，两个教育世界不管经历多少曲折矛盾过程，我们必须承认，两者均是以"人"这一主题而展开的，以"人的发展"为两者终极价值追求，民族村落社区教育无法回避这一天然"性格"。因此，针对两者存在的矛盾，将两者共同置于同一轨道上，促进人类发展，确保"教育在人的发展中的主导作用"。

本土教育，就其教育内容而言，由养育、玩耍与游戏、生产与家务、仪式与礼仪等组成，是层层递进的关系。首先，"养育"是由人类物种本能开始的，是父母与儿童天然关系的延续，换言之，"养育"是婴儿在"生理性早产"后的"脐带"，这是现代学校教育"营养餐改善计划"① 所无法替代的。在养育的过程中，处于潜意识之中的本能教育被激活，进而发展为本土教育发生。这是以家庭为单位的教育发生，而在民族村落社区，也可以称之为一个扩大的家庭，它由血缘与地缘构成的纵横交错的关系网络，形成了民族村落社区独特的"养育"网络，整个社区又成了个体发展的"母体"，呵护着个体的发展。其次，

---

① 2012 年 3 月，羊望小学试行"营养餐改善计划"。

"玩耍与游戏"是儿童的存在方式，是人在童年时期与所处特殊的生境的互动活动，也是儿童感受与认识世界的重要方式；同样，玩耍与游戏也是儿童内部世界活动本能的表现载体，借此与外部世界进行试探性比较，实现对生活本真的认识。① 可见，玩耍与游戏活动的内容是社区儿童发展的资源。家庭与社区成人世界的引导，社区同龄群体之间的主体间际交往，促进儿童初级社会化发展。再次，在生产与家务方面，有学者认为，"获得智慧的唯一途径在于自由，而获得知识的唯一途径是训练"②。自由和训练的有机统整是"人的发展"之根本。随着儿童年龄增长，体力得到一定储备，"生产与家务"就成为社区儿童进一步"认识世界""认识自我""超越自我"的方式，他们通过社区"生产与家务"这一本土教育资源，获得自我发展，当然，长辈在这一活动中的引导作用不可忽视。通过生产与家务劳动，社区儿童成为一个可以承担责任与义务的人，成为一个名副其实的社区人。总之，本土教育是社区儿童成为"社区人"所必需的教育资源，促进社区儿童成为社区人（成家）是本土教育的具体目标，以促进社区人持续发展为旨归。

现代学校教育则是以"科学世界的教育"为取向的，就人类社会而言，它是人类本土教育发展到一定阶段的产物。对中国而言，现代学校教育是在欧洲传统社会的土壤中生长出来的，是在近代才引入我国的，是在不断地调适与改造后才得以生存与发展的；而对个案社区而言，现代学校教育是国家力量延伸到社区后的产物，它虽是一种未经协商的进入，但其政策设计是以人的解放与发展为宗旨的。总之，学校教育是以"学校"为教育主要发生场域，是根据一定社会的现实和未来需要，遵循学习者身心发展规律，有目的、有计划、有组织地引导学习者主动学习，积极进行经验的改组和改造，促使他们提高素质、健全人格的一种活动。③ 可见，通过"目的性""组织性""系统性"，控制教育进程中无关变量的干扰，提高儿童学习效率，保证人的连续性发展，克服本土教育之"生活性""情景性""不确定性"的局限。学校教育在"本土教育"所未能涉足的领域进一步拓展，"它一方面以其'科学世界的教育'占据主导地位的特征，为个体超越自身直接经验提供了强有力的支持；另一方面又以其集体的社会生活形式，接引个体进入、体验并由此开始不断扩展其非日常生活的领域。在现代社会中，学校教育使个人实现从初级社会化到次级社会化的递进，

---

① 福禄培尔. 人的教育［M］. 孙祖复，译. 北京：人民教育出版社，1991：30.
② 王立志. 教育就要宽、柔、养、育［N］. 光明日报，2013－12－11（14）.
③ 王道俊，郭文安. 教育学［M］. 第七版. 北京：人民教育出版社，2016：26－27.

以及促进个人的经验从生活世界进入科学世界的转换过程中，都有着特殊的积极作用"①。总之，学校教育以理性科学为指导，使社区人突破动物性、地域性的束缚，获得新的自我定义。经由学校教育，社区人可借"本土教育"为支点，在更宽更广的范围做出自我认识、自我觉醒、自我超越。

二、自身缺陷性

项贤明教授认为，人类生活的本身就是初始的教育，现代教育之根扎于生活世界之中。由于人秉承了动物界类似教育的本能，原始人类因而具有一种潜在的教育意向，使人类在生活之中不经意地充当着教育者与学习者。② 也就是说，本土教育是处于潜意识之中的本能教育发生，进而发展为本土教育的发生。本土教育中教育者与学习者的关系，是基于"生命秩序"而确立的，这就注定了两者关系的非平衡态，具有自生成的确定性。③ 这种非平衡态就决定教育者与学习者之间的天然不平衡，进而影响或阻碍学习者平等思想的形成。其次，本土教育作为一种文化传承方式，是对社区人的一种文化保护，使社区人在这一文化意义之网中"安全"生活。本土教育的最直接目标是"成家""成为社区人"，它是维系社区运行的一种内聚力，然而，这种内聚力阻碍了社区人在更宽更广的范围自我定义，阻碍他们获得类本质及自我价值提升。因此，在人的生成性本质上，本土教育存在着自身天然局限性。

因教育学率先研究学校教育，现代教育学不知不觉之中颠倒了学校教育与生活教育之间的逻辑关系④。随着义务教育制度的确立，学校教育"僭越"成为整个教育系统的根本，甚至成为整个教育系统本身，最终使本土教育在教育系统中失语。缺乏了本土教育支持的现代学校教育，其单独运行的弊端逐渐凸显。主要表现在教育制度、教育目的、教学方法、教育管理、教育评价等等，⑤我们从以下三点加以简单论述：一是在教育价值上。社区学校教育价值设计主体并非教育发生的主体，使学校教育价值难以在社区这一特殊的文化"场域"中发生作用，或者说，学校教育的价值难以充分发挥出来。长期以来，学校教

① 项贤明. 论生活教育与学校教育的逻辑关系 [J]. 教育研究，2013（8）：8.

② 项贤明. 泛教育论——广义教育学的初步探索 [M]. 太原：山西教育出版社，2004：233.

③ 赵石屏. 试论家庭的教育关系——基于现代文化变迁的视角 [J]. 教育研究，2012（11）：118.

④ 项贤明. 论生活教育与学校教育的逻辑关系 [J]. 教育研究，2013（8）：4.

⑤ 谭耀虎. 学校教育缺陷分析 [D]. 成都：四川师范大学，2012.

育在个案社区仅有小学低年级发挥一定的价值，更高层级的学校教育仅剩"入仕"功能。二是在教育目的上，首先，教育目的是教育活动的依据，它具有教育过程监督与教育结果评价的功能，它预设了学校教育是一种连续性活动，学习者通过有计划、有组织的教育活动，促进社区人"连续性"发展。这就忽视了教育本身的"非连续性"存在及其对人的发展的意义。其次，教育目的预设本身就已默认了人的"既成性"本质属性，通过对教育行为的起点到终点全程监控，以实现人的既成性目的。然而人是一种生成性存在，是在实践中持续自我建构的，因此，教育目的就封闭了人的不断的动态生成之路。三是在教育目标上。现代学校是适应工业革命的产物，"追求效率"已成为学校教育的"基因"，这就将人作为一种抽象的、工具的人看待，进而"修剪"掉人本身存在的丰富性与复杂性，使内涵丰富的"人"变成干瘪的人。同样，学校教育"僭越"自身边界而成为整个教育系统，最终使本土教育在教育系统中被遮蔽，为求"效率的最大化"，学校教育偏重视科学思维。科学一旦成为学校教育内容所膜拜的对象，成为一种"意识形态"，而如果这种"意识形态"一旦成为学校教育的主导思想，那么，最终人类解放自己的肉体，却将自己的精神关进"牢房"。① 从这一意义上说，现代学校教育依然存在着自身所难以挣脱的困境。

三、互补共生性

学校教育作为一种独立教育形态，从根本而言，其源自原生状态的本土教育，本土教育是学校教育可持续的"滋养源"，而学校教育只有回归"本土教育"之中，才能找到自己存在的价值与意义。因此，学校教育与本土教育之间存在着内在的"互补共生性"。在现实背景下，修复与保持学校教育与本土教育之间的合理距离，还原两者应有的张力，是两者发挥价值、功能，促进"人的发展"的根本途径。

首先，本土教育需要学校教育。现代学校成为本土教育可持续发展的重要场所，成为修复本土教育原动力的重要力量。随着农村"普九"及学校寄宿制的贯彻推行，作为本土教育对象的儿童进入学校，接受学校教育，随后径直外出打工，并在外暂居，"社区"成为他们的生活驿站，本土教育发生的可能与可为被无限压缩，加之传统教育者也逐渐变老。随着教育者与学习者相继缺席，社区人的"经济理性"使传统本土教育场所逐渐被吞噬与功能改造，本土教育

---

① 吴元发.论野性思维在现代教育中的遮蔽［J］.教育理论与实践，2012（28）：13.

"场域"逐渐解体。因此，本土教育只能伴随着儿童走进学校，借助学校教育场域，修复本土教育所依存的地方性知识的"文化能动性"，在学校教育的有限弹性空间中，寻找自身生发空间，是新时代无奈的选择。

同样，本土教育内在地需要学校教育的"理性指引"。20 世纪 90 年代以来，全球化与现代化的思想逐渐渗进民族村落社区，传统的本土教育已无法保持与学校教育之间应有的张力，社区人设法"抛弃"所有的传统，包括本土教育，以追求现代教育，企图摆脱现时"贫困"。在这一背景下，作为地方性知识与文化载体的个人，随"利"逐流，本无可厚非，也无伤大雅。但对于一个群体而言，如果这成为群体"幸福"生活的集体想象，那么，权力精英与学术精英应担当起社会责任，只有借助学校教育自身制度化的优势予以理性指引，才能确保本土教育对"人的发展"的应有功能。

其次，学校教育需要本土教育。近年来，民族村落地区经济建设取得了很大发展已是不争的事实。然而，学校教育依然问题丛生。许多论著将教育问题的根源"草率"地归咎于经济贫困，似乎经济发展，教育问题也就自然迎刃而解，现在看起来并不全面；以个案社区为例，近年来，社区人均收入翻了几番，但学校教育质量并没明显提高。因此，需要寻找学校教育发展瓶颈的根源所在，并做出有效回应，寻找新的生长点。与清末民初西方现代学制引进中国时的"水土不服"的现象类似，现代学校"嵌入"民族村落社区也略显不适，这充分说明了"教育的文化性格"。[①] 教育活动唯有链接社区本土教育这块"文化土壤"，才能彰显自己的科学性、社区性。舍此，教育活动本身的科学性应受到质疑，也经不住"教育实践"反复追问。社区学校教育需要从传统本土教育中获得持续的滋养。一是通过研究所属民族文化的价值取向，从对"他者"的研究、学习与传承中，获得营养。二是作为现代产物的学校"嵌入"民族村落社区，要在此"茁壮成长"，就须对民族社区生发的文化予以足够的珍视，并借此发展自己，不断治愈自身"水土不服"症结，以获得可持续发展。三是来自社区的学生只有在承传自己根文化的基础上，才能提升"位育"能力和教育竞争能力，提升自己的文化自觉与自信，做到"安其所，遂其生"。[②]

总之，从教育发展位序而言，本土教育是学校教育的起点，也是学校教育的终点，本土教育与学校教育之间是源与流的关系。而从对人的发展的关系而言，两者均有自身教育发生的独立范畴，两者之间是内在的、和谐的"互补共生"关系。

---

① 石中英. 教育学的文化性格 [M]. 太原：山西教育出版社，2007：93.
② 王国超. 学校教育与民族文化传承基本问题审思 [J]. 教学月刊，2013（22）：31.

第二节　联动共生机制：学校教育与本土教育互动理论模型

人类教育行为的发展历经了一个形态不断分化的过程。人类最初社会形态是"人的依赖关系"形态，"在这种形态下，人的生产能力只是在狭窄的范围内和孤立的地点上发展着"①。此时，人类教育行为在时空上融于一体，人类生活过程本身就是教育的过程，这种自然的、原生的教育行为，我们称之为"本土教育"，它成为"人的发展"的全部教育力量。学校教育就是孕生于本土教育发展的过程中，逐渐形成自身相对独立的教育体系，"逐渐从散乱、游离的教育细胞发展成系统、稳定的教育实体"②，并不断开拓出新领域，创造出人类发展的一个又一个传奇。学校教育与本土教育成为促进人发展的两股力量，成为人类"生活教育"的两个维度，它们所依存的知识体系均为"'知识共和国'中合法的成员"③。然而，随着城市化、工业化的推进，工具理性横行，两者作为有机整体分离而独立运行，均无法发挥整体力量，凸显自身价值阈限。更有甚者，学校教育已逾出其与本土教育的合理距离，逐渐蜕变成一种纯工具理性思维所支配的教育，出现"学校繁荣、教育衰败"的景象，两者原有的"共生态"被破坏，难以实现"人的发展"之鹄的。因此，构建学校教育与本土教育之联动共生机制，已成为民族村落社区教育发展的走向。

由于两者的"目标一致性""自身缺陷性""互补共生性"，两个教育世界"联动共生"成为民族村落社区教育发展之必然，但须坚持社区主体性立场，由作为高级发展形态的学校主动"求和"，通过构建两者之"联动共生机制"，并通过各种实践策略，创设共生环境，激活联动共生机制的运行，还原学校教育与本土教育各自独立发展之能动性，进而推动社区"人"的价值持续提升，让"人诗意地生长在民族村落社区中"！

一、联动共生理论构想

人类教育活动的发生与发展是一种相互关联的动态发展的"共生态"，共同成为促进人的发展的力量，而学校教育与本土教育就是这一力量的两极，为了

---

① 马克思恩格斯全集（第46卷：上）[M]．北京：人民出版社，1979：104.

② 吴晓蓉．共生理论观照下的教育范式 [J]．教育研究，2011（1）：50.

③ 石中英．知识转型与教育改革 [M]．北京：教育科学出版社，2001：114.

分析两者内在的关联特征，我们借鉴了产业经济学中的产业关联理论。

联动共生理论中，"联动"概念最初源自产业经济学的纵向关联理论。在产业经济学上，"产业纵向关联"表现为产业间以各种投入品和产出品为连接纽带的技术经济联系，进而形成相互影响、相互依存的关系，其中一个产业在规模、技术及管理等方面的变化都会影响到与其相关的产业。产业间的联动过程包括"向上联动"和"向下联动"两种动力倾向。该理论蕴含着这样一个最基本的运行逻辑：当一个产业向其上游产业施加需求压力，并导致其上游产业发生敏感反应时，力的发出者在下游方向，力的接受者在上游方向，其作用方向是指向价值链上游方向的（后上联动）。而当一个产业向其下游产业施加供给刺激，并导致其下游产业发生敏感反应时，力的发出者在上游方向，力的接受者在下游方向，其作用方向是指向价值链下游方向的（前下联动）。① 而所谓"共生"概念则首先出现于生物学领域。自德国生物学家贝里（Anton de Barry）于 1879年提出"共生"概念后，不断被学者借鉴、发展完善，这一生物学的概念及其所蕴含的思想频繁地被社会学、经济学和管理学等学科借用。"共生"是指不同生物属种按某种物质联系生活在一起。② 它由共生单元、共生模式、共生环境三要素构成，三要素之间交互形成共生机制。其中"共生模式"是指共生单元相互作用的方式或相互结合的形式，它既反映共生单元之间的物质信息交流关系，也反映共生单元之间的能量互换关系。它可以分为寄生方式、偏利共生方式和互惠共生方式。其中，"互惠共生"的特点在于共生单元之间产生新能量，而且新能量在共生单元之间分配，存在双方的利益交流机制。③ 在经济学上的"帕累托最优状态"是指两个共生单元交换时，最终获得的边际"分配"收益呈现对称性，或者说共生单元 A 内部与共生单元 B 内部的"生产"处于最优状态。帕累托最优状态实质上就是一种"互惠共生"模式。④

由此可见，"联动"与"共生"在经济学上的应用存在着某种内在嵌合，为研究便利，我们借此推演出"联动共生理论"。"联动共生"是指两产业（共生单位）间各自以对方的产出结果为自己的生产投入进行再生产，相互制约，

---

① 闫二旺，原玉廷. 教育与经济的双向关联与协调发展研究［J］. 西南交通大学学报（社会科学版），2006（1）：15 – 16.

② 卜庆军，古赞歌，孙春晓. 基于企业核心竞争力的产业链整合模式研究［J］. 企业经济，2006（2）：60.

③ 曲亮，郝云宏. 基于共生理论的城乡统筹机理研究［J］. 农业现代化研究，2004（5）：373.

④ 熊惠平. 论"三式"共生效应——高职教育"校园—园区"联动机制建设新探［J］. 教育理论与实践，2010（5）：21.

相互影响，进而实现共生与发展；"联动共生"是指两个产业（共生单位）间无限个"共时态"集合，以此联动双方"历时态"发展与变迁过程的互动机制。从"共时态"上看，产业（共生单位）间的"联动共生"的发生包括向上联动和向下联动。"向上联动"是指在某时段内下游产业（共生单位）的产出结果作为上游产业（共生单位）的生产投入而促进上游产业（共生单位）发展；而"向下联动"是指上游产业（共生单位）产出结果又反过来成为下游产业（共生单位）下一阶段再发展的新的投入。其实，"共时态"的共时不过是一种抽象，"向上联动"和"向下联动"均为相对而言的，整个产业链条是"共时态"集合的"历时态"发展与变迁。从全部发展历程而言，产业（共生单位）间是互为起点与终点的动态过程。在"联动共生理论"中，所谓"共生"，是指相互关联又相对独立的两个产业（共生单位）间"共时态"形成协调的上下联动，相互制约，相互促进，实现可持续的和谐发展状态；而"联动"则是指两产业（共生单位）在既相互独立又相互依存的基础上的互惠共生态。在"联动"与"共生"之间，联动是产业（共生单位）间共生的前提与手段，"共生"是产业（共生单位）间联动的目的与结果。①

二、学校教育与本土教育之联动共生理论阐释

从原始社会末期开始，我国内生了早期学校教育形态，而在清末民初，我国引进了西方现代学制，推动了我国教育现代化发展进程。就个案社区而言，学校教育是国家力量延伸的产物，是外置式机构，尽管如此，学校教育本身旨在解决内生于社区的本土教育的局限及困境，旨在促进社区人的发展。现代学校教育"嵌入"社区后，是以一个独立系统来运行的，它与本土教育成为两种教育价值表达方式。

学校教育和本土教育是一个以"促进人的发展"为纽带的"生态链"，两者的"联动共生"关系是指学校教育与本土教育之间互为条件和基础，相互依存，互相影响，共同实现促进人的价值不断得以提升之鹄的。② 如图6.1所示。

---

① 张学敏，杨明宏．民族贫困地区教育投入与经济发展关系再思考［J］．西北师范大学学报（社会科学版），2007，44（1）：75.
② 杨明宏，王德清．断裂与链接：少数民族地区学校教育与少数民族传统文化传承之联动共生［J］．民族教育研究，2011（4）：15.

图6.1 学校教育与本土教育"联动共生"立体结构模型

这是学校教育与本土教育发展的立体互动结构模型。"联动共生"就是学校教育与本土教育之间无限个"共时态"集合成"历时态"的发展过程中的互动机制，这一互动机制的运行过程也就是"人的发展"过程。从"共时态"看，学校教育与本土教育之间内在地蕴含着"向上联动"和"向下联动"两种动力倾向。"向上联动"是指，在某一时段内，"学校教育"的发展作为"本土教育"发展的条件和基础，促进本土教育发展；而"向下联动"则是指"本土教育"发展的结果又反过来成为"学校教育"下一阶段再发展的新的条件和基础。而从"历时态"看，学校教育与本土教育之间整个发展过程是相互独立、相互依存、互为条件、互为基础的过程，是一种双向联动状态。在学校教育与本土教育之联动共生理论中，"共生"是指相互关联又相对独立的两个教育形态间的"共时态"形成协调的上下联动，相互制约、相互促进，实现可持续的和谐的发展状态；而"联动"则是指两个教育形态在"相关而不相同、相生而不相克"的基础上的相互促进状态。"联动"是学校教育与本土教育之间共生的前提和手段，"共生"是学校教育与本土教育之间联动的目的与结果。

学校教育与本土教育之间"共时态"的向上联动与向下联动，是保证整个社区教育发展的根本动力。而现阶段学校教育逐渐"逃离"这一共同场域，使两者应有的张力（联动共生倾向）减弱甚至消失，进而破坏了两者所蕴含的"联动共生"倾向，束缚了两者应有价值的发挥与彰显。因此，为了研究便利，我们人为"切割"了学校教育与本土教育之间"共时态"双向联动的一个片段进行探讨，如图6.2所示。

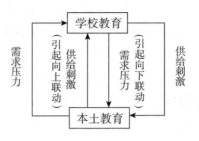

图6.2　本土教育与学校教育"联动共生"片段

"向上联动",就是指通过重构以"社区"为立场的学校教育,明确社区"人的发展"的学校定位,充分挖掘民族村落社区人的发展资源,切实推行"多元文化整合教育"①。首先,这就决定了社区学校必须引进本土教育资源,以民族村落社区文化为现代学校课程资源的重要组成部分,积极倡导使用少数民族语言,通过各种途径开展本土民族文化传承,地方性知识与文化借此可在社区教育系统中获得应有地位,培养社区儿童的文化自觉与自信。其次,科学理性思维支配下的学校教育的发展困境也需要本土教育修补。例如,可以借鉴本土教育的主体间的师生关系模型、本土教育所依赖的情感基础、本土教育的情境学习方式等等。再次,学校教育欲实现促进社区"人"完整发展的终极目标,就必须以"本土教育所培养的'社区人'"为基础,进而在更大的场域推动"社区人"向"国家人""世界人"发展,若舍此而推行"跨越式"发展,难以实现"人"的多样性存在。通过以上三点,就施加了对本土教育的需求压力(学校教育必须本土教育资源修补,而本土教育是学校教育的根基),积极营造社会舆论,刺激本土教育的发展,修复本土教育原有的天然的文化能动性。

"向下联动",是指经由"向上联动",本土教育获得了自身能动性,它不仅丰富了学校教育内容,提供更多的问题,而且对学校教育的价值实现起基础性作用。因此,本土教育成为促进社区学校教育发展的力量。随着本土教育逐渐挣脱"科学理性"尺度的束缚,本土教育获得了合法地位和应有尊重;同时,也获得来自学校教育的成果与理性指引,不仅丰富了本土教育的内容,而且还推动了自我的能动性发展。然而,本土教育的成果与方法,同样成为学校教育活动的重要内容和构成要素,推动学校教育进一步发展。而且,作为社区人初级社会化力量的本土教育,自身无法赋予人以理性地、有逻辑地审视外在世界

---

① 哈经雄,滕星.民族教育学通论[M].北京:教育科学出版社,2001:580-581.

的力量，无法超越自我感观阈限，无法超越狭隘的地域限制，赋予人在更广阔的领域自我定义，等等，困境不断涌现，刺激学校教育开展以"社区为本位"的人才培养，进一步开展"多元文化整合教育"。并以此为起点，学校教育促进"社区人"次级社会化，不断突破狭隘的社区文化束缚，向国家认同与世界认同迈进，也将人在更广阔范围内自我定义，在社区文化认同的基础上，实现文化自觉，进而促进社区人以文化自觉与自信的姿态穿梭于主流社会和民族村落社区之间，实现"社区人""国家人""世界人"的身份（角色）的自由转换。

总之，"共生"不是一种静态存在，而是经由学校教育与本土教育的前后联动，相互影响、相互促进、相互修补，实现两者动态提升的过程。"联动"则是学校教育与本土教育共生的前提和手段，"共生"是学校教育与本土教育联动的目的与结果。① 虽然学校教育与本土教育保持着这种联动共生的关系，但学校教育与本土教育有着自身相对独立性，对学校教育而言，不应是"回归"而是"超越"；对于未来本土教育，则不是"回归"而是"引领"②。两者不能无限靠近，以免破坏两者之间应有的张力以及各自蕴含的"性格"，而阻碍它们价值与功能的实现，进而阻碍它们实现"促进人的发展"之鹄的。

第三节　学校教育与本土教育之联动共生机制的实践策略

联动共生模式仅是民族村落社区学校教育与本土教育之关系的一种理想模型，在现实时空实践中，链条某一环节出现病变或异化，其他环节就会出现连锁反应，破坏整个教育生态，进而局限其价值实现。因此，这就需要在不同空间适时予以外力的刺激与诱导，使联动共生机制健康运行，彰显两者应有的价值。这就需要制定各种具体实践策略，刺激并确保这一联动共生机制得以运行，进而还原学校教育与本土教育的能动性，进而使两者既相互独立又相互依存地发展。具体策略从政府、学校、社区三方面展开。

一、联动共生机制的环境：国家与地方

社区学校教育与本土教育之联动共生机制必然在一定环境中运行，换言之，

---

① 杨明宏，王德清. 断裂与链接：少数民族地区学校教育与少数民族传统文化传承之联动共生 [J]. 民族教育研究，2011（4）：15.

② 张传燧，赵荷花. 教育到底应如何面对生活 [J]. 教育研究，2007（8）：48-49.

它最终还取决于联动共生关系的环境，或者说环境是联动共生机制的重要组成部分。

学校教育与本土教育这两个共生单元外的所有因素总和，我们统称为两者联动共生环境，它是多重性的，不同种类环境对共生关系的影响也是不同的。按影响方式的不同，可分为直接环境和间接环境；按影响程度的不同，可分为主要环境和次要环境。这些环境均是通过一系列变量的作用来实现的，对联动共生单元及模式而言，它们是外生的，却往往是难以抗拒的，甚至联动共生机制的运行对环境具有很大的依赖性。

（一）国家层面上推行与完善民族教育发展

1. 尽快制定我国民族教育基本法

当前，我国已步入全面推进依法治国的新时期，民族教育也正处于改革发展的关键时期。党和国家对民族教育空前重视，首次以国务院的名义颁发民族教育领域的综合性法规——《关于深化改革加快发展民族教育的决定》（2002年），首次在中共中央印发的教育文件《国家中长期教育改革和发展规划纲要(2010—2020年)》中以专章的形式对"民族教育"加以论述。在这一背景下，抓住机会，针对我国民族教育在新的历史时期出现的新情况、新问题，制定我国民族教育法，为民族教育发展提供法律依据，意义重大。民族教育立法必须超常规推进，尽快着手制定少数民族教育法、少数民族高等教育法、少数民族教育投资条例等一些基本的重要法律法规，并为它们的出台积极创造条件。特别是我国民族教育基本法的起草制定，将极大地推进我国民族教育立法工作的进程，为民族教育创造了发展环境，使民族教育发展有合法依据。[①]

2. 明确各级政府的民族教育职责

国家之未来，民族之复兴，归根结底靠人才，人才培养的基础在教育。教育事业也成为国家一项重要的公共事业，国家理应首要承担发展教育事业的责任。各级政府要贯彻落实《中华人民共和国宪法》《中华人民共和国民族区域自治法》《中华人民共和国教育法》《中华人民共和国义务教育法》以及相关民族教育文件精神，强调国家各级政府在发展民族教育中的职责。政府要根据少数民族意愿，保障民族教育权，推进民族文化传承与创新。国家各级政府应采取各种具体措施，确保少数民族接受各级各类教育之机会均等，尊重民族村落社区立场，构筑民族立场的学校教育体系。教育部民族教育司应积极规划、审议及监督民族教育政策，继续推进与完善少数民族高考优惠政策、少数民族高层

---

① 陈立鹏. 台湾《原住民族教育法》简述［J］. 民族教育研究，2002（4）：81.

次人才骨干计划及其就业优惠政策等。要明确东部沿海发达地区与西部民族地区教育结对帮扶的职责。

3. 保障少数民族的教育权和教育机会平等权

保障少数民族教育权，积极推行少数民族民间文化传承。国家政府本着"各类其美""美人之美""美美与共"的理念，积极推行"多元文化整合教育"。各级政府应制定相应的措施，保证少数民族教育机会平等权落到实处。如，各级政府应在民族社区设立民族中学、民族小学，并在这些学校之中开展民族文化的传承与创新活动；为确实保障少数民族教育权，传承与创新民族文化，要在民族自治地方各级各类学校相关课程设置及教材编写中，适当融入民族文化及其价值观，提倡双语双文化教育。政府应在公共电视、教育广播电台、无线电台等设置民族教育与文化传承相关内容的时段及频道，并在电脑网络中设置相关网站，等等，积极营造民族教育氛围，促进民族文化的传承。

4. 明确民族教育经费的来源、比例及其使用管理办法

目前，我国民族教育除一般正常教育经费投入外，还有一些特殊的经费投入或补助政策。如，民族教育中央补助专项资金"国家贫困地区义务教育工程""春蕾计划""希望工程"等项目经费，世行贷款、国际组织捐款，民族地区包干经费的三项补助经费，民族自治地方的"民族教育专项资金"等。然而，这些经费因缺乏相应的法律保障机制和监督机制，在投入上存在一定随意性和盲目性，经费使用效率不高，民族教育收效甚微。因此，要通过民族教育法等民族教育法律法规的制定，明确规定民族教育经费的渠道、比例及其使用原则和管理办法；此外，还要建立强有力的教育法律监督制度，对于政府执行民族教育法律法规情况的监督，通过多方面的监督主体相互配合形成合力，保证民族教育经费落到实处。

5. 切实加强民族教育师资队伍建设

民族教育师资是刺激民族社区学校教育与本土教育联动共生的核心内容。"数量不足、质量不高、结构不合理"，是民族地区学校教育长期难以解决的问题。但这一问题主要指学校教育传统常规教育活动，全新理念下的民族教育在学校推行，更加剧了这一困难。民族教育不仅旨在保证少数民族学生传承与创新民族文化，强化民族认同与自我认同，更在于传承主流文化与知识，促进学生在更广阔的视野进行国家认同，甚至世界认同，即在成为民族社区人的基础

上，成为国家人和世界人。民族教育师资需要具备"双语""双文化"素养，①
因此，对师资要求"数量"更多，"质量"更高，"结构"更复杂。目前师资状
况，明显无法解决这一新情况新问题，严重制约着民族教育的推行，为此，要
通过制定民族教育法规，具体规定民族教育师资的培养及其管理办法；要通过
法律，明确规定"民族教育师资"的资格要求及其聘任、管理办法；各级政府
要加强在民族地区师资队伍建设中的职责，如改革民族师范院校专业及课程设
置、在职教师培训、教师教育评价标准制度等。当然，继续完善发达地区师范
院校与民族师范院校的对口支援政策，增进东西部学校教师的文化背景多样性。

6. 加强民族教育研究

民族教育研究是民族教育实践推进的理论指引，其可降低民族教育实践
中"摸石头过河"的风险，有利于找到最佳实践方式；力争民族教育的表层
价值受到其深层价值的关照，使这一独特教育形态成为一种自觉的行为。20
世纪80年代，专门的民族教育研究曲折起步，随着国家对民族教育的关注与
政策倾斜，当前逐渐成为社会科学的重要研究领域。就其现有文献看，按研
究领域可划分为"民族地区学校教育研究""民族地区本土教育研究""民族
学视角教育研究"等②，按学校类别可划分为"民族幼儿教育""民族基础教
育""民族高等教育""民族职业教育""民族成人教育""民族特殊教育"
等；1996年全国教育科学规划办正式批准"民族教育学"成为独立学科，③
各相关研究机构相继设立，学术队伍日益壮大，研究成果卓著。研究者不仅
完成了国家重点科研项目"民族教育若干重大理论与实践问题研究""中国少
数民族教育立法研究"等课题，而且出版了《中国少数民族教育学概论》
（孙若穷，1990）、《民族教育学》（景时春，1991）、《民族教育学通论》（哈
经雄、滕星，2001）、《民族教育学》（王鉴，2002）、《文化变迁与双语教育
——凉山彝族社区教育人类学的田野工作与文本撰述》（滕星，2001）、《西
南民族教育文化溯源》（张诗亚，1994）、《中国少数民族教育立法论》（陈立
鹏，1999）等著作。民族教育相关学术论文层出不穷。尽管如此，我国理论
研究仍滞后于实践的发展步伐，目前仍然存在一些问题，如，理论研究水平

---

① 孟立军. 贵州民族文化传承的课堂志研究 [M]. 北京：中国社会科学出版社，2017：340.

② 王国超，孟立军. 回顾与展望：我国民族教育研究述评 [J]. 学术论坛，2013（9）：208－210.

③ 苏德. 少数民族双语教育研究综述 [J]. 内蒙古师范大学学报（教育科学版），2004（11）：1－6.

不高，有影响的理论不多，理论研究存在诸多空白；研究机构较少，无法组织综合性研究课题；研究经费不足，成果难以推广与应用等。这些问题长期存在，其中的根本原因是缺乏强有力法律的规范和保障。因此，有必要以法律的形式规范和强调各级政府在科研课题的设置、组织、管理中的职责，以及申报、研究及成果资助等。①

（二）从地方政府层面推动民族教育发展

1. 加强对民族教育的认识

地方政府应进一步加强对民族教育的认识，深入贯彻科学发展观，把发展民族教育放在民族地区经济、社会发展的重要战略地位。地方政府要调整把握现阶段民族教育的定位，实现由"数量"追求到"质量"提升转向。同样，应全新认识民族地区（社区）学校教育，它不仅是促进民族地区（社区）儿童"逃离"本土、走向城市谋求前途以求得自我的发展的一种"走得出"的方式，② 更重要的是，学校教育肩负着传承与创新民族文化与知识，培养现实与未来的民族地区（社区）人，增强儿童地区（社区）认同的"留得住"的重要使命；此外，民族地区（社区）学校，还具有民族社区文化中心的功能，具有引领民族地区（社区）文化建设的功能。因此，地方政府应以更广阔的视野对此进行全新认识。地方政府还应认识到，民族教育不仅发生在学校这一国家设置的场域，同样发生在民族地区（社区）这一自然的广阔场域之中，因而在各项政策制定与实施时要有所关照。

2. 改革民族师范院校人才培养模式

现有的师资在数量、质量上均难以适应民族教育发展要求，因此，地方政府应改革现有师范教育制度。首先，在人才培养目标上，不仅将"准教师"培养成为传统意义上的"学科专家"（精通所授学科）和"教育专家"（精通教育理论与技能），而且还将他们培养成为"地方性知识专家"（深谙本民族文化，具备极强文化自觉与自信）。③ 相对传统的教师而言，他们对于地方性知识存在更敏感，对挖掘、整理、保护、传承与创新地方性知识更重视，善于探究学校知识与地方性知识资源的内在关系。三种素养的"准教师"具备"知识相对性"认识论。即认识到任何知识体系从本质而言均具有相对性、地方性和民族性，客观性、普遍性、中立性的知识体系仅为一种理想信念，是人们对之赋予

---

① 陈立鹏. 台湾《原住民族教育法》简述［J］. 民族教育研究，2002（4）：81.
② 赵忠平. 村庄里的陌生人［M］. 北京：社会科学文献出版社，2018：231–277.
③ 石中英. 知识转型与教育改革［M］. 北京：教育科学出版社，2001：366.

"普世价值"的期待。其次，在课程设置上，应将"民族学"和"民族教育学"的理论与方法整合到"专业课程"和"教育学课程"体系之中，培养学生的多元文化意识以及民族教育研究能力。再次，在教学法上，在整个教学过程中，所有课程均提倡批判性反思教学，积极培养学生树立一种批判反思态度，消解唯老师、唯书本的传统弊病。在学生实习上，应将地方性知识资源的开发与使用作为一项重要的内容。

此外，"准入""考核""评价"是对师范教育制度改革与实践持续推进的最直接动力。在教师准入上，地方政府应该将民族学与民族教育学相关理论与方法、地方性知识作为准入考试的重要内容；民族教育"教师资格"认定应有新的要求，提高民族教育理论相关内容。"教师考核"也应以此为重要内容，促使在职教师参与相关理论与技能培训。在"教师教学评价"上，解构长期以来仅以教学技能为核心的评价指标，增加民族教育理论与实践技能作为考核内容，增强教师的民族教育研究能力、课程资源开发能力，等等。

3. 推动学校与民族地区（社区）之间交流

在提高民族教育认识的基础上，地方政府应该将学校教育视为民族社区建设的重要组成部分，推动社区学校发挥引领社区文化重建的作用，通过各种方式，积极增强社区学校的凝聚力，确保社区学校成为社区人们的文化精神引领与培育。政府在民族社区建设中，应以学校建设为载体与切入点，与学校达成协议，政府有责任向学校投入资源，扩大校舍，增添各种民族村落常见的文娱、体育、休闲活动场所及其相应设施，在确保不影响学校正常教学的情况下，由政府牵头，学校与社区共同组织开展文体活动、民间技艺活动、农业培训活动等。活动内容应包括社区生产、生活相关内容。可以采取以个人为单位、家庭为单位、宗族为单位、自然寨为单位等形式。参考"六一"儿童节、"五四"青年节、"一二·九"运动等，邀请全部社区人参与，保证学校与社区融为一体。这不仅能丰富社区人文化生活，引导他们找到健康的兴趣发展方向，同时，可以打破长期阻隔学校与社区的"围墙"，使学校教育"回归生活世界"成为可能。

此外，在地方教育行政部门的制度保障下，民族社区学校要充分利用民族社区特有的民族文化，如习俗、民歌民谣、传说等。长期以来，它们已成为社区人初级社会化的资源，成为社区儿童"成人"的主要推动力。因此，民族社区要充分挖掘、传承、创新和利用民族文化，培养民族认同感。这不仅是社区人"走出去"失败后退守的心理基础，也成为其成功"走出去"的平台。而且社区学校应该积极创造机会，引领学生参与生产实践，帮助孤寡老人，体验田间劳动，使其感悟劳动的艰辛与收获的喜悦，培养他们吃苦耐劳、热爱劳动的精神品质。①

4. 加强民族地区（社区）地方性知识的整理与开发

地方性知识是民族社区的重要文化资源，它不仅可以成为民族社区学校课程资源，有利于学生了解民族社区、认同民族社区、建设民族社区；而且，地方性知识可作为民族社区人们了解自我的方式，便于传承与创新民族文化，增强民族社区族群凝聚力，促进民族社区和谐构建。更深远的意义在于，原生民族社区地方性知识与文化是乡土中国文化之根，"礼失而求诸野"，它对"现代性后果"的修复具有不可替代的价值；民族社区文化承续，则文化源源不断，民族安立之根则恒久绵延。可见，地方性知识的整理与开发事关民族社区学校的责任、地方行政部门的责任、整个国家的责任。

因此，整理、开发、创新民族地区地方性知识与文化是地方政府义不容辞的责任。具体做法如下：一是设立相应专项经费；二是明确分管部门及其职责；三是设立招标课题，在省一级层面公开招标，邀请专家进行成果验收；四是成果应用，一方面将科研成果作为学校课程的重要资源，积极推广，另一方面将其保存于档案馆，以备后续研究与实践参考。

5. 重建民族社区文化内生机制

社区文化是我国现代文化的重要组成部分，是社区学校文化可持续发展的动力，也是社区学校教育与本土教育联动共生机制运行的支点之一。然而，随着现代化、城市化的纵深推进，其传统传承式微，民族村落社区文化"荒漠化"也成为学者诟病的现实，尤其是社区学校整体撤离，更加剧了这一现实。文化在不同时空实践中动态生成，并非一成不变，文化的生命力在于其扎根于内生土壤之中。社区文化也不例外，它内生于社区场域之中，因此，重建其内生机制是民族社区文化建设的必经之路。②

---

① 安晓敏，田茂. 学校布局调整对乡村社会的影响及相应对策［J］. 湖南师范大学教育科学学报，2011（5）：51.

② 李祥，刘莉. 民族地区教育发展内生型路径初探［J］. 四川师范大学学报（社会科学版），2018（5）：118–126.

图6.3　社区自然寨共度春节（聚餐）

一是挖掘和创新社区传统文化空间。如传统民族节日、宗教仪式、自然寨聚会等，地方政府应支持这些公共文化空间的文化传承与创新实践，科学地渗入现代性元素，激活其更强的生命力。借助民族节日载体，拓宽社区公共文化空间，创新其传承手段；借宗教仪式，发挥与彰显其积极部分，使之成为市场经济冲击下的社区人道德阵地；自然寨集会，是社区近年来的自组织形式，大年初一全寨子聚会（如图6.3），这是针对"社区"特征日趋消减，而自发的社区功能修复的一种形式。

图6.4　社区农家书屋

二是整合与利用社区文化资源。由地方政府牵头，促进村委会与学校领导合作，确保社区人充分利用社区学校图书室、体育与娱乐设施、村委会文化室、小卖部等各种公共文化空间和资源，并由地方政府提供专项补贴，丰富与提升公共文化空间社区多元化服务功能和服务内容。此外，促进社区的"远程教育中心""党员之家""农家书屋"等工程聚合起来，以实现资源共享。①

三是引进大众传媒，发挥其文化传播功能。报纸、杂志、书籍和电子传媒等在内的大众传媒所构筑的"跨区域的公共空间"②，是社区文化建设的主要推动力。然而，由于各种原因，目前社区"跨区域的公共空间"，不仅存在建构困难，而且影响力尚未发挥。因此，一方面积极推动大众传媒介入社区；另一方面以社区文化建设、现代社区人培养为宗旨，提供适合社区发展的现代科学文化精神产品与服务，充分发挥"跨区域的公共空间"的文化传播、信息传播、文化教育、娱乐休闲等功能。③

二、联动共生机制的动力源：学校教育的社区立场

立场，是指认识和处理问题时所处的地位和所抱的态度。④ 不管是自觉，还是自发，人的思想与行为均以一定的立场为基础，而立场的不同，也会导致思想与行为的结果存在着或多或少的差异。鲁洁教授认为，"教育的立场：人的立场"⑤，即从哲学层面而言，教育本身就是以"人的发展"为立场的社会实践活动。教育与人，本质上是一个问题的两个方面，人的生成乃教育生成，人的出生乃教育之发生，教育是人的生命存在方式，人在教育这一动力体系的推动下持续生成，而人的生成与价值的不断提升，是教育的终极追求。

在"生活世界的教育"实践之中，教育是源自动物性的教育本能意识的发展，"教育中的先天意识就是希望孩子好的意识，这是渗透在教育行为中的'前理论、前反思、前科学的'意识。"⑥ "希望孩子好"这一原初性的教育期待，就是现代教育的立场，是促进未特化、未完成性的人的持续生成的期待，它理应贯穿整个教育行为的始终。这一教育立场统摄着人类不同时空的全部教育现象，是所有教育行为的内在"尺度"，这一尺度之外的教育将注定其"成人"

---

① 马永强. 重建乡村公共文化空间的意义与实现途径 [J]. 甘肃社会科学, 2011 (3)：181.

② 许纪霖. 导言·重建社会重心：现代中国知识分子与公共空间 [M] //许纪霖. 公共空间中的知识分子. 杭州：江苏人民出版社, 2007：1.

③ 马永强. 重建乡村公共文化空间的意义与实现途径 [J]. 甘肃社会科学, 2011 (3)：182 – 183.

④ 中国社会科学院语言研究所词典编辑室. 现代汉语词典 [M]. 第 5 版. 北京：商务印书馆, 2009：838.

⑤ 鲁洁. 教育的原点：育人 [J]. 华东师范大学学报（教育科学版）, 2008 (4)：19.

⑥ 朱光明. 透视教育现象学——论教育现象学研究中的三个基本问题 [J]. 外国教育研究, 2007 (11)：3.

价值的失落。倘若这一根基性立场的抽离，或附社会、或附政治、或附经济的教育立场，最终使教育中因"人的缺场"而南辕北辙，人最后成为他者的"奴隶"，教育失去了价值根基。当然，在人的教育立场中，人类与个人之间维持着合理的平衡，不仅是以个人生成为唯一，更肩负着创建更合乎人性社会之使命。①

1. 社区学校为什么

在民族村落社区，从封建旧式学校（私塾）的出现，1~2年的启蒙教育，仅是社区传统本土教育的补充，社区学校教育（私塾）与本土教育成为社区儿童"成人"的动力源，或者说学校教育协同本土教育成为社区儿童成人的动力系统，学校问题不是个问题。1959年社区现代学校，仅1~2年级，同样是属启蒙教育；"文革"后的羊望民办小学，因为学费自己支付，社区家庭子女多、收入少，难以供子女上学，这成为社区教育主要矛盾。从2000年后，打工经济注入，社区人收入成倍增长，学校各种费用逐渐减免，"有学上"逐渐得以满足，尤其是义务教育逐渐普及，相反，乡土文化日趋失语，学校教育的"质量"慢慢成为社区教育的主要矛盾，学校教育在社区的意义成为研究焦点。"社区教育是什么？社区学校教育为什么？"成为一个问题，这是社区教育在新历史时期得以突破的关键。

2. 社区学校教育立场是什么

社区学校教育重构的"立场"问题，是立足于"学校"来建设"社区学校教育"，还是以"社区"来建设"社区学校教育"呢？看似同一问题，或者从某个教育实践片段上看似同一问题，却是两种全然不同甚至相反的立场。从本研究第四章的论述看，从"羊望民办小学"到"羊望小学"，再到"扬武民族小学羊望办学点"，羊望社区学校教育显然属于基于学校的教育立场，基于国家权力的立场，而非"社区立场"或"社区人立场"。"羊望社区"仅是学校的地理符号，是一种代码，"羊望"在学校教育里并没有名副其实的内涵，羊望社区学校仅是"在自然散漫的村居中人为设置的国家环境"②，是国家形象的社区呈现。它关注的不是社区本体需要，而是社区以何种面貌与外在世界互动，其设计思路蕴藏着对社区的"改造"。③ 尽管如此，早期启蒙阶

① 鲁洁. 教育的原点：育人 [J]. 华东师范大学学报（教育科学版），2008（4）：19.
② 李书磊. 村落中的"国家"——文化变迁中的乡村学校 [M]. 杭州：浙江人民出版社，1999：7.
③ 李小敏. 村落知识资源与文化权力空间——永宁拖支村的田野研究 [M] //丁钢. 中国教育：研究与评论. 北京：教育科学出版社. 2003.

段的教育，在学校教育尚未普及时，作为"国家环境"的学校给社区文化传承（本土教育）预留了较大弹性空间，使得地方性知识的部分传承成为可能，保持了社区儿童初级社会化，成为真正意义上的"社区人"。而且，人们可以吸纳学校教育有利的成分滋养自身，推动本土教育的发展，也成就了极少数人"逃离社区"，在更大的世界重构自我，这体现了作为国家设置的社区学校的客观价值所在。在这一教育实践片段，"立场"问题被隐藏起来，人们难以感受到它的真切存在。

然而，随着社区学校教育的发展，因"文化差异""城乡差异"，学校教育与本土教育之间的矛盾凸显，作为"国家设置"的社区学校自然取得绝对支配地位，这就意味着，本土教育的存在空间被无限压缩，个人对学校教育的应对余地也被无限压缩。社区学校尽管仍"位居"社区之中，但已不是"社区的学校"了，已被外来的某种力量所"异化"了，正如石中英教授所言，学校"不再承担起传承本土社会知识与文化传统的使命，相反却蜕化为压迫本土教育知识与文化传统的'文化机器'，并由此蜕化为压迫本土人民解构本土社会的工具"。① 社区儿童并没有在社区学校获取自己真正需要的知识与价值，尤其是在普及九年义务教育后，社区教育问题得以呈现出来，正如塞玛力（Semali，L. M）所回顾其所受的殖民地教育差不多。

"教育所使用的语言不再是我所属的文化的语言。……我从小学就开始挣扎，试图在我的母文化中发现与课堂中所教授的内容相同的东西。……我们所读的故事和所唱的歌都是有关在英国人的花园中喝茶，坐火车旅行，在公海上航行以及在城镇的街道上散步一类的事。非常不幸，这些故事都远离我的生活经验。老师们希望我们能够记住它们，即使它们毫无意义。……"②

不是"社区立场"的学校，其所教育出来的儿童成为什么样的人呢？国内外学者对这一类似的问题均有精辟论述，正如甘地（Gandhi）对殖民地教育鞭辟入里的分析。

"当年轻人从学校回到生养自己的地方以后，对农业却一无所知。不仅如此，他们还从心底蔑视自己父亲的职业。……现代学校的一切事情，从教科书到毕业典礼从来不会使一个学生对自己的生活环境感到自豪。……

---

① 石中英. 知识转型与教育改革 [M]. 北京：教育科学出版社，2001：349.
② 石中英. 知识转型与教育改革 [M]. 北京：教育科学出版社，2001：353.

教育整个目的就是使他和他的生活环境格格不入，就是使他不断地疏远这种环境。"①

"学校太无聊了！"这是社区绝大多数学生"被义务教育"后的"反抗宣言"，学校教社区儿童认识了表层的物质世界，却无法教他们认识深层意义世界，更不用说，教他们认识本土意义世界，学生获得了表层比较后，急忙重构自我，这是在一个没有"根基"的前提下的"跨越式"建构。在接受学校教育进程中，社区儿童似乎逐渐在与自己生活的环境划界限，在与自己的父母划清身份界限。由于"身份"差异之故，社区儿童找到了无须参与社区生产与家务劳动的理由，也获得无须参与本土教育（民族文化传承）的理由，没有获得社区"初级社会化"的他们，慢慢地，也就不是真正意义上的"社区人"了，当然更不是"城市人"，"学生"却成为他们的缓冲性身份。学校教育的终结，他们似乎无所适从，但到沿海地区"打工"成为他们这些"文化边缘人"的生存之"本"，也缓减或隐藏了现实学校教育问题所带来的冲击力。"农民工"这一身份处于"城市人"与"农村人"之间的裂缝之中，它似乎是特别为这些新时代"文化边缘人"所准备的身份标签。

3. 社区学校教育"立场"重塑

民族村落社区作为农业生产的载体，是现代人"从技术所围裹的现代性藩篱中可退而守之的生存底线"②。其依然有存在的充分理由，但传统民族村落社区发生变迁不可避免，因此，民族村落社区只能以另一种形式获得新生。那么，推动社区获得新生力量，培育社区的内源性发展能力，学校教育责无旁贷。学校教育不仅是村落社区城市化变迁的推动力量，而且是社区"文化重构"的力量。因此，社区学校教育的重构成为社区城市化的第一要务。社区学校的"立场"问题，关涉社区学校能否为当下与未来社区不断解构，获得新生的力量之源。

"教育在本质上是特定的对象在特定的民族文化心理场的活动"，③ 就社区学校教育而言，人、文化、环境、空间等生成其民族文化心理场的重要因素。因此，社区学校立场也应以"社区人的发展"为立场，以"社区及社区人"的"现代化"为立场；以社区人实际生活和实际需要对儿童进行有针对性的教育，使其成为"社区人"，以及循序渐进的超越者，而非以"摹写城市"为模板对

---

①　石中英. 知识转型与教育改革 ［M］. 北京：教育科学出版社，2001：353.

②　刘铁芳. 乡土逃离与回归：乡村教育的人文重建 ［M］. 福州：福建教育出版社，2008：2.

③　孙杰远. 论民族文化心理场及其教育意蕴 ［J］. 教育研究，2016（12）：4－11＋21.

他们进行"匡正"。社区学校的重构，应以"社区"为立场，应以"社区人"为立足点，以社区乡土物事为教材，将学校作为社区教育中的一维归到"促进社区人的发展"这一轨道中去，不仅明确其在轨道中的地位，也确认其存在的缺陷性①，社区学校由"外源型"到"内生型"转向。社区学校成为对社区人生活负责的力量。

现代学校"进入"社区与近代学校"引入"中国的情况有所不同，前者是西学"引进"，保证了"中国立场"，它是对超稳定封建政权的否定，触及了国家政治框架，必然引起不断论争与实践，对整个中国而言，有着强大的反思阵容，以致1922年"壬戌学制"孕生，取得较大的胜利。而社区学校的"闯入"，是国家组织向社区延伸的产物，含有"外向性"与"同质性"预设，几乎完全是外力整体推进，在一种无协商的情况下推进，社区只能无条件地接纳与适应。从这个意义说，社区学校教育是"无社区立场"的教育。学校教育与社区人的实际生活没有多少实质性的关联，唯有从客观上使极少数孩子"逃离"乡间，谋取功名，而社区的发展几乎并非学校教育所为。

那么，如何重塑以社区为立场的学校？这的确是极其复杂的问题。

从宏观上而言，就是承认以"文化多元一体"格局为前提条件，确保多元文化之间的关系为"主体间际交往关系"，明确主流文化自身的价值阈限，修复与激活村落社区地方性知识的文化能动性，重塑社区文化认同与社区文化的主体性地位。唯有如此，当下以主流文化与科学理性为取向的社区学校教育才可能向处于"野性思维"的本土教育创造"空敞"，② 给"他者"腾出一定的生存空间，也让"我者"在对"他者"的审思中获得自我修补机会。借此，社区立场的学校的重构才成为可能。

从微观上而言，我们简单提出三点建议。

（1）教育措施

在学校环境、教育设备上，社区学校教育应该向社区视野"敞开"，从历史、地理、体育、游戏、诗歌、艺术等方面全方位立体化呈现社区民族文化蕴含，以融入社区民族的特点，学校里的一草一木，均应该蕴含着社区文化信息，使社区文化特点向学校环境延伸，使社区文化与学校文化实现某种"形式上"的"多元一体化"格局，使社区儿童在家、在社区、在学校三点不感到明显

---

① 中国陶行知研究会．陶行知教育思想、理论和实践［M］．合肥：安徽教育出版社，1986：18－19．

② 吴元发．论野性思维在现代教育中的遮蔽［J］．教育理论与实践，2012（28）：16.

"区隔"，使他们随时随地置身于社区文化精神空间中，积极培育社区儿童对本民族文化认同与社区认同，这种"形式上"的一体化为"本质上"的一体化奠定了良好的基础。这一教育措施推行相对容易，羊望社区学校已开始做出了尝试。如以下图片所示。

图 6.5 教室走廊（苗族服饰）

图 6.6 学校围墙画（蜡染与芦笙）

图 6.7 学校围墙画（斗牛）

图 6.8 学校围墙画（左为王德安）

从我们选择的羊望社区学校图片看，图 6.5 是苗族女孩的形象，放置于走廊墙壁上，这样类似的人物画随处可见，给社区儿童一种亲切感，效果不亚于名人画像，或者说可以缩小"名人"与"社区人"的距离；图 6.6、图 6.7 是苗族的三个重要特征——蜡染、芦笙、斗牛，这三种活动在社区重大节日时必不可少，将这三种文化载体——呈现给社区儿童；第四幅画（图 6.8）是离社区 1.5 公里的排卡寨"文化名人"——王德安，黔东南苗族侗族自治州第一任州长。这些均是社区及其文化延伸与传承的方式，学校生活被营造成社区生活文化的一部分，不经意间，给学生无形的民族文化渲染，社区儿童在学校，即可以"徜徉"于苗族文化美景之中。

此外，从教育内容设置看，学校课程体系同样可为社区民族文化"敞开"，无须以"现代性知识"作为准入尺度，让社区文化自由地以主体性姿态渗于其中，成为学校教育文化的一部分，以文化形式渗入，成为社区儿童的成长资源。在这里，本研究并不主张社区民族文化以分门别类的独立课程形式"嵌入"社区学校课程体系，因为在当下的"教育竞争"和"民族文化的弱势地位"的现实背景下，这往往成为不现实的想象，甚至常常制造"民族文化进校园"的虚假繁荣。[1]在此，我们可借鉴贵州省榕江县某民族学校的教学案例。

案例1：少数民族鞋垫与全等三角形[2]

知识点：全等三角形的应用

教学情境：出示下面的图

我们家乡的姑娘们都会绣有美丽图案的鞋垫，看到这些图案（图6.9），你联想到一些什么数学问题？

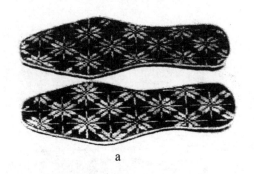 

a　　　　　　　　　　　　　　　　b

图6.9　少数民族鞋垫

提出问题：

问题1：下面是该鞋垫的局部放大图案（图6.10和图6.11），它是轴对称图形吗？是中心对称图形吗？

问题2：如图6.11（根据图6.10得来）所示，图中共有多少个三角形？全等的三角形有几对？全等的直角三角形有几对？

---

① 王国超. 学校教育与民族文化传承基本问题审思［J］. 教学月刊, 2013（22）: 30 – 31.

② 田应仟. 中等职业教育与民族社区共生发展研究——以黔东南中等职业学校与社区共建为例［D］. 重庆: 西南大学, 2011.

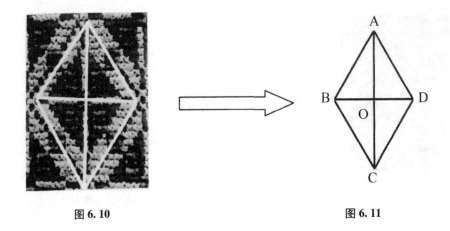

图 6.10   图 6.11

问题3：如图6.14（根据图6.12和图6.13得来）所示，已知菱形 ABCD 的对角线 AC 与 BD 交于点 O，点 E，F 分别是 AB、CD 的中点，连接 OE、OF。请问：①请问 OE 与 OF 有什么大小关系？②如果点 E、F 不是 AB、CD 的中点（其他条件不变），那么 OE 与 OF 有什么区别？回答上述问题并说明理由。

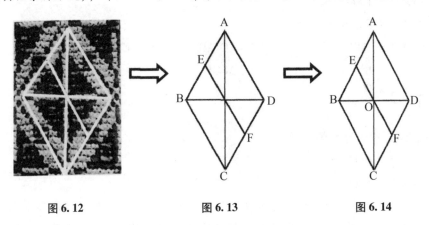

图 6.12   图 6.13   图 6.14

③如图6.16（根据图6.15得来）所示，已知菱形 ABCD 的面积为 16，点 E、F、G、H 分别是 AB、CD、BC、AD 的中点，连接 EF、GH，则与 ΔAOE 面积相等的三角形有多少个？

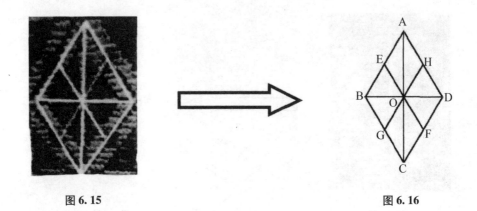

图 6.15　　　　　　　　　　　　　　图 6.16

解决问题：

问题 1 解答：是轴对称图形；是中心对称图形。

问题 2 解析：图中共有 8 个三角形；全等的三角形有 8 对；全等的直角三角形有 6 对。

问题 3：①解：OE = OF

②OE = OF 附证明如下：

∵ 四边形 ABCD 是菱形，∴ AO = CO AB∥CD，∴ ∠EAO = ∠FCO，

又∵ ∠AOE = ∠COF，∴ △AOE≌△COF，∴ OE = OF

③有 3 个。

案例 2："米升"的奥秘

知识点：棱台

教学背景介绍：

"米升"是西南少数民族中最常见的一种家用工具，在贵州省内各少数民族中也很常见。它的功能是用来测量颗粒性物质的容积（图 6.17），例如，可用来快速测量大米、小米、苞谷、稻谷、黄豆、面粉等。为了让人们迅速地测量出颗粒性物质的体积，以便于交换与交易，人们通过长期的经验积累，充分利用正四面棱台性质，用杉木为材料制作米升，这凝结着西南少数民族的生活智慧。

a

b

图6.17 少数民族容积工具（米升）

提出问题：

如图6.17所示，请问制作一个"米升"要多少木料？

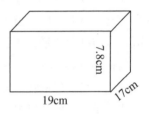

若上底面的面积为a，则上底面的小正方形的面积为多少？按这样的分法，第二次得到的小正方形的面积是多少？那么第n次呢？

正四棱台的容积为定值（1升）时，那么上底面边长、下底面边长、高有怎样的关系？

解决问题：

设做这样的"米升"所需材料为A，那么，

$$A = \frac{(17+19) \times 7.8}{2} + 17^2 + \frac{(17+19) \times 7.8}{4} = 1061.2 \ (cm^2)$$

备注：其他问题解答略。

由此可见，上述的教学案例中，将民族文化融入真实的课堂教学之中，以民族文化为背景，将民族文化转化为社区儿童的成长资源，不仅强化了民族社区文化的认知，而且极易激起学生的注意与兴趣，一改现行仅以主流文化为学校课程的设置背景的现状，使民族文化与知识在现代性知识体系中找到自己合理的存在空间，实现"少数民族文化传承"润物细无声之效。在民族文化传承日趋式微的背景下，我们认为这是一种新突破，非常值得借鉴。①

同样，羊望社区的苗族文化资源极其丰富，我们可以适当借之作为学校课程的文化背景，传承社区民族文化，也促进学校教育的发展，使社区儿童在

① 井祥贵. 纳西族学校民族文化传承机制研究［D］. 重庆：西南大学，2011.

"社区人"与"国家人"之间，有根基地循序渐进地蜕变。以上所列举的贵州省榕江县某民族学校的"少数民族文化学校传承"的教学设计案例，仅为"数学学科课程"，实际上，在文科课程中渗透少数民族文化元素相对容易得多。例如，在历史课程设置上，在保证国家"正史"教学大纲的前提下，适当补充地方史、民族史、社区史，使儿童了解在"正史"脉络里，民族史、社区史以什么形态做出回应，以导致今日的社会现状，留下什么历史文化遗产，等等，这就使社区儿童切实体验到"历史"的真实存在，感受到社区在国家大历史中的存在，在历史课的学习中寻找社区人未来的理想生活，而非记忆与理解"与我无关"的抽象的重大的历史事件，如在"太平天国革命"部分，尝试增加同一时期的"贵州苗民起义""丹寨县马登科起义"等内容。

在语文或艺术课程设置上，可适当增补社区苗族文化的生活内容，如苗族诗歌，它是苗族先民智慧的结晶，很大程度上蕴含着苗族先民们人与自然、人与人、人与社会关系的丰富信息。因此，在课堂上可借此分析苗族先民的生活世界与情感世界，将历史传统智慧之门向社区学生开启，也让社区学生的情感世界得以开启。促进社区学生在与苗族先民的"对话"中获得其自我生长力量，将自我向更为广阔的世界"敞开"，将儿童自己的"过去""现在""未来"链接起来，获得看待世界的多维视角。对社区儿童而言，传统学校的课程多以单一的"他者文化"为背景，束缚了儿童本真的情感涌动，以至于他们的作文单调、刻板。

在地理课程设置上，增加社区人文内容，将其与国家教材比较，找出国家与社区的地理关系。总之，在以社区为立场的学校教育场域里，只有设法让学习者（社区儿童）找到"现代性知识"之根的所在，才能顺利将之移植到学生的心智结构之中，积淀成为学习者自我生命成长的力量，进而获得未来发展的力量。当然，最重要的是，在我国现行的教育竞争背景下，这些课程内容同样需要在各级各类考试中有所体现。

总之，社区学校教育对社区生活的"敞开"，仅仅完成了儿童作为社区人的文化生成，确保社区人的意义存在。然而，学校教育不能仅仅满足于此，应该开启社区儿童更为广阔的公共生活视野，在"社区人"与"中国人"，乃至"世界人"之间找到链接，确保个人完整人性的生成与完满。

（2）教育者

这里包括学校领导者与学校教师两个群体，他们是教育措施设置与发生作用的关键因素。

这里我们必须说明一下，"社区学校"理应由社区人决定，才能真正体现出

"社区立场",犹如近现代学校引进中国时,由中国人自己选择与建构一样,但事实上差异甚大。相对整个中国而言,有着巨大的反思阵容,集思广益,1922年制定了"壬戌学制",取得较大的胜利。而民族村落社区现代学校的重构,数量几千的社区人没有足够财力、物力完成这一重大工程,而且,绝大部分人均为长期的"本土教育"产品,本土教育所具有的局限性使其难以获得超越。但是,社区人是这一学校重构中的主体建议者,他们是教育者"田野研究"的对象,他们与教育者之间,以主体间际交往的平等姿态表达自己的心声。此外,可以适当吸纳社区文化精英到这一团队之中。

在领导者方面,范围更广,包括学校领导、学校所属的教育行政部门、少量社区文化精英等,他们是"社区立场"的学校教育设置的关键。学校环境创设、民族文化传承设备购置、教学活动允可,等等,都是学校教育行政部门的作用范围,社区学校本身是无力的。学校领导者必须具备多元文化的意识,具备一定的课程论、教学论的知识结构。

领导者仅是给出环境与条件的保证,具体实践须由一线教师来完成,因此,教师配备显得尤为重要,它是决定社区立场的学校重构的关键因素。我们知道,教师本身就是文化载体,文化就是其存在方式,因而教师的行为举止均为社区儿童的学习资源、成长资源。因此,教师在社区立场的学校重构中起到根本性作用。我们认为,少量的社区人加入教师队伍中去,又将是一个重要选择,原因有三。

一是作为"文化精英"的社区人的介入,改变了学校现有的师资结构,这些来自社区的教师,他们深谙社区民族语言与文化,对社区怀着真切的情感,而且,他们穿梭于社区与学校之间,本身就是主流文化与民族文化之间的一种链接方式。

二是作为民族文化载体的社区教师的介入,推动社区学校本土课程开发,提升民族文化课程教学模式的"社区化"。他们对民族文化的理解是切身体悟的,是深层次的,民族文化已是印刻于他们潜意识里的文化模式,已是他们生活的全部底色。这是一个"他"文化教师根本无法比拟的。

三是作为来自社区的教师,置身社区自然与人文环境,极易激活他们埋藏心底的文化底色,敞开他们的精神世界,使教师与学生心灵相遇,[1] 站在学生立场来思考,开展教学。他们了解学生,哪些学生容易出错,有哪些弱势、哪些

---

① 帕尔默. 教学勇气:漫步教师心灵 [M]. 十周年纪念版. 吴国珍,等译. 上海:华东师范大学出版社,2017:14-15.

优势，等等。例如，在社区学校里，学生数学往往比语文好得多；而数学科，成绩最差的则是文字理解题。社区教师也可使自己"吃官饭"的神秘色彩具体化，使学生获得可追赶与超越的动力。

当然，来自社区的教师要在学校实现以上愿景，绝非易事。怎么吸收社区本民族优秀的年轻人投身社区教育事业，保证社区学校储备一定比例的本社区师资，是教育行政部门所能做之事。而且，社区教师需要具备多元文化意识，具有教育学学科基础知识，具备教育教学科研能力。这也是各级教育行政部门所能办到的事。

（3）学习者

学习者主体性培育是社区立场的学校重构的关键因素，将其放到最后，是因为我们认为，社区儿童在幼儿阶段，作为独立个体，通过各种途径感受内在世界与外在世界，自由学习、自我认识、自我超越；但他们更是一个文化受体，是在文化意义之网的呵护下成长的，其主体性的形式，更多是由学校教育与本土教育共同予以引导的结果，是在不断解构文化之网而"生成"自我。因此，引导儿童对本民族文化传统与现代的认知，借此找到自我发展的未来走向及其动力，以实现社区儿童的文化自觉，能对自我文化有自知之明，以自我文化为根基或背景，通过各种活动，向生活世界"敞开"、向"他者文化""敞开"，在多元文化意义世界中找到最优的自我存在方式，进而通达社区儿童自由而全面发展的多维可能性。[1]

总之，通过社区立场学校的重构，在保证自身相对独立性的前提下，学校公共生活向社区及其文化敞开，使学生在多元文化的和合与相互滋养中，获得社区儿童"人"的自由、自主、自觉的定义，继而获得生命力量的提升。

这一民族村落社区立场的学校，仅仅从一个小小的民族村落社区开始，对现有社区学校重构，这应成为民族教育"改造"的支点、动力与种子，乃至成为新时代中国教育改造的可能的中心。[2]

---

① 刘铁芳.追寻生命的整全：个体成人的教育哲学阐释［M］.北京：高等教育出版社，2017：145.

② 陶行知.中国教育改造［M］.北京：商务印书馆，2017：82.

结　论

近几年来，民族教育已逐渐成为社会科学领域的研究热点，就当前研究文献看，该领域研究存在着微观研究与宏观研究、民族教育与普通教育、教育研究与教育实践等"分离"的现实困境。鉴于此，本研究以一个苗族村落社区为视角，置身介入该社区的教育生活，采用参与观察、深度访谈、个人生活史记述等方法，透视个案社区历史与现实的教育生活脉络。借此，以"人的发展"为主旨，经由不同的时空视域，剖析个案社区的学校教育和本土教育两种教育形态，探寻出两者当前的不兼容现实，以及两者独立运行的价值的有限性，提出两者联动共生机制构想，借以修复两者合理关系。同时，本研究指出，"社区立场"的学校构建是联动共生机制运行的动力之源，国家权力是联动共生机制运行的支撑环境，唯此方可解决或缓解人类教育发展进程中的"现代性后果"。

尽管"民族村落社区"仅为教育发生的微不足道的独特场域，但"人"或"社区人"均立足于此方可得以发展。以此为视域展开研究，更容易窥出最本真的教育之所在，因此，民族村落社区的教育同样值得关注、思考与研究。

在研究过程中，我们逐渐总结出一些粗浅认识和观点。

（1）教育研究肇始于学校领域，以致人们想当然地认为"不存在'无教学的教育'"，将学校教育默认为教育的全部，继而形成了"教育对'人的发展'起主导作用"的命题。然而，在"王永福的教育与生活反道而行"案例上，该命题陷入了解释困境。对该命题的误读，极易屏蔽学校教育自身价值的有限性，屏蔽学校教育对人的多样性存在的关照，极易使人们对学校教育"过度信赖"，最终使学校教育承受无法承受之重。我们认为，"教育对'人的发展'起主导作用"是真命题的前提是："教育"须在特定时空发生，其必然包括本土教育与学校教育这两个世界。

（2）就人类发展而言，本土教育是原始人类最初的教育样态，是人类类似动物界的本能教育发展的产物，它维系人类恒久发展，对确保人类物种的稳定性具有重要的作用。民族村落社区本土教育是社区儿童初级社会化的力量，是促进社区儿童成为"社区人"的根本性力量。舍弃此而追求"跨越式"发展，使社区儿童省略"社区人"这一环节，直接过渡成为"国家人""世界人"，最终达致"天下大同"之鹄的，这是一种乌托邦想象，是当下学校教育偏离"人的发展"主题而被人们所诟病的根本原因之一。

（3）人类教育发展进程中，学校教育的孕生，是对本土教育之天然局限的应答，是对本土教育的修复与超越。随着学校教育脱离母体，自成体系，主导人类"次级社会化"，成为促进人类自我价值提升的主要动力。然而，就民族村落社区而言，学校教育所携带的主流文化、科学理性及国家意识形态，与内生于社区的本土教育"不兼容"，它不仅限制了本土教育功能的释放，也束缚了自身价值的彰显，局部呈现出"学校繁荣、教育衰败"的景象。

从某种程度说，这是国家与社区之关系在教育领域的反映。社区人选择学校教育，就意味着舍弃本土教育，成功则可谋取功名，达成现实理想；失败则沦为边缘人，难以成家成人。对社区女孩而言，风险更为突出，这是长期以来个案社区女孩入学率普遍偏低的根本原因。

（4）从本质而言，教育是人类获取生命成长力量之源泉。教育可激活生命、充实生命、助益生命个体用自己的力量生存与生活。然而，20世纪90年代前，民族村落社区学校教育更多是社区人置换"国家人"身份的工具。民族村落社区学校教育生产了少量"文化边缘人"，边际人格使个体及其家庭的传统生活结构惨遭破坏，这左右着当时社区人对这一"忘本的教育"的抉择。

然而，从宏观上看，当时那些少量的"文化边缘人"对整个国家发展具有不可忽视的意义，他们有效填补了国家与社区之链接所留下的缝隙，从客观上使国家触角延伸到民族村落社区成为现实，促进了民族国家的"动态"稳定与发展。此外，这些"文化边缘人"也成为社区人与主流社会之间互动的纽带，成为社区人认识外界的窗口，为社区人突破狭隘的社区而在广阔的场域自我定义奠定了基础。

随着社会发展，新时代学校教育所生产的"文化边缘人"，正呈现出群体化、低龄化、立体化等新特征。他们几乎成为社会转型期的"无根一代"，已逐渐从"教育问题"向"社会问题"扩散，急需全社会在教育领域这一源头予以关注与解决。

（5）学校教育与本土教育是民族村落社区教育系统的两种相对独立的教育世界，"人的发展"是两者共同的初心和终极目的。基于"人的发展"这一主题，学校教育与本土教育理应在各自发展过程中互相修复而得以超越。然而，在教育实践中，人们不自觉地将"解决物质贫困"这一主要矛盾当作唯一矛盾，学校在解决主要矛盾过程中，自身逐渐蜕变为一种"生计机构"，缺乏对人应然价值的关照，继而偏离促进"人的发展"这一轨道，教育问题层出不穷。同时，本土教育也因现代化纵深推进而日趋瓦解，逐渐失去其自我修复的原动力。因此，构建学校教育与本土教育之联动共生机制成为民族教育持续发展之必然。

（6）现代学校嵌入民族村落社区，是国家触角延伸至民族村落社区的一种外在表现，是外界生活形态在民族村落社区的拓展。对于现代学校的嵌入，社区人并没有"讨价还价"的余地，他们自身无"力"对学校教育现实改造与改组，唯有在国家政策有限的空间中勉力创新与实践，借助学校教育之力提升自我。同样，学校教育与本土教育之联动共生机制的挖掘与构建，也只有在国家与地方政权力量推动下才能成为现实。通过积极构建两者共生环境，确保联动共生机制恢复原动力，链接两者之文化背景与运行逻辑，促进民族村落社区教育生态健康运行，进而重新启动人类教育新的超越。

（7）在"社区立场"的学校重建中，应承认以"文化多元一体"理念为前提，确保多元文化之间的"主体间际交往关系"，明确主流文化自身的"价值阈限"及本土文化的独特价值与尊严，借此修复与激活民族社区地方性知识的文化能动性，重塑社区文化认同与社区文化的主体性地位。

首先，在学校教师选用上。教师是"社区立场"学校重建的关键因素，因此教师选用尤为重要。我们认为，"社区立场"学校的教师，应以"多元文化素养"为准入尺度，应具备"多元文化认知""多元文化情感""多元文化教育技能"等指标。这些教师愿意扎根于学校教育生活，在开启社区儿童更广阔的知识视野的同时，带领社区儿童共同亲近社区、认知社区、认同社区，充分挖掘与利用社区的各种教育资源。

其次，在学校环境布置上。民族村落社区学校教育应向社区视野"敞开"，从历史、地理、体育、游戏、诗歌、艺术等方面全方位呈现社区文化蕴含。学校里的一草一木，均应该蕴含着社区文化信息，使社区文化特色向学校环境延伸，使社区文化与学校文化实现某种"形式上"的"多元一体化"格局，使社区儿童在家、社区、学校三点之间不感到明显"区隔"，使他们置身于社区文化精神空间中，培育社区儿童对本民族的文化认同与社区认同。

最后，在教育内容设置上。学校课程体系同样可为社区民族文化"敞开"，无须以"现代性知识"作为准入尺度，而是让社区文化自由地以主体性姿态渗于其中，成为学校文化背景的一部分，以文化形式深度渗入，成为社区儿童的成长资源。而倘若人为地分门别类地以独立课程形式"嵌入"学校课程体系之中，在当前教育竞争的现实背景下，往往成为不现实的想象，甚至常常制造

"民族文化进校园"的虚假繁荣。

值得一提的是，本土教育是一种融于生活情境之中的文化模式。如果说地方性知识是"鱼"，生活是"水"，那么，本土教育则是鱼能在水里存活的"营养"或"动力"；正如鱼抽离水就无法存活一样，地方性知识与文化若离开了本土教育，也将难以健康存续。换言之，学校教育并非地方性知识与文化的沃土，学校教育生活蕴含着极少量"生活世界的教育"，难以确保地方性知识与文化得以发挥其本真价值。因此，强行迫使学校教育回归"生活世界"，强行拉近学校教育与本土教育的距离，欲借助学校教育的机体来发展地方性知识与文化，这几乎是一种"乌托邦"构想。因为，这容易破坏两者应有的张力而限制两者价值的发挥，也就是说，这极易破坏学校教育自身的独立性和本质属性，阻碍学校教育价值与功能的发挥，也破坏地方性知识所特有的完整性和鲜活性，最终难以实现促进"人的发展"这一终极价值诉求。

因此，我们认为，学校教育中地方性知识与文化的传承仅以"引领"为宗旨，学校教育仅作为地方性知识及文化的一种"退而求其次"的修复与刺激的手段，并非地方性知识与文化传承的"灵丹妙药"。

参考文献

一、中文论著

[1] 项贤明. 泛教育论——广义教育学的初步探索 [M]. 太原：山西教育出版社，2004.

[2] 刘铁芳. 追寻生命的整全：个体成人的教育哲学阐释 [M]. 北京：高等教育出版社，2017.

[3] 特纳. 社会学理论的结构 [M]. 邱泽奇，译. 北京：华夏出版社，2001.

[4] 鲁洁，吴康宁. 教育社会学 [M]. 北京：人民教育出版社，1990.

[5] 利思科特-海姆斯. 如何让孩子又成年又成人 [M]. 彭小华，译. 成都：四川人民出版社，2018.

[6] 蒙台梭利. 儿童的自发成长 [M]. 李芷怡，编译. 北京：北京理工大学出版社，2015.

[7] 袁同凯. 走进竹篱教室——土瑶学校教育的民族志研究 [M]. 天津：天津人民出版社，2004.

[8] 斯特劳斯. 忧郁的热带 [M]. 王志明，译. 北京：生活·读书·新知三联书店，2000.

[9] 邓金. 解释性交往行动主义 [M]. 周勇，译. 重庆：重庆大学出版社，2004.

[10] 陶行知. 中国教育改造 [M]. 北京：商务印书馆，2017.

[11] 联合国教科文组织. 反思教育：向"全球共同利益"的理念转变？[M]. 北京：教育科学出版社，2017.

[12] 杨懋春. 一个中国村庄：山东台头 [M]. 张雄，等译. 南京：江苏人民出版社，2001.

[13] 赵忠平. 村庄里的陌生人 [M]. 北京：社会科学文献出版社，2018.

[14] 周荣德. 中国社会的阶层与流动：一个社区中士绅身份的研究 [M]. 上海：学林出版社，2001.

[15] 费孝通. 学术自述与反思 [M]. 北京：生活·读书·新知三联书店，1996.

[16] 赫尔巴特. 普通教育学讲授纲要 [M]. 李其龙，译. 北京：人民教育出版社，1989.

[17] 弗思，费孝通. 人文类型·乡土中国 [M]. 沈阳：辽宁人民出版社，2012.

[18] 孟立军. 贵州民族文化传承的课堂志研究 [M]. 北京：中国社会科学出版社，2017.

[19] 陈向明. 质的研究方法与社会科学研究 [M]. 北京：教育科学出版社，2000.

[20] 哈经雄，滕星. 民族教育学通论 [M]. 北京：教育科学出版社，2001.

[21] 米德. 三个原始部落的性别与气质 [M]. 宋践，等译. 杭州：浙江人民出版社，1988.

[22] 藏薇，嘉辛，佩利. 游戏是孩子的功课：幻想游戏的重要性 [M]. 杨茂秀，译. 昆明：晨光出版社，2018.

[23] 涂元玲. 村落中的本土教育 [M]. 太原：山西教育出版社，2010.

[24] 孟立军. 历史性跨越：民族教育超常规发展与民族地区发展研究 [M]. 南宁：广西民族出版社，2000.

[25] 张诗亚. 西南民族教育文化溯源 [M]. 上海：上海教育出版社，1994.

[26] 吴晓蓉. 教育在仪式中进行——摩梭人成年礼的教育人类学分析 [M]. 重庆：西南师范大学出版社，2003.

[27] 帕尔默. 教学勇气：漫步教师心灵 [M]. 吴国珍，译. 上海：华东师范大学出版社，2017.

[28] 李姗泽. 生育文化的田野调查与教育内涵分析——对炎方苗族生育文化的教育人类学解读 [M]. 重庆：西南师范大学出版社，2003.

[29] 尼采. 论我们教育机构的未来 [M]. 周国平，译. 南京：译林出版社，2014.

[30] 李书磊. 村落中的"国家"——文化变迁中的乡村学校 [M]. 杭州：浙江人民出版社，1999.

［31］波兹曼．娱乐至死：童年的消逝［M］．章艳，等译．桂林：广西师范大学出版社，2009.

［32］李政涛．教育人类学引论［M］．上海：上海教育出版社，2009.

［33］司洪昌．嵌入村庄的学校——仁村教育的历史人类学探究［M］．北京：教育科学出版社，2009.

［34］王道俊，郭文安．教育学［M］．北京：人民教育出版社，2016.

［35］巴战龙．学校教育·地方知识·现代性——一项家乡人类学研究［M］．北京：民族出版社，2010.

［36］普罗格，贝茨．文化演进与人类行为［M］．吴爱明，邓勇，译．沈阳：辽宁人民出版社，1988.

［37］刘云杉．学校生活社会学［M］．南京：南京师范大学出版社，2009.

［38］布迪厄，华康德．实践与反思——反思社会学导引［M］．李猛，等译．北京：中央编译出版社，1998.

［39］罗慧燕．教育与社会发展——中国贵州省的一个个案研究［M］．北京：民族出版社，2009.

［40］吴泽霖，陈国均，等．贵州苗夷社会研究［M］．北京：民族出版社，2004.

［41］贵州省民族事务委员会文教处，贵州省教育科学研究所．贵州民族乡土教材（第一册）［M］．贵阳：贵州科技出版社，1993.

［42］罗廷华，余岛．贵州苗族研究［M］．贵阳：贵州民族出版社，1999.

［43］曹锦清．黄河边的中国——一个学者对乡村社会的观察与思考［M］．上海：上海文艺出版社，2013.

［44］莫兰．复杂性理论与教育问题［M］．陈一壮，译．北京：北京大学出版社，2004.

［45］高清海．高清海哲学文库（第2卷）［M］．长春：吉林人民出版社，1997.

［46］叔本华．作为意志和表象的世界［M］．石冲白，译．北京：商务印书馆，1982.

［47］张志伟，冯俊，李秋零，等．西方哲学问题研究［M］．北京：中国人民大学出版社，1999.

［48］马克思恩格斯全集（第42卷）［M］．北京：人民出版社，1979.

［49］马克思恩格斯选集（第1卷）［M］．北京：人民出版社，1995.

［50］马克思恩格斯全集（第3卷）［M］．北京：人民出版社，1960.

[51] 马克思恩格斯全集（第46卷：上）[M]．北京：人民出版社，1979.

[52] 张楚廷．教育哲学 [M]．北京：教育科学出版社，2006.

[53] 古留加．康德传 [M]．贾泽林，侯鸿勋，王炳文，译．北京：商务印书馆，1981.

[54] 冯建军．教育的人学视野 [M]．合肥：安徽教育出版社，2008.

[55] 刘铁芳．回到原点：时代冲突中的教育理论 [M]．上海：华东师范大学出版社，2006.

[56] 筑波大学教育学研究会．现代教育学基础 [M]．钟启泉，译．上海：上海教育出版社，1986.

[57] 扈中平．现代教育学 [M]．北京：高等教育出版社，2005.

[58] 汤因比，池田大作．展望21世纪——汤因比与池田大作对话录 [M]．荀春生，朱继征，陈国梁，等译．北京：国际文化出版公司，1985.

[59] 张羽琼．贵州古代教育史 [M]．贵阳：贵州教育出版社，2002.

[60] 熊贤君．千秋基业——中国近代义务教育研究 [M]．武汉：华中师范大学出版社，1998.

[61] 张济州．文化视野下的村落、学校与国家 [M]．北京：教育科学出版社，2011.

[62] 林开良，林朝晖．贵州教育溯源 [M]．贵阳：贵州人民出版社，2006.

[63] 陶行知．陶行知文集 [M]．南京：江苏教育出版社，2008.

[64] 卡西尔．人论 [M]．甘阳，译．上海：上海译文出版社，1985.

[65] 郑晓江．中国生育文化大观 [M]．北京：百花洲文艺出版社，1999.

[66] 戈夫曼．日常生活中的自我呈现 [M]．周怡，译．北京：北京大学出版社，2016.

[67] 郭于华．仪式与社会变迁 [M]．北京：社会科学文献出版社，2000.

[68] 全国十二所重点师范大学联合会．教育学基础 [M]．北京：教育科学出版社，2008.

[69] 石中英．教育学的文化性格 [M]．太原：山西教育出版社，2007.

[70] 雅斯贝尔斯．教育是什么 [M]．邹进，译．北京：生活·读书·新知三联书店，1991.

[71] 福禄培尔．人的教育 [M]．孙祖复，译．北京：人民教育出版社，1991.

[72] 米德.萨摩亚人的成年——为西方文明所作的原始人类的青年心理研究［M］.周晓虹,李姚军,刘婧,译.北京:商务印书局,2008.

[73] 博尔诺夫.教育人类学［M］.李其龙,译.上海:华东师范大学出版社,1999.

[74] 柏拉图.理想国［M］.张竹明,译.南京:译林出版社,2012.

[75] 联合国教科文组织国际教育发展委员会.学会生存——教育世界的今天和明天［M］.北京:教育科学出版社,1996.

[76] 卢梭.爱弥尔(第1卷)［M］.李平沤,译.北京:商务印书馆,1978.

[77] 赵祥麟,王承绪.杜威教育论著选［M］.上海:华东师范大学出版社,1981.

[78] 孙培清.中国教育史［M］.修订版.上海:华东师范大学出版社,2000.

[79] 张怀承.中国的家庭与伦理［M］.北京:中国人民大学出版社,1993.

[80] 赫特尔.变动中的家庭——跨文化的透视［M］.宋践,译.杭州:浙江人民出版社,1988.

[81] 费孝通.乡土中国·生育制度［M］.北京:北京大学出版社,1998.

[82] 罗素.人类的知识——其范围与限度［M］.张金言,译.北京:商务印书馆,2005.

[83] 费孝通.论人类学与文化自觉［M］.北京:华夏出版社,2004.

[84] 王晓丽.生活世界视阈下人的发展研究［M］.北京:人民出版社,2008.

[85] 石中英.知识转型与教育改革［M］.北京:教育科学出版社,2001.

[86] 刘铁芳.乡土逃离与回归:乡村教育的人文重建［M］.福州:福建教育出版社,2008.

[87] 中国陶行知研究会.陶行知教育思想、理论和实践［M］.合肥:安徽教育出版社,1986.

[88] 本尼迪克特.文化模式［M］.王炜,译.北京:生活·读书·新知三联书店,1988.

[89] 钱理群,刘铁芳.乡土中国与乡村教育［M］.福州:福建教育出版社,2008.

[90] 黄平,罗红兴,许宝强.当代西方社会学·人类学新词典［M］.长

春：吉林人民出版社，2003.

[91] 范梅南. 生活体验研究——人文科学视野中的教育学 [M]. 宋广文，等译. 北京：教育科学出版社，2003.

[92] 费孝通. 江村经济——中国农村的生活 [M]. 北京：商务印书馆，2001.

[93] 庞朴. 文化的民族性与时代性 [M]. 北京：中国和平出版社，1988.

[94] 吉登斯. 现代性的后果 [M]. 田禾，译. 南京：译林出版社，2011.

[95] 布莱克莱吉，亨特. 当代教育社会学流派——对教育的社会学解释 [M]. 王波，陈方明，胡萍，译. 北京：春秋出版社，1989.

[96] 冯增俊. 教育人类学教程 [M]. 北京：人民教育出版社，2005.

[97] 王鉴. 实践教学论 [M]. 兰州：甘肃教育出版社，2002.

[98] 亨廷顿. 文明的冲突与世界秩序的重建 [M]. 周琪，刘绯，张立平，等译. 北京：新华出版社，2002.

[99] 博厄斯. 人类学与现代生活 [M]. 刘莎，谭晓勤，张卓宏，译. 北京：华夏出版社，1999.

[100] 余秀兰. 中国教育的城乡差异——一种文化再生产现象的分析 [M]. 北京：教育科学出版社，2004.

[101] 李培林. 村落的终结：羊城村的故事 [M]. 北京：商务印书馆，2004.

[102] 海德格尔. 存在与时间 [M]. 陈嘉映，王庆节，译. 北京：生活·读书·新知三联书店，1987.

[103] 齐学红. 走在回家的路上 [M]. 北京：北京师范大学出版社，2005.

[104] 李建东. 政府、地方社区与乡村教师：靖远县及23个县比较研究 [M]. 北京：北京大学出版社，2005.

[105] 滕星. 族群、文化与教育 [M]. 北京：民族出版社，2002.

[106] 阿普尔. 官方知识——保守时代的民主教育 [M]. 第二版. 曲因因，刘明堂，译. 上海：华东师范大学出版社，2004.

[107] 曼海姆. 意识形态与乌托邦 [M]. 艾彦，译. 北京：华夏出版社，2000.

[108] 齐美尔，林荣远. 社会是如何可能的 [M]. 桂林：广西师范大学出版社，2002.

[109] 马尔库塞. 单向度的人 [M]. 刘继，译. 南京：译文出版社，

2006.

[110] 维柯. 新科学 [M]. 朱光潜, 译. 北京: 人民文学出版社, 1986.

[111] 布鲁姆. 巨人与侏儒 (1960—1990) [M]. 张辉, 等译. 北京: 华夏出版社, 2011.

[112] 翁乃群. 村落视野下的农村教育——以西南四村为例 [M]. 北京: 社会科学文献出版社, 2009.

[113] 弗莱雷. 被压迫者教育学 [M]. 顾建新, 赵友华, 何曙荣, 译. 上海: 华东师范大学出版社, 2001.

[114] 布雷岑卡. 教育科学的基本概念 [M]. 胡劲松, 译. 上海: 华东师范大学出版社, 2001.

[115] 李家成. 关怀生命: 当代中国学校教育价值取向探 [M]. 北京: 教育科学出版社, 2006.

二、中文论文

[1] 梁正海. 传统知识的传承与权力——以湘西苏竹的医药知识为中心 [D]. 武汉: 中南民族大学, 2010.

[2] 谢东莉. 美孚黎祖先崇拜文化研究——基于海南省西方村的田野调查 [D]. 武汉: 中南民族大学, 2013.

[3] 王志刚. 人类本性与社会秩序——良好社会秩序的人性根基 [D]. 长春: 吉林大学, 2007.

[4] 蒋纯焦. 一个阶层的消亡——晚清以降塾师研究 [D]. 上海: 华东师范大学, 2006.

[5] 吴航. 游戏与教育——兼论教育的游戏性 [D]. 武汉: 华中师范大学, 2001.

[6] 李红婷. 无根的社区悬置的学校——湖南大金村教育人类学考察 [D]. 北京: 中央民族大学, 2010.

[7] 于影丽. 社会转型期乡村文化传承与发展研究——B 村教育人类学考察 [D]. 兰州: 西北师范大学, 2009.

[8] 井祥贵. 纳西族学校民族文化传承机制研究 [D]. 重庆: 西南大学, 2011.

[9] 常亚慧, 沉默的力量——学校空间中国家与教师的互动 [D]. 南京: 南京师范大学, 2007.

[10] 吴毅. 村治变迁中的权威与秩序——20 世纪川东双村的表达 [D].

武汉：华中师范大学，2002.

　　［11］岳伟．批判与重构——人的形象重塑其及教育意义探索［D］．武汉：华中师范大学，2005.

　　［12］毕世响．乡村生活的道德文化智慧［D］．南京：南京师范大学，2002.

　　［13］王鸣明．布依族社会文化变迁［D］．北京：中央民族大学，2005.

　　［14］刘茜．多元文化课程的建构与发展——雷山苗族多元文化的课程开发的个案研究［D］．重庆：西南大学，2007.

三、中文期刊

　　［1］孙杰远．教育研究的人类学范式及其改进［J］．教育研究，2015（6）．

　　［2］王国超，孟立军．回顾与展望：我国民族教育研究述评［J］．学术论坛，2013（9）．

　　［3］袁梅．以新发展理念引领民族地区义务教育均衡发展［J］．教育研究，2018（3）．

　　［4］罗楚亮，刘晓霞．教育扩张与教育的代际流动性［J］．中国社会科学，2018（2）．

　　［5］王卓．学校教育在人的发展中起主导作用吗［J］．教育评论，2002（2）．

　　［6］刘同舫．人类解放视域中的教育价值合理性探析［J］．教育研究，2010（8）．

　　［7］项贤明．论生活教育与学校教育的逻辑关系［J］．教育研究，2013（8）．

　　［8］鲁洁．教育的原点：育人［J］．华东师范大学学报（教育科学版），2008，26（4）．

　　［9］张传遂，赵荷花．教育到底应如何面对生活［J］．教育研究，2007（8）．

　　［10］王国超．民族村落学校变迁与教育选择——基于黔东南羊望村的人类学考察［J］．佳木斯大学社会科学学报，2015（4）．

　　［11］彭希哲．当代中国家庭变迁与家庭政策重构［J］．中国社会科学，2015（12）．

　　［12］钟晓慧．人口政策议题转换：从养育看生育［J］．探索与争鸣，

2017（7）.

[13] 王鉴. 课堂志：回归教学生活的研究［J］. 教育研究，2004（1）.

[14] 苏德. 少数民族双语教育研究综述［J］. 内蒙古师范大学学报（教育科学版），2004（11）.

[15] 巴战龙. 倡导面向真实世界的民族教育研究［J］. 中国民族教育，2018（2）.

[16] 李祥，刘莉. 民族地区教育发展内生型路径初探［J］. 四川师范大学学报（社会科学版），2018（5）.

[17] 项贤明. 论教育与人的发展资源［J］. 中国教育学刊，1995（1）.

[18] 张祥龙，张恒. 家的本质与中国家庭生活的重建［J］. 河北学刊，2018（3）.

[19] 吴愈晓. 变迁中的中国家庭结构与青少年发展［J］. 中国社会科学，2018（2）.

[20] 王国超. 民族社区教育资源冲突与调谐——基于黔东南羊望社区的教育人类学透视［J］. 贵州民族大学学报（哲学社会科学版），2016（6）.

[21] 石中英. 论教育实践的逻辑［J］. 教育研究，2006（1）.

[22] 班建武. "新"劳动教育的内涵特征与实践路径［J］. 教育研究，2019（1）.

[23] 宁虹. 教育的发生：结构与形态——发生现象学的教育启示［J］. 教育研究，2014（1）.

[24] 孙杰远. 论民族文化心理场及其教育意蕴［J］. 教育研究，2016（12）.

[25] 舒志定. 论理解学校教育现实性的三种维度［J］. 教育研究，2014（1）.

[26] 田道勇. 可持续发展教育价值探析［J］. 教育研究，2013（8）.

[27] 巴战龙. 学校教育文化选择研究的根本论题和基本视角［J］. 全球教育展望，2018（1）.

[28] 吴全华. 生活的改变与教育对生活的改造［J］. 当代教育与文化，2013（5）.

[29] 侯怀银，张小丽. 论"教育学"概念在中国的早期形成［J］. 教育研究，2013（11）.

[30] 岳伟，王坤庆. 当代教育的一种人学探寻［J］. 华东师范大学学报（教育科学版），2010（4）.

[31] 黎君. 论"人的可能"与教育 [J]. 南京师范大学学报（社会科学版），2002（2）.

[32] 陈怡. 教育要研究人性、提升人性——兼谈中国文化中的情理精神 [J]. 北京大学教育评论，2008（3）.

[33] 邱琳. 人的存在与价值教育 [J]. 教育研究，2012（5）.

[34] 姜振华，胡鸿保. 社区概念发展历程 [J]. 中国青年政治学院学报，2002（7）.

[35] 夏建中. 社区概念与我国的城市社区建设 [J]. 江南论坛，2011（8）.

[36] 刘薇琳，侯丽. 关于少数民族社区教育的思考 [J]. 云南民族大学学报（哲学社会科学版），2004（2）.

[37] 王国超. 学校传承民族文化：瓶颈与突破 [J]. 学术论坛，2015（6）.

[38] 师凤莲. 农村社区：概念的误解与澄清 [J]. 浙江学刊，2008（5）.

[39] 刘尧. 社区教育的内涵、特点与功能探讨 [J]. 西北农林科技大学学报（社会科学版），2010（3）.

[40] 鲁洁. 实然与应然两重性：教育学的一种人性假设 [J]. 华东师范大学学报（教育科学版），1998（4）.

[41] 扈中平. 教育规律与教育价值 [J]. 教育评论，1996（2）.

[42] 胡玉萍. 对民族教育价值的再思考 [J]. 西南民族大学学报（人文社科版），2004（6）.

[43] 王铭铭. 教育空间的现代性与民间观念——闽台三村初等教育的历史轨迹 [J]. 社会学研究，1999（6）.

[44] 马效义，海路. 教育·文化·人格——《萨摩亚人的成年》对教育的启示 [J]. 大庆师范学院学报，2007（6）.

[45] 赵旭东，刘谦，张有春，等. "田野回声"五人谈：中国意识与人类学意趣 [J]. 广西民族大学学报（哲学社会科学版），2013（3）.

[46] 岳天明. 《民族教育学》评介 [J]. 民族研究，2003（3）.

[47] 赵晓荣. 主体间际分享："他群""我群"互动的田野 [J]. 广西民族大学学报（哲学社会科学版），2013（3）.

[48] 窦坤，刘新科. 人性假设与教育理论建构 [J]. 宁夏社会科学，2010（2）.

[49] 艾福成. 马克思关于人的类本质理论及其意义 [J]. 吉林大学社会科学学报, 2000 (4).

[50] 吴原. "实践崇拜"与"拯救实践"——论教育研究中的价值偏执和认识矫正 [J]. 湖南师范大学教育科学学报, 2014 (1).

[51] 郭于华. 关于"吃"的文化人类学思考 [J]. 民间文化论坛, 2006 (5).

[52] 赵石屏. 试论家庭的教育关系——基于现代文化变迁的视角 [J]. 教育研究, 2012 (11).

[53] 刘晓东. 论教育与天性 [J]. 南京师范大学学报 (社会科学版), 2003 (4).

[54] 乌尔夫. 教育中的仪式：演示、模仿、跨文化 [J]. 赵雅晶, 译. 北京大学教育评论, 2009 (2).

[55] 刘铁芳. 返回生活世界教育学：教育何以面对个体生命成长的复杂性 [J]. 教育研究, 2012 (1).

[56] 秦红增. 乡村社会两类知识体系的冲突 [J]. 开放时代, 2005 (3).

[57] 刘谦, 冯跃, 生龙曲珍. 家庭教育与学校教育互动的文化机理初探——基于对北京市农民工随迁子女教育活动的田野观察 [J]. 教育研究, 2012 (7).

[58] 刘智运, 胡德海. 对教育本质的再认识 [J]. 北京大学教育评论, 2004 (4).

[59] 汪丁丁. 教育的问题 [J]. 读书, 2007 (11).

[60] 李娜. 试论文化的个体生成与文化自觉 [J]. 北方论丛, 2011 (6).

[61] 潘乃谷. 潘光旦释"位育" [J]. 西北民族研究, 2000 (1).

[62] 朱光明. 透视教育现象学——论教育现象学研究中的三个基本问题 [J]. 外国教育研究, 2007 (11).

[63] 姜月. 论学校教育的悖谬——基于文化视角的分析 [J]. 教育研究, 2009 (1).

[64] 孙杰远. 论自然与人文共生教育 [J]. 教育研究, 2010 (12).

[65] 周作宇. 教育：文化与人的互动 [J]. 清华大学教育研究, 1999 (4).

[66] 刘云杉. 有守方有为：教育改革须正本清源 [J]. 清华大学教育研究, 2013 (2).

[67] 刘铁芳. 乡村的终结与乡村教育的文化缺失 [J]. 书屋, 2006 (10).

[68] 吴元发. 论野性思维在现代教育中的遮蔽 [J]. 教育理论与实践, 2012 (28).

[69] 闫二旺, 原玉廷. 教育与经济的双向关联与协调发展研究 [J]. 西南交通大学学报 (社会科学版), 2006 (1).

[70] 卜庆军, 古赞歌, 孙春晓. 基于企业核心竞争力的产业链整合模式研究 [J]. 企业经济, 2006 (2).

[71] 曲亮, 郝云宏. 基于共生理论的城乡统筹机理研究 [J]. 农业现代化研究, 2004 (5).

[72] 熊惠平. 论"三式"共生效应 [J]. 教育理论与实践, 2010 (1).

[73] 张学敏, 杨明宏. 民族贫困地区教育投入与经济发展关系再思考 [J]. 西北师范大学学报 (社会科学版), 2007 (1).

[74] 杨明宏, 王德清. 断裂与链接：少数民族地区学校教育与少数民族传统文化传承之联动共生 [J]. 民族教育研究, 2011 (4).

[75] 陈立鹏. 台湾《原住民族教育法》简述 [J]. 民族教育研究, 2002 (4).

[76] 吴晓蓉. 共生理论观照下的教育范式 [J]. 教育研究, 2011 (1).

[77] 安晓敏, 田茂. 学校布局调整对乡村社会的影响及相应对策 [J]. 湖南师范大学教育科学学报, 2011 (5).

[78] 马永强. 重建乡村公共文化空间的意义与实现途径 [J]. 甘肃社会科学, 2011 (3).

[79] 朱光明. 透视教育现象学——论教育现象学研究中的三个基本问题 [J]. 外国教育研究, 2007 (11).

[80] 王国超. 学校教育与民族文化传承基本问题审思 [J]. 教学月刊, 2013 (11).

[81] 刘铁芳. 学校公共生活的开启与公民教育的拓展：基于活动的视角 [J]. 华东师范大学学报 (教育科学版), 2013 (2).

[82] 孙杰远. 走向共生的民族文化发展与教育选择 [J]. 教育研究, 2012 (9).

[83] 马戎. "差序格局"——中国传统社会结构和中国人行为解读 [J]. 北京大学学报 (哲学社会科学版), 2007 (2).

[84] 杨筑慧. 侗族传统社会教育内涵及其与民族文化传承的共生关系初探

［J］．民族教育研究，2013（1）．

四、地方史志

［1］贵州省丹寨县地方志编纂委员会．丹寨县志［M］．北京：方志出版社，1999.

［2］贵州省丹寨县地方志编纂委员会．丹寨县志［M］．北京：方志出版社，2016.

［3］黔东南苗族侗族自治州地方志编纂委员会．黔东南苗族侗族自治州志·民族志［M］．贵阳：贵州人民出版社，2000.

［4］黔东南苗族侗族自治州地方志编纂委员会．黔东南苗族侗族自治州志·教育志［M］．贵阳：贵州人民出版社，1994.

［5］郭辅相，王世鑫．民国八寨县志稿（第30卷）［M］．贵阳：贵阳文通书局，1932（民国二十一年）．

［6］丹寨县人民政府．贵州省丹寨县地名志［M］．黔东南州内部期刊，1987.

［7］黔东南州地方志办公室．中国谚语集成贵州卷［M］．成都：四川出版集团巴蜀书社，1998.

［8］贵州省地方志编纂委员会．贵州省志·教育志［M］．贵阳：贵州人民出版社，1990.

［9］贵州省地方志编纂委员会．贵州省志·民族志［M］．贵阳：贵州人民出版社，2002.

五、英文文献

［1］BALLNATINE J H. The Sociology of Education：A Systematic Analysis Upper Saddle River［M］．New Jersey，N. J：Prentice Hall，1997.

［2］LECOMPTE M D，MILLROY W L，PREISSLE J. The Handbook of Qualitative Research in Education［M］．New York：Academic Press，Iic. ，1992.

［3］OGBU J U. School Ethnography：a Multilevel Approach［J］．Anthropology and Education Quarterly，1981，12（1）．

［4］IDD D. Savage Childhood：A Study of Kafir Children，from S. r，"Education of Indigenous Peoples，Anthropological Study of"［M］．//TORSTEN H T，NEVILLE P. International Encyclopedia of Education. Kidlington：Elsevier science

Ltd，1994.

［5］OGBU J U. Racial stratification and education：The case of Siockton［M］．California：ICRD Bulletin，1977，12（3）．

［6］FERDINAND T. Translated by Charles F. Loomis. COMMUNITY & SOCIE-TY（GEMEID SCHAFT UND GESELLSCHAFT）［M］．New York：Harper & Row，1963.

［7］FIRTH R. Education in Tikopia［M］．//From Child to Adult：Studies in the Anthropology of Education. Garden City，N. Y. ：Natural History Press，1970.

［8］NADEL S F. A Black Byzantium：The Kingdom of Nape in Nigeria［M］．//MIDDLETON J. From Child to Adult：Studies in the Anthropolgy of Education. Garden City，N. Y. ：Natural History Press，1970.

［9］BOND G C. Social Economic Status and Educational Achievement：A Review Article［J］．Anthropology and Education Quarterly ，1981，12（4）．

［10］POSTIGLIONE G A. The Ethnographic Eye：Interpretive Studies of Education in China［M］．New York：Falmer Press，2000.

［11］HANSEN M H. Lessons in Being Chinese：Minority Education and Ethnic Identity in Southwest China. Hong Kong：Hong Kong University Press，1999.

［12］TRIBEBY O R. Chagga Childhood：A Description of Indigenous Education in an East African［M］．//MIDDLETON J. From Child to Adult ：Studies in the Anthropology of Education. Garden City ，N. Y. ：Natural History Press，1970.

［13］SPINDLER G. Education and Cultural Process：Anthropological Approaches［M］．IL. ：Waveland Press，1974.

［14］GEORGE，SPINDLER. Intepret Ethnogral of Education At Home And Abroad［M］．London：Lawrence Eribaum Associates，Publishers 1987.

［15］OGBU J U. The Next Generation：An ethnography of Education in an Urban Neighborhood［M］．New York：Academic Press，1974.

［16］HARVEY D. The condition of Postmodernity［M］．Oxford：Basil Blackwell，1989.

［17］BORUDIEU P，JEANNE C. Passeron Reproduction in Education，Society and Culture［M］．London：Sage Publication，1981.

［18］ALFRED S，THOMAS L. The Structures of Life – World［M］．Congo：Northwestern University Press，1973.

［19］HERSKOVITS M. Education and Cultural Dynamics：Dahomey and the

New World [M] .//MIDDLETON J. From Child to Adult: Studies in the Anthropology of Education. Garden City, N. Y. : Natural History Press, 1970.

[20] POSTIGLIONE, GERARD A. National Minority Regions: Studying School Discontinuation [M] .//LIU J, HEIDI A R, DONALD P. The Ethnographic Eye: Interpretive Stud – ies of Education in China. New York: Falmer Press, 2000.

后　记

　　本书稿是基于博士论文及国家社科基金课题成果修改完成的。时光荏苒，若白驹过隙，转眼间博士毕业至今已 7 年，课题结题至今已 2 年。按理说，许多遗留问题应该得以一一化解，但我还是存在诸多疑惑，甚至生发出更多疑惑。正如博士论文"致谢"部分所写的一样，"在整个论文撰写过程中，尽管其浸泡了我许许多多不眠之夜，但仍留有太多的遗憾，太多的妥协，太多的不满意！原以为本文的'完成'可解自己之惑，殊不知，却产生了更多的困惑，因而论文的'完成'，我少了那份如释重负之感，却多了一份继续耕耘的冲动，它将推动着我再次扬帆起航。"

　　由于博生毕业后主要从事学前儿童相关教学与研究，慢慢地，更多接触该学科及其相关的人，曾经迷恋的"民族教育"只有"藏"于心里，因此，一直以来未曾想过将这所谓的"成果"付梓，当然，这也有我个人不够自信之缘故。但在与朋友、同学、老师乃至自己内心的交流对话之中，或行走于民族教育现场之中，又常常会激起我潜藏于心底的"民族教育"，有呼之欲出之势，索性顺应"天性"，将其公之于众，诚惶诚恐忝列于学术丛林之中，欲借此督促自己继续前行。

　　对我而言，学术著作出版，代表我人生旅程的重要"仪式"，这突然让我想起前不久脑海里闪现过的一个念头："我怎么能认那么多汉字，我怎么能写那么多汉字，真是了不起！"此时此刻，再回想这一念头，还是满怀欣慰与自豪。换句话说，写出一本学术著作对这样的"我"而言，是多么艰难！

　　我生于苗族村落社区，长期以来，对自己及自己所属群体的教育现实问题有一种解读、解答与解决的内在诉求，同时也是自己专业发展的需要，这是 10 年前我报考民族教育博士的缘故。承蒙当时恩师孟立军教授不嫌弃本人资质愚钝，将我收归门下。回首自己在民族教育的学术殿堂上一路走来，孟立军教授给予我的扶持和关爱，至今感激之情仍然难以言表。孟老师凭借着"民族教育"的专业敏感及其对事业的担当，践行于我这一特殊的民族教育对象之中，竭力对我这一少数民族学子予以"整全的教育"，生活与教育的互相叠合，蕴含艺术的教育特质，使我在不知不觉之中萃取自我生命成长的力量，不知不觉之中解构了自我生命存在的框架，不知不觉之中获得了全新的自我定义。

特别感谢陈达云教授，从2011年10月在武陵山片区调研的那次偶遇起，陈书记的亲和力就已逐渐冰释了我长期以来对学校领导的刻板性恐惧；他严谨的学术态度与独特的人格魅力凝聚成一股强有力的教育力量，将继续推动着我不断前行。我还要感谢中南民族大学的雷振扬教授、段超教授、许宪隆教授、田敏教授、李吉和教授、柏贵喜教授、吴开松教授、李俊杰教授等等，他们虽然风格各异，却给予了我诸多鼓励与支持；感谢中央民族大学滕星教授、苏德教授，感谢三峡大学谭志松教授。正是因为有了诸位老师悉心的帮助和教导，我的博士学位论文才得以顺利地"完成"。

感谢罗成华、常岚、姚磊、郭燕等2011级的各位博士生同学！难以忘却我们一起喝酒、发牢骚、K歌、打扑克、打球的日子，这些看似仅仅为打发无聊时光的事件，却是在无意间探寻与确认我们多样性存在的形式；我难以忘却我们一起探讨学术、畅谈理想那一幕幕；更难以忘却我们在博士论文撰写的过程中，相互鼓励、相互指引、相互支持！

最后，我要感谢我妻子潘华！在我决定报考博士的时候，她就表示大力支持，不仅到处帮我查找各种复习资料，还在生活上予以无微不至的照顾，尤其是亲自陪同四处赶考。全方位的支持，使我最终如愿以偿。当拿到博士录取通知书时，女儿出生。而女儿刚满月，我就远离家，踏上求学之路。在人们恭喜我双喜临门时，她默默扮演着母亲与父亲的双重角色，一边工作，一边照顾年幼的女儿，其中的艰辛可想而知。她却毫无怨言，不间断地往学校给我邮寄生活用品、零食、学习资料等等，这不仅给我带来了生活与学习的便利，而且也给在异乡求学的我带来了"家"的温暖！

博士三年，女儿已三岁了！三年期间，我却因常年奔忙于自己的博士学业，没有太多的时间与之相伴，在女儿"印刻"发生的关键期，我却没有适时链接我与女儿的天然情感，不能与女儿建立亲密的教育关系；那三年，我在竭力地书写与编织着自己的"教育"理想，却无意间忽略了最真实的"教育现场"，可能已错过了女儿"薄弱的智力所显露的第一道光芒"，我"粗暴"地掠夺了女儿对"整全教育"的内在需要，影响了她生命成长的质量，在此表示歉意！

一路走来，恩人甚多，恕我不能一一感谢！